21 世纪全国高职高专土建立体化系列规划教材

建设工程招投标与合同管理实务

主　编　杨云会　刘亚丽
副主编　李鹤松　吴　静　邓蒙俊
参　编　刘　萍　郭秦渭　李晓播
主　审　时　思

北京大学出版社
PEKING UNIVERSITY PRESS

内 容 简 介

本书系统地阐述了工程招投标与合同管理的主要内容，包括绪论、建设工程招标、建设工程投标、建设工程合同管理法律基础、建设工程施工合同管理、其他建设工程合同管理、国际工程合同条件、国际工程招投标、建设工程索赔管理和建设工程项目合同动态控制与信息管理。同时，考虑当前建设工程项目的国际化发展和就业需求，特别介绍了国际、国内土木工程施工招投标与合同的程序、经验及国际惯例和工程索赔管理，以及国际工程项目管理发展对国内项目管理模式的影响。

本书可以作为高职高专院校建筑工程技术、工程监理、工程造价、工程管理和公路工程等专业的教材和教学参考用书，也可作为法律类和经管类专业学生选修课的教学用书，同时，对建筑施工企业、招标代理机构、造价和监理等咨询机构的工程管理人员也具有参考价值。

图书在版编目(CIP)数据

建设工程招投标与合同管理实务/杨云会，刘亚丽主编．—北京：北京大学出版社，2012.4

(21 世纪全国高职高专土建立体化系列规划教材)

ISBN 978-7-301-20404-7

Ⅰ．①建…　Ⅱ．①杨…②刘…　Ⅲ．①建筑工程—招标—高等职业教育—教材②建筑工程—投标—高等职业教育—教材③建筑工程—合同—管理—高等职业教育—教材　Ⅳ．①TU723

中国版本图书馆 CIP 数据核字(2012)第 049264 号

书　　名：建设工程招投标与合同管理实务

著作责任者：杨云会　刘亚丽　主编

策 划 编 辑：赖　青　杨星璐

责 任 编 辑：杨星璐

标 准 书 号：ISBN 978-7-301-20404-7/TU・0227

出　版　者：北京大学出版社

地　　址：北京市海淀区成府路 205 号　100871

网　　址：http://www.pup.cn　http://www.pup6.cn

电　　话：邮购部 62752015　发行部 62750672　编辑部 62750667　出版部 62754962

电 子 邮 箱：pup_6@163.com

印　刷　者：三河市博文印刷厂

发　行　者：北京大学出版社

经　销　者：新华书店

787 毫米×1092 毫米　16 开本　22.25 印张　516 千字

2012 年 4 月第 1 版　　2014 年 2 月第 2 次印刷

定　　价：42.00 元

前 言

建设工程招投标与合同管理是建筑工程管理类专业的一门主要课程，它不但是从事建设工程管理类专业人士的核心知识内容，而且是建设工程项目全过程管理和控制的重要项目管理知识结构内容。本书根据建筑工程管理类专业学生从事建设工程项目招标、投标和工程项目合同管理的执业能力培养要求进行编写，本书编写特点如下：

(1) 结合建设工程管理实践和工程实际应用的需要，强调与工程实际工作相结合，通过典型案例、实例特点与分析，不断加深理论知识认知和工作实际问题的思考，注重实用性和可操作性，对招投标与合同管理涉及的问题予以清晰说明。

(2) 介绍了国际土木工程施工合同条件的主要内容和特征，国际、国内土木工程施工招投标与合同的程序、经验及国际惯例；吸收了国际、国内的建设工程招投标和国际工程管理领域近年来的一些发展成果，以及国际工程项目管理发展对国内项目管理模式的影响，使学生能够接触国际、国内建设工程招投标与合同管理的最新知识和操作实务，在掌握建设工程招投标与合同管理理论知识的同时，熟悉国际工程通用合同条件及 FIDIC 土木工程施工合同条件并能加以运用。

(3) 本书在理论课程内容与知识实际应用的适用与平衡基础上，通过理论课程学习与案例分析结合以提高分析问题和解决工程实际问题的能力，达到不仅能熟悉招投标文件的编制，合同的签订，建设工程施工合同的进度、质量、造价控制，还具备工程谈判、工程索赔的基本能力和项目风险管理能力。

本书教学建议安排 60～80 学时，对于部分开设 45 学时左右的专业可以重点讲授学习第 1 章～第 8 章的建设工程招投标与合同管理基本理论和原理相关章节，可掌握本课程的基本理论知识和基本方法，本书的第 9 章和 10 章内容则可以选择重点内容进行学习。

本书由昆明冶金高等专科学校杨云会和昆明理工大学刘亚丽担任主编，负责总体策划及统稿，昆明冶金高等专科学校李鹤松、吴静、邓蒙俊任副主编，昆明冶金高等专科学校刘萍、郭秦渭、李晓璠参编。本书具体编写分工如下：刘萍、李鹤松编写第 1 章，刘亚丽编写第 2 章、第 3 章和第 4 章，李鹤松编写第 5 章，吴静编写第 6 章，杨云会编写第 7 章和第 8 章，郭秦渭和李晓璠共同编写第 9 章，邓蒙俊编写第 10 章。昆明冶金高等专科学校时思教授担任本书的主审，他对本书进行了审阅，并提出了很多的宝贵意见，在此表示感谢。

本书编写过程中查阅和检索了许多建设工程招投标与后台管理方面的信息、资料和有关专家的著述，并得到了中国十四冶金建设集团公司、云南冶金集团、云南建工集团等多家单位的专家的支持和帮助；其中，中国十四冶金建设集团公司总工程师江嵩(正高级工程师)、昆明理工大学李红波博士审阅了本书，并提出了许多宝贵的建议，在此谨表示衷心感谢。

由于作者水平有限，本书不当之处敬请读者、同行批评指正。

编者

2012 年 2 月

目录

第1章 绪　论

教学要求

能力目标	知识要点	权重
掌握建设工程招投标的概念、性质； 理解招投标体制的重要意义	招标、投标的概念； 招投标体系的重要意义	15%
了解我国招投标法律框架体系	我国招标、投标法律体系的形成及发展	10%
掌握建设工程合同的概念、类型及作用； 掌握建设工程合同管理的概念和目的； 理解加强建设工程合同管理的方法与意义	工程合同的概念、类型、作用； 建设工程合同管理的概念、目的及合同管理的重要意义	20%
了解国内建设市场的概念和发展历程； 掌握建设市场的主体和客体； 掌握国内建设市场的资质管理制度； 认识建筑市场的有形化，了解建设工程交易中心的基本功能	国内建筑市场主体与客体； 我国建筑市场资质管理等级制度； 建设工程交易中心的性质与功能	20%
了解国际建筑市场的形成与发展，以及我国国际工程承包产业的发展与现状； 理解国际建筑市场的特点及促进国际建筑市场发展的直接因素； 理解国际工程承包的契约和经济协调	国际建筑市场形成发展简介； 国际建筑市场的特点及促进国际建筑市场发展的直接因素； 国际工程的承包契约	15%
掌握工程量清单计价的概念及工程量清单计价的费用组成； 理解工程量清单计价的特点及工程量清单计价在招投标中的作用	工程量清单计价的概念及工程量清单计价的费用组成； 工程量清单计价在招投标中的重要作用	20%

引例

【背景】

在一次招标活动中，招标指南写明投标不能口头附加材料，也不能附条件投标。但业主将合同授予了一个这样的投标人甲。业主解释说，如果考虑该投标人的口头附加材料，该投标人的报价最低。另一个报价低的投标人乙起诉业主，请求法院判定将合同授予自己。法院经调查发现，甲投标人是业主早已内定的承包商。法院最后判定将合同授予合格的最低价的投标人乙。

【案例解析】

招投标是国内和国际建筑行业广泛采用的一种方式。其目的在于保护公共利益和实现公平自由的竞争。招投标法规有助于防止欺诈、串通、倾向性和资金浪费，确保政府部门和其他业主以合理的价格获得高质量的服务。更好地保护公共利益，确保自由、公正的竞争是招投标法规的核心内容。

《中华人民共和国建筑法》第十六条规定，建筑工程发包与承包的招投标活动应当遵循公开、公平、公正等竞争的原则，择优选择承包单位。这就从法律上确定了保证招标投标活动竞争性这一最高原则。本案中业主私下内定承包商，这就违反了招标法规有关竞争性的原则。法院判决将合同授予合格的最低价的投标人乙是正确的。

1.1 建设工程招投标概述

1.1.1 建设工程项目招投标的概念、性质

1. 招投标的概念

招投标是在市场经济条件下进行工程建设、货物买卖、财产出租、中介服务等经济活动的一种竞争形式和交易方式，是引入竞争机制订立合同(契约)的一种法律形式。它是指招标人对工程建设、货物买卖、劳务承担等交易业务事先公布选择采购的条件和要求，招引他人承接，若干或众多投标人作出愿意参加业务承接竞争的意思表示，招标人按照规定的程序和办法择优选定中标人的活动。

建设工程招标是指招标人在发包建设项目之前公开招标或邀请投标人，根据招标人的意图和要求提出报价，择日当场开标，以便从中择优选定中标人的一种经济活动。

建设工程投标是建设工程招标的对称概念，指具有合法资格和能力的投标人根据招标条件，经过初步研究和估算，在指定期限内填写标书、提出报价，并等候开标，决定能否中标的经济活动。

从法律意义上讲，建设工程招标一般是建设单位(或业主)就拟建的工程发布通告，用法定方式吸引建设项目的承包单位参加竞争，进而通过法定程序从中选择条件优越者来完成工程建设任务的法律行为。建设工程投标一般是经过特定审查而获得投标资格的建设项目承包单位，按照招标文件的要求，在规定的时间内向招标单位填报投标书，并争取中标的法律行为。

2. 招标投标的性质

我国法学界一般认为，建设工程招标是要约邀请，而投标是要约，中标通知书是承诺。

《中华人民共和国合同法》也明确规定，招标公告是要约邀请。也就是说，招标实际上是邀请投标人对其提出要约(即报价)，属于要约邀请。投标则是一种要约，它符合要约的所有条件，如具有缔结合同的主观目的；一旦中标，投标人将受投标书的约束；投标书的内容具有足以使合同成立的主要条件等。招标人向中标的投标人发出的中标通知书则是招标人同意接受中标的投标人的投标条件，即同意接受该投标人的要约的意思表示，应属于承诺。

1.1.2 建设工程招投标制度的重要意义

实行建设项目的招投标是我国建筑市场趋向规范化、完善化的重要举措，对于择优选择承包单位，全面降低工程造价，进而使工程造价得到合理有效的控制，具有十分重要的意义，具体表现在以下几方面。

1. 形成了由市场定价的价格机制

实行建设项目的招投标，基本形成了由市场定价的价格机制，使工程价格更加趋于合理。其最明显的表现是若干投标人之间出现激烈竞争(相互竞标)，这种市场竞争最直接、最集中的表现就是在价格上的竞争。通过竞争确定出工程价格，使其趋于合理或下降，这将有利于节约投资、提高投资效益。

2. 不断降低社会平均劳动消耗水平

实行建设项目的招投标能够不断降低社会平均劳动消耗水平，使工程价格得到有效控制。在建筑市场中，不同投标者的个别劳动消耗水平是有差异的。通过推行招投标，最终使那些个别劳动消耗水平最低或接近最低的投标者获胜，这样便实现了生产力资源较优配置，也对不同投标者实行了优胜劣汰。面对激烈竞争的压力，为了自身的生存与发展，每个投标者都必须切实在降低自己个别劳动消耗水平上下功夫，这样将逐步而全面地降低社会平均劳动消耗水平，使工程价格更为合理。

3. 工程价格更加符合价值基础

实行建设项目的招投标便于供求双方更好地相互选择，使工程价格更加符合价值基础，进而更好地控制工程造价。由于供求双方各自出发点不同，存在利益矛盾，因而单纯采用“一对一”的选择方式成功的可能性较小，采用招投标方式就为供求双方在较大范围内进行相互选择创造了条件，为需求者(如建设单位、业主)与供给者(如勘察设计单位、施工企业)在最佳点上结合提供了可能。需求者对供给者选择(即建设单位、业主对勘察设计单位和施工单位的选择)的基本出发点是“择优选择”，即选择那些报价较低、工期较短、具有良好业绩和管理水平的供给者，这样即为合理控制工程造价奠定了基础。

4. 公开、公平、公正的原则

实行建设项目的招投标有利于规范价格行为，使公开、公平、公正的原则得以贯彻。我国招投标活动有特定的机构进行管理，有严格的程序必须遵循，有高素质的专家支持系统、工程技术人员的群体评估与决策，能够避免盲目过度竞争和营私舞弊现象的发生，对建筑领域中的腐败现象也是强有力的遏制，使价格形成过程变得透明而较为规范。

5. 能够减少交易费用

实行建设项目的招投标能够减少交易费用，节省人力、物力、财力，进而使工程造价有所降低。我国目前从招标、投标、开标、评标直至定标均在统一的建筑市场中进行，并有较完善的法律、法规规定，已进入制度化操作。招投标中，若干投标人在同一时间、地点报价竞争，在专家支持系统的评估下以群体决策方式确定中标者必然减少交易过程的费用，这本身就意味着招标人收益的增加，对工程造价必然产生积极的影响。

建设项目招投标活动包含的内容十分广泛，具体说包括建设项目强制招标的范围、建设项目招标的种类与方式、建设项目招标的程序、建设项目招投标文件的编制、标底编制与审查、投标报价，以及开标、评标、定标等。所有这些环节的工作均应按照国家有关法律、法规规定认真执行并落实。

1.1.3 我国招投标的法律、法规框架

我国招投标制度是伴随着改革开放而逐步建立并完善的。1984 年，国家计划委员会和城乡建设环境保护部联合下发了《建设工程招标投标暂行规定》，倡导实行建设工程招投标，我国由此开始推行招投标制度。

1991 年 11 月 21 日建设部、国家工商行政管理局联合下发《建筑市场管理规定》，明确提出加强发包管理和承包管理，其中发包管理主要是指工程报建制度与招标制度。在整顿建筑市场的同时，建设部还与国家工商行政管理局一起制定了《施工合同示范文本》及其管理办法，于 1991 年颁发，以指导工程合同的管理。1992 年 12 月 30 日，建设部颁发了《工程建设施工招标投标管理办法》。

1994 年 12 月 16 日建设部、国家体制改革委员会再次发出《全面深化建筑市场体制改革的意见》，强调了建筑市场管理环境的治理。文中明确提出大力推行招投标，强化市场竞争机制。此后，各地也纷纷制定了各自的实施细则，使我国的工程招投标制度趋于完善。

1999 年，我国工程招投标制度面临重大转折。首先是 1999 年 3 月 15 日全国人大通过了《中华人民共和国合同法》(以下简称《合同法》)，并于同年 10 月 1 日起生效实施，由于招投标是合同订立过程中的两个阶段，因此，该法对招投标制度产生了重要的影响。其次是 1999 年 8 月 30 日全国人大常委会通过了《中华人民共和国招标投标法》(以下简称《招标投标法》)，并于 2000 年 1 月 1 日起施行。这部法律基本上是针对建设工程发包活动而言的，其中大量采用了国际惯例或通用做法，必将带来招标体制的巨大变革。

2000 年 5 月 1 日，国家计划委员会发布了《工程建设项目招标范围的规模标准规定》；2000 年 7 月 1 日，国家计划委员会又发布了《工程建设项目自行招标试行办法》和《招标公告发布暂行办法》。

2001 年 7 月 5 日，国家计划委员会等七部委联合发布《评标委员会和评标办法暂行规定》。其中有三个重大突破：关于低于成本价的认定标准；关于中标人的确定条件；关于最低价中标，这与国际惯例是接轨的。这一评标定标原则必然给中国现行的定额管理带来冲击。这一时期，建设部也连续颁布了第 79 号令《工程建设项目招标代理机构资格认定办法》、第 89 号令《房屋建筑和市政基础设施工程施工招标投标管理办法》及《房屋建筑和市政基

础设施工程施工招标文件范本》(2003 年 1 月 1 日施行)、第 107 号令《建筑工程施工发包与承包计价管理办法》(2001 年 11 月)等，对招投标活动及其承发包中的计价工作做出进一步的规范。这些法律、法规的颁布及实施为我国建设工程招标投标体系的完善和发展奠定了坚实的法律基础。

1.2 建设工程合同管理概述

1.2.1 建设工程合同的概念

1. 建设工程的概念

建设工程是指通过新建、改建或扩建而成为固定资产投资，并达到国家规定标准的建设项目，也称为基本建设工程。基本建设工程是有计划地进行工业建设和其他各项建设的先决条件，是经济和社会发展，以及人民物质文化生活水平提高的最基本的经济前提。建设工程的数量、质量、规模和布局标志着整个国家社会再生产的扩大规模，以及生产力发展的速度和方向。基本建设必须根据国家的财力、物力有计划地进行，注重经济效益，促使我国经济以适当的速度持续稳定地发展。

2. 建设工程合同的概念和特征

《合同法》第二百六十九条规定：“建设工程合同是承包人进行工程建设，发包人支付价款的合同。建设工程合同包括工程勘察、设计、施工合同”。建设工程合同属于承揽合同的特殊类型，因此，法律对建设工程合同没有特别规定的，适用法律对承揽合同的相关规定。

建设工程合同作为承揽合同的特殊类型，除具备承揽合同的一般法律属性外，还具有以下特点。

(1) 建设工程合同中完成的工作构成不动产，通常涉及对土地的利用强制性规范的限制，当事人不得违反规定自行约定，而且施工的承包人必须是国家认可的具有一定建设资质的法人。

(2) 建设工程合同属于要式合同，应当以书面方式订立。

1.2.2 建设工程合同的类型、作用

1. 建设工程合同的类型

《合同法》指出，建设工程合同包括工程勘察、设计、施工承包合同，发包人可以与总承包人签订建设工程合同，也可以分别与勘察人、设计人、施工人订立勘察、设计、施工承包合同。事实上建设工程合同还应包括工程项目管理合同、工程监理合同，以及与工程建设相关的其他合同，如物资采购合同、工程保险合同等。

2. 建设工程合同的作用

(1) 建设工程合同是工程项目实施和管理的重要手段和工具。

(2) 合同是合同各方在工程中各种活动的依据，它确定了工程实施和管理的工程规模、范围、工程质量、工期、投资等主要目标。

(3) 建设工程合同是工程项目组织的纽带，它将工程所涉及的生产、材料和设备供应、运输、各专业设计和施工的分工协作关系联系起来，协调并统一项目各参加者的行为。

(4) 建设工程合同是工程过程中双方的最高行为准则。工程过程中的一切活动都是为了履行合同，都必须按合同办事，双方的行为主要靠合同来约束。所以，工程管理以合同为核心。

(5) 业主和承包人之间通过合同连接，他们之间的经济和法律的关系主要通过合同调整，所以签订和执行合同又是工程承包的市场行为。

(6) 建设工程合同是工程过程中双方争议解决的依据。

1.2.3 建设工程合同管理的概念及目的

建设工程合同管理是对工程项目中相关合同的策划、签订、履行、变更、索赔和争议解决的管理，它是工程项目管理的重要组成部分。

建设工程合同管理是为项目总目标和企业总目标服务的，保证项目总目标和企业总目标的实现。其具体目的包括以下几点。

(1) 使整个工程项目在预定的成本、工期范围内完成，达到预定的质量和功能要求，实现工程项目的三大目标。

(2) 使项目的实施过程顺利，合同争议较少，合同各方面能互相协调，能够圆满地履行合同责任。

(3) 保证整个建设工程合同的签订和实施过程符合法律的要求。

(4) 在工程结束时使双方都感到满意，业主按计划获得一个合格的工程，达到投资目的；承包人不但获得合理的利润，还赢得了信誉，建立双方友好合作关系。

1.2.4 加强建设工程合同管理的方法与意义

1. 加强建设工程合同管理的方法

(1) 建立健全合同管理组织网络。

(2) 进一步普及合同法律教育，培训合同管理人才，提高合同管理人员业务素质。

(3) 大力推行建设工程合同示范文本制度。

(4) 进一步借鉴和采用国际通用合同范本和先进经验加快实现工程项目合同管理的国际化。

(5) 建立建设工程合同管理的计算机信息系统，加快实现工程项目合同管理的智能化。

2. 加强建设工程合同管理的重要意义

(1) 加强建设工程合同管理是工程建设市场从人治走向法治的需要。

(2) 加强建设工程合同管理是基本建设管理的需要。

(3) 加强建设工程合同管理有利于引进外资，有利于中国工程公司走出国门参与国际竞争，是适应 WTO 要求、熟悉世界贸易规则、扩大对外开放的需要。

(4) 加强建设工程合同管理有利于提高企业素质，增强企业的竞争能力。

案例 1-1

【背景】

某商场为了扩大营业范围，购得邻近地皮一块，准备兴建该商场分店。该商场通过投标的形式与市建筑工程公司签订了建筑工程承包合同。之后，承包人将各种设备、材料运抵工地开始施工。施工过程中，城市规划管理局的工作人员来到施工现场，指出该工程不符合城市建设规划，未领取施工规划许可证，必须立即停止施工。最后，城市规划管理局对发包人作出了行政处罚，处以罚款 2 万元，勒令停止施工，拆除已修建部分。承包人因此而蒙受损失，向法院提起诉讼，要求发包人给予赔偿。

【案例分析】

《合同法》第二百六十九条规定，建设工程合同是承包人进行工程建设，发包人支付价款的合同。建设工程合同包括工程勘察、设计、施工合同。本案双方当事人之间所订合同属于典型的建设工程合同，归属于施工合同的类别，所以评判双方当事人的权责应依有关建设工程合同的规定。本案中引起当事人争议并导致损失产生的原因是工程开工前未办理规划许可证，从而导致工程为非法工程，当事人基于此而订立的合同无合法基础，为无效合同。依《中华人民共和国建筑法》的规定，规划许可证应由建设人，即发包人办理，所以，本案中的过错在于发包方，发包方应当赔偿承包人先期投入、设备、材料运送费用等项损失。

1.3 国内建筑市场

1.3.1 建筑市场的概念及发展历程

1. 建筑市场的概念

建筑工程市场是指“涉及与建筑产品有关的交换关系的总和”，一般称作建设市场或建筑市场。

建筑市场有广义的市场和狭义的市场。狭义的市场一般指有形建设市场，有固定的交易场所。广义的市场包括有形市场和无形市场，包括与工程建设有关的技术、租赁、劳务等各种要素市场，为工程建设提供专业服务的中介组织体系，包括通过招投标等多种方式成交的各种交易活动，还包括建筑商品生产过程及流通过程中的经济联系和经济关系。可以说，广义的建设市场是工程建设生产和交易关系的总和。

建筑市场交易贯穿于建筑产品生产的整个过程。生产活动和交易活动交织在从工程建设的咨询、设计、施工任务的发包开始，到工程竣工、保修期结束为止。生产活动和交易活动交织在一起，是建筑市场的重要特点。

改革开放以来，经过近年来的发展，建筑市场已形成以发包方、承包方和中介服务方组成的市场主体，建筑产品和建筑生产过程为对象组成的市场客体，由招投标为主要交易形式的市场竞争机制，由资质管理为主要内容的市场监督管理体系，以及我国特有的有形建筑市场，等等，构成了建设市场体系。

建筑市场由于引入了竞争机制，促进了资源优化配置，提高了建筑生产效率，推动了建筑企业的管理和工程质量的进步。建筑业在国民经济中已占相当重要地位，成为我国社会主义市场经济体系中一个非常重要的生产和消费市场。

2. 建筑市场的发展历程

自改革开放以来，我国建筑市场的形成是一个逐步建立、发展和完善的过程。

改革开放以前，工程建设任务由行政管理部门下达分配，建筑产品价格由国家规定，建设市场尚未形成。

1984 年，国务院颁发了《关于改革基本建设和建筑业管理体制的若干规定》，建筑业作为城市经济改革的突破口率先进行改革。在企业中推行了一系列以市场为取向、以承包经营为主要内容的改革，达到了一定程度的自主经营和自负盈亏。建设管理体制也制定了改革方案并进行大规模的试点，改革的核心是将工程任务的计划分配改为从市场竞争获取任务，引进竞争机制。这项改革带来的直接结果是以农村建筑队为代表的非国有建筑业企业得到迅速发展。正是市场供求关系的变化使竞争机制得以建立，直接促进了建设生产效率和建设效益的提高，建设市场初步形成。建设管理方面，各地区开始设立工程质量、招投标、施工企业管理机构，连同计划体制时期的定额管理站，形成改革初期的建设管理模式。这个时期可以看作松动旧体制阶段，改革的任务主要是放权让利；改革的手段是通过政策来引导；改革目标尚不明确，即所谓“摸着石头过河”。

从 1992 年建设部第 23 号令的发布到 1998 年正式施行《建筑法》，从部分省的《建筑市场管理条例》和《工程建设招标投标管理条例》到各市制定的有关招标投标的政府令，为招标投标公开、公平、公正的顺利开展提供了保障。

随着建设工程交易中心发展，全国各地开始推行建设工程项目的公开招标。随着公开招标和《招标投标法》的深入实施，我国的招标投标制度也在走向成熟，它是招标投标发展的必然趋势。随着与国际工程管理惯例不断接轨，特别是投标保证、履约保证和支付保证在我国工程管理领域将得到广泛运用，将推动我国的招标投标制度逐步走向成熟。

1.3.2 建筑市场的主体与客体

建筑市场是市场经济的产物。参与建筑生产交易过程的各方构成建设工程市场的主体；作为不同阶段的生产成果和交易内容等各种形态的建筑产品、工程设施与设备、构配件，以及各种图纸和报告等非物化的劳动构成建设市场的客体。建筑市场的体系如图 1.1 所示。

1. 建筑市场的主体

建筑市场的主体包括业主、承包商、工程咨询服务机构和其他单位。

1) 业主

业主是指既有某项工程建设需求，能够提供建设资金，办理建设相关准建手续，在建设市场中发包工程建设的勘察、设计、施工任务，并最终得到建筑产品的政府部门、企事业单位和个人。业主通常又称为建设单位，只有在发包工程或组织工程建设时才成为市场主体，一旦工程建设完成，其就不再是建筑市场的主体了，因此，业主方作为市场主体具有不确定性。从国家对建筑市场的管理来看，对业主没有限制。

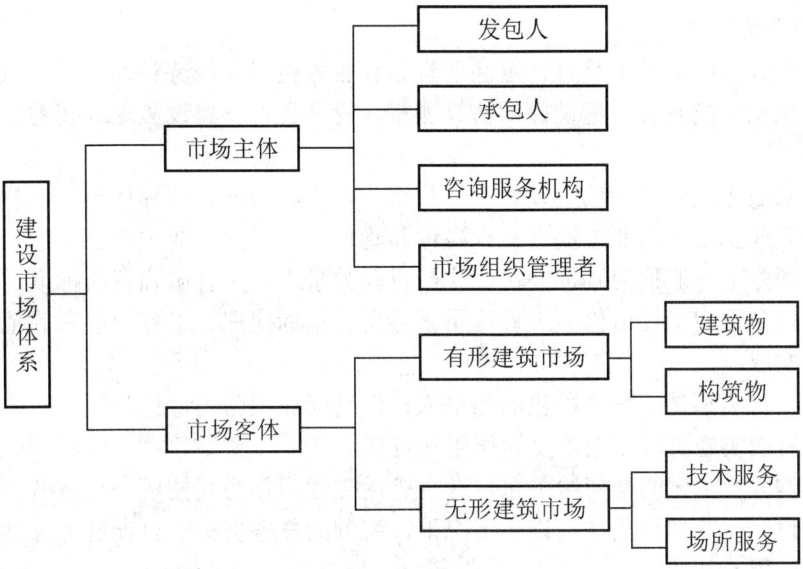

图 1.1　建筑市场的体系

项目法人责任制，又称业主责任制，是我国市场经济体制条件下，根据公有制部门占主体的情况，为了建立投资责任约束机制、规范项目法人行为提出的。由项目法人对项目建设全过程负责管理，主要包括进度控制、质量控制、投资控制、合同管理和组织协调。

项目业主的产生主要有三种方式。

(1) 业主即原企业或单位。企业或机关、事业单位投资新建、扩建、改建工程，则该企业或单位即为项目业主。

(2) 业主是联合投资董事会。由不同投资方参股或共同投资项目，则业主是共同投资方组成的董事会或管理委员会。

(3) 业主是各类开发公司。开发公司自行融资或由投资方协商组建或委托开发的工程管理公司也可成为业主。

业主在项目建设过程的主要职能包括：①建设项目立项决策；②建设项目的招标与合同管理；③建设项目的施工与质量管理；④建设项目的竣工验收和试运行；⑤建设项目的统计及文档管理。

2) 承包商

承包商是指拥有一定数量的建筑装备、流动资金、工程技术经济管理人员，取得建设资质证书和营业执照的，能够按照业主的要求提供不同形态的建筑产品并最终得到相应工程价款的施工企业。

按照其能提供的建筑产品，承包商可分为不同的专业，如建筑、水电、铁路、市政工程等专业公司；按照承包方式也可分为承包商和分包商。相对于业主，承包商作为建设市场主体是长期和持续存在的。因此，无论是按国内还是国际惯例，对承包商一般都要实行从业资格管理。政府根据其所拥有的专业技术能力、生产经验、社会信誉和资产状况等确定其资质等级。

经资格审查合格，取得资质证书和营业执照的承包商，方可在批准的范围内承包工程。

3) 工程咨询服务机构

工程咨询服务机构是指具有一定注册资金、工程技术、经济管理人员，取得建设咨询证书和营业执照，能对工程建设提供估算测量、管理咨询、建设监理等智力型服务并获取相应费用的企业。

工程咨询服务企业包括勘察设计、工程造价、工程管理、招标代理、工程监理等多种业务。这类企业主要是向业主提供工程咨询和管理服务，弥补业主对工程建设过程不熟悉的缺陷，在国际上一般称为咨询公司。我国目前数量最多并有明确资质标准的是工程设计院、工程监理公司和工程造价、工程测量事务所。招标代理、工程管理和其他咨询类企业近年来也有发展。

咨询机构虽然不是工程承发包的当事人，但其受业主聘用，作为项目技术、经济咨询单位，对项目的实施负有相当重要的作用和责任。

咨询机构与业主之间是契约关系，业主聘用工程师作为其技术、经济咨询人，为项目进行咨询、设计、监理和测量，许多情况下，咨询的任务贯穿于自项目可行性研究直至工程验收的全过程。

这些咨询机构与承包单位一样，在其经营期间始终是建设市场的主体，因此，他们同样受到政府的监督，经营同样受到资质等级的制约。

4) 其他单位

其他单位，例如银行、保险公司、物资供应商，他们与业主一样，只有置身建设市场时才成为主体，所以一般情况下不存在资质问题。

2．建筑市场客体

建筑市场的客体一般称作建筑产品，即建筑市场中的“事”，是建筑市场中交易的对象或相关服务，既包括有形建筑产品，也包括无形产品，即各类智力型服务。

设计的客体一般归类为智力成果，因为设计人应用其智力为业主创造新的建筑设计；而勘察则是服务，是用自己的设备探明地下的情况；监理的客体同样是服务，运用自己的专业知识管理工程建设；施工的客体是物，即建筑产品。

1.3.3 我国建筑市场的资质管理

《中华人民共和国建筑法》规定，从事建筑活动的建筑施工企业、勘察单位、设计单位和工程监理单位，按照其拥有的注册资本、专业技术人员、技术装备和已完成的建筑工程业绩等资质条件划分为不同的资质等级，经资质审查合格，取得相应等级的资质证书后方可在其资质等级许可的范围内从事建筑活动，以保证建设工程质量和安全。下面侧重对投标资质的管理进行简述。

1．勘察、设计单位资质管理

1) 勘察、设计单位资质分级标准、等级和相应的营业范围

勘察、设计单位资质分级标准的制定主要考虑勘察设计单位的技术力量、技术人员、工程成果、技术专业和社会信誉等情况。

勘察、设计单位资质等级分为甲、乙、丙、丁四级。不同资质的勘察设计单位由建设部统一印制、颁发不同的勘察设计资质证书。资质证书分为工程勘察证书和工程设计证书两种。我国工程勘察专业又分为工程地质勘察、岩土工程、水文地质勘察和工程测量 4 个专业。工程设计分为建筑工程、市政工程、建材和电力等共 28 个专业。

我国勘察设计单位各个等级承担的勘察设计任务范围见表 1-1。

表 1-1 我国勘察设计单位各个等级承担的勘察设计任务范围

企业类别	等级	承担勘察或设计任务范围
勘察或设计单位	甲级	可在全国范围内承担资质证书所规定的本行业的大、中、小型工程建设项目的勘察或设计任务
	乙级	可在本省、自治区、直辖市范围内承担资质证书所规定的本行业的中、小型工程建设项目的勘察或设计任务。需要跨省、自治区、直辖市承担任务者必须经工程所在地的省、自治区或直辖市的勘察设计主管部门批准
	丙级	可在本省、自治区、直辖市范围内承担资质证书所规定的本行业的小型工程建设项目的勘察或设计任务。铁道行业的丙级单位可在本路局范围内承担本专业的勘察设计任务。其他行业的丙级单位需要跨省、自治区、直辖市承担任务者，应持项目主管部门的证明，必须经工程所在地的省、自治区或直辖市的勘察设计主管部门批准
	丁级	只能在单位所在地的市或县范围内承担资质证书所规定的本行业的小型工程建设项目的工程勘察设计任务

2) 勘察、设计单位资质申请与审批

申请勘察、设计资质的单位必须具备以下条件。

(1) 有符合国家规定、依照法定程序批准设立机构的文件。

(2) 有明确的名称、组织机构和固定的工作场所。

(3) 具备所申请的工程勘察、设计资质的等级标准。其中申请甲、乙级的单位必须通过全面质量达标验证。对集体所有制勘察、设计单位则要求必须具有与承担任务相适应的注册资金(甲级 100 万元，乙级 50 万元，丙级 30 万元，丁级 20 万元)及单位章程。

勘察、设计单位资质的审批实行国家和地方两级审批制度。甲级勘察、设计单位资质由全国工程勘察设计资质管理委员会审批，其办事机构设在建设部；乙级资质由全国工程勘察、设计资质管理委员会宏观控制，核定乙级单位数量，按隶属关系由国务院各行业主管部门及地方勘察、设计主管部门在核定的数量范围内审批；丙级和丁级资质由地方勘察、设计资质审定委员会审批，其办事机构设在省级勘察、设计主管部门。

2. 建筑业企业资质管理

1) 建筑业企业的分类

(1) 工程施工总承包企业，指从事工程施工阶段总承包活动的企业，应当具备施工图设计、工程施工、设备采购、材料订货、工程技术开发应用、配合生产使用部门进行生产准备直到竣工投产等能力。从事工程勘察、设计须取得相应工程勘察和设计资格证书。

(2) 施工承包企业，指从事工程施工承包活动的企业。

(3) 专项分包企业，指从事工程施工专项分包活动和承包限额以下小型工程活动的企业。限额以下小型工程的范围由省级建设行政主管部门规定。

2) 建筑业企业的营业范围

我国建筑业企业可分为建筑、设备安装、机械施工、市政建设施工和建筑装饰施工五类，各类企业的级别和其营业范围见表 1-2。

表 1-2 我国建筑企业级别和营业范围

企业类别	等级	营业范围
建筑企业	一级	一级企业可承包各种通用民用与工业建设项目的建筑施工
	二级	二级企业可承包 30 层以下、30m 跨度以下的房屋建筑，高度 100m 以下构筑物的建筑施工
	三级	三级企业可承包 12 层以下、21m 跨度以下的房屋建筑，高度 50m 以下构筑物的建筑施工
	四级	四级企业可承包 6 层以下和 15m 跨度以下的名用房屋建筑的建筑施工
设备安装企业	一级	一级企业可承包大型工业建设项目的设备、电器、仪表和大型整体生产装置等的安装
	二级	二级企业可承包中型工业建设项目的设备电器仪表和生产装置的安装
	三级	三级企业可承包通用民用与工业建筑的照明、普通设备和仪表的安装
机械施工企业	一级	一级企业可承包各类项目的机械施工
	二级	二级企业可承包中型项目的机械施工
	三级	三级企业可承包小型工业建设项目的机械施工
市政建设施工企业	一级	一级企业可承包本行业、本专业的各种施工
	二级	二级企业可承包本行业、本专业的各种工程施工，但不得承包下列技术复杂的大型建设项目施工： 单跨超过 40m 的桥梁； 高速公路、机场跑道； 截面宽度 12m 以上的隧道、地下铁道； 二级污水处理厂和净水厂，10 万吨以上的给水厂
	三级	除不得承包二级企业不能承包的项目和不得独立承包下列工程外，三级企业可承包本行业、本专业的其余各种施工： 单跨超过 10m 的桥梁； 采用新结构的建筑物和构筑物； 城区主干道，直径超过 1m 的污水管道； 净水厂、给水厂和污水处理厂
	四级	四级企业承包下列工程施工： 单跨在 6m 以内的桥梁； 街巷道路、人行道及雨污水管道支线
建筑装饰施工企业	一级	一级企业可承包各种建筑装饰工程的实际施工
	二级	二级企业可承包单项工程造价在 200 万以下的建筑装饰工程的设计和施工
	三级	三级企业可承包单项工程造价在 50 万以下的建筑装饰工程的施工

3) 建筑企业资质申请和审批

已经建立的建筑业企业申请资质应向资质管理部门提供下列资料。

(1) 建筑业企业资质申请表。

(2) 企业法人营业执照。

(3) 企业章程。

(4) 企业法定代表人和企业技术、财务、经营负责人和任职文件、职称证件。

(5) 企业所有工和技术、经济人员(含项目经济)和职称(资格)证件，以及关键岗位从业人员职业资格证书。

(6) 企业的生产纪律和财务决策年报表。

(7) 企业的验资证明。

(8) 企业完成的代表工程及质量、安全评定资料。

(9) 其他需要出具的有关证件。

新设立的建筑业企业应当先由资质管理部门对其进行资质预审，然后到工商行政管理部门办理登记注册，取得企业法人营业执照后，再到资质管理部门办理资质审批手续。新设立的建筑业企业，其资质等级应由最低等级定起。

工程施工总承包企业资质等级分为一、二级；施工承包企业资质等级分为一、二、三、四级。工程施工总承包企业和施工承包企业的资质实行分级审批。一级企业由国务院建设行政主管部门审批；二级以下企业，属于地方的，由省级建设行政主管部门审批。直属于国务院有关部门的，由有关部门审批。经审查合格的建筑业企业由资质管理部门颁发《建筑业企业资质证书》。

4) 企业资质动态管理

企业资质动态管理是指企业按资质标准就位后，由于情况变化，当构成及影响企业资质标准时，由资质管理部门对其资质等级工承包工程范围实行相应调整的管理。它是由资质管理部门通过资质年度检查和其他形式的监督检查进行的。

企业有符合下列条件之一的，可申请晋升一个资质等级：一是企业一般在资质定级年后，按合理工期完成两项以上本等级承包范围内规定的上限工程，其他资质条件达到上一资质等级标准，并且连续两年资质年度检查合格的；二是企业资质定级两项以上省、部级工程质量奖或一项国家级工程质量奖的。

企业有符合下列条件之一的，降低一个资质等级：一是企业按资质标准就位后，有职称的工程技术人员、企业资本金和生产经营用固定资产数量发生变化，其中两项以上不足标准规定数 80%或其中两起以上(含两起)四级工程建设发生重大事故的，要缩小其相关的承包工程范围，情节严重的，可降低一个资质等级；三是企业连续两年资质年度检查不合格的。

3. 建设监理单位资质管理制度

1) 建设监理单位资质等级的划分及业务范围

(1) 资质等级。监理单位资质是指从事工程建设监理业务应当具备的人员素质、资金数量、专业技能、管理水平及监理业绩等。根据以上条件，监理单位的资质可分为甲级、乙级和丙级 3 个等级，并规定了各级相应的条件。

(2) 业务范围。甲级监理单位可以跨地区、跨部门监理一、二、三级的工程；乙级监理单位只能监理本地区、本部门二、三级的工程；丙级监理单位只能监理本地区、本部门三级的工程。已定级的监理单位的在定级后不满 3 年的期限内，其实际资质已达到上一资质等级 1～3 项标准的，可以申请承担上一资质等级规定的监理业务。

2) 建设监理单位资质管理体制

根据我国的行政管理体制，以及统管与分管相结合的原则，我国建设监理单位的资质管理确定了“分级管理”的体制。国务院建设行政主管部门归口管理全国监理单位的资质管理工作，省级建设行政主管部门归口管理当地监理单位的资质管理工作，国务院工业、交通等部门负责本部门直属监理单位的资质管理工作。

1.3.4 建设工程交易中心

建设工程交易中心是一个“平台”，可将建设工程的交易在中心内完成，是我国特有的一种建筑市场的管理模式。根据我国有关规定，建设工程的报建、招标信息的发布、招标和投标活动、合同签订、施工许可证的申请领取等建筑市场行为均应在建设工程交易中心内进行。

我国是社会主义公有制为主体的国家，政府部门、国有企业、事业单位投资在社会投资中占有主导地位。建设单位使用的国有投资，由于国有资产管理体制的不完善和建设单位内部管理制度的薄弱，很容易造成工程发包中的不正之风和腐败现象。另外，由于长期实行专业部门管理体制，工程项目随建设单位的隶属，由不同专业的部门管理，造成行业垄断性强，监督有效性差，交易透明度低。

这种公有制主导地位的特性决定了对工程承发包管理不能照搬发达国家的做法。既不能像对私人集资那样放任不管，也不可能由某一个或几个政府部门来管理。因此，将所有代表国家或国有企事业单位投资的业主请进建设工程交易中心进行招标，设置专门的监督机构就成为我国解决国有建设项目交易透明度差的问题和加强建筑市场管理的一种独特方式。

1. 建设工程交易中心的性质

建设工程交易中心是服务性机构，不是政府管理部门，也不是政府授权的监督机构，其本身并不具备监督管理职能。

但建设工程交易中心又不是一般意义上的服务机构，其设立需得到政府或政府授权主管部门的批准，并非任何单位和个人可随意成立。它不以营利为目的，旨在为建立公开、公正、平等竞争的招投标制度服务，只可经批准收取一定的服务费，工程交易行为不能在场外发生。

2. 建设工程交易中心的作用

按照我国有关规定，所有建设项目都要在建设工程交易中心内报建、发布招标信息、合同授予、申领施工许可证。招投标活动都需在场内进行，并接受政府有关管理部门的监督。应该说建设工程交易中心的设立，对国有投资的监督制约机制的建立，规范建设工程承发包行为，以及将建筑市场纳入法制管理轨道有重要作用，是符合我国特点的一种好形式。建设工程交易中心建立以来，由于实行集中办公、公开办事制度和程序，以及一条龙的“窗口”服务，不仅有力地促进了工程招投标制度的推行，为建设工程的交易能够公开、公平、公正地进行提供有效保证，而且遏制了违法违规行为，对于防止腐败、“暗箱”操作，提高管理透明度收到了显著的成效。

3. 建设工程交易中心的基本功能

我国的建设工程交易中心是按照以下三大功能进行构建的。

1) 信息服务功能

包括收集、存储和发布各类工程信息、法律法规、造价信息、建材价格、承包商信息、咨询单位和专业人士信息等。在设施上配备有大型电子墙、计算机网络工作站，为承发包交易提供广泛的信息服务。工程建设交易中心一般要定期公布工程造价指数和建筑材料价格、人工费、机械租赁费、工程咨询费，以及各类工程指导价等，指导业主和承包商、咨询单位进行投资控制和投标报价。但在市场经济条件下，工程建设交易中心公布的价格指数仅是一种参考，投标最终报价还是需要依靠承包商根据本企业的经验或“企业定额”，企业机械装备和生产效率，管理能力和市场竞争需要来决定。

2) 场所服务功能

对于政府部门、国有企业、事业单位的投资项目，我国明确规定，一般情况下都必须进行公开招标，只有特殊情况下才允许采用邀请招标。所有建设项目进行招投标必须在有形建筑市场内进行，必须由有关管理部门进行监督。按照这个要求，工程建设交易中心必须为工程承发包交易双方包括建设工程的招标、评标、定标、合同谈判等提供设施和场所服务。建设部《建设工程交易中心管理办法》规定，建设工程交易中心应具备信息发布大厅、洽谈室、开标室、会议室及相关设施，以满足业主和承包商、分包商、设备材料供应商之间的交易需要。同时，要为政府有关管理部门进驻集中办公，办理有关手续和依法监督招标投标活动提供场所服务。

3) 集中办公功能

由于众多建设项目要进入有形建筑市场进行报建、招投标交易和办理有关批准手续，这样就要求政府有关建设管理部门进驻工程交易中心集中办理有关审批手续和进行管理，建设行政主管部门的各职能机构进驻建设工程交易中心。受理申报的内容一般包括：工程报建、招标登记、承包商资质审查、合同登记、质量报监、施工许可证发放等。进驻建设工程交易中心的相关管理部门集中办公，公布各自的办事制度和程序，既能按照各自的职责依法对建设工程交易活动实施有力监督，也方便当事人，有利于提高办公效率。一般要求实行“窗口化”服务，这种集中办公方式决定了建设工程交易中心只能集中设立，而不可能像其他商品市场那样随意设立。按有关法规，每个城市原则上只能设立一个建设工程交易中心，特大城市可增设若干个分中心，但分中心的三项基本功能必须健全。

4. 建设工程交易中心的运作原则

为了保证建设工程交易中心能够有良好的运行秩序、保证其市场功能的充分发挥，建设工程交易中心的运作应坚持以下基本原则。

1) 信息公开原则

有形建筑市场必须充分掌握政策法规、工程发包、承包商和咨询单位的资质、造价指数、招标规则、评标标准、专家评委库等各项信息，并保证市场各方主体都能及时获得所需要的信息资料。

2) 依法管理原则

建设工程交易中心应严格按照法律、法规开展工作，尊重建设单位依照法律规定选择投标单位和选定中标单位的权利。尊重符合资质条件的建筑业企业提出的投标要求和接受邀请参加投标的权利。任何单位和个人不得非法干预交易活动的正常进行。监察机关应当进驻建设工程交易中心实施监督。

3) 公平竞争原则

建立公平竞争的市场秩序是建设工程交易中心的一项重要原则。进驻的有关行政监督管理部门应严格监督招标、投标单位的行为，防止行业、部门垄断和不正当竞争，不得侵犯交易活动各方的合法权益。

4) 属地进入原则

按照有形建筑市场的管理规定，建设工程交易实行属地进入。每个城市原则上只能设立一个建设工程交易中心，特大城市可以根据需要设立区域性分中心，分中心在业务上受中心领导。对于跨省、自治区、直辖市的铁路、公路、水利等工程，可在政府有关部门的监督下，通过公告由项目法人组织招标、投标。

5) 办事公正原则

建设工程交易中心是政府建设行政主管部门批准建立的服务性机构，须配合进场各行政管理部门做好相应的工程交易活动管理和服务工作。要建立监督制约机制，公开办事规则和程序，制定完善的规章制度和工作人员守则，发现建设工程交易活动中的违法违规行为应当向政府有关管理部门报告，并协助进行处理。

案例 1-2

【背景】

某业主招标制造两台 50t 的塔式起重机。招标文件包括 98 页的技术规范，详细规定了设计要求。投标负责人在读过 2～3 页，了解了主要的要求后，认为所要求的塔式起重机属于投标人公司的轻型塔式起重机，只要将投标人公司的相应塔式起重机加以改造就可以了。实际上后 90 多页的内容有对塔式起重机的更具体的要求，所要求的塔式起重机根本不是轻型塔式起重机而是重型塔式起重机。投标人的报价低于 400 万美元，而次低报价超过 700 万美元。由于差距太大，业主要求投标人确认自己的报价。投标人对标价进行了书面确认。业主对确认还不放心，在投标以前召开了会议以进一步确定投标人是否理解了技术规范的要求，以及能否完成该要求。业主审查了技术和设计要求，但没有就巨大的报价差距进行磋商。业主要求投标人提供费用分析资料，投标人没有提供，但声称除了一个微不足道的错误外，没有其他错误，错误对总报价没有影响。考虑投标人一再保证按照技术规范的要求履行合同，业主将合同授予投标人。

在进行初步设计时，业主意识到履约存在问题并决定开会讨论，这时投标人才发觉价格上的巨大差距。

投标人要求修改合同，延长工期并增加费用。投标人认为如果合同价格远远偏离实际成本是由于双方的错误造成的，那么业主无权要求投标人履行合同；如果业主坚持要求履行合同，那就得对合同的价格和工期进行公平的调整以使合同价格反映实际成本。法院认为，投标人只读了部分技术规范，根据部分技术规范进行的投标属于判断错误，而不属于错读技术规范，因此拒绝了投标人修改合同或撤销合同的诉讼请求。

【案例解析】

一般地说，投标人要求修改合同必须证明：①因为错误投标人的投标报价有遗漏；②错误必须是书写错误、计算错误或者错读了技术规范。本案是比较典型的例子，投标人没有履行自己的职责认真审查招标文件，而仅仅根据其中的 2～3 页制作了标书。而根据这 2～3 页技术规范制作的标书是投标人经过谨慎的考虑以后才决定选择标准塔式起重机加以改造来满足业主要求的。根据部分技术规范所做的投标属于一种判断错误，根据判断错误进行投标的错误投标人不能要求获得额外付款。

为什么错读技术规范可以允许投标人撤回标书，而没读技术规范就不能允许撤回或给予费用调整呢？我们认为，错读技术规范与没读全部技术规范是有本质区别的。错读技术规范是投标人疏忽或其他原因造成的难以完全避免的结果，即使投标人非常认真仔细地制作标书也难免不发生疏漏；没有读全技术规范则是投标人没有认真履行自己的职责造成的，如果投标人认真一些，完全可以避免标书的错误。在本案中，业主对投标人的报价进行几次确认，投标人一直声明自己的报价是准确无误的。考虑这个因素，我们更容易理解法院不对投标价进行调整的理由。虽然判决结果有些残酷，但应当理解，不能允许在招投标过程中如此不负责任的行为，让投标人品尝如此不负责任的苦果并不过分。

另外，在工程招标投标中，基于判断错误导致的标书错误也不能允许投标人撤回标书。我们知道，在市场经济下，影响工程价格的因素很多，对各种材料、设备、服务价格的估计，对其他各种因素的估计等，尤其建筑工程大多工期很长，对这些因素的估计实际上属于正常的经营风险。对于这些因素和风险的估计必须在投标时进行充分的、比较准确的估计，投标以后就不能允许任意改变；否则就意味着将这些本应由投标人承担的经营风险转移给了业主。在本案中，投标人是依据部分技术规范进行判断的，其制作的标书是投标人所作出的真实意思表示，因此其标书错误属于判断错误，不能允许投标人撤回标书或对其标书进行修正。

1.4 国际建筑市场

一个国家的业主通过国际招标发包建设工程，以及建筑企业进入他国从事工程承包的经营活动，此类工程的承包市场即国际建筑市场或称国际承包市场。该市场可承包的范围很广，包括各种建筑和土木工程的勘测、规划、设计、咨询、施工和劳务。

1.4.1 国际建筑市场的形成与发展

国际工程涉及领域很广，按业务性质分为国际投资合作、国际贷款合作、国际科技合作、国际劳务合作和国际经济援助等项目。国际工程承包是国际经济合作的一个方面，而且有时一项承包工程综合了各种业务性质的合作。

21世纪以来，全球建筑市场的投资者主体结构正在发生剧烈变化，国际工程项目承包和发包方式也发生很大变革，随着国际直接投资的不断增加，投资主体结构的变化，资金实力雄厚、综合经营能力强的国际知名承包商经营管理大型项目能力的不断提高，国际工程项目正在朝着大型化、复杂化的方向发展，国际工程承包商跨国经营的内涵要求增大。随着建设工程项目日趋庞大、技术含量越来越高，已成为研究、开发、建设和运营的结合体，从而使项目从策划、可行性研究、设计、施工直至运营维护的全过程一体化管理要求增加。越来越多的业主倾向于由一家大型承包商或承包商联合体来承担设计、采购和施工的全部项目管理责任，提供国际工程项目的“一揽子”解决方案，这样就对承包商的规模、技术水平、管理水平、融资能力和应变能力等都提出了更高要求。国际工程项目管理已从单一的工程施工和管理延伸到投资规划、项目设计、国际咨询、国际融资、采购、技术贸易、项目运营、人员培训、指导使用、后期维修、物业管理等涉及项目全过程、全方位服务的诸多领域，成为国际投资和国际贸易的综合载体，而且从建筑领域扩展到矿山、水坝、电力、石化、冶金、通信等行业的大型项目。

同时，由于传统的国际工程承包市场竞争将日趋激烈，风险加大，利润下降，国际上大型承包商已经从单纯的承包商角色向开发商角色转变，从项目承包转向投资或带资承包，并将主要投资业务集中在项目运作等利润丰厚的高端产业链，高端的带资承包或特许融资项目、咨询、建设、运营与技术承包等新兴承包方式发展迅速，如EPC(设计—采购—施工)、项目管理总承包(PMC)等一揽子式的交钥匙工程、DDB(开发—设计—建设)、DBFM(设计—

建设—设施经营)、PDBFM(融资—采购—设计—建设—设施经营)、BOT(建设—经营—转让)、PPP/PFI(公共部门与私人企业合作模式)等带资承包方式、CM(设计—施工平行管理)承包模式，特许融资项目、咨询、建设、运营与技术承包等新兴承包方式和承包业务发展迅速，成为国际大型工程项目广为采用的模式。

随着越来越多的业主需要承包商提供项目全寿命期的管理服务，以降低项目全寿命期成本、缩短项目建设工期、减少项目投资风险；资金实力雄厚，综合经营能力强的国际知名承包商也希望拓展自身的经营业务，在承担更多承包风险的同时可增加获得更大利润的机会；占有更多的市场份额提供了机会，同时也为发展中国家中的资金匮乏的承包商欲突破原有的经营方式，广泛进入国际市场设置了障碍，这种由资金实力和综合经营实力决定的商业机会在短期内发展中国家承包商是可望而不可即的。

目前，国际上知名大型承包商营业额的约 65%以上来源于 PMC、EPC、BOT、PPP/PFI、DDB、CM 等模式的项目。美国《工程新闻纪录》(ENR)统计，国际知名大型承包商牢牢占据了年均 80%的建筑业市场份额优势行业的地位。在国际工程承包市场居于金字塔上端 20%的行业掌握着约 80%的市场和收益，而居于金字塔中部和底部的 80%的行业却只掌握约 20%的市场和收益。如德国 Hochtief 将特许经营和运营业务归并为 Hochtief 特许经营公司管理，目前，Hochtief 特许经营公司有 32 个特许经营项目，包括 6 个机场、7 个公路、19 个社会基建项目；法国 Vinci 的业务包括 4 个事业部门：特许经营项目、能源、公路和建设。Vinci 特许经营是欧洲领先的交通基础设施(公路、隧道、桥梁、停车场、机场和铁路)特许经营商，并是世界上最大的公路特许经营商。

我国的国际承包商主要是国有企业，如中交建、中建、中铁建、中铁等。2010 年 ENR225 排名中，我国的国际承包商有 54 家，数量仅次于欧洲。欧洲的 62 家国际承包商的营业额占 52%，我国与美国并列第二，占比均为 13%。我国从 2004 年以来营业额呈快速增长态势，是 ENR225 家国际承包商中增长最快的承包商的来源地。

1.4.2 我国国际工程承包产业的发展与现状

我国目前有对外承包工程和劳务合作企业超过 2000 家，业务遍布 180 多个国家和地区。营业额最大的国家和地区主要有：中国香港地区、新加坡、苏丹、巴基斯坦、伊朗、美国、澳门地区、尼日利亚、日本、科威特等。国际工程承包业务集中在亚、非、中东国际工程承包市场。市场多元化的格局已经形成，行业分布已从初期的普通房建、交通运输等劳动密集型领域发展到专业性较强的石油、化工、冶金、铁路、电力、通信等领域，并向工程设计咨询、计算机软件设计与应用、航空航天等科技密集、知识密集和资本密集领域拓展。1981 年我国只有一家企业入围 ENR225 国际承包商，随后数量逐渐增长，逐步融入国际承包市场，2010 年的全球承包商中，中国铁建和中国中铁荣登榜首，分别位列第一、第二名，这是我国企业第一次荣登榜首。

随着我国加入 WTO 和经济建设的快速发展，国际产业重组和发展中国家工业化进程的加快给我国对外承包工程的发展带来了新的机遇。越来越多的国内大型承包商经过国际市场上的竞争磨炼，开始形成一定的总承包能力。在国际工程承包领域，我国基本上形成了具有多行业组成，能与外国大承包商竞争的国际工程承包团队，并得到了国际上的普遍认可。通过房地产开发、资源合作开发等方式，逐渐推动国际工程承包业务向高端发展。

目前，越来越多的中国承包商已经更加重视规划、勘探、设计、咨询等领域，通过开展EPC、BOT、PPP/PFI、DDB 模式项目总承包等高端业务来进一步扩大国际工程承包业务。工程总承包从化工、石化行业逐步推广到冶金、电力、纺织、铁道、机械、电子、石油天然气、建材、市政、兵器、轻工、地铁等行业，年平均业务增长达约 20%。据统计，目前我国承包商的国际承包项目约有超过 50%的项目都是通过总承包的形式来进行的，特别是以 EPC、BOT、PPP/PFI、DDB 总承包模式等高端模式已经成为我国对外承包工程发展的新特点之一，取得了较好的成效，我国承包商不断进入了国际工程承包高端业务领域，工程总承包项目数额有了明显的增加，带动了我国制造设备的大量出口，并且取得不错的效益，为我国承包商带来丰厚的利润成果。

我国国际工程承包企业除了承揽现汇项目外，提供融资服务或带资承包已经成为扩大市场份额的重要手段。在近十多年的国际工程承包市场上，我国承包商发展势头强劲，据商务部统计，2010 年我国对外承包工程业务完成营业额 922 亿美元，同比增长 18.7%，新签合同额 1 344 亿美元，同比增长 6.5%。截至 2010 年底，我国对外承包工程累计完成营业额 4 356 亿美元，签订合同额 6 994 亿美元。

然而，国际工程项目规模大、周期长和复杂性高、合同条件苛刻、市场竞争激烈，往往潜伏巨大的风险，在国际工程承包市场上活跃的都是各国最优秀的企业，管理、技术、人员、资金等各方面都是一流的。我国承包商以人员费用低、利润率低等优势竞争国际工程已经不再是优势了。如果承包商不具有确定的比较优势，进入国际市场面临的风险很大。而且，国际工程搞不好将严重影响国家声誉，造成很恶劣的国际影响。许多承包商在国际工程投标竞争中受客观市场条件限制，国际工程营运管理水平不足，导致大项目失败或巨大亏损的例子也不少见。如何应对投标、签订合同到项目实施过程中面临的诸多风险，提高国际工程竞争力是我国承包商永恒的课题。近年来，我国承包商在海外也面临着投资保护主义等外部压力，境外安全不容乐观，不断发生安全和恐怖袭击事件。

1.4.3　国际建筑市场的特点

1. 国际工程承包具有广泛的国际性

国际工程承包具有广泛的国际性，主要表现在以下几方面。

(1) 语言国际化。国际承包合同、协议、文件所用语言多为英文，有的采用两种以上的语言，则需要明确不同语言文本是否具有同等效力，如果不具有同等效力则应规定哪种语言文本作为正式文本，哪种语言文本只是译文。

(2) 法律国际化。承包商与不同国家的法人(或自然人)签订合同涉及双方甚至第三方国家的法律，受多个国家法律制约，发生争议时通常需提交国际仲裁机构仲裁或向东道国法院、国际法院起诉。

(3) 资金国际化。建设资金除本国投资外，往往由联合国国际发展援助组织、国际开发银行或金融组织提供资金，或由跨国公司直接投资或由外国承包商筹借资金。付款条件大多数规定使用当地货币和国际通用货币。

(4) 招标国际化。为充分利用国际承包商的技术和人才，保证工程的顺利实施和节约资金，大型项目往往由几个国家的承包商组成承包集团联合承包。

(5) 设计国际化。委托拥有世界同类项目先进技术的设计咨询公司规划设计，保证项目的先进性、合理性。

(6) 技术标准国际化。国际承包要采用业主在合同中指定的技术标准与规程，常采用东道国、承包商国或第三国的技术标准与规程。

(7) 劳务国际化。使用价格较低、素质较高的外国劳务和本国私有制的技术劳务。

(8) 采购国际化。在国际市场寻求价廉物美的材料、设备。

2．国际工程承包具有很强的专业技术性

国际工程承包与一般商业贸易不同，要求承包商具有较高的专业技术能力和经营管理能力。凡进行国际招投标的工程项目一般都要对参加投票的承包商进行严格的资格预审，承包商需提供资产、财务、技术人员、机构设备和承建类似工程经历等情况。国际工程承包的投票报价也较一般商品贸易的报价复杂得多。在国际承包项目中很多是技术密集型工程，除一般工业用建筑、公路、桥梁、港口等土木工程和基础设施外，还有海水淡化、核电站、电子通信、宇航等精尖项目，要求具有相应的技术能力和专业水平。不少国家根据承包商的专业范围和能力，分专业、等级颁发营业许可证书。因此，国际工程承包是一项多因素、多目标(质量、工期、效益)的系统工程，其特点是价值高、周期长、一次运量大。承包商必须有较强的适应能力和较高的技术、管理、组织水平。

3．国际工程承包是一项综合输出

国际工程承包不同于一般的国际商品贸易，输出的不是已完成的商品，而是通过输出人才、技术和管理努力组织物化劳动，完成建筑产品，实现交换价值。国际工程承包通过工程实施可以带动设备、施工机具、材料和劳务出口，并带动相关行业的发展。承包商要完成项目的建设，就要承担物资采购、运输，提供安排机电设备及其他服务，这可带动银行、保险、海运、航运、商贸等部门业务的发展。特别是最近几年来，国际承包市场上盛行实物支付和延期付款、带资承包等方式，承包商必须了解所支付商品的价格、规格、产品质量、需求地域、异域差价及关税、配额等销售行情才能消化实物换取现汇。承包商还必须能够准确预测未来国际金融市场的发展趋势和利率变化，避免风险。此外，资金输出项目无论是政府的中长期贷款或赠款，或金融组织以营利为目标的资金输出，都可使本国承包商获得优先工程的权利。

4．国际工程承包是一项具有风险的事业

一项工程从签约到竣工往往需要几年的时间，具有占用资金量大、运转周转长、可变因素多等特点。近几年，由于受股市风潮迭起、汇率变化无常、局部地区战火连绵、政局动荡不稳等因素的影响，国际承包商遭受了巨大的损失，除人为风险外，还有自然风险等。

5．国际工程承包资金投入相对较少

国际工程承包输出的主要是管理和技术，一般用工程项目合同总价 1/3 的资金即可完成项目。有的项目可获得一定比例的预付工程款、工程施工周转金和设备款，可随工程施工、安装交货进度结算，只要按期按质完工，一般可即时收回资金。国际承包的交易对象绝大部分是外国政府，一般不必担心发生贸易摩擦问题。工程承包范围广泛，可带动的行业多，能够取得较好的经济效益。

1.4.4 促进国际建筑市场发展的直接因素

国际建筑市场一方面随世界形势发生变化，同时又受到一些直接因素的制约。从历史的、长远的观点来看，促进国际建筑市场发展的直接原因主要有如下几个。

1. 国际经济相互依赖

国际经济相互依赖是国际间平等互利地相互依赖，而不是单方面的依附。一方面，一些国家缺乏建设工程所需资金、技术、劳务和管理能力；而另一方面，资金、技术、劳务和管理能力占有优势的国家希望向别国输出这些优势，以取得收益，从而使双方通过工程发包进行平等互利的合作。国际间这种相互依赖的深化与发展直接推进了国际建筑市场的兴旺发展。

2. 国际直接投资的发展

国际直接投资是指在国外直接开办各种企业或在有当地资本、别国资本参加的合营企业进行投资，不包括证券投资和其他借贷资本的输出。国际间的直接投资意味着国际建设项目增多。跨国公司在外国投资建厂时，由于当地技术、管理能力的限制或为保护本国的利益，一般都委托本国承包商或本国公司与当地公司联合承建，这是推进国际市场发展的重要因素之一。

3. 国际经济援助的发展

国际经济援助是指一国政府及其所属机构、国际组织或金融机构，以及一些区域性、集团性的多边机构出于各自的政治、军事、经济目的，向另一国家或地区提供用于经济和社会发展方面的赠与、中长期无息或低息贷款。国际经济援助大都规定必须采取国际竞争性招标的方法实施，对活跃国际承包市场起着不可忽视的作用。

4. 国际建筑市场支付方式的发展

国际建筑市场盛行的实物支付、延期付款、带资承包等方式有利于在业主资金短缺的情况下促成国际工程承包，也是直接影响国际工程承包市场发展的一个因素。特许融资BOT/PPP方式对项目所在国政府有以下好处：一是可解决建设资金短缺问题，且不形成债务；二是可解决本国或本地区缺乏建设、经营、管理能力等问题；三是不用承担建设、经营中的风险。因此，这种方式在许多发展中国家受到欢迎并得到推广，促进了国际工程承包市场的发展，改变了国际工程项目运营方式和支付方式的变革。

1.4.5 国际工程承包的契约和经济协调

1. 国际工程承包的契约

国际工程承包的全过程可以归结为签订合同和执行合同两大环节。签订合同时承包商经过投标正式获得承包工程项目的合法权，明确权利和义务；执行合同时承包商完成工程项目的实施过程。前一环节是后一环节的基础，是执行合同的准则，任何一方不按合同规定的义务和条件履行合同就要承担由此造成的损失。国际工程常保合同的法律适用原则如下。

(1) 适用当事人选择的法律。即合作主体经协商一致，共同选择某国的法律为保护主体权利、解决双方争执的依据。但是选择适用的法律不能违反主体国籍的基本原则、社会公共利益和法律的规定。

(2) 适用与合同有密切关系的国家的法律。由于法律的适用涉及各方主体利益，因而国际上对“最密切关系原则”有不同的主张，比较多的国家认为适用劳动实施地国家的法律在国际司法和国际条约中都有这样的规定。

(3) 适用东道国的法律。发展国际经济合作要求国与国之间给予对方合作者以平等的民事权利(在法律上反映为国民待遇原则)，即外国人同本国国民在享受权利和承担义务方面有同等地位。由于外国人在东道国取得的权利是依据东道国法律赋予的，它符合国家主权原则，公平合理，所以为大多数国家所公认，国际工程承包劳务合作到在东道国内履行，经济合作适用东道国法律已成为普通的适用原则。

(4) 适用国际惯例或国际公约。根据法律适用原则应该适用某国法律，而该国实体法又没有这方面的法律规定，可以适用国际惯例或国际公约。在我国境内履行的涉外经济合同，中华人民共和国法律未作规定，可以适用国际惯例。

2．国际工程承包的经济协调

国际工程承包合同签订之后，由于各自的经济利益不同，在合同分工中所处的地位不同，在具体实施过程中经常会发生各种分歧、利益纠纷和矛盾，因此需要通过经济协调来解决，使合同得以继续。国际工程承包由于业主和其他方面的原因，或自然条件和社会原因，如地震、台风、洪水或战争、政变、罢工等，使承包商在工程实施中延误工期和承担额外的损失，承包商为了减少损失就要通过合法的途径和程序要求业主承担其损失，即工程索赔。在国际工程承包中，由此产生的分歧和矛盾常常是经济协调的主要内容。经济协调要依据合同条款的规定，以国际通用的方式解决，具体形式如下。

(1) 协商、谈判。协商是指签订合同的双方当事人直接进行接触、切磋，在互谅互让的基础上，以彼此都可以接受的条件达成和解。谈判是指发生争端的有关国家政府派出代表进行交谈，解决分歧和矛盾。

(2) 调解。双方当事人在第三者的参与、主持下，由第三者进行斡旋和调停，协调当事人之间的意见，提出解决条件，以求达成解决争议的协议。调解争端的第三者不能对争议双方施加压力，调解协议完全取决于当事人的自愿。调解有仲裁、司法诉讼外的调解，也有仲裁判决和司法判决前仲裁机关、法院的调解。

(3) 仲裁。仲裁也称“公断”，是双方当事人根据有关规定和双方协议，通过仲裁组织按照仲裁程序，对所发生的争议作出判断，在权利义务上作出具有约束力的裁决。与调解不同，仲裁裁决的作出不以当事人的自愿为基础。

(4) 司法诉讼。在双方争端中任何一方当事人都有权向有管辖权的法院起诉。如属民事经济纠纷可向东道国法院起诉；如国家间的经济争议引起国家之间的权利义务关系时，可向国际法院起诉。法院判决具有法律约束和强制性，无任何商量的余地。通过司法程序解决争端所需要费用较多，时间较长，又不利于保守商业秘密，很少被采用。

在国际工程承包中双方发生争执时，大多数情况下都可通过友好协调、协商的方法解决，只有各执己见、无法达成妥协时才会提交仲裁或诉诸法律。仲裁是国际上广泛使用的协调方式，与诉讼相比，具有许多优点：仲裁费用一般较低；处理问题比较及时；双方当事人在指定仲裁机构，选择仲裁程序、规则和指定仲裁员方面有较大选择自由；而且仲裁一般是不分开进行的，有利于保守商业机密。因此，当双方通过友好协商或调解仍不能解决分歧时，一般都宁愿提交仲裁解决，而不愿提起司法诉讼。

1.5 建设工程工程量清单计价

2003 年 7 月 1 日，我国开始推行《建设工程工程量清单计价规范》(GB 50500—2003)。自此，建设工程计价模式开始发生了变革，计价方式与国际接轨，体现了公平竞争的市场机制。2008 年 12 月 1 日开始，在原清单计价规范的基础上，中国颁布开始实施国家标准——《建设工程工程量清单计价规范》(GB 50500—2008)；同时，《建设工程工程量清单计价规范》(GB 50500—2003)废止。该计价规范是 2007 版通用合同条款的配套计价规范，实施该规范使国有投资建设项目的合同条款和计价方式管理配套，使建设项目工程量清单计价方法的应用更为完善、明确。

2008 清单计价规范分为总则、术语、工程量清单编制、工程量清单计价、工程量清单计价表格五大部分内容，其中第四部分计价内容对招标控制价、投标价、工程合同价款的约定、工程计量与价款支付、索赔与现场签证、工程价款调整、竣工结算工程计价争议处理作了明确规定，其中有 15 条强制性规定。

1.5.1 工程量清单计价的概念

工程量清单计价是一种国际上通行的工程造价计价方式，是在建设工程招标投标过程中，招标人按照国家统一的工程量计算规则提供工程数量，由投标人依据工程量清单、施工图、企业定额、市场价格等进行自主报价，并经评审后合理低价中标的工程造价计价方式。

《建设工程工程量清单计价规范》(GB 50500—2008)中明确规定：全部使用国有资金(含国家融资资金)投资或国有资金投资为主的工程建设项目应执行工程量清单计价方式确定和计算工程造价，非国有资金投资的工程建设项目可采用工程量清单计价。

1.5.2 工程量清单计价的费用构成

工程量清单计价的费用构成内容见表 1-3。

表 1-3 工程量清单计价的费用构成

序号	费用构成		费用内容
1	分部分项工程费	直接工程费	人工费、材料费、施工机械使用费
		管理费	管理人员工资、办公费、差旅交通费、固定资产使用费、工具用具使用费、劳动保险费、工会经费、职工教育经费、财产保险费、财务费、税金、其他等
		利润	施工企业完成所承包工程获得的盈利
		风险费	一定范围内的风险费

续表

序号	费用构成	费用内容
2	措施项目费	通用措施费：安全文明施工费(含环境保护费、文明施工费、安全施工费、临时设施费)，夜间施工费，二次搬运费，冬雨季施工费，大型机械设备进出场及安拆费，施工排水费，施工降水费，地上、地下设施及建筑物的临时保护设施费，已完工程及设备保护费； 专业措施项目费(建筑工程/装饰装修工程/安装工程/市政工程/矿山工程)
3	其他项目费	暂列金额、暂估价、计日工、总承包服务费、其他
4	规费	工程排污费、工程定额测定费、社会保障费(养老保险费、失业保险费、医疗保险费)、住房公积金、危险作业意外伤害保险
5	税金	建筑安装工程造价内的营业税、城市建设维护税、教育费附加等

1.5.3 工程量清单计价的特点

(1) 工程量清单计价模式是由招标人提供工程量清单，承担着计算工程量义务和工程量误差及漏项的风险；投标人则承担着根据清单项目工程量确定组价内容自主报价的义务和报价高低的风险。

(2) 以招标人提供的工程量清单作为平台，在这个平台上，各个投标人能够在同一起点上进行竞争，即在相同的倾向项目和相同的清单工程量基础上自主报价。也就是说，清单项目及其工程量是一致的，投标人之间只存在报价的竞争。报价的高低显示了企业综合生产能力和管理水平的高低。

(3) 有利于提高工程计价效率，能真正实现快速报价。采用工程量清单计价模式避免了传统计价模式下，招标人与投标人之间在工程量计算上的重复工作，各投标人以招标人提供的工程量清单为统一平台，结合自身的管理水平和施工方案进行报价，促进了个投标人企业定额的完善和工程造价信息的积累和整理，体现了现代工程建设中快速报价的要求。

1.5.4 工程量清单计价在招投标中的作用

加入 WTO、全球经济一体化对我国的建筑行业带来了巨大的冲击，使建筑企业施工技术、管理及市场运作水平提高，竞争力增强。国家推出的量价分离的“工程量清单计价规范”是我国建筑业面对国际大市场所采取的重要改革措施，是工程造价管理与国际接轨的客观需要。推行工程量清单计价使我国的工程造价管理体制由原来的静态指令性管理变革为动态的指导性管理；工程量清单计价有利于工程造价政府管理职能的转变，由过去政府控制的指令性定额计价方式转变为适应市场经济规律需要的工程量清单计价能有效增强政府对工程造价的宏观调控能力，变过去行政直接干预为对工程造价依法监督管理是价格市场化的发展趋势，同时能提高国内企业参与国际化竞争的能力。

作为国际通用的计价方法，工程量清单计价提供了公平竞争的条件。工程量清单计价由业主根据设计要求，按照统一的计量单位、统一的项目划分、统一的工程量计算规则，在招标文件中明确需要施工的建设项目分部分项工程的数量。投标人根据所掌握的市场价格情况，以及对利润追求的程度来对招标文件中的工程量清单进行报价或以企业定额报价。目前，我国的工程量清单计价与国际接轨尚有不小的差距。

(1) 工程量清单体现了招标投标公平竞争的原则。

由于工程量清单作为招标文件的组成部分包括了拟建工程的分部分项工程量项目、措施项目、其他项目名称和相应数量的明细清单，由招标人负责统一提供，从而有效保证了投标人竞争基础的一致性，为投标人提供了公平竞争的平台，体现了招标投标公平竞争的原则。

(2) 工程量清单招标体现了风险合理分担的原则。

由于建筑工程的不确定性和变更因素多，工程建设的风险较大。采用工程量清单招标，投标人只对工程量清单范围内的单价、成本等负责，而对工程量变更或计量不准等原因引起的错误不负责任，这部分的风险应当由业主承担，也就是遵照谁引起风险谁承担责任的原则，因而工程量清单招标符合风险合理分担的原则。

(3) 采用工程量清单招标，有利于科学公平评标。

由于标底在以往的招标投标过程中的特殊作用，其正确与否是投标人能否中标的关键。

采用工程量清单招标，工程量清单作为招标文件的一部分是公开的，且统一了报价要求，这样有利于招标人对投标人的投标价格进行分析比较，真正做到择优选择中标人。

(4) 采用工程量清单招标有利于对工程索赔的控制。

由于“低价中标、高价索赔”的现象在传统的招标方式中屡见不鲜，其中设计变更、现场签证、技术措施费等往往是索赔的主要内容。采用工程量清单招标，由于单项工程综合单价的特殊性，其不因施工数量变化、施工难易程度、施工技术措施差异，以及取费等变化而调整，起到有效控制工程索赔的作用。

(5) 采用工程量清单招标投标更能体现企业的综合实力。

由于工期、质量、造价三者之间的特殊与辩证关系，投标企业报价时必须综合考虑招标文件规定完成工程量清单所需的全部费用，不仅要考虑工程本身的实际情况，还要求企业将进度、质量、工艺及管理技术等方面落实到清单项目报价中，在竞争中真正并充分体现企业的综合实力。

(6) 采用工程量清单招标投标一定程度上遏制了无序的最低价中标现象。

近年来，建设工程领域招投标实际发生的绝对的、无序的、原始的最低价中标结果的现象越演越烈，投标人的投标文件被迫承诺放弃预付款、开办费甚至措施费屡见不鲜，投标价最低或下浮率最高即成为中标的主要依据。2008 清单计价规范中“措施项目清单中的安全文明施工费不得作为竞争性费用”等相关规定一定程度上遏制了无序的最低价中标现象。

本章小结

本章阐述了我国目前基于市场经济条件下的建设工程招投标立法体系及招投标管理体制；介绍了建设工程合同管理的相关概念、特征及建设工程合同的类型与作用，阐述了建设工程合同管理的目的、方法与重要意义；对国内外建设工程市场的发展历程及其变化，建设市场主、客体及资质管理与建设工程交易中心运作原则也作出了基本介绍；对本书将要详细阐述的招投标管理及合同管理相关内容也作出了提纲挈领的介绍。

复习与思考

一、选择题

1. 建筑市场的客体是(　　)。

A．建筑产品　　B．业主　　C．承包商　　D．咨询服务机构

2. (　　)是指承载与建筑业生产经营活动相关的一切交易活动的总称。

A．广义的建筑市场　　B．狭义的建筑市场

C．有形的建筑市场　　D．无形的建筑市场

3. 建设工程的投标人一般不包括(　　)。

A．勘察、设计企业　　B．施工企业

C．工程材料设备供应单　　D．事业单位

4. 某招标人在招标文件中规定了对本省的投标人在同等条件下将优先于外省的投标人中标，根据《招标投标法》，这个规定违反了(　　)原则。

A．公开　　B．公平　　C．公正　　D．诚实信用

5. 建设工程交易中心的基本功能包括(　　)。

A．信息服务功能　　B．场所服务功能

C．集中办公功能　　D．监督管理职能

E．建筑规划功能

二、问答题

1. 简述建设工程招投标的基本概念及其重要意义。
2. 简述建设工程合同的类型及合同管理的目的与意义。
3. 简述建设工程交易中心的性质、作用和基本功能。
4. 建设工程交易中心对建设工程招投标工作的重要意义有哪些？

第2章

建设工程招标

教学要求

能力目标	知识要点	权重
掌握建设工程招标的方式、范围和规模标准	建设工程招标不同分类、范围及规模标准	10%
熟悉建设工程招标的种类、特点和原则	建设工程招标的种类、特点和基本原则	5%
掌握建设工程招标的程序	一般建设工程招标的基本流程	10%
熟悉资格预审公告的编制与发布	资格预审公告的内容、发布要求	5%
掌握资格预审文件的编制	资格审查的内容、原则、方法、程序，以及资格预审文件的编制步骤	10%
掌握招标文件的编制与发售	招标文件的内容、编制步骤、发售要求、澄清与修改	15%
掌握开标、评标、定标和签订合同的工作流程与内容	开标：开标程序及其注意事项	5%
	评标：评标委员会的组建、评标程序、投标文件的澄清与说明、评标报告和中标候选人	15%
	中标：确定中标人的原则、步骤，中标通知书的发放	10%
	签订合同：签订合同时间及相应的规定	5%
熟悉招标投标情况备案及合同备案的相关要求	招标投标情况备案及合同备案的相关要求	10%

引例

【背景】

某建设工程的建设单位自行办理招标事宜。由于该工程技术复杂，建设单位决定采用邀请招标，共邀请A、B、C三家国有特级施工企业参加投标。投标邀请书中规定：6月1日至6月3日每日的9:00—17:00在该单位总经济师室出售招标文件。

招标文件中规定：6月30日为投标截止日；投标有效期到7月20日；投标保证金统一定为100万元，投标保证金有效期到8月20日；评标采用综合评价法，技术标和商务标各占50%。

在评标过程中，鉴于各投标人的技术方案大同小异，建设单位决定将评标方法改为经评审的最低投标价法。评标委员会根据修改后的评标方法，确定的评标结果排名顺序为A公司、C公司、B公司。建设单位于7月15日确定A公司中标，于7月16日向A公司发出中标通知书，并于7月18日与A公司签订了合同。在签订合同过程中，经审查，A公司所选择的设备安装分包单位不符合要求，建设单位遂指定国有一级安装企业D公司作为A公司的分包单位。建设单位于7月28日将中标结果通知了B、C两家公司，并将投标保证金退还给该两家公司。建设单位于7月31日向当地招标投标管理部门提交了该工程招标投标情况的书面报告。

【问题】

(1) 招标人自行组织招标需具备什么条件？要注意什么问题？

(2) 对于必须招标的项目，在哪些情况下可以采用邀请招标？

(3) 该建设单位在招标工作中有哪些不妥之处？请逐一说明理由。

【案例解析】

(1) 招标人具有编制招标文件和组织评标能力的可以自行办理招标事宜。进行招标的项目，招标人自行办理招标事宜的，应当向有关行政监督部门备案。

(2) 根据《工程建设项目施工招标投标办法》(以下简称《办法》)的规定，招标的项目有下列情形之一的，经批准可以进行邀请招标。

① 项目技术复杂或有特殊要求，只有少数几家潜在投标人可供选择的。

② 受自然地域环境限制的。

③ 涉及国家安全、国家秘密或抢险救灾，适宜招标但不宜公开招标的。

④ 拟公开招标的费用与项目的价值相比不值得的。

⑤ 法律、法规规定不宜公开招标的。

(3) 该建设单位在招标工作中有下列不妥之处。

① 停止出售招标文件的时间不妥，因为按《办法》规定，自招标文件出售之日起至停止出售之日止，最短不得少于5个工作日。

② 规定的投标有效期截止时间不妥，因为按《办法》规定，评标委员会提出书面评标报告后，招标人最迟应当在投标有效期结束日30个工作日前确定中标人(第56条)。

③ 投标保证金数额不妥，因为按《办法》规定，投标保证金一般不得超过投标总价的2%，但最高不得超过80万元人民币。

④ 评标过程中改变评标方法不妥，因为按《办法》规定，评标委员会应当按照招标文件确定的评标标准和方法进行评标。

⑤ 中标结果通知未中标人的时间不妥，因为按《办法》规定，中标人确定后，招标人应当在向中标人发出中标通知的同时将中标结果通知所有未中标的投标人。

⑥ 退还投标保证金的时间不妥，因为按《办法》规定，招标人与中标人签订合同后5个工作日内应当向未中标的投标人退还投标保证金。

⑦ 指定D公司作为A公司的分包单位不妥，因为按《办法》规定，招标人不得直接指定分包人。

⑧ 向招标投标管理部门提交报告的时间不妥，因为按《办法》规定，招标人应当自确定中标人之日起15日内向有关行政监督部门提交招标投标情况的书面报告。

2.1 建设工程招标概述

招投标是一种有序的市场竞争交易方式，也是规范选择交易主体、订立交易合同的法律程序。我国招标投标制度既是改革开放的产物，又是规范社会主义市场竞争秩序的要求，为优化资源配置，提高经济效益，规范市场行为，构建防腐倡廉体系等方面发挥了重要作用，并随着招投标法律体系的健全而逐步完善。

建设工程招标最突出的优点是将竞争机制引入工程建设领域，将工程项目的招标人、投标人和代理机构统一纳入市场，实行交易公开，给市场主体的交易行为赋予了极大的透明度；鼓励竞争，防止和反对垄断，通过平等竞争、优胜劣汰最大限度地实现投资效益的最优化。

2.1.1 建设工程招标的方式

我国建设工程招标的方式从不同的角度来看有不同的分类方式，具体如下。

1. 从竞争程度上进行分类

根据《工程建设项目施工招标投标办法》的规定，建设工程招标有公开招标和邀请招标。

(1) 公开招标。公开招标属于非限制性竞争招标，是招标人以招标公告的方式邀请不特定的符合公开招标资格条件的法人或其他组织参加，按照法律程序和招标文件公开的评标办法选择中标人的招标方式。这是一种充分体现招标信息公开性、招标程序规范性、投标竞争公平性，大大降低串标、抬标和其他不正当交易的可能性，最符合招标投标优胜劣汰和“三公”原则的招标方式，也是常用的采购方式。

公开招标的优点是投标的承包商多、范围广、竞争激烈，业主有较大的选择余地，能获得有竞争性的报价，可提高工程质量和缩短工期。其缺点是，由于申请投标人较多，一般要设置资格预审程序，而且评标的工作量也较大，所需招标时间长、费用高。

依法必须招标项目采用公开招标应当按照《招标公告发布暂行办法》(国家发展计划委员会[2000]第4号令)及其他有关规定的媒体发布资格预审公告或招标公告。

(2) 邀请招标。邀请招标属于有限竞争性招标，也称选择性招标，是招标人向已经基本了解或通过征询意向的潜在投标人以投标邀请书的方式直接邀请符合资格条件的特定的法人或其他组织参加投标，并按照法律程序和招标文件规定的评标方法选择中标人的招标方式。

邀请招标的特点是：①招标人在一定范围内邀请特定的法人或其他组织投标，为了保证招标的竞争性，邀请招标必须向3个以上具备承担招标项目能力并且资信良好的投标人发出邀请书；②邀请招标不需发布公告，招标人只要向特定的投标人发出投标邀请书即可，接受邀请的人才有资格参加投标，其他人无权索要招标文件，不得参加投标；③邀请招标虽然不履行资格预审程序，但为了体现公平竞争便于招标人对各投标人的综合能力进行比较，一般情况下仍要求投标人按招标文件中的有关要求，在投标书内报送有关资料，在评标时以资格后审的形式作为评标的内容之一。

邀请招标的优点是不需要发布招标公告和设置资格预审程序，简化了招标程序，节约了招标费用，缩短了招标时间。而且由于招标人对投标人以往的业绩和履约能力比较了解，从而减少了合同履行过程中承包商违约的风险。其缺点是由于选择投标人的范围和投标人竞争的空间有限，可能会丢失理想的中标人，达不到预期的竞争效果及其中标价格。

根据《工程建设项目施工招标投标办法》的规定，招标的项目有下列情形之一的，经批准可以进行邀请招标。

(1) 项目技术复杂或有特殊要求，只有少数几家潜在投标人可供选择的。

(2) 受自然地域环境限制的。

(3) 涉及国家安全、国家秘密或抢险救灾，适宜招标但不宜公开招标的。

(4) 拟公开招标的费用与项目的价值相比不值得的。

(5) 法律、法规规定不宜公开招标的。

2．从招标的组织形式上进行分类

招标可以分为自行组织招标和委托代理招标。

1) 自行组织招标

《招标投标法》规定，招标人具有编制招标文件和组织评标能力，且进行招标项目的相应资金或资金来源已经落实便可以自行办理招标事宜。招标人如不具备自行组织招标的能力，应当委托有相应资格的招标代理机构进行代理招标。

自行组织招标虽然便于协调管理，但往往容易受招标人认识水平和法律、技术专业水平的限制而影响和制约招标采购的“三公”原则和规范性、竞争性。而招标代理机构经过行政监督部门认定，相对招标人具有更专业的招标资格能力和业绩经验，并且相对独立操作。因此即使招标人具有自行组织招标的能力条件，也可优先考虑选择委托代理招标。

2) 委托代理招标

招标人应该根据招标项目的行业和专业类型、规模标准选择具有相应资格的招标代理机构，委托其代理招标采购业务。

表 2-1　招标代理机构应具备的条件及承揽业务的范围

招标代理机构的等级	甲　级	乙　级	暂定级
申请应当具备的基本条件	①是依法设立的中介组织，具有独立法人资格；②与行政机关和其他国家机关没有行政隶属关系或者其他利益关系；③有固定的营业场所和开展工程招标代理业务所需设施及办公条件；④有健全的组织机构和内部管理的规章制度；⑤具备编制招标文件和组织评标的相应专业力量；⑥具有可以作为评标委员会成员人选的技术、经济等方面的专家库；⑦法律、行政法规规定的其他条件		
取得上级资格年限	3 年	1 年	无
人员要求	中级以上不少于 20 人，其中具有工程建设类注册执业资格人员不少于 10 人(其中注册造价工程师不少于 5 人)，从事工程招标代理业务 3 年以上的人员不少于 10 人	中级以上不少于 12 人，其中具有工程建设类注册执业资格人员不少于 6 人(其中注册造价工程师不少于 3 人)，从事工程招标代理业务 3 年以上的人员不少于 6 人	同乙级

续表

招标代理机构的等级	甲　级	乙　级	暂定级
技术经济负责人	专职人员，10年以上从事工程管理的经验	专职人员，8 年以上从事工程管理的经历	同乙级
注册资本金	不少于200万元	不少于100万元	同乙级
可承担的业务范围	可以承担各类工程的招标代理业务	只能承担工程总投资1亿元人民币以下的工程招标代理业务	只能承担工程总投资 6 000 万元人民币以下的工程招标代理业务

招标代理机构应当遵循依法、科学、客观、公正的要求，并坚决抵制虚假招标、规避招标、串标围标、倾向或排斥投标人，以及商业贿赂等违法行为，依法保护招标人的合法权益，维护国家和社会公共利益，不损害投标人的正当权权益。同时，招标代理机构的从业资格和代理行为应该接受招标人、投标人及行政部门、行业组织的监督、检验和考核。

工程建设项目招标代理机构的资格认定标准，以及招标代理业务范围必须符合《工程建设项目招标代理机构资格认定办法》(建设部[2007]第154号令)和《工程建设项目招标代理机构资格认定办法实施意见》(建设部[2007]第230号令)的规定。

3. 从招标的范围上进行分类

招标可以分为国际招标和国内招标。

(1) 国际招标指的是符合招标文件规定的国内、国外法人或其他组织，单独或联合其他法人或其他组织参与投标，并按招标文件规定的币种进行结算的招标活动。

(2) 国内招标指的是符合招标文件规定的国内法人或其他组织，单独或联合其他国内法人或其他组织参与投标，并用人民币进行结算的投标活动。

案例 2-1

招标方式的选择

【背景】

某地水务有限公司承建的哈尔滨市太平污水处理厂工程项目已由黑龙江省发改委批准。该工程建设规模为日处理能力32.5万立方米二级处理，总造价约为3.3亿元，其中土建工程约为2.0亿元。工程资金来源为：35%自有资金；65%银行贷款。××国际招标有限责任公司受工程总承包单位委托，就该工程部分土建工程的第五标段、第六标段、第七标段、第八标段、第九标段、第十标段进行国内竞争性公开招标，选定承包人。现邀请合格的潜在的土建工程施工投标人参加本工程的投标。要求投标申请人须具备承担招标工程项目的能力和建设行政主管部门核发的市政公用工程施工总承包一级资质，地基与基础工程专业承包三级或以上资质的施工单位，并在近两年承担过两座以上(含两座)10万立方米以上污水处理厂主体施工工程。同时作为联合体的桩基施工单位应具有三级或以上桩基施工资质，近两年相关工程业绩良好。

【问题】

建设工程招标的方式有哪几种？各有何特点？

【案例解析】

根据《招标投标法》的规定，建设工程招标的方式有公开招标和邀请招标两种。

公开招标的优点是投标的承包商多、范围广、竞争激烈，业主有较大的选择余地，能获得有竞争性的报价，提高工程质量和缩短工期。其缺点是，由于申请投标人较多，一般要设置资格预审程序，而且评标的工作量也较大，所需招标时间长、费用高。

邀请招标的优点是不需要发布招标公告和设置资格预审程序，简化了招标程序，节约了招标费用，缩短了招标时间。而且由于招标人对投标人以往的业绩和履约能力比较了解，从而减少了合同履行过程中承包商违约的风险。其缺点是由于选择投标人的范围和投标人竞争的空间有限，可能会丢失理想的中标人，达不到预期的竞争效果及其中标价格。

2.1.2 建设工程招标的种类

1. 工程招标

工程招标是指招标发包各类土木工程、建筑工程、设备和管线安装工程、装饰装修工程等，可选择施工总承包或工程总承包企业。

(1) 施工总承包招标。工程建设项目招标人通过招标选择具有相应工程施工承包资质的企业，按照招标要求对工程建设项目的全部施工任务实行总承包，并承担工程建设项目施工质量、进度、造价、安全等控制责任和相应的风险责任。

(2) 工程总承包招标。工程建设项目招标人通过招标选择具有相应工程设计或施工承包资质的企业，在其资质等级许可的承包范围内，按照招标要求对工程建设项目的设计、采购、施工、试运行(竣工验收)等实行全部或部分任务的总承包，全面负责工程项目建设总体协调、管理，并承担工程建设项目质量、进度、造价、环境、安全等控制责任和相应的风险。工程总承包的主要方式有：设计采购施工(EPC)/交钥匙总承包、设计—施工总承包(DB)、设计—采购总承包(EP)、采购—施工总承包(PC)等。

2. 货物招标

货物招标是指招标采购各种原材料、机电设备产品等商品，以及可能附带的配套服务，既包括构成工程的货物，也包括一般生产资料、生活消费品、药品、办公用品等。货物招标采购应全面比较货物产品的价格、使用功能、质量标准、技术工艺、社会服务的因素。相同条件下，产品的价格是决定中标的主要因素，但并非价格越低越好，招标人更需要选择性价比高的产品。

3. 服务招标

服务招标是指招标采购除工程和货物以外的各类社会服务、金融服务、技术服务、商业服务等，包括与工程建设有关的投融资、项目前期评估咨询、勘察设计、工程监理、项目管理服务等。区别于工程和货物招标采购，服务招标竞争力主要体现在服务人员素质能力及其服务方案优劣的差异，所以服务价格并不是评价投标人竞争力的主要指标。

2.1.3 建设工程招标的范围和规模标准

招标范围是指招标人必须和可以适用招标方式采购的标的范围。所有工程、货物和服务，除特殊情况外，原则上都适用于招标方式采购。《招标投标法》及据此制定的《工程建设项目招标范围和规模标准规定》([2000]第 3 号令)、《工程建设项目施工招标投标办法》

([2003]第 30 号令)明确了必须招标和可以免于招标的工程建设项目内容、范围和规模标准，具体见表 2-2。

表 2-2 建设工程招标范围和规模

<table>
<tr><td rowspan="6">强制招标的范围</td><td>关系社会公共利益、公共安全的大型基础设施项目</td><td>能源项目、邮电通信项目、城市设施项目、交通运输项目、水利项目、生态环境保护项目</td><td rowspan="6">达到下列标准之一的项目的勘察、设计、施工、监理，以及与工程建设有关的重要设备、材料等的采购必须进行招标：
① 施工单项合同估算价在 200 万元人民币以上的；
② 重要设备、材料等货物的采购，单项合同估算价在 100 万元人民币以上的；
③ 勘察、设计、监理等服务的采购，单项合同估算价在 50 万元人民币以上的；
④ 单项合同估算价低于上述标准，但项目总投资额在 3 000 万元人民币以上的；
⑤ 全部使用国有资金投资或者国有资金投资占控股或者主导地位的，应当公开招标</td></tr>
<tr><td>关系社会公共利益、公共安全的公用事业项目</td><td>市政工程项目，科技、教育、文化、体育、旅游、卫生、社会福利项目</td></tr>
<tr><td>全部或者部分使用国有资金投资的项目</td><td>使用财政预算资金的项目；使用国有企业单位自有资金的项目；使用纳入财政管理的政府性专项建设基金的项目</td></tr>
<tr><td>国家融资的项目</td><td>使用国家发行债券所筹资金的项目；使用国家政策性贷款的项目；国家特许的融资项目；使用国家对外借款或担保所筹资金的项目；国家授权投资主体融资的项目</td></tr>
<tr><td>使用国际组织或者外国政府贷款、援助资金的项目</td><td>使用国际组织贷款资金的项目；使用国际组织或者外国政府援助资金的项目；使用外国政府及其机构贷款资金的项目</td></tr>
<tr></tr>
<tr><td>可以不招标的范围</td><td colspan="3">涉及国家安全、国家秘密或者抢险救灾而不适宜招标的；属于利用扶贫资金实行以工代赈需要使用农民工的；施工主要技术采用特定的专利或者专有技术的；施工企业自建自用的工程，且该施工企业资质等级符合工程要求的；在建工程追加的附属小型工程或者主体加层工程，原中标人仍具备承包能力的；法律、行政法规规定的其他情形</td></tr>
</table>

案例 2-2

招标范围的确定

【背景】

某市第一中学科教楼工程为该市重点教育工程，2000 年 10 月由市计委批准立项，建筑面积为 7 800m^2，投资 780 万元，项目 2001 年 3 月 12 日开工。此项目施工单位由业主经市政府和主管部门批准不招标，奖励给某建设集团承建，双方签订了施工合同。

【问题】

你认为该项目有哪些不符合《工程建设项目施工招标投标办法》之处？

【案例解析】

此案例不符合以下规定。

《招标投标法》第六十六条规定："涉及国家安全、国家秘密、抢险救灾或者属于利用扶贫资金实行以工代赈、需要使用农民工等特殊情况的，不适宜进行招标的项目，按照国家有关规定可以不进行招标。"除此之外，找遍《招标投标法》，并无一条规定授权某级政府或主管部门有批准依法应招标项目可以不招标的权利。因此，本案例中经市政府和主管部门批准不招标，直接奖励给某建设集团承建的做法是一种滥用职权的行为。

《招标投标法》第四条规定："任何单位和个人不得将依法必须进行招标的项目化整为零或者以其他

任何方式规避招标。”而许多违反法律的事情涉及政府和政府的主要领导，说明一些领导依法办事的意识是比较淡薄的。

2.1.4 建设工程招标的特点和原则

1. 招标的特点

招标具有竞争性、程序性、规范性、一次性、技术经济性的特点，具体如下。

(1) 竞争性。有序竞争，优胜劣汰，优化资源配置，提高社会和经济效益，这是社会主义市场经济的本质要求，也是招标投标的根本特性。

(2) 程序性。招标投标活动必须遵循严密规范的法律程序。《招标投标法》及相关法律政策对招标人从确定招标采购范围、招标方式、招标组织形式直至选择中标人并签订合同的招标投标全过程每一环节和时间、顺序都有严格、规范的限定，不能随意改变。任何违反法律程序的招标投标行为都可能侵害其他当事人的权益，必须承担相应的法律后果。

(3) 规范性。《招标投标法》及相关法律政策对招标投标各个环节的工作条件、内容、范围、形式、标准，以及参与主体的资格、行为和责任都作出了严格的规定。

(4) 一次性。投标要约和中标承诺只有一次机会，且密封投标，双方不得在招标投标过程中就实质性内容进行协商谈判，讨价还价，这也是询价采购、谈判采购，以及竞拍价的主要区别。招标不像一般交易方式那样，在反复洽谈中形成合同，任何一方都可以提出自己的交易条件进行讨价还价。

(5) 技术经济性。招标采购或出售标的都具有不同程度的技术性，包括标的适用功能和技术标准、建造、生产和服务过程的技术及管理要求等；招标投标的经济性则体现在中标价格是招标人预期投资目标和投标人竞争期望值的综合平衡。

2. 招标的基本原则

招标的基本原则有公开、公平、公正和诚实信用原则。

(1) 公开原则：就是要求招投标活动具有高的透明度。实行招标信息公开、招标程序公开、招标的一切条件和要求公开、公开开标、公开中标结果。

(2) 公平原则：就是要求给予所有投标人平等的机会，使其享有同等的权利，并履行相应的义务，不能歧视任何一方(国际上通行的不歧视原则)。

(3) 公正原则：就是要求评标时按事先公布的标准对待所有的投标人。

(4) 诚实信用原则：就是平时讲的诚信原则。在招投标活动中诚信也还体现在不得规避招标、串通投标、泄漏标底、划小标段、骗取中标、非法允许转包等。

2.1.5 建设工程招标的适用范围

招投标的适用范围是指哪些主体采购的哪些项目(标的)必须采用招投标的方式。从招投标的本质意义上来说，只要是采购人需要的、数额较大的产品和项目都可以通过招标方式进行。但是，法律上确定招标的适用范围，由于涉及有关采购主体的权利和义务，以及国家的管理和监督职权，所以不是任意设定的；在国际条约、协定的规定方面还涉及参加国的承诺和保留，以及国内法与它的协调等一系列问题。

一般而言，招标的适用范围包括三个方面的内容：一是招标的主体是谁；二是招标的标的是什么；三是实行招标投标的标的数量或价值必须达到多少以上(包括本数)，即招标限额。应该说，从狭义上理解，第三项内容才是招标的适用范围，第一项内容是招标的主体范围问题，第二项内容是招标的标的范围问题，似乎与招标的适用范围无关。其实，这三方面是相互联系的，构成一个整体，缺一不可，舍其一不足以说明招标适用范围的全部含义。

1．招标的主体范围

在我国，从保护国有资产的原则出发，将国家机关、国有企业事业单位及其控股的企业作为招标的主体已被各种招标投标法规所确定。例如，《国家基本建设大中型项目实行招标投标的暂行规定》适用于经国务院或国家发改委批准的国家计划内基本建设大中型项目，这就是说，国家机关、国有企业事业单位(包括其控股的企业)在进行国家基本建设大中型项目建设时都是招标的主体。

目前，在我国一些招投标规定中还将集体所有制单位列入招标主体的范围。例如，《工程建设施工招标投标管理办法》规定，凡政府和公有制(包括全民所有制和集体所有制)企、事业单位投资的工程项目的施工，除不宜招标的外，均应实行招投标。

2．招标的标的范围

从有关国家和国际组织法律和条约、协议、决定等的规定来看，将招标采购标的分为货物(物资)、工程和服务已成为一种通常做法。

从我国的情况来看，在货物方面，招标的标的主要是机电设备和机械成套设备；在工程方面，招标的标的主要是工程建设和安装；在服务方面，招标的标的主要是科研课题、工程监理、招标代理、承包租赁等。对此，《国家基本建设大中型项目实行招标投标的暂行规定》作了总括性的规定，即建设项目主体工程的设计、建筑安装、监理和主要设备、材料供应、工程总承包单位及招标代理机构，以及某些条件下建设项目及项目法人的确定、不涉及特定地区和不受资源限制的项目建设地点的选定、项目前期评估咨询单位的确定，都应当通过招投标进行。

3．招标限额

招标限额指的是实行招投标的标的数量或价值必须达到多少以上(包括本数)。《招标投标法》明确了必须招标的规模标准，详见表2-2。

2.2 建设工程施工招标的基本程序

在建设项目各种招标活动中，工程施工招标是最具有代表性的，也是非常规范的管理活动。本节主要介绍施工招标的基本程序，以公开招标为例，建设工程施工招标一般应遵循的流程如图2.1所示。

接下来对基本程序中的重点环节展开介绍。

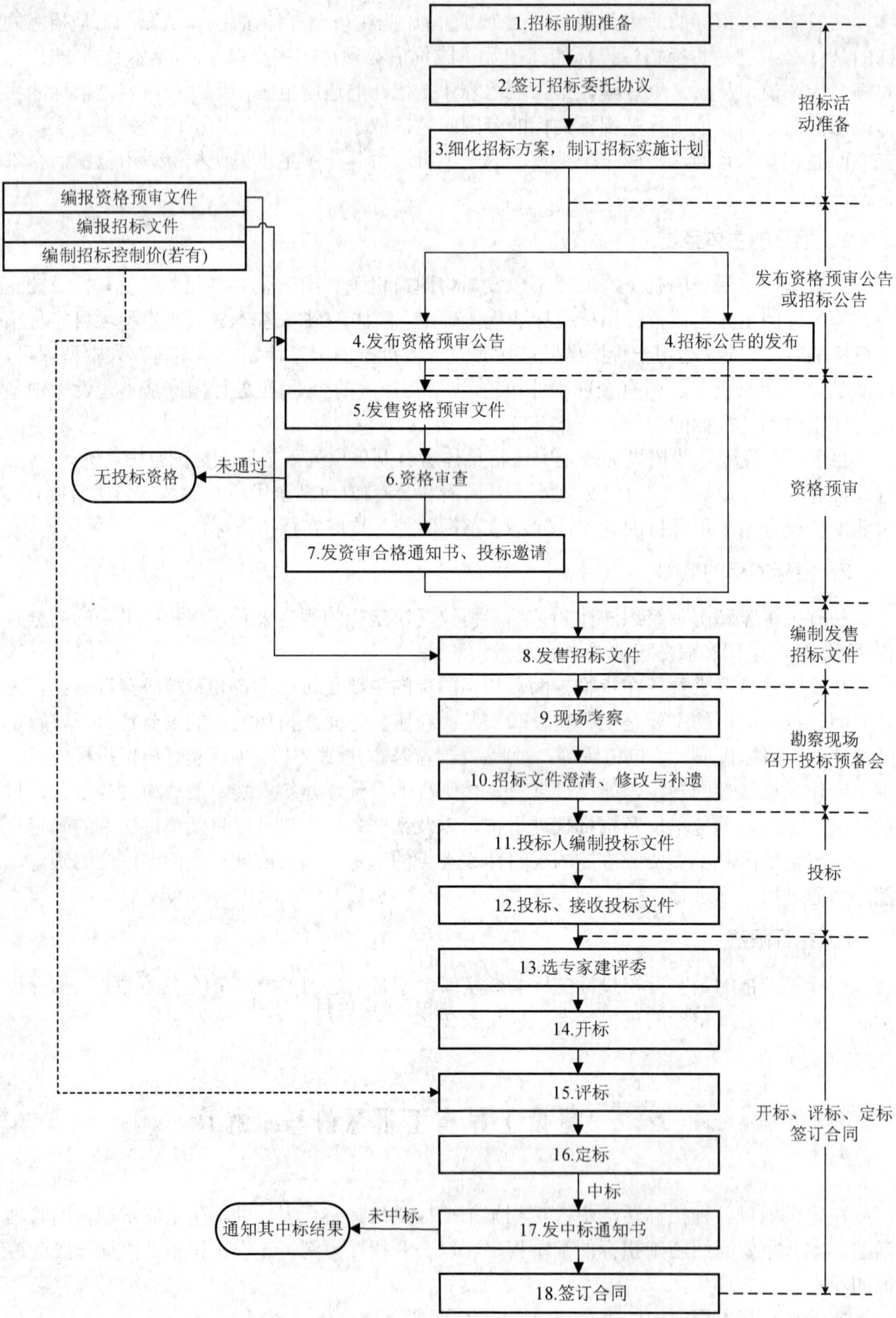

图 2.1 建设工程施工招标(公开招标)流程图

2.2.1 招标准备

招标准备工作包括招标人资格能力判定、确定招标组织形式、编制招标方案、制订招标实施计划和落实招标基本条件。这些准备工作应该相互协调、有序实施。

1. 招标人的资格能力要求

招标人是提出招标项目，发出招标要约邀请的法人或其他组织，应当具备以下条件。

(1) 招标人是依法成立，有必要的财产或者经费，有自己的名称、组织机构和场所，具有民事权利能力和民事行为能力，依法独立享有民事权利和承担民事义务的经济和社会组织，包括企业、事业、政府机关和社会团体法人；招标人也可以是依法成立的，但不具备法人资格，能以自己的名义参与民事活动的经济和社会组织，如个人独资企业、合伙企业、合伙型联营企业、法人的分支机构、不满足法人资格条件的中外合作经营企业、法人依法设立的临时管理机构等。

(2) 招标人的民事权利能力范围受其组织性质、成立目的、任务和法律、法规的约束，由此构成了招标人享有民事权利的资格和承担民事义务的责任。

(3) 招标人应满足《招标投标法》第十二条规定，具有编制招标文件和组织评标能力，通过向行政监督部门备案可自行办理招标事宜，否则应当委托满足相应资格条件的招标代理机构组织招标。

2. 确定招标组织形式

招标人可以根据自身组织机构情况和工程项目的实际情况来确定是采用“自行组织招标”，还是“委托代理招标”。如果采用委托代理招标，需要与具有相应资质的招标代理服务机构签订委托招标代理合同(协议)，明确委托招标代理的内容范围、权限、义务和责任，并报有关行政监督部门备案。委托招标代理合同主要包括以下内容。

(1) 委托代理范围。招标人应在合同中明确委托招标代理机构开展招标代理服务的内容、范围和权限。

(2) 代理期限。合同应明确招标人委托代理机构开展委托代理范围工作的起止时间。

(3) 双方的权利和义务。合同应明确双方的权利、义务和承担的责任。

(4) 服务费用的标准和支付。合同用明确服务收费项目、收费标准、支付方式和时间。其中招标人委托招标代理机构开展招标代理服务的，服务收费应该依据原国家计委印发的《招标代理服务收费管理暂行办法》(计价格[2002]1980号)和2003年9月15日《国家发展改革委办公厅关于招标代理服务收费有关问题的通知》(发改办价格[2003]857号)。

(5) 其他。合同的变更、解除、违约责任，以及合同履行中发生争议的解决办法等。

3. 落实招标的基本条件

为了维护招投标市场秩序，保护招投标当事人的合法权益，提高招投标的成效，根据《工程建设项目施工招标投标办法》的规定，项目组织实施招标必须具备以下几项基本条件。

(1) 招标人已经依法成立。

(2) 初步设计及概算应当履行审批手续的，已经批准。

(3) 招标范围、招标方式和组织形式应当履行核准手续的，已经核准。

(4) 有相应资金或资金来源已经落实。

(5) 有招标所需的设计图纸及技术资料。

(6) 工程建设项目用地拆迁、场地平整、道路交通、水电、排污、通信及其他外部条件已经落实。

4. 编制招标方案、制订招标实施计划

为了有序、有效地组织实施招标采购工作，招标人应根据招标项目的特点和自身需求，依据有关规定编制招标方案和制订招标实施计划，确定招标内容范围、招标组织形式、招标方式、标段划分、合同类型、投标人资格条件，安排招标工作目标、顺序和计划分解招标工作任务，落实需要的资源、技术与管理条件。

2.2.2 资格预审公告/招标公告

根据《招标公告发布暂行办法》(国家计委 4 号令，2000 年 7 月)，招标公告是指采用公开招标方式的招标人(包括招标代理机构)向所有潜在的投标人发出的一种广泛的通告。招标公告的目的是使所有潜在的投标人都具有公平的投标竞争的机会。招标人采用公开招标方式的，应当发布招标公告。

根据相关规定，如：《工程建设项目施工招标投标办法》(七部委 30 号令)第十八条规定："采取资格预审的，招标人可以发布资格预审公告，资格预审公告适用有关招标公告的规定"；《标准施工招标资格预审文件》(2007 年版)的第一章中也有明确标注："资格预审公告(代招标公告)"；《标准施工招标文件》(2007 年版)的第一章中也有明确标注："招标公告(未进行资格预审)"。综合来看，一般情况下，工程招标资格预审公告适用于采用资格预审方法的公开招标，招标公告适用于采用资格后审方法的公开招标。

1. 资格预审公告/招标公告的内容

二者主要包括以下 7 个方面的内容。

(1) 招标条件，包括工程建设项目名称、项目业主名称、项目资金来源和出资比例、招标人名称等。

(2) 工程建设项目概况与招标范围，说明本次招标项目的建设地点、规模、计划工期、招标范围、标段划分等。

(3) 资格预审的申请人或资格后审的投标人资格要求，包括对于申请资质、业绩、人员、设备、资金等各方面的要求，以及是否接受联合体资格预审申请的要求。

(4) 资格预审文件/招标文件获取的时间、方式、地点、价格。

(5) 资格预审文件/投标文件递交的时间、地点。

(6) 公告发布媒体，按照有关规定同时发布本次招标资格预审公告/招标公告的媒体名称。

(7) 联系方式，包括招标人和招标代理机构的联系人、地址、邮编、电话、传真、电子邮箱、开户银行和账户等。

招标公告的发布登记表见表 2-3。

表 2-3　招标公告发布登记表

公第　　　　号

<table>
<tr><td>招标备案编号</td><td colspan="5"></td></tr>
<tr><td>建设单位</td><td colspan="5">××大学</td></tr>
<tr><td>招标代理机构</td><td colspan="5">××招标股份有限公司</td></tr>
<tr><td>工程名称</td><td colspan="5">××大学学生社区及后勤服务用房工程施工</td></tr>
<tr><td>招标类别</td><td>施工</td><td>工程性质</td><td>新建</td><td>工程规模</td><td>约××m^2</td></tr>
<tr><td>工程地址</td><td colspan="5">××省××市××路××号</td></tr>
<tr><td>投标人资质要求</td><td colspan="5">房屋建筑总承包一级以上(含一级)资质，具有独立法人资格</td></tr>
<tr><td>是否资格预审</td><td colspan="5">是　　　　　　否</td></tr>
<tr><td>报名开始时间</td><td colspan="5">年　　月　　日　　时　　分</td></tr>
<tr><td>报名截止时间</td><td colspan="5">年　　月　　日　　时　　分</td></tr>
<tr><td>报名地点</td><td colspan="5">××市××路××号××公司××室</td></tr>
<tr><td>联系人</td><td colspan="2">×××　×××　×××</td><td>联系电话</td><td colspan="2">××××××</td></tr>
<tr><td>资格预审条件或报名要求</td><td colspan="5">(1) 营业执照(复印件加盖公章)。
(2) 资质证书(复印件加盖公章)。
(3) 法定代表人身份证明(原件)。
(4) 法定代表人授权委托书(原件)。
(5) 安全生产许可证(复印件加盖公章)。
(6) 省外企业具备入滇备案证(复印件加盖公章)。
(7) 一级注册建造师资质证书及安全生产考核证书(复印件加盖公章)。
(8) 要求企业近 3 年类似项目的业绩不少于 3 个，项目经理类似业绩不少于 1 个。</td></tr>
<tr><td>备注</td><td colspan="5">资格预审文件售价 100 元/每份</td></tr>
<tr><td colspan="6">工程详细信息</td></tr>
<tr><td colspan="6">招标人盖章：
××年××月××日</td></tr>
<tr><td>信息科
审查意见</td><td colspan="5">××年××月××日</td></tr>
</table>

2. 资格预审公告/招标公告发布的要求

为了规范招标公告发布行为，保证潜在投标人平等、便捷、准确地获取招标信息，原国家计委发布、自 2000 年 7 月 1 日起生效实施的《招标公告发布暂行办法》对招标公告的发布作出了明确的规定，资格预审公告的发布可参照此规定。

(1) 对招标公告发布的监督。原国家计委根据国务院授权，按照相对集中、适度竞争、受众分布合理的原则，对依法必须招标项目的招标公告要求在指定的报纸、信息网络等媒介上发布，并对招标公告发布活动进行监督。

(2) 对招标人的要求。依法必须公开招标项目的招标公告必须在指定媒介发布，这也是公开招标最显著的一个特征。根据《招标公告发布暂行办法》的规定，《中国日报》、《中国经济导报》、《中国建设报》、“中国采购与招标网”为指定依法必须招标项目的招标公告发布媒体。

招标公告的发布应当充分公开，任何单位和个人不得非法限制招标公告的发布地点和发布范围。招标人或其委托的招标代理机构在两个以上媒介发布的同一招标项目招标公告的内容应当相同。

(3) 拟发布的招标公告文本有下列情形之一的，有关媒介可以要求招标人或其委托的招标代理机构及时予以改正、补充或调整。

① 字迹潦草、模糊，无法辨认的。

② 载明的事项不符合规定的。

③ 没有招标人或其委托的招标代理机构主要负责人签名并加盖公章的。

④ 在两家以上媒介发布的同一招标公告内容不一致的。

2.2.3 资格审查

资格审查就是指通过对潜在投标人的经营范围、专业资质、财务状况、技术能力、管理能力、业绩、信誉等多方面评估和审查，以判定其是否具有投标、订立和履行合同的资格和能力。

为了保证潜在投标人能够公平地获取投标竞争的机会，确保投标人满足招标项目的资格条件，同时避免招标人和投标人不必要的资源浪费，招标人应当对投标人资格组织审查。

1. 资格审查的内容

根据《招标投标法》的相关规定，招标人可以根据招标项目本身的要求，在招标文件或资格预审文件中，对潜在投标人的资格条件从资质、业绩、能力、财务状况等方面作出一些规定，要求其提供有关资格证明文件和业绩情况。投标人必须满足相应要求才有资格成为合格投标人，否则招标人有权拒绝其参加投标。审查的内容一般包括：潜在投标人的资质条件、近年财务状况、业绩与信誉、项目管理机构及其投入人员的资格能力，以及招标人针对招标项目提出的其他要求。

(1) 潜在投标人的资质条件。投标人通常应当具有设计和施工资质，当招标范围包括设备采购内容时，还应具有采购方面的经验。招标人可根据项目的特点决定是否允许投标人采取联合体的方式进行投标。

施工总承包资质、专业承包资质、劳务分包资质，以及设计施工一体化资质序列按照工程类型、技术特点分别划分为若干资质类别和资质等级。并根据不同专业资质类别和等级划分建筑企业的业务承包范围，如住建部印发的《建筑业企业资质等级标准》(建[2001]82 号)。

招标项目如允许投标人以联合体形式参加投标的，《招标投标法》第三十一条中的“联合体各方均应当具备规定的相应资格条件”，其具体含义在于：“投标联合体各方应按照责任分工分别符合相应资质等级和其他资格能力标准”；由同一专业的单位组成的联合体，按照其较低的资质等级确定联合体投标人的资质等级。

(2) 近年财务状况。申请人应提交近年经会计师事务所或审计机构审计的财务报表，包括资产负债表、损益表、现金流量表等，用于招标人判断投标人的总体财务状况，以及盈利能力和偿债能力，进而评估其承担招标项目的财务能力和高风险能力。

(3) 业绩与信誉。近年完成的类似项目。申请人应提供近年已经完成与招标项目性质、类型、规模标准类似的工程名称、地址，招标人名称、地址及联系电话，合同价格，申请人的职责定位、承担的工作内容、完成日期，实现的技术、经济和管理目标使用状况，项目经理、技术负责人等。

(4) 项目管理机构及其投入人员的资格能力。拟投入技术和管理人员状况。申请人拟投入招标项目的主要技术和管理人员的身份、资格、能力，包括岗位任职、工作经历、职业资格、技术或行政职务、职称、完成的主要类似项目业绩等证明材料。

(5) 招标人针对招标项目提出的其他要求。如近年发生诉讼及仲裁情况。申请人应提供近年来在合同履行中因争议或纠纷引起的诉讼、仲裁情况，以及有无违法行为而被处罚的相关情况，包括法院或仲裁机构作出的判决、裁决、行政处罚决定等法律文书复印件。

案例 2-3

资格预审公告

【背景】

以下为××招标公司发布的一份招标公告。

招标公告

招标编号：GXTC—0101008—1

拉萨贡嘎机场改扩建工程项目已经国家发展计划委员会批准立项，××招标有限责任公司受拉萨贡嘎机场改扩建工程指挥部委托，对该项目的新航站楼土建工程施工(建筑规模约 1.5 万平方米)进行国内公开招标。现邀请有投标意向的、具有独立法人资格、工业与民用建筑工程施工一级资质，并最好拥有高寒地区施工经验和民用机场航站楼施工经验的单位持本单位介绍信、营业执照(副本)、资质等级证书和经办人身份证(以上均需原件)按下述要求领取资格预审文件。

(1) 资格预审文件售价：每套 1 500 元人民币(限以现金或支票支付)，售后不退。

(2) 资格预审文件发放时间：自××年××月××日起至××年××月××日止。

每天上午 8:30—12:00，下午 14:00—17:00(北京时间，节假日照常办公)。

(3) 资格预审文件发放地点：×××管理局驻成都办事处。

地址：成都双流机场往成都市方向约一公里处，路右手边距收费站约 200 米。

联系电话：×××××××。

联系人：×××。

(4) 资格预审申请书递交地点及时间：所有申请书必须于××年××月××日上午 8:00—12:00 之间送至成都双流机场民航巨龙酒店(双流机场出口正对面约 200 米)二楼会议室。

招标机构：××招标有限责任公司。

地址：北京市西城区金融街 33 号××大厦××房间。

邮编：××××××。传真：×××××××。

联系人：×××。

联系电话：×××××××转×××、×××。

日期：××年××月××日。

【问题】

(1) 资格预审公告应发布哪些内容？

(2) 资格预审文件一般审查的内容包括哪些？

【案例解析】

(1) 资格预审公告发布的内容应包括以下方面。

① 招标条件，包括：工程建设项目名称、项目业主名称、项目资金来源和出资比例、招标人名称等。

② 工程建设项目概况与招标范围，说明本次招标项目的建设地点、规模、计划工期、招标范围、标段划分等。

③ 资格预审的申请人或资格后审的投标人资格要求，包括对于申请资质、业绩、人员、设备、资金等各方面的要求，以及是否接受联合体资格预审申请的要求。

④ 资格预审文件/招标文件获取的时间、方式、地点、价格。

⑤ 资格预审文件/投标文件递交的时间、地点。

⑥ 公告发布媒体，按照有关规定同时发布本次招标资格预审公告/招标公告的媒体名称。

⑦ 联系方式。包括招标人和招标代理机构的联系人、地址、邮编、电话、传真、电子邮箱、开户银行和账户等。

(2) 资格预审文件一般审查的内容如下。

资格预审文件一般审查的内容包括：潜在投标人的资质条件、近年财务状况、业绩与信誉、项目管理机构及其投入人员的资格能力，以及招标人针对招标项目提出的其他要求。

2. 资格审查的原则

投标人的资格条件和标准将直接影响到合格潜在投标人的质量和数量，进而影响到投标的竞争程度和项目招标所期待的目标的实现，招标人务必慎重对待。招标所设定的资格条件和标准不但要合法，而且要切合招标的目标，要能够体现招标竞争的目的，在坚持“公开、公平、公正和诚实信用”的基础上，资格审查应遵守科学、择优和合法的原则。

1) 科学原则

为了保证投标申请人具有合法的投标资格和相应的履约能力，招标人应根据招标采购项目的规模、技术管理特性要求，结合国家企业资质等级标准和市场竞争及其投标人状况，科学、合理地设立资格评审方法、条件和标准。

2) 择优原则

既然要招标，就肯定要优中选优。通过资格审查，选择资格能力、业绩、信誉优秀的潜在投标人参加投标。

3) 合法原则

资格审查的标准、方法、程序应当符合法律规定。招标人可以对潜在投标人进行资格审查，但不得以不合理条件限制或排斥潜在投标人，以及对潜在投标实行歧视待遇。

案例 2-4

资格预审合格单位的取舍

【背景】

某大型工程项目实行国际竞争性招标。在刊出邀请资格预审通告后，有 20 家承包商按约定时间和要求递交资格预审申请书。招标机构采用“定项评分法”进行评分预审，结果有 12 家承包商的总分达到最低标准。招标人认为获得投标资格的申请人太多，考虑这些申请人后准备投标的费用太高，遂决定再按得分高低，取总分前 6 名的申请人前来购买招标文件，通知其他申请人未能通过资格预审。

【问题】

该招标人的做法是否合适？

【案例解析】

按照惯例，所有符合资格预审标准的申请人都应允许购买招标文件参加投标。这 12 家申请人既然都已经达到最低分数标准，说明都具有投标承包工程的能力，因此应获得同等购买招标文件的资格。若投标，这 12 家承包商都有中标的可能。因此，招标人如果要取前 6 名，就应事先规定，而不能事后做决定，否则是不公平的，违反了资格审查的“合法原则”。

3. 资格审查的方法

按照《工程建设目施工招标投标办法》等规定，资格审查分为资格预审和资格后审两种方法。

1) 资格预审

资格预审就是对潜在投标人在出售招标文件或者发出投标邀请书前，招标人通过发售资格预审文件，组织资格审查委员会对潜在投标人提交的资格申请文件进行审查，进而确定投标人名单的一种方法。

采用资格预审可以减少评标阶段的工作量、缩短评标时间、减少评审费用、避免不合格投标人浪费不必要投标费用，但因设置了资格预审环节而延长了招投标的过程，增加了招投标双方资格预审的费用。判断一个项目是否需要组织资格预审，一般情况下是由满足该项目施工条件的潜在投标人的数量来决定的。如果潜在投标人过多，易造成招标人的成本支出和投标人投标费用较大，与项目的价值相比不值得时，招标人需要组织资格预审。反之则可以选择组织资格后审。

根据国务院有关部门对资格预审的要求和《标准施工招标资格预审文件》范本的规定，资格预审办法包括“合格制”和“有限数量制”，一般情况下应采用合格制，当潜在投标人过多时可采用有限数量制。

2) 资格后审

资格后审是在开标后，评标委员会在初步审查程序中对投标人进行资格审查的方法。一般在评标过程中的初步评审阶段，评标委员会根据招标文件规定的投标资格条件对投标人资格进行评审，投标资格评审合格的投标文件进入详细审。

资格后审方法可以减少招标与投标双方资格预审的工作环节和费用，缩短招投标过程，有利于增加投标的竞争性，但在投标人过多时会增加招投标的社会成本和评标的工作量，比较适用于潜在投标人数量不多的招标项目。

按照《工程建设项目施工招标投标办法》第十八条“采取资格后审的，招标人应当在招标文件中载明对投标人资格要求的条件、标准和方法”的规定，资格后审作为招标、评标的一个重要内容在组织评标时由评标委员会负责，审查的内容与资格预审的内容一致。

4. 资格审查的程序

根据国务院有关部门对资格预审的要求和《标准施工招标资格预审文件》范本的规定，资格预审一般按以下程序进行。

(1) 编制资格预审文件。

(2) 发布资格预审公告。

(3) 出售资格预审文件。

(4) 资格预审文件的澄清、修改(如有)。

(5) 潜在投标人编制并提交资格预审申请文件。

(6) 组建资格审查委员会。

(7) 资格审查委员会评审资格预审申请文件，并编写资格评审报告。

(8) 招标人审核资格评审报告，并确定资格预审合格申请人。

(9) 向通过资格预审的申请人发出投标邀请书(代资格预审合格通知书)，并向未通过资格预审的申请人发出资格预审结果的书面通知。

其中，编制资格预审文件和组织进行资格预审申请文件的评审是资格预审程序中的两项重要内容。

5．资格预审文件的编制步骤与要求

资格预审文件是招标人公开告诉潜在投标人参加招标项目投标竞争应具备资格条件的重要文件，是对投标申请人的经营资格、履约能力进行评审，确定合格投标人的依据。

工程招标资格预审文件的基本内容一般包括：资格预审公告、申请人须知、资格审查办法、资格预审申请文件格式、资格预审文件的澄清与修改、项目建设概况等。

依据《标准施工招标资格预审文件》(2007 年版)，招标人应结合招标项目的技术管理特点和需求，按照以下基本内容和要求编制资格预审文件。

1) 资格预审公告

资格预审公告包括：招标条件、项目概况与招标范围、申请人资格要求、资格预审办法、资格预审文件的获取与递交、发布公告的其他媒体、招标人的联系方式等内容。

2) 申请人须知

申请人须知具体包括以下几个方面的内容。

(1) 申请人须知前附表：招标人及招标代理机构的名称、工程建设项目基本情况、申请人资格条件、投标申请人必须具备的工程施工资质、时间安排、申请文件的编写要求、申请文件的递交规定等。

(2) 总则：需将招标工程建设项目概况、资金来源和落实情况、招标范围和计划工期及质量要求叙述清楚，声明申请人资格要求，明确预审申请文件编写所用的语言，以及参加资格预审过程的费用承担者。

(3) 资格预审文件：包括资格预审文件的组成、澄清及修改，资格预审申请文件的递交，资格预审申请文件的审查、通知和确认等。

3) 资格审查办法

(1) 资格审查办法。资格审查办法分为资格预审的合制和资格预审的有限数制两种。

① 合格制：一般情报况下应该使用合格制，凡符合资格预审文件规定资格条件标准的投标申请人，即取得相应投标资格。

② 有限数量制：当潜在投标人过多时，可采用有限数量制。招标人在资格预审文件中既要规定投标资格条件、标准和评审方法，又应明确通过资格预审的投标申请人数量。

(2) 审查标准：包括初步审查和详细审查的标准，采用有限数量制时的评分标准。

(3) 审查程序：包括资格预审申请文件的初步审查、详细审查、申请文件的澄清，以及有限数量制的评分等内容和规则。

(4) 审查结果：资格审查委员会完成资格预审申请文件的审查，确定通过资格预审的申请人名单，向招标提交书面审查报告。

4) 资格预审申请文件

资格预审申请文件包括以下基本内容和格式。

(1) 资格预审申请函。资格预审申请函是申请人响应招标人、参加招标资格预审的申请函，同意招标人或其委托代表对申请文件进行审查，并应对所递交的资格预审申请文件及有关材料内容的完整性、真实性和有效性作出声明。

(2) 法定代表人身份证明或其授权委托书。

(3) 联合体协议书，适用于允许联合体投标的资格预审。

(4) 申请人基本情况，包括申请人的名称、企业性质、经营范围与方式、营业执照、注册资金，成立时间等，以及申请人的施工、制造或服务能力。

(5) 近年财务状况。申请人应提交近年经会计师事务所或审计机构审计的财务报表，用于招标人判断投标人的总体财务状况，以及盈利能力和偿债能力。

(6) 近年完成的类似项目。申请人应提供近年已经完成与招标项目性质、类型、规模标准类似的工程名称、地址，招标人名称、地址及联系电话，合同价格，申请人的职责定位、承担的工作内容、完成日期，以及项目经理、技术负责人等。

(7) 拟投入技术和管理人员状况。

(8) 已完成和新承接项目情况。填报信息内容与“近年完成的类似项目情况”的要求相同。

(9) 近年发生诉讼及仲裁情况。申请人应提供近年来在合同履行中因争议或纠纷引起的诉讼、仲裁情况，以及有无因违法行为而被处罚的相关情况。

(10) 其他材料。

5) 工程建设项目概况

工程建设项目概况的内容应包括项目说明、建设条件、建设要求和其他需要说明的情况。各部分具体编写要求如下。

(1) 项目说明：首先应概要介绍工程建设项目的建设任务、工程规模标准和预审效益；其次说明项目的批准或核准情况；再次介绍该工程的项目业主，项目投资人出资比例，以及资金来源；最后概要介绍项目的建设地点、计划工期、招标范围和标段划分情况。

(2) 建设条件：主要是描述建设项目所处位置的水文气象条件、工程地质条件、地理位置及交通条件等。

(3) 建设要求：概要介绍工程施工技术规范、标准要求，工程建设质量、进度、安全和环境管理等要求。

(4) 其他需要说明的情况：需结合项目的工程特点和项目业主的具体管理要求提出。

2.2.4 招标文件的编制与发售

招标文件是招标过程中必须遵守的法律文件，它是招标人表达招标需求、投标人编制投标文件、招标代理机构接受投标、组织开标、评标委员会评标、招标人确定中标人和签订合同的依据。招标文件编制的优劣将直接影响到招标的质量和招标的成败，这是招投标活动的起始程序，招标范围、投标人资格、评标标准和方法、合同主要条款等各项实质性条件和要求都要在招标文件中予以确定，因此，招标文件的编制对于整个招投标过程是否合法、科学，能否实现招标目的具有基础性影响。

按照《工程建设项目施工招标投标办法》第十九条规定：“招标人应当根据招标项目的特点和需要编制招标文件。招标文件应当包括招标项目的技术要求、对投标人资格审查的标准、投标报价要求和评标标准等所有实质性要求和条件，以及拟签订合同的主要条款。”“国家对招标项目的技术、标准有规定的，招标人应当按照其规定在招标文件中提出相应要求”“招标项目需要划分标段、确定工期的，招标人应当合理划分标段、确定工期，并在招标文件中载明。”编制好招标文件是招标人在组织整个招投标过程中最重要和最关键的工作之一。

1. 招标文件的组成内容

招标文件是招标人向投标人发出的旨在向其提供为编写投标文件所需的资料，并向其通报招投标将依据的规则、标准、方法和程序等内容的书面文件。

(1) 招标文件的一般构成。按照有关招投标法律法规与规章的规定，招标文件一般由以下 7 项基本内容构成。

① 招标公告或投标邀请书。

② 投标人须知(含投标报价和对投标人的各项投标规定与要求)。

③ 评标标准和评标方法。

④ 技术条款(含技术标准、规格、使用要求及图纸等)。

⑤ 投标文件格式。

⑥ 拟签订合同主要条款和合同格式。

⑦ 附件和与其他要求投标人提供的材料。

各类招标文件都包括一般构成的 7 项基本内容。所不同的是，对不同类型项目的招标文件的内容构成，有关部委又结合行业的具体特点进行了一些特殊规定。比如，工程施工招标文件，《工程建设项目施工招标投标办法》增加了“对采用工程量清单招标的，必须提供工程量清单”等规定。

(2) 招标项目所有实质性要求和条件都必须列为招标文件的重要内容。按照《招标投标法》规定，招标文件中必须包括项目的技术要求、技术标准、对投标人资格审查的标准、投标报价要求、评标标准、标段、工期和拟签订合同的主要条款等实质性要求和条件。也就是说，招标人根据项目特点和不同条件情况的不同需求还有其他许多重要内容必须作为实质性条款列入招标文件。

(3) 评标办法。按照《工程建设项目施工招标投标办法》的规定，招标文件应当明确规定评标时除价格以外的所有评标因素，以及如何将这些因素量化或者据以进行评估。在评标过程中不得改变招标文件中规定的评标标准、方法和中标条件。评标标准和评标方法不仅要作为实质性条款列入招标文件，而且还要强调在评标过程中不得改变。

评标办法包括选择评标因素、标准和评标方法、步骤，是评标委员会评标的直接依据，是招标文件中投标人最为关注的核心内容。评标委员会将依据评标办法和标准评审投标文件作出评审结论并推荐中标候选人，或者根据招标人的授权直接确定中标人。

根据《评标委员会和评标方法暂行规定》、《工程建设项目施工招标投标办法》等规定，评标方法分为经评审的最低投标价法、综合评估法及法律、法规允许的其他评标方法。

① 经评审的最低投标价法。根据经评审的最低投标价法能够满足招标文件的实质性要求，并且经评审的最低投标价的投标应当推荐为中标候选人。经评审的最低投标价法一般适用于具有通用技术、性能标准或者招标人对其技术、性能没有特殊要求的招标项目，工程施工技术管理方案的选择性较小，且工程质量、工期、成本受施工技术管理方案影响较小，工程管理要求简单的施工招标项目的评标。

② 综合评估法。根据综合评估法，最大限度地满足招标文件中规定的各项综合评价标准的投标应当推荐为中标候选人。综合评估法一般适用于工程建设规模较大，履约工期较长，技术复杂，工程施工技术管理方案的选择性较大，且工程质量、工期和成本受不同施工技术管理方案影响较大，工程管理要求较高的施工招标项目的评标。

③ 其他方法。《评标委员会和评标方法暂行规定》规定，评标方法还包括法律、行政法规允许的其他评标方法。事实上，对专业性较强的招标项目，相关行政监督部门也规定了其他评标方法。招标人在实际招标项目操作中应注意结合使用。

2．招标文件的编制步骤与要求

招标文件是招标人向潜在投标人发出的要约邀请文件，是告知投标人招标项目内容、范围、数量与招标要求、投标资格要求、招投标程序规则、投标文件编制与递交要求、评标标准与方法、合同条款与技术标准等招投标活动主体必须掌握的信息和遵守的依据，对招投标各方均具有法律约束力。招标文件的有些内容只是为了说明招投标的程序要求，将来并不构成合同文件，如投标人须知；有些内容则构成合同文件，如合同条款、设计图纸、技术标准与要求等。

一般情况下，各类工程施工招标文件的内容大致相同，但组卷方式可能有所区别，此处以《标准施工招标文件》(以下简称《标准文件》)为范本介绍工程施工招标文件的内容和编写要求。

(1) 封面格式。《标准文件》封面格式包括下列内容：项目名称、标段名称(如有)、标识出“招标文件”这4个字、招标人名称和单位印章、时间，如图2.2所示。

××大学××校区(南区)学生社区
及后勤服务用房工程

招 标 文 件

招标编号：YZ2010015205034

招　标　人：××××

招标代理机构：××　公司

日期：××××年××月××日

图2.2　施工招标文件封面格式

(2) 招标公告与投标邀请书。招标公告与投标邀请书是《标准文件》第一章的内容。对于未进行资格预审项目的公开招标项目，招标文件应包括招标公告；对于邀请招标项目，招标文件应包括投标邀请书；对于已经进行资格预审的项目，招标文件也应包括投标邀请书(代资格预审通过通知书)，具体如下。

① 招标公告(未进行资格预审的招标项目)。招标公告基本内容包括：招标条件；招标项目的规模、招标范围、标段或标包的划分或数量；招标项目的实施地点或交货或服务地点；招标项目的实施时间，即工程施工工期或货物交货期或提供服务时间等；对投标人或供应商或服务商的资质等级与资格要求；获取招标文件的时间、地点、方式，以及招标文件售价；递交投标文件的地点和投标截止日期；招标人及招标代理机构(如有)的联系方式；发布公告的媒介等。

② 投标邀请书(适用于邀请招标)。适用于邀请招标的投标邀请书一般包括项目名称、被邀请人名称、招标条件、项目概况与招标范围、投标人资格要求、招标文件的获取、投标文件的递交、确认和联系方式等内容，其中大部分内容与招标公告基本相同，唯一区别是：投标邀请书无需说明发布公告的媒介，但对投标人增加了在收到投标邀请书后的约定时间内，以传真或快递方式予以确认是否参加投标的要求。

③ 投标邀请书(代资格预审通过通知书)。适用于代资格预审通过通知书的投标邀请书一般包括项目名称、被邀请人名称、购买招标文件的时间、售价、投标截止时间、收到邀请书的确认时间和联系方式等。与适用于邀请招标的投标邀请书相比，由于已经经过了资格预审阶段，所以在代资格预审通过通知书的投标邀请书内容里不包括招标条件、项目概况与招标范围和投标人资格要求等内容，如图 2.3 所示。

投标邀请书(代资格预审通过通知书)

××大学××校区 学生社区及后勤服务用房工程投标邀请书

(被邀请单位名称)：

你单位已通过资格预审，现邀请你单位按招标文件规定的内容，参加 XX 大学 XX 校区(南区)学生社区及后勤服务用房工程施工投标。

请你单位于 2010 年 4 月 16 日至 2010 年 4 月 22 日(法定公休日、法定节假日除外)，每日上午 8:30 至 11:30，下午 13:30 至 17:30(北京时间，下同)，在××市××路 164 号××公司二楼招标部 208 室购买招标文件。

招标文件每套售价为 1 200.00 元，售后不退。图纸押金 2 000.00 元，在退还图纸时退还(不计利息)。邮购招标文件的，需另加手续费(含邮费)200.00 元。招标人在收到邮购款(含手续费)后当日内寄送。

递交投标文件的截止时间(投标截止时间，下同)为 2010 年 5 月 7 日 11:00，地点为××市××路 189 号××省建设工程交易中心二楼标书投递处。

逾期送达的或者未送达指定地点的投标文件，招标人不予受理。

招标人：××××××
联系人：×××　　×××
电话：

招标代理机构：××××公司
地址：××市××路 164 号
邮编：
联系人：×××　　×××　　×××
电话：
传真：
开户银行：中国建设银行××市××支行
账号：____________

图 2.3　投标邀请书(代资格预审通过通知书)

(3) 投标人须知。投标人须知是招投标活动应遵循的程序规则和对投标的要求。但投标人须知不是合同文件的组成部分，希望有合同约束力的内容应在构成合同文件组成部分的合同条款、技术标准与要求等文件中界定。

投标人须知包括投标人须知前附表、正文和附表格式等内容。

① 投标人须知前附表。投标人须知前附表主要作用有两个方面，一是将投标人须知中的关键内容和数据摘要列表，起到强调和提醒作用，为投标人迅速掌握投标人须知内容提供方便，但必须与招标文件相关章节内容衔接一致；二是对投标人须知正文中交由前附表明确的内容给予具体约定，见表2-4。

表2-4 投标须知前附表

条款号	条款名称	编列内容
1.1.2	招标人	名称：×××××× 地址：×××××× 联系人：×××××× 电话：×××××
1.1.3	招标代理机构	名称：×××××× 地址：×××××× 联系人：×××××× 电话：××××××
1.1.4	项目名称	××办公大楼
1.1.5	建设地点	××××××
1.2.1	资金来源	自筹
1.2.3	资金落实情况	资金已到位
1.3.1	招标范围	图纸范围内全部土建、水电安装工程
1.3.2	计划工期	计划工期：365日历天 计划开工日期：××年××月××日 计划竣工日期：××年××月××日
1.3.3	质量要求	一次性验收合格
1.4	投标人资质条件、能力和信誉	投标人应是收到招标人发出资格预审合同通知书的单位
1.9.1	踏勘现场	组织时间：×××××× 组织地点：××××××
1.10.1	投标预备会	召开，召开时间：×××××× 召开地点：××××××
1.10.2	投标人提出问题的截止时间	××××××
1.10.3	招标人书面澄清的时间	××××××
2.1	构成招标文件的其他材料	招标文件的澄清及补充
2.2.1	投标人要求澄清招标文件的截止时间	××年××月××日××时××分
2.2.2	投标截止时间	××年××月××日××时××分
2.2.3	投标人确认收到招标文件澄清的时间	××年××月××日××时××分
2.3.2	投标人确认收到招标文件修改的时间	××年××月××日××时××分
3.3.1	投标有效期	自递交投标文件之日起60天
3.4.1	投标保证金	投标保证金的形式：现金、支票、银行汇票 投标保证金的金额：××万元整(小写：××元)

续表

条款号	条款名称	编列内容
3.5	资格审查资料	投标人在编制投标文件时，应按新情况更新或补充其在申请资格预审时提供的资料，以证实其各项资格条件仍能继续满足资格预审文件的要求，具备承担本标段施工的资质条件、能力和信誉。
3.6	是否允许递交备选投标方案	不允许
3.7.4	投标文件副本份数	2 份
4.1.2	封套上写明	招标人的地址：×××××××× 招标人名称：××学校基建办公室 (项目名称)标段投标文件 在年月日时分前不得开启
4.2.2	递交投标文件地点	××××××××
4.2.3	是否退还投标文件	否
5.1	开标时间和地点	开标时间：×××××××× 开标地点：××××××××
5.2	开标程序	密封情况检查：由纪律监督人或者投标人代表检查标书密封是否完好； 开标顺序
6.1.1	评标委员会的组建	评标委员会构成：×××人，其中招标人代表×××人，专家×××人； 评标专家确定方式：市专家库随机抽取
7.1	是否授权评标委员会确定中标人	否，推荐的中标候选人数：3
7.3.1	履约担保	履约担保的形式：履约保函 履约担保的金额：合同金额的 10%
10	需要补充的其他内容	
…	……	

备注：本表中的“条款号”在正式发布的招标文件中相关章节内容有对应的条款号。

② 总则。投标须知正文中的“总则”由下列内容组成：项目概况；资金来源和落实情况；招标范围、计划工期和质量要求；投标人资格要求；保密要求；语言文字；计量单位；踏勘现场；投标预备会；分包；偏离等。

③ 招标文件。招标文件是对招投标活动具有法律约束力的最主要文件。投标人须知应该阐明招标文件的组成、招标文件的澄清和修改。投标人须知中没有载明具体内容的，不构成招标文件的组成部分，对招标人和投标人没有约束力。

④ 投标文件。投标文件是投标人响应和依据招标文件向招标人发出的要约文件。招标人在投标须知中对投标文件的组成、投标报价、投标有效期、投标保证金、资格审查资料、备选方案和投标文件的编制和递交提出明确要求。

(4) 投标。投标包括投标文件的密封和标识、投标文件的递交时间和地点、投标文件的修改和撤回等规定。

(5) 开标。开标包括开标时间、地点和开标程序等规定。

(6) 评标。评标包括评标委员会、评标原则和评标方法等规定。

(7) 合同授予。合同授予包括定标方式、中标通知、履约担保和签订合同。

(8) 重新招标和不再招标。

① 重新招标。根据《评标委员会和评标办法暂行规定》第二十七条，有下列情形之一的，招标人应当依法重新招标：招标人少于 3 个或评标委员会否决所有投标。评标委员会否决所有投标包含了两层意思：所有投标均被否决和有效投标不足 3 个，评标委员会经过评审后认为投标明显缺乏竞争，从而否决全部投标。在国外，这种情况也称为“流标”。

② 不再招标。重新招标后投标人仍少于 3 个或者所有投标被否决的，属于必须审批或核准的工程建设项目，经原审批或核准部门批准后不再进行招标。

(9) 纪律和监督。纪律和监督可分别包括对招标人、投标人、评标委员会、与评标活动有关的工作人员的纪律要求及投诉监督。

(10) 附表格式。附表格式包括了招标活动中需要使用的表格文件格式，通常有：开标记录表、问题澄清通知、问题的澄清、中标通知书、中标结果通知书、确认通知等。

(11) 评标办法。招标文件中“评标办法”主要包括选择评标方法、确定评审因素和标准，以及确定评标程序三方面主要内容。

(12) 合同条款及格式。《合同法》规定，施工合同的内容包括工程范围、建设工期、中间交工工程的开工和竣工时间、工程质量、工程造价、技术资料交付时间、材料和设备供应责任、拨款和结算、竣工验收、质量保修范围和质量保证双方相互协作等条款。

为了提高效率，招标人可以采用《标准文件》，或者结合行业合同示范文本的合同条款编制招标项目的合同条款。

《标准文件》的合同条款包括了一般约定、发包人义务、有关监理单位的约定、有关承包人义务的约定、材料和工程设备、施工设备和临时设施、交通运输、测量、放线、施工安全、治安保卫和环境保护、进度计划、开工和竣工、暂停施工、工程质量、试验和检验、变更与变更的估价原则、价格调整原则、计量与支付、竣工验收、缺陷责任与保修责任、保险、不可抗力、违约、索赔、争议的解决等共 24 条。

合同附件格式包括了合同协议书格式、履约担保格式、预付款担保格式等。

(13) 工程量清单。工程量清单表现拟建工程实体性项目及非实体性项目名称及相应数量的明细清单，以满足工程建设项目具体量化和计量支付的需要。工程量清单是投标人的投标报价和签订的合同协议书，是确定合同价格的唯一载体。

实践中常见的有单价合同和总价合同两种主要合同形式，均可以采用工程量清单计价，区别仅在于工程量清单中所填写工程量的合同约束力。采用单价合同形式的工程量清单是合同文件必不可少的组成内容，其中的清单工程量一般具备合同约束力，招标时的工程量是暂估的，工程款结算时按照实际计量的工程量进行调整。总价合同形式中，已标价工程量清单中的工程量不具备合同约束力，实际施工和计算工程变更的工程量均以合同文件的设计图纸所标示的内容为准。

《标准文件》第五章“工程量清单”包括了四部分内容：工程量清单说明、投标报价说明、其他说明和工程量清单。

(14) 设计图纸。设计图纸是合同文件的重要组成部分，是编制工程量清单及投标报价的重要依据，也是进行施工及验收的依据。通常招标时的图纸并不是工程所需的全部图纸，在投标人中标后还会陆续颁发新的图纸，以及对招标时图纸的修改。因此，在招标文件中，除了附上招标图纸外，还应该列明图纸目录。图纸目录一般包括：序号、图名、图号、版本、出图日期等。图纸目录及相对应的图纸将对施工过程的合同管理及争议解决发挥着重要作用。

(15) 技术标准和要求。技术标准和要求也是构成合同文件的组成部分。技术标准的内容主要包括各项工艺指标、施工要求、材料检验标准，以及各分部、分项工程施工成型后的检验手段和验收标准等。有些项目根据所属行业的习惯，也将工程子目的计量支付内容写进技术标准和要求中。项目的专业特点和所引用的行业标准的不同决定了不同项目的技术标准和要求存在区别，同样的一项技术指标可引用的行业标准和国家标准可能不止一个，招标文件编制者应结合本项目的实际情况加以引用，如果没有现成的标准可以引用，有些大型项目还有必要将其作为专门的科研项目来研究。

(16) 投标文件格式。投标文件格式的主要作用是为投标人编制投标文件提供固定的格式和编排顺序，以规范投标文件的编制，同时便于评标委员会评标。

3．工程量清单计价与招标的关系

采用工程量清单招标是由招标人提供包括统一工程量清单的招标文件，招标人根据招标文件中的工程量清单，以及相关要求、施工现场实际条件、拟定的施工组织设计，按照企业定额和市场参考价格信息或参照当地建设行政主管部门发布的现行消耗量定额及造价管理机构发布的市场价格信息进行投标报价，招标人根据评标办法择优选定中标人。

《招标投标法》中明确规定，招标文件应当包括招标项目的技术要求和投标报价的要求，而工程量清单体现了招标人要求投标人完成的分部分项工程项目及相应的工程数量，是投标人进行报价的依据。对于实行工程量清单招标的工程项目，工程量清单必须作为招标文件的组成部分，其准确性和完整性由招标人负责。

另外，工程量清单是工程计价的基础，应作为编制招标控制价、投标报价、计算工程量、支付工程款、核定与调整合同价款、办理竣工结算，以及工程索赔等的依据之一。

工程量清单计价的基本内容参见第 1 章。

(1)招标工程量清单。工程量清单由总说明和清单计价表格组成。它是依据国家或行业有关工程量清单的“价格规范”标准和招标文件中有约束力的设计图纸、技术标准、合同条款中约定的工程计量和计价规则计算编制的。招标文件工程量清单一般由九部分内容：①封面；②总说明；③项目、单项工程招标控制价表；④分部分项工程量清单与计价表；⑤工程量清单综合单价分析表；⑥措施项目清单与计价表(一)和(二)；⑦其他项目清单与计价汇总表；⑧暂列金额明细表、材料暂估价表、专业工程暂估价表、计日工表、总承包服务费计价表；⑨规费项目清单、税金项目清单等。工程量清单应该按照国家和行业统一的工程建设项目划分标准、项目名称、项目编码、工程量计算规则、计量单位及其格式要求计算、编制列表。

(2) 招标控制价(拦标价上限值)。

① 招标控制价的概念。“招标控制价”是在工程施工招标时，由招标人根据国家或省级、行业建设主管部门发布的有关计价规定，按施工设计图纸计算的工程造价，其作用是招标人用于对招标工程控制的最高限价。

为了防止串标、围标和低于成本价竞争，并为评标分析对比提供参考依据，招标人一般都要根据招标采购项目的特点、要求、市场价格及竞争情况，依据招标文件和有关定额规定编制招标项目的招标控制价。

② 招标控制价的产生背景。招标控制价是《建设工程工程量清单计价规范》(GB 50500—2008)修订中新增的专业术语，它是在建设市场发展过程中对传统标底概念的性质进行的界定，这主要是由于我国工程建设项目施工招标从推行工程量清单计价以来，对招标时评标定价的管理方式发生了根本性的变化。具体表现在：从1983年建设部试行施工招投标制到2003年7月1日推行工程量清单计价这一时期，各地对中标价基本上采取不得高于标底的3%，不得低于标底的3%或5%的限制性措施评标定标，在这一评标方法下，标底必须保密，这一原则也在2000年实施的《招标投标法》中得到体现。但在2003年推行工程量清单计价以后，由于各地基本取消了中标价不得低于标底多少的规定，从而出现了新的问题，即根据什么来确定合理报价。实践中，一些工程项目在招标中除了过度的低价恶性竞争外，也出现了所有投标人的投标报价均高于招标人的标底，即使是最低的报价，招标人也不能接受，但由于缺乏相应的制度规定，招标人如不接受投标又产生了招标的合法性问题。针对这一新的形式，为避免投标人串标、哄抬标价，我国多个省、市相继出台了控制最高限价的规定，但在名称上有所不同，包括拦标价、最高报价、预算控制价、最高限价等，并大多要求在招标文件中将其公布，并规定投标人的报价如超过公布的最高限价，其投标将作为废标处理。由此可见，面临新的招标形式，在修订2003版清单计价规范时，为避免与《招标投标法》关于标底必须保密的规定相违背，因此采用了“招标控制价”这一概念。

③ 招标控制价的适用范围。全部使用国有资金投资或国有资金投资为主(以下简称“国有资金投资”)的工程建设项目应实行工程量清单招标，并应编制招标控制价。对于非国有资金投资的工程建设项目，招标人根据项目的技术经济特点和需要可以自主决定招标是否编制拦标价(招标控制价)。

④ 招标控制价的公布。招标控制价应在开标前15天向投标人公布，不应上调或下浮。同时，招标人应将招标控制价及有关资料报送工程所在地工程造价管理机构备查。若招标控制价超过批准的概算，招标人应将其原概算报审批部门审核；若投标人的投标报价高于招标控制价，其投标应予以拒绝。招标控制价的作用决定了招标控制价不同于标底，无须保密。

⑤ 招标控制价的调整。若投标人经复核认为招标人公布的招标控制价未按照《建设工程工程量清单计价规范》的规定进行编制，应在开标前5天向招投标监督机构或(和)工程造价管理机构投诉。招投标监督机构应会同工程造价管理机构对投诉进行处理，发现确有错误的，应责成招标人复核并修改。由于招标人对招标控制价的复核与修改影响开标时间的，招标人应重新公布新的开标时间。

4. 招标文件编写中应注意的问题

(1) 招标文件应当体现工程建设项目的特点和要求。招标文件牵涉的专业内容比较广泛，具有明显的多样性和差异性，编写一套适用于具体工程建设项目的招标文件需要具有较强的专业知识和一定的实践经验，还要准确把握项目专业特点。

编制招标文件时必须认真阅读研究有关设计与技术文件，与招标人充分沟通，了解招标项目的特点和需求，包括项目概况、性质、审批或核准情况、标段划分计划、资格审查方式、评标方法、承包模式、合同计价类型、进度时间节点要求等，并充分反映在招标文件中。

招标文件应该内容完整，格式规范，按规定使用标准招标文件，结合招标项目特点和需求，参考以往同类项目的招标文件进行调整、完善。

(2) 招标文件必须明确投标人实质性响应的内容。投标人必须完全按照招标文件的要求编写投标文件，如果投标人没有对招标文件的实质性要求和条件作出响应，或者响应不完全，都可能导致投标人投标失败。所以，招标文件中需要投标人作出实质性响应的所有内容，如招标范围、工期、投标有效期、质量要求、技术标准和要求等应具体、清晰、无争议，且宜以醒目的方式提示，避免使用原则性的、模糊的或者容易引起歧义的词句。

(3) 防范招标文件中的违法、歧视性条款。编制招标文件必须熟悉和遵守招投标的法律法规，并及时掌握最新规定和有关技术标准，坚持公平、公正、遵纪守法的要求。严格防范招标文件中出现违法、歧视、倾向条款限制、排斥或保护潜在投标人，并要公平合理划分招标人和投标人的风险责任。只有招标文件客观与公正才能保证整个招投标活动的客观与公正。

(4) 保证招标文件格式、合同条款的规范一致。编制招标文件应保证格式文件、合同条款规范一致，从而保证招标文件逻辑清晰、表达准确，避免产生歧义和争议。招标文件合同条款部分如采用通用合同条款和专用合同条款形式编写的，正确的合同条款编写方式为：“通用合同条款”应全文引用，不得删改；“专用合同条款”则应按其条款编号和内容，根据工程实际情况进行修改和补充。

(5) 招标文件专业术语引用要规范、准确，表述要简练。招标文件是法律性文件，所采用的专业术语和规范性术语必须来自相关法律法规的要求，避免使用含义模糊或容易产生歧义的词语，不可擅自修改，更不可随意编纂。为避免前后不一或产生歧义，招标文件校核时应通篇连读，检查各部分是否有不协调、重复和矛盾的内容，确保招标文件的质量。

(6) 充分利用和发挥招标文件范本的作用。为了规范招标文件的编制活动和提高招标文件质量，国务院有关部委组织专家和有经验的招标投标工作者编制了一系列招标文件范本。在编制招标文件过程中应当充分利用和发挥招标文件范本的积极作用，按规定执行(或参照执行)范本编制招标文件，保证和提高招标文件的质量。

特别提示

目前，推广使用的招标文件范本主要有：《标准施工招标资格预审文件》、《标准施工招标文件》、《房屋建筑和市政基础设施工程施工招标文件范本》、《公路工程国内招标文件范本》和《世界银行贷款项目(货物)国际招标文件》等。

5. 招标文件的审核或备案

国务院有关部门对依法必须进行施工招标项目招标文件的审批或备案有规定的，应按规定办理。

按照《房屋建筑和市政基础设施工程施工招标投标管理办法》第 19 条规定，“依法必须进行施工招标的工程，招标人应当在招标文件发出的同时将招标文件报工程所在地的县级以上地方人民政府建设行政主管部门备案。建设行政主管部门发现招标文件有违反法律法规内容的，应当责令招标人改正”。

6. 招标文件的发售

(1) 发售时间、地点：按照投标邀请书或招标公告规定的时间、地点发售招标文件。投标人对招标文件内容有异议者，可在规定时间内要求招标人澄清、说明或纠正。

(2) 招标文件最短发售期：按照《工程建设项目施工招标投标办法》规定，招标文件应明确“自招标文件开始发出之日起至停止发出之日止，最短不得少于5个工作日”。

(3) 售价：按照《招标代理服务收费管理暂行办法》和《工程建设项目施工招标投标办法》规定，对招标文件的收费应当合理，可以收取编制成本费，具体定价办法由省、自治区、直辖市价格主管部门按照不得以营利为目的的原则制定。除不可抗力原因外，招标文件发售后不予退还；招标人在发布招标公告、发出投标邀请书后或者发出招标文件或资格预审文件后不得擅自终止招标。因不可抗力原因造成招标终止的，投标人有权要求退回招标文件并收回购买招标文件的费用。

(4) 投标人编制投标文件所需的合理时间：按照《招标投标法》规定，依法必须招标项目自招标文件开始发出之日起至投标人提交投标文件截止之日止不得少于20日。

7．招标文件的澄清与修改

这里的“澄清”是指招标人对招标文件中的遗漏、词义表达不清或对比较复杂事项进行的补充说明和回答投标人提出的问题。这里的“修改”是指招标人对招标文件中出现的遗漏、差错、表述不清等问题认为必须进行的修订。对招标文件中澄清与修改应当注意以下三点。

(1) 招标人有权对招标文件进行澄清与修改。招标文件发出以后，无论出于何种原因，招标人可以对发现的错误或遗漏，在规定时间内主动地或在解答潜在投标人提出的问题时进行澄清或者修改，改正差错，避免损失。

(2) 澄清与修改的时限。招标人对已发出的招标文件的澄清与修改，按照《招标投标法》规定，应当在提交投标文件截止时间至少15日前通知所有购买招标文件的潜在投标人。如果澄清和修改发出的时间距投标截止时间不足15天，相应推后投标截止时间。

案例2-5

招标人对招标文件的澄清与修改发出时间

【背景】

某依法必须进行招标的项目，由于需要澄清与修改的内容特别多，招标人组织设计单位和招标代理机构对招标文件完成澄清与修改时，距离项目的开标时间仅剩下了5日时间。为保证投标人在开标后不投诉，招标人在发放招标文件澄清与修改时，要求每个投标人写出如下书面承诺：“不会因为招标文件的澄清与修改晚10日发出影响其投标”。而且，该行为事前得到了行政监督机构主要领导的签字确认。在规定的时间内，有一家投标人没有按招标人的要求递交该份承诺书，因此没有领到招标文件的澄清与修改内容。开标后，这家投标人的报价特别高，导致了其没能中标，于是该投标人在开标后的第二天向行政监督部门进行了投诉，理由是由于其没有收到招标文件的澄清与修改，其投标报价按照原招标文件的内容进行报价，导致了其报价内容与其他投标人不一致，报价过高，进而没能中标，而不是其自身实力不满足招标文件，要求有关行政监督部门判定本次招标无效，依法重新进行招投标。在本案的处理过程中，招标人与该投诉人争论激烈，观点截然相反。

招标人观点：招标项目实施周期特别紧张，要求投标人承诺在剩下的5日时间内可以保质保量地完成投标工作的做法事前得到了行政监督机构主要领导的签字确认，程序上不存在问题。投标人由于不响应招标人的要求，本应判成非响应性投标。考虑该投标人在投标过程中花去了大量精力，所以没有给其判成废标，已经很照顾该投标人了。

投诉人观点：从招标文件的澄清与修改发出到投标截止，最短时间不少于 15 日是《招标投标法》强制性规定。招标人要求投标人书面承诺不会因为招标文件的澄清与修改晚 10 日发出影响其投标的做法本身就违反法律规定，这种行为侵犯了投标人的权利，虽然这种侵犯得到了行政监管机构主要领导的同意，但招标人的行为直接触犯了法律，要求监管机构判定本次招标无效。

【问题】

(1) 招标人在上面发出招标文件的澄清与修改环节中是否存在问题？说明理由，如不正确，给出正确做法。

(2) 投标人的投诉理由是否成立？为什么？

【案例解析】

(1) 招标人在发出招标文件澄清与修改环节中的做法违反《招标投标法》第二十三条关于依法必须进行招标的项目，招标人在投标截止时间 15 日前须将招标文件的澄清与修改以书面形式通知招标文件的所有收受人的规定。作为招投标活动的组织者，招标人要求每个投标人写下书面承诺不会因为招标文件的澄清与修改晚 10 日发出影响其投标的行为违反了法律规定。当然，本案中招标监管机构主要领导签字，同意招标人缩短招标文件澄清与修改发出时间的行为直接助长了招标人的上述违法组织招标活动，但丝毫不能减轻招标人作为招投标活动组织者的责任。

正确的做法是，招标人应在发出招标文件的澄清与修改的同时，将投标截止时间相应延长 10 日时间，以保证投标人在收到招标文件的澄清与修改后，有不短于 15 日的法定投标时间进行投标活动。

(2) 投标人的投诉理由是正确的。本案中，招标人以投标人没有按要求递交承诺书，不向其发放招标文件的澄清与修改内容的做法直接违反了《招标投标法》第二十三条关于招标人应在投标截止时间 15 日前将招标文件的澄清与修改通知所有招标文件的收受人的规定。招标人不向该投标人发放招标文件的澄清与修改实际上对该投标人施行了歧视待遇，限制了投标人竞争的行为，违反了《招标投标法》中“公开、公平、公正和诚实信用”的原则。

(3) 澄清或者修改的内容应为招标文件的组成部分。按照《招标投标法》规定，关于招标人对招标文件澄清和修改应“以书面形式通知所有招标文件收受人。该澄清或者修改的内容为招标文件的组成部分”的规定，招标人可以直接采取书面形式，也可以采用召开投标预备会的方式进行解答和说明，但最终必须将澄清与修改的内容以书面方式通知所有招标文件收受人，而且该澄清或者修改的内容作为招标文件的组成部分。

案例 2-6

招标文件的澄清与修改的通知方式

【背景】

某依法必须进行招标的项目，招标人整理完招标文件的澄清与修改后，在投标截止时间前 15 日打电话要求潜在投标人前来招标人所在地进行签收和领取。在规定的时间内有两家投标人没有到招标人所在地进行领取，其中投标人 A 要求招标人在规定的时间内以传真方式发给其招标文件的澄清与修改，招标人及时传真给了该投标人澄清与修改的内容；投标人 B 则一直到开标前 3 日才来领取。开标后，投标人 A、B 分别进行了质疑与投诉，理由是招标人没有在投标前 15 日将招标文件的澄清与修改送达投标人，直接影响了其投标结果，要求有关行政监督部门宣布中标结果无效，并判处招标人依法重新招标。

【问题】

(1) 招标人在发出招标文件的澄清与修改环节中是否存在问题？为什么？

(2) 投标人的投诉是否能够得到支持？为什么？

【案例解析】

(1)《招标投标法》第二十三条规定，招标人对已发出的招标文件进行必要的澄清或者修改的，应当在招标文件要求提交投标文件截止时间至少 15 日前，以书面形式通知所有招标文件收受人，这里的书面形式包括纸质文件和数据电文、传真、邮递等可以有形地表现所载内容的形式。本案中，投标人 A 因为在投标截止时间 15 日前收到了招标文件澄清与修改的传真件，不存在招标人在规定的时间内没有通知其招标文件的澄清与修改问题；但招标人在处理投标人 B 的问题上存在缺陷，没有按照法律规定将招标文件的澄清与修改内容采用书面形式通知投标人 B。

(2) 投标人 A、B 要求有关行政监督部门宣布中标结果无效，并判处招标人依法重新招标的诉求不能够得到支持。按照《工程建设项目招标投标活动投诉处理办法》(11 号令)第九条规定，投诉人应当在知道或者应当知道其权益受到侵害之日起十日内提起投诉，所以行政监督部门不应该，也不会受理这类投诉。

2.2.5 现场踏勘与投标预备会

1. 现场踏勘

踏勘项目现场的目的是为潜在投标人进一步了解现场的施工条件，以便其有针对性地进行投标提供方便。《招标投标法》第二十一条规定，“招标人根据招标项目的具体情况，可以组织潜在投标人踏勘项目现场”、“招标人不得单独或者分别组织任何一个投标人进行现场踏勘”等。

如果有统一组织的安排，在招标文件中应载明踏勘现场的时间和地点。招标人可根据招标项目的特点和招标文件的约定，组织潜在投标人对项目实施现场的地形地质条件、周边和内部环境进行实地踏勘了解，并介绍有关情况。潜在投标人应自行负责据此作出的判断和投标决策。

工程施工招标项目踏勘现场的一般组织程序如下：①在招标文件约定的地点召集潜在投标人；②组织潜在投标人前往项目现场；③依据确定的行走路线介绍现场的各种施工条件及边界条件；④潜在投标人踏勘项目现场；⑤踏勘结束。

工程设计、监理、施工和工程总承包及特许经营等项目一般需要组织现场踏勘。

2. 投标预备会

投标预备会也称为招标答疑会或招标文件交底会，一般是在现场踏勘后 1～2 天内举行。《招标投标法》第三十三条又规定，对于潜在投标人在阅读招标文件和现场踏勘中提出的疑问，招标人可以书面形式或召开投标预备会的方式解答，但需同时将解答以书面方式通知所有购买招标文件的潜在投标人。

投标预备会目的是招标人为了澄清、解答潜在投标人在阅读招标文件(包括工程量清单和招标控制价公布表)和现场踏勘后提出的疑问，按照招标文件规定时间组织的投标预备会议。但所有的澄清、解答均应当以书面方式发给所有购买招标文件的潜在投标人，并属于招标文件的组成部分。

如果投标人在理解图纸、招标文件、工程量计算等方面有疑问而未在答疑期间提出，由此造成的损失均由投标人(中标人)负责。

投标预备会的一般组织程序如下：①与会人员签到；②介绍参加会议的嘉宾；③澄清潜在投标人在规定时间内提出的商务、报价等方面问题；④澄清潜在投标人在规定时间内提出的图纸及有关技术要求等问题；⑤宣布注意事项，投标预备会议结束。

案例 2-7

工程施工招标现场踏勘及投标预备会组织

【背景】

某工程施工招标项目共有 13 家施工企业购买了招标文件。在规定的时间内，招标人需要组织项目现场踏勘及投标预备会议。

【问题】

(1) 写出踏勘现场的组织程序。

(2) 写出投标预备会的组织程序。

(3) 踏勘现场与投标预备会结束后，招标人应及时完成哪几项工作？

【案例解析】

(1)《招标投标法》第二十一条规定，招标人根据招标项目的具体情况，可以组织潜在投标人踏勘项目现场。踏勘现场的一般组织程序如下：①在招标文件约定的地点召集潜在投标人；②组织潜在投标人前往项目现场；③依据确定的行走路线介绍现场的各种施工条件及边界条件；④潜在投标人踏勘项目现场；⑤踏勘结束。

(2) 投标预备会的一般组织程序如下：①与会人员签到；②介绍参加会议的嘉宾；③澄清潜在投标人在规定时间内提出的商务、报价等方面问题；④澄清潜在投标人在规定时间内提出的图纸及有关技术要求等问题；⑤宣布注意事项，投标预备会议结束。

(3) 踏勘现场与投标预备会结束后，招标人应做的事情有：①及时整理招标文件澄清与修改，必要时对一些有争议的或是没有完整回答的问题与有关业务人员协商，给出完整的回答；②投标截止时间 15 日前以书面形式发给所有购买招标文件的潜在投标人；③注意发放招标文件澄清与修改时需留下必要的记载，以证明澄清与修改发给了投标人，并要求其书面确认。

2.2.6 投标文件的编制与递交

投标文件是投标人根据招标文件的要求所编制的，向招标人发出的要约文件。

在通过了资格预审以后，工程项目投标人针对该具体项目准备投入的人力、物力、财力等方面的情况进行描述，以及对本项目的施工、工程量清单、工程造价、工程的保证条例进行说明及承诺，招标人通过建筑工程的招标文件对项目承包对象进行公平公开的选择。

潜在投标人应严格依据招标文件要求的格式和内容编制、签署、装订、密封、标识投标文件，按照规定的时间、地点、方式递交投标文件，并提供相应方式和金额的投标保证金。

投标人在提交投标截止时间之前可以撤回、补充或者修改已提交的投标文件。

1. 投标文件的组成内容

工程投标文件由投标函部分、商务部分、技术部分三部分组成，资格后审的项目还应增加资格审查资料部分。具体由下列内容组成：投标函及投标函附录；法定代表人身份证明或授权委托书；联合体协议书(仅指联合体投标项目)；投标保证金；已标价的工程量清单；施工组织设计(包括管理机构、施工组织设计、拟分包单位情况等)；资格审查资料(资格后审的情况)或资格预审更新资料。

2．投标文件的编制与递交

制作投标文件是招投标活动中重要的环节。投标人在开标前可能做了大量的工作，但最终投标人对招标的所有响应是通过投标文件进行反映的，用户选择谁或不选择谁都是要根据投标文件的情况作出决定的，废标、中标与否都要在投标文件中找出相应的依据，所以应对投标文件给予足够的重视，力求递交的是一份内容上完整、实质上响应、价格上有竞争力、制作上精美的投标文件。

(1) 投标文件的编制。投标文件应按招标文件规定的格式编制，如有必要可增加附页，作为投标文件的组成部分。

投标文件应对招标文件有关工期、投标有效期、质量要求、技术标准和要求、招标范围等实质性内容作出全面具体的响应。

投标文件正本应用不褪色墨水书写或打印。

(2) 投标文件的签署。投标函及投标函附录、已标价工程量清单(或投标报价表、投标报价文件)、调价函及调价后报价明细目录等内容应由投标人的法定代表人或其委托代理人逐页签署姓名(该页正文内容已由投标人的法定代表人或其委托代理人签署姓名的可不签署)，并逐页加盖投标人单位印章或按招标文件签署规定执行。以联合体形式参与投标的，投标文件由联合体牵头人的法定代表人或其委托代理人按上述规定签署并加盖联合体牵头人单位印章。

(3) 投标文件装订。投标文件正本与副本应分别装订成册，并编制目录，封面上应标记“正本”或“副本”，正本和副本份数应符合招标文件规定。

投标文件正本与副本都不得采用活页夹，并要求逐页标注连续页码，否则招标人对于投标文件装订松散而造成的丢失或其他后果不承担任何责任。

(4) 投标文件的密封、标识和包装。投标文件应该按照招标文件规定密封、标识和包装。投标文件的正本与副本应分开包装，加贴封条，并在封套上清楚标记“正本”或“副本”字样，于封口处加盖投标人单位章。未按招标文件规定要求密封和加写标记的投标文件，招标人将拒绝接受。

(5) 投标文件递交。

① 投标文件递交要求。《招标投标法》第三十八条规定：“投标人应当在投标文件要求递交投标文件的截止日期前将投标文件送达招标文件规定的地点。招标人收到投标文件后应当签收保存，不得开启。在招标文件要求提交投标文件的截止时间后送达的投标文件，招标人应当拒收。”

投标人必须按照招标文件规定地点，在规定时间内送达投标文件。递交投标文件最佳方式是直接或委托代理人送达，以便获得招标代理机构已收到投标文件的回执。如果以邮寄方式送达，投标人必须留出邮寄的时间，保证投标文件能够在截止日之前送达招标人指定地点。

② 投标保证金的缴纳。投标人在递交投标文件的同时应按规定的金额、担保形式和投标保证金格式递交投标保证金，并作为其投标文件的组成部分。联合体投标的，其投标保证金由牵头人递交，并应符合规定。投标保证金除现金外，可以是银行出具的银行保函、保兑支票、银行汇票或现金支票。投标保证金的数额不得超过投标总价的2%，且最高不超过80万元。投标人不按要求提交投标保证金的，其投标文件作废标处理。

招标人与中标人签订合同后 5 个工作日内向未中标的投标人和中标人退还投标保证金。

案例 2-8

投标保证金接收性质与接收时间

【背景】

某工程施工项目招标，某投标人投标时，在投标截止时间前递交了投标文件，但投标保证金递交时间晚于投标截止时间两分钟送达，招标人均进行了受理，同意其投标文件参与开标。其他投标人对此提出异议，认为招标人同意该投标文件参加开标会议违背相关规定。

【问题】

(1) 招标人应怎样处理该份投标文件？投标保证金晚于投标截止时间两分钟送达，招标人是否可以接受？为什么？

(2) 该投标人的投标文件是否有效？是否为废标？

【案例解析】

(1)《招标投标法》第三十六条规定，招标人在招标文件要求提交投标文件的截止时间前受理的所有投标文件，开标时都应当众予以拆封、宣读。本例中，该投标人的投标文件已经在投标截止时间前送达，招标人也进行了受理，故应在开标会议当众进行拆封、宣读。因投标保证金是投标文件的组成部分，是投标文件的"内容"，是需要评标委员会评审的内容，投标文件受理与否，不考虑内容是否完整，只考虑是否送到，由于投标保证金晚于投标截止时间两分钟送达，因此招标人对迟到的投标保证金不能受理，如果受理，就相当于在截止时间以后接受了招标文件的补充内容，违反《工程建设项目施工招标投标办法》第五十条中关于逾期送达的或者未送达指定地点的投标文件招标人不予受理的规定。

(2) 无效投标文件一般指招标人不予受理的投标文件。招标人受理后经评标委员会初步评审不合格的投标文件通称为废标。所以，本案中该投标人的投标文件为有效，但由于其投标保证金晚于投标截止时间两分钟送达，按照《工程建设项目施工招标投标办法》第三十七条规定，属于投标人没按招标文件要求提交投标保证金，评标委员会应当经过初步评审对该投标文件按废标处理。

③ 投标文件接收。招标人收到投标文件后应当签收，并在招标文件规定开标时间前不得开启。同时为了保护投标人的合法权益，招标人必须履行完备规范的签收手续。签收人要记录投标文件递交的日期和地点，以及密封状况，签收人签名后应将所有递交的投标文件妥善保存。

(6) 投标文件有效期。投标有效期从投标截止时间起开始计算，为投标截止时间(一般情况下就是开标之日)至招标文件所写明的时间期限，主要用作组织评标委员会评标招标人定标、发出中标通知书，以及签订合同协议书等工作。

一般项目投标有效期为 60～90 天，大型项目 120 天左右。特殊情况下招标人在原定投标文件有效期内可根据需要向投标人提出延长投标文件有效期的要求，投标人应立即以传真等书面形式对此向招标人作出答复，投标人可以拒绝招标人的要求，而不会因此被没收投标担保(保证金)。同意延期的投标人应相应地延长投标保证金的有效期，但不得因此而提出修改投标文件的要求。如果投标人在投标文件有效期内撤回投标文件，其投标担保(保证金)将被没收。

案例 2-9

投标文件受理条件检查责任

【背景】

某工程施工项目，招标人在招标文件中规定的开标现场门口安排专人接收投标文件，填写《投标文件接收登记表》。招标文件规定“投标文件正本、副本分开包装，并在封套上标记“正本”或“副本”字样。同时在开口处加贴封条，在封套的封口处加盖投标人法人章，否则不予受理”。投标人 A 的正本与副本封装在了一个文件箱内；投标人 B 采用档案袋封装的投标文件，一共有 5 个档案袋，上面没有标记“正本”、“副本”字样；投标人 C 没有带投标保证金支票；投标人 D 在招标文件规定的投标截止时间后 1 分钟送到；其他投标文件均符合要求。本项目一共发放了 6 份招标文件。招标人在对上述 4 份投标文件受理时存在以下两种意见。

(1)A、B、C、D 的投标均可以受理，因为仅发放了 6 份招标文件，如果均不受理，则最多有两个投标人投标，直接造成本次招标失败，浪费了人力物力，不符合节俭经济的原则。

(2)D 的投标不可以受理，其他的均可以受理，其中 C 虽然没有提交投标保证金，可以让该投标人在开标后再提交，不影响其投标有效性。

【问题】

(1) 分析以上两种意见正确与否？说明理由。

(2) 应采用什么样的方法处理上述投标文件？为什么？

【案例解析】

(1) 本案中的两种意见均不正确。第一种意见的出发点是好的，但并不正确。投标人 A、B 的投标文件封装和标识不满足招标文件的要求，D 的投标文件超过了投标截止时间 1 分钟，如果受理，直接违反《工程建设项目施工招标投标办法》第五十条关于“逾期送达或者未送达到指定地点的”和“未按照招标文件要求密封的投标文件，招标人不予受理”的规定。

第二种意见认为 C 的投标文件可以受理的观点是正确的，但其认为 A、B 的投标文件可以受理，以及可以让投标人 C 在开标后补交投标保证金的意见并不正确，违反了《工程建设项目施工招标投标办法》第五十条“未按招标文件要求提交投标保证金的，由评标委员会初审后按废标处理”规定。投标保证金是投标文件的组成部分，而让投标人 C 在开标后补交的观点实际上许可了该投标人二次递交投标文件，违反了投标一次性原则，对其他投标人的投标不公平。

(2) 招标人可以受理 A、B、D 之外的投标文件。对投标人 A 和 B 的投标文件应允许其进行重新封装或标识。只要投标人 A、B 在投标截止时间前重新递交的投标文件封装和标识符合招标文件的要求，招标人就应当受理。C 的投标文件可以直接受理，无需查对其是否按照招标文件要求提交了投标保证金，以及投标保证金是否有效等，因为除 27 号令规定的两种不予受理情形外，其他判断投标文件是否符合招标文件要求属于评标委员会工作范畴。(注：可以受理投标文件，但是评标委员会将作为“废标”处理。)

2.2.7 开标、评标与中标

1. 开标

开标是招投标活动的一项重要程序。招标人在投标截止时间的同一时间，依据招标文件规定的开标地点组织公开开标，公布投标人名称、投标报价，以及招标文件约定的其他唱标内容。

开标会应邀请所有投标人的法定代表人或其委托代理人参加，并通知有关监督机构代表到场监督，如需要，也可邀请公证机构人员到场公证。

投标人应按招标文件约定参加开标，招标文件无约定时，可自行决定是否参加开标。投标人不参加开标视为默认开标结果。

招标人可以按照招标文件约定安排出席开标的投标人代表签到，核验投标人授权代表的授权委托书和身份证件，以确认投标人代表身份的真实性。

开标会议的参加人、开标时间、开标地点等要求必须事先在招标文件里表述清楚、准确。招标文件公布的开标时间、地点、程序和内容一般不得改变，如特殊原因而需要变更，则应按招标文件的约定及时通知所有潜在投标人。

开标会由招标人或招标代理主持。开标会全过程应在投标人代表可视范围内进行，并做好记录。

(1) 开标准备工作。招标人应当安排专人在招标文件指定地点接收投标人递交的投标文件，详细记录投标文件送达人、送达时间、份数、包装密封、标识等查验情况，经投标人确认后，出具投标文件的接收凭证。

投标文件密封不符合招标文件要求的，招标人不予受理。在截标时间前应当允许投标人在投标文件接收场地之外自行更正修补。在投标截止时间后递交的投标文件，招标人应当拒绝接收。

至投标截止时间提交投标文件的投标人少于 3 家的不得开标，招标人应将接收的投标文件原封退回投标人，并依法重新组织招标。

(2) 开标程序。招标人及其招标代理机构应按招标文件规定的时间、地点支持开标，邀请所有投标人派代表参加，并通知监督部门。投标人应按招标文件要求参加开标会议，投标人不参加开标并不影响投标文件的有效性，但事后不得对开标结果提出异议。开标一般应遵循以下程序。

① 宣布开标纪律。

② 公布在投标截止时间前接收投标文件的情况(投标人、投标标段、递交时间)。

③ 宣布有关人员(开标人、唱标人、记录人、监标人等)姓名。

④ 依据招标文件约定的方式组织投标文件的密封检查。《招标投标法》规定，开标时，由投标人或者其推选的代表检查投标文件的密封情况，也可以由招标人委托的公证机构检查并公证。

⑤ 宣布投标文件开标顺序。

⑥ 公布标底或招标控制价(拦标价上限值)。

⑦ 唱标。唱标内容：投标人名称、投标标段、唱标一览表中的投标总报价(和承诺)、备选方案报价(如有)、完成期限、质量目标、投标保证金等。

其他：撤回投标情况、修改补充投标文件情况。

⑧ 开标记录签字。开标会议应当做好书面记录，如实记录开标会的全部内容。投标人代表、招标人代表、监标人、记录人等应在开标记录上签字确认，存档备查。

开标记录内容：开标时间、地点、程序、出席开标会的单位和代表、唱标记录、公证机构和公证结果(如有)、投标文件密封和标识检查情况、投标文件存在的或者投标人提出异议的可能影响评审结论的问题。

⑨ 开标结束。完成开标会议全部程序和内容后，主持人宣布开标会议结束。

(3) 开标注意事项。

① 在投标截止时间前，投标人书面通知招标人撤回其投标的，无需进入开标程序。

② 依据投标文件(正本)唱标，其中投标报价以大写金额为准。

③ 开标过程中，投标人对唱标记录提出异议，开标工作人员应立即核对投标函及投标函附录(正本)的内容与唱标记录，并决定是否应该调整唱标记录。

④ 开标时，开标工作人员应认真核验并如实记录投标文件的密封、标识，以及投标报价、投标保证金等开标、唱标情况，发现投标文件存在问题或投标人自己提出异议的，特别是涉及影响评标委员会对投标文件评审结论的，招标人不应在开标现场对投标文件是否有效做出判断和决定，应递交评标委员会评定，并如实记录在开标记录上。

2．评标

招标项目评标工作由招标人依法组建的评标委员会按照招标文件约定的评标方法、标准进行评标。整个评标过程主要流程如图 2.4 所示。

图 2.4 评标流程图

1) 评标委员会

(1) 评标专家资格。评标专家应符合《招标投标法》、《评标委员会和评标方法暂行规定》(国家计委[2001]第 12 号令)和《评标专家和评标专家库管理暂行办法》(国家计委[2003]第 29 号令)规定的条件。

① 从事相关专业领域工作满 8 年并具有高级职称或同等专业水平。

② 熟悉有关招标投标的法律法规，并具有与招标项目相关的实践经验。

③ 能够认真、公正、诚实、廉洁地履行职责。

(2) 评标专家权利。

① 接受招标人依法选聘，担任招标项目评标委员会成员。

② 熟悉招标文件的有关技术、经济、管理特征和需求，依法对投标文件进行客观评审，独立提出评审意见，不受任何单位和个人的干预。

③ 接受参加评标活动的劳务报酬。

④ 法律、行政法规规定的其他权利。

(3) 评标专家的义务。

① 遇到不得担任招标项目评标委员会成员的情况应当主动回避。

② 客观、公正地进行评标。

③ 遵守评标工作程序和纪律规定，不得私下接触投标人，不得收受他人的财务或其他好处，不得透露对投标文件的评审和比较、中标候选人的推荐情况，以及与评标有关的其他情况。

④ 协助、配合有关行政监督部门的监督、检查。

(4) 法律法规规定的其他义务。

① 评标委员会构成。评标委员会由招标人代表及技术、经济专家组成，成员人数为 5

人以上单数，其中招标人代表不得超过 1/3，技术和经济方面的专家不得少于 2/3。例如，组建 7 人的评标委员会，其中招标人代表不得超过 2 人，专家不少于 5 人。

② 评标专家选取。招标人代表应熟悉招标项目的相关业务，能够胜任评标工作。若招标代理机构代表参加，其身份定位为招标人代表。

评标委员会中技术、经济专家的比例、人数及专业、地域分布应能满足项目专业和公正评价的需要。必须招标项目的评标专家一般由招标人从国务院有关部门或省、自治区、直辖市人民政府有关部门或者招标代理机构的专家库内确定；一般招标项目应采取随机抽取方式选择评标专家，特殊招标项目(技术特别复杂、专业性要求特别高或者国家有特殊要求的项目)可以由招标人从专家库中直接确定评标专家。

评标委员会成员的名单在中标结果确定前应当保密。

③ 评标专家的回避原则。评标专家有下列情形之一的，应当回避。

(a) 投标人或者投标主要负责人的近亲属。

(b) 项目主管部门或者行政监督部门的人员。

(c) 与投标人有经济利益关系，可能影响对投标公正评审的。

(d) 曾因在招标、评标及其他与招标投标有关活动中从事违法行为而受过行政处罚或刑事处罚的。

评标专家从发生和知晓上述规定情形之一起应当主动提出回避。评标中，如发现某个评标专家存在法定回避情形的，该评标专家已经完成的评标结果无效，招标人应重新确定满足要求的专家替代其评标。

案例 2-10

评标委员会组建要求

【背景】

某工程项目共有 A、B、C、D 4 个投标人投标，于 2009 年 8 月 5 日(星期三)开标，开标后随即进入评标程序，评标委员会由招标人代表 1 人、招标机构代表 1 人和从中国国际招标网专家库随机抽取的专家 4 人组成。抽取的 4 名专家中有 1 人是国家级专家，曾参与审核该项目招标文件，对该项目比较熟悉；另外 3 人是同一所大学的教师，没有接触过本项目。评标结果推荐了投标人 A 中标，并进行了评标结果公示。

【问题】

该项目评标委员会的组成存在哪些问题？

【案例解析】

该项目评标委员会的组成存在的问题包括以下两方面。

(1) 评标委员会由 6 人组成不妥，成员人数应为 5 人以上单数。

(2) 4 名专家中的国家级专家曾参与审核该项目招标文件，不可以参加评标工作。

2) 评标原则与纪律

(1) 评标原则：评标活动应当遵循公平、公正、科学、择优的原则。

(2) 评标工作要求：评标委员会成员应当按上述原则履行职责，对所提出的评审意见承担个人责任。评标工作应符合以下基本要求：① 认真阅读招标文件，正确把握招标项目特点和需求；②全面审查、分析投标文件；③严格按照招标文件中规定的评标标准、评标方法和程序评价投标文件；④按法律规定推荐中标候选人或依据招标人授权直接确定中标人，完成评标报告。

(3) 评标依据。评标委员会依据法律法规、招标文件及其规定的评标标准和方法对投标文件进行系统的评审和比较，招标文件中没有规定的标准和方法，评标时不得采用。投标文件指进入了开标程序的所有投标文件，以及投标人依据评标委员会的要求对投标文件的澄清和说明。

(4) 评标纪律。

① 评标活动由评标委员会依法进行，任何单位和个人不得非法干预，无关人员不得参加评标会议。

② 评标委员会成员不得与任何投标人或者与招标结果有利害关系的人私下接触，不得收受投标人、中介人，以及其他利害关系人的财务或其他好处。

③ 招标人或其委托的招标代理机构应当采取有效措施，确保评标工作不受外界干扰，保证评标活动严格保密，有关评标活动参与人员应当严格遵守保密原则，不得泄露与评标有关的任何情况。其保密内容包括：评标地点及场所、评标委员会成员名单、投标文件评审比较情况、中标候选人的推荐情况、与评标有关的其他情况等。

为此，招标人应采取有效措施，必要时可以集中管理和使用与外界联系的通信工具等，同时禁止任何人员私自携带与评标活动有关的资料离开评标现场。

3) 评标程序

招标项目一般在开标后即组织评标委员会评标。评标的一般程序为：评标准备、初步评审和详细评审、评分、提交评标报告。

(1) 评标准备。

招标人可视情况在开标后组织清标工作，参与清标工作的人员协助评标委员会工作，并遵守评标的相关规定，具体人员数量由招标人视评标工作量确定。

清标工作的主要任务是承担评标的准备和协助进行初步评审工作，清标工作应全面、客观、准确，不得营私舞弊、歪曲事实，不得对投标文件做出任何评价。

清标工作应作记录，并存档备查。清标的结果应提交评标委员会评审。

(2) 初步评审。

初步评审是评标委员会按照招标文件确定的评标标准和方法，对投标文件进行形式、资格、响应性评审，以判断投标文件是否存在重大偏离或保留，是否实质上响应了招标文件的要求。经评审认定投标文件没有重大偏离，实质上响应招标文件要求的才能进入详细评审。

根据《评标委员会和评标方法暂行规定》和《标准施工招标文件》的规定，我国目前评标中主要采用的方法包括经评审的最低中标价法和综合评估法，两种评标方法在初步评审的内容和标准上基本是一致的。

① 初步评审内容与标准。投标文件的初步评审内容包括形式评审、资格评审、响应性评审。工程施工招标采用经评审的最低投标价法时还应对施工组织设计和项目管理机构的合格响应性进行初步评审。其评审内容和标准见表2-5。

表 2-5　初步评审内容及标准

初步评审	内容及评审标准
形式评审	包括投标人名称与营业执照、资质证书、安全生产许可证一致；投标函上有法定代表人或其委托代理人签字或加盖单位章；投标文件格式符合要求；联合体投标人已提交联合体协议书，并明确联合体牵头人(如有)；报价唯一
资格评审	未进行资格预审的应具备有效的营业执照，具备有效的安全生产许可证，并且资质等级、财务状况、类似项目业绩、信誉、项目经理、其他要求、联合体投标人等均符合规定。若已进行资格预审的，仍按前文所述“资格审查办法”中详细审查标准来进行
响应性评审	包括投标报价校核，审查全部报价数据计算的正确性，分析报价构成的合理性，并与招标控制价进行对比分析，还有工期、工程质量、投标有效期、投标保证金、权利义务、已标价工程量清单、技术标准和要求等均应符合招标文件的有关要求。
施工组织设计和项目管理机构评审	包括施工方案与技术措施、质量管理体系与措施、安全管理体系与措施、环境保护管理体系与措施、工程进度计划与措施、资源配备计划、技术负责人、其他主要人员、施工设备、试验、检测仪器设备等符合有关标准

② 经初步评审后废标的一般情形。投标文件有下列情形之一，经评标委员会评审认定后作废标处理。

(a) 无单位盖章且无法定代表人或其授权代理人签字或盖章的，或者虽有代理人签字但无法定代表人出具的授权委托书的。

(b) 联合体投标未附联合体各方共同投标协议书的。

(c) 没有按照招标文件要求提交投标保证金的。

(d) 投标函未按照招标文件规定的格式填写，内容不全或关键字迹模糊无法辨认的。

(e) 投标人不符合国家或招标文件规定的资格条件的。

(f) 投标人名称或组织结构与资格预审审查时不一致且未提供有效证明的。

(g) 投标人提交两份或多份内容不同的投标文件，或在同一投标文件中对同一招标项目有两个或多个报价，且未声明哪一个为最终报价的，但按招标文件要求提交备选投标的除外。

(h) 串通投标、以行贿手段谋取中标、以他人名义或者其他弄虚作假方式投标的。

(i) 报价明显低于其他投标报价或者在设有标底时明显低于标底，且投标人不能合理说明或提供相关证明材料，评标委员会认定该投标人以低于成本报价竞标的。

(j) 无正当理由不按照要求对投标文件进行澄清、说明或补正的。

(k) 不符合招标文件提出其他商务、技术的实质性要求和条件的。

(l) 招标文件明确规定可以废标的其他情形。

③ 投标报价的算术性错误修正。投标报价有算数错误的，评标委员会一般按以下原则对投标报价进行修正，修正的价格经投标人书面确认后具有约束力。投标人不接受修正价格的，其投标作废标处理。

算术性错误修正方法：投标文件中的大写金额与小写金额不一致时，以大写金额为准；总价金额与依据单价计算出的结果不一致时，以单价金额为准修正总价，但单价金额小数点有明显错误的除外。

案例 2-11

初步评审的规定与标准

【背景】

政府投资的某工程，某招标代理单位承担了该工程施工招标代理任务，该工程采用无标底公开招标方式选定施工单位。

工程招标时，A、B、C、D、E 共 5 家投标单位通过资格预审，并在投标截止时间前提交了投标文件。

评标时，发现 A 投标单位的投标文件虽加盖了公章，但没有投标单位法定代表人签字，只有法定代表人授权书中被授权人的签字(招标文件中对是否可由被授权人签字没有具体规定)；B 投标单位的投标报价明显高于其他投标单位的投标报价，分析其原因是施工工艺落后造成的；C 投标单位将招标文件中规定的工期 380 天作为投标工期，但在投标文件中明确表示如果中标，合同工期按定额工期 400 天签订；E 投标单位投标文件中的总价金额汇总有误。

【问题】

分别指出 A、B、C、E 4 家投标单位的投标文件是否有效。

【案例解析】

(1) A 单位的投标文件有效。理由：招标文件对此没有具体规定签字人有法定代表人的授权书。

(2) B 单位的投标文件有效。理由：招标文件中对高报价没有限制。

(3) C 单位的投标文件无效。理由：没有响应招标文件的实质性要求(或附有招标人无法接受的条件)。

(4) E 单位的投标文件有效。理由：总价金额汇总有误属于细微偏差(或明显的计算错误允许补正)。

(3) 详细评审。

详细评审是评标委员会根据招标文件确定的评标方法、因素和标准，对通过初步评审投标文件作进一步的评审、比较。详细评审的方法包括经评审的最低投标价法和综合评估法。

其适用范围及评审标准见表 2-6。

表 2-6　评审办法的适用范围及评审标准

详细评审方法	适用范围	评审标准
经评审的最低投标价法	具有通用技术、技能标准或者招标人对其技术、性能没有特殊要求的招标项目	标准施工招标文件规定的主要量化因素包括单价遗漏和付款条件等
综合评估法	不宜采用经评审的最低投标价法的招标项目	施工组织设计、项目管理机构、投标报价、其他评分因素等

4) 投标文件的澄清、说明和补正

《招标投标法》三十九条规定，评标委员会在评审投标文件过程中可以要求投标人对投标文件中含义不明确的内容作必要的澄清或者说明，但是澄清或者说明不得超出投标文件的范围或者改变投标文件的实质性内容。这里的实质性内容，《招标投标法》第四十三条界定了投标价格、投标方案等为投标文件的实质性内容。《评标委员会和评标方法暂行规定》(国家七部委第 12 号令)第十九条又进一步规定，评标委员会可以书面方式要求投标人对投标文件中含义不明确、对同类问题表述不一致或者有明显文字和计算错误的内容作必要的澄清、说明或者纠正。澄清、说明或者补正应以书面方式进行，并不得超出投标文件的范围或者改变投标文件的实质性内容。但是，值得注意的是，投标人不得主动提出澄清、说明或补正的要求。

若评标委员会发现投标人的投标价或主要单项工程报价明显低于同标段其他投标人报价或者在设有参考标底时明显低于参考标底价时，应要求投标人作出书面说明并提供相关证明材料。如果投标人不能提供相关证明材料证明该报价能够按招标文件规定的质量标准和工期完成招标项目，评标委员会应当认定该投标人以低于成本价竞标，作废标处理；如果投标人提供了证明材料，评标委员会也没有充分的证据证明投标人低于成本价竞标，评标委员会应当接受该投标人的投标报价。

5) 评标报告和中标候选人

(1) 评标报告。评标委员会完成评标后应当向招标人提出书面评标报告，并抄送有关行政监督部门。评标报告应如实记载以下内容：①基本情况和数据表；②评标委员会成员名单；③开标记录；④符合要求的投标一览表；⑤废标情况说明；⑥评标标准、评标方法或者评标因素一览表；⑦经评审的价格或者评分比较一览表；⑧经评审的投标人排序；⑨推荐的中标候选人名单与签订合同前要处理的事宜；⑩澄清、说明、补正事项纪要。

(2) 评标报告签署。评标报告由评标委员会全体成员签字。《评标委员会和评标方法暂行规定》第四十三条又进一步规定，对评标结论持有异议的评标委员会成员可以书面方式阐述其不同意见和理由，评标委员会成员拒绝在评标报告上签字且不陈述其不同意见和理由的，视为同意评标结论。

(3) 中标候选人。评标委员会推荐的中标候选人应当限定在1～3名，并标明排列顺序。评标委员会根据招标文件的规定否决不合格投标或者界定为废标后，因为有效投标不足3个使得投标明显缺乏竞争的，评标委员会可以否决全部投标，由招标人重新组织招标。若有效投标不足3个，且评标委员会经评审认为投标仍具有竞争力时，评标委员会可按综合评议办法进行评审推荐中标候选人。

评标报告应按行政监督部门规定内容和格式填写，具体如图2.5所示。

6) 评标委员会需要注意的问题

招标人组织评标委员会评标应注意以下问题。

(1) 评标委员会的职责是依据招标文件确定的评标标准和方法对进入开标程序的投标文件进行系统评审和比较，而无权修改招标文件中已经公布的评标标准和方法。

(2) 评标委员会对招标文件中的评标标准和方法产生异议时，招标人或其委托的招标代理机构要进行解释。

(3) 招标人接收评标报告时应该对评标委员会是否遵守招标文件确定的评标标准和方法，评标报告是否有算数性错误，签字是否齐全等内容进行核查，发现问题应要求评标委员会即时更正。

(4) 评标委员会及招标人或其委托的招标代理机构参与评标的人员应该严格保密，不得泄露任何信息。评标结束后，招标人应将评标的各种文件资料、记录表、草稿纸收回归档。

3. 中标和签约

(1) 确定中标人的原则。

① 采用综合评估法的，应能够最大限度满足招标文件中规定的各项综合评价标准。

② 采用经评审的最低投标价法的，应能够满足招标文件的实质性要求，并且经评审的投标价格最低。但中标人的投标价格应不低于其成本价。

评标报告

一、概述

××工程施工，建设地点于____。现各项准备工作就绪。现采用招标方式，择优选定施工单位。

二、招标程序

本工程向家投标单位发售了招标文件，投标单位名单如下。

(1)

(2)

……

根据招标文件规定的投标截止时间共有___家投标人按时送达标书，即：

(1)

(2)

……

于__年__月__日_时(北京时间)在昆明建筑工程交易中心公开开标。开标仪式由招标人组织，招标代理单位主持。参加开标会的单位有：招标人、西山区建设局、招标代理公司、公证处及家投标单位。

投标文件在与会人员在场的情况下公开开封，招标人、公证处及部门相关领导对开标的全过程进行了监督，所有投标文件均为有效投标文件。

三、评标机构

本工程评标委员会由评委库中随机抽取的专家___人及招标人的___人组成，名单如下。

建设单位：　(人)

随机抽取的评标专家：　(人)

(1)商务组：

(2)技术组：

四、评标原则、评标办法

工程的评标工作严格遵守《招标文件》各项规定，依据现行国家规定和《招标文件》规定的评标原则和评标办法，力求评出符合《招标文件》各项要求的施工单位。

五、评标过程

按照本工程评标办法的规定，对通过符合性审查的各家投标单位的技术及商务部分由评标委员会进行打分并统计(打分情况详见评标评分汇总表)。

六、评价与比较

按招标文件的规定，推荐中标单位的依据为综合得分最高者依次排列。为此，评标小组会对中标候选单位推荐顺序如下。

第一推荐中标单位为___，得分___分；投标报价为：___元；投标工期：____天；投标质量：____。

第二推荐中标单位为___，得分___分；投标报价为：___元；投标工期：____天；投标质量：____。

第三推荐中标单位为___，得分___分；投标报价为：___元；投标工期：____天；投标质量：____。

评标小组组长：(签字)

评标小组成员：(签字)

公证员：(签字)

监督人员：(签字)

××××年××月××日

图 2.5　评标报告格式

此外，使用国有资金投资或者国家融资的项目，以及其他依法必须招标的施工项目，招标人应当确定排名第一的中标候选人为中标人。排名第一的中标候选人放弃中标、因不可抗力提出不能履行合同，或者招标文件规定应当提交履约保证金而在规定期限内未能提交的，招标人可以确定排名第二的中标候选人为中标人。排名第二的中标候选人出现上述情况的，招标人可以确定排名第三的中标候选人为中标人。

招标人也可以授权评标委员会直接确定中标人。

(2) 确定中标人的步骤。

① 公示。依法必须招标的项目，招标人应按有关规定在招标投标监督部门指定的媒体或场所公示评标委员会所推荐的中标候选人。投标人在公示期内如果对招标投标活动、评标结果有异议或发现违法、违规行为，可以向招标人反应或向招标投标监督部门投诉、举报，要求调查处理。中标公示见表 2-7。

② 定标。《招标投标法》第四十条规定，招标人根据评标委员会提出的书面评标报告和推荐的中标候选人来确定中标人，即招标人确定中标人的依据是评标报告和其推荐的中标候选人，但这有一个前提条件，就是评标委员会依法行使了其职责，即《招标投标法》第四十条规定的根据招标文件中的评标标准和方法，对投标文件进行系统的评审和比较。《招标投标法》第七十九条明确规定，评标过程中使用招标文件中没有确定的评标标准和方法的评标无效，应当依法重新进行评标或者重新进行招标。

如果招标人授权评标委员会直接确定中标人的，应在评标报告形成后确定中标人。

定标意见书如图 2.6 所示。

表 2-7　中标公示发布登记表

编号：

<table>
<tr><td>招标人</td><td colspan="4">××××大学</td><td colspan="2">联系人及电话</td><td colspan="3">杨老师，____(电话)</td></tr>
<tr><td>工程名称</td><td colspan="9">××大学××校区学生社区及后勤服务用房工程施工</td></tr>
<tr><td>招标代理机构</td><td colspan="9">××招标股份有限公司</td></tr>
<tr><td>招标备案编号</td><td colspan="4"></td><td colspan="2">招标方式</td><td colspan="3">□公开　□邀请</td></tr>
<tr><td>招标类别</td><td colspan="9">□施工□监理□设计□勘察□设备□材料□其他</td></tr>
<tr><td>开标时间</td><td colspan="9">××年××月××日 10 时 00 分</td></tr>
<tr><td>招标规模</td><td colspan="4"></td><td colspan="3">结构类型</td><td colspan="2"></td></tr>
<tr><td>公示时间</td><td colspan="9">××年××月××日至××年××月××日(最少 3 个工作日)</td></tr>
<tr><td>采用评标办法</td><td colspan="2">经评审的最低投标价法</td><td colspan="3">拦标价/万元</td><td>8 204.130 548</td><td colspan="2">投标人数量</td><td>8</td></tr>
<tr><td>拟中标人</td><td colspan="4">×××××-1 建筑工程公司</td><td colspan="2">联系人及电话</td><td colspan="3">(联系人姓名)，____(电话)</td></tr>
<tr><td colspan="2">中标价□(万元)\□费率(%)</td><td colspan="3">7 766.084 276 万元</td><td colspan="2">质量</td><td colspan="3">按国家及现行相关质量验收标准的要求及《××省工程建设地方标准》(DBJ 53/T-23—2008)，确保一次验收合格，并保证消防专项工程验收</td></tr>
<tr><td colspan="7">□工期□交货期□监理期限□设计/勘察期限</td><td colspan="3">180 日历天</td></tr>
<tr><td>项目经理</td><td>×××</td><td colspan="2">项目经理
资质等级</td><td>壹</td><td colspan="2">项目经理编号</td><td colspan="3">云 15307080010 3</td></tr>
</table>

续表

该工程经评标委员会评审，推荐出中标候选人情况如下：			
第一中标候选人	×××××-1 建筑工程公司	得分/票	88.47
第二中标候选人	×××××-2 建筑工程公司	得分/票	83.55
第三中标候选人	×××××-3 建设有限公司	得分/票	81.99
中标情况说明：			
招标人公章： ____年__月__日 根据《中华人民共和国招标投标法》及相关法律、法规的规定，现将该项目中标结果予以公示，接受社会监督。如有异议请于公示结束日期前向招标人纪检监察部门、云南省建设工程招标投标管理办公室和云南省建设工程交易中心实名书面投诉。 招标人纪检监察部门联系人：　　　　电话：			

注：请在招标情况书面报告备案前按标段认真填写进行公示，该表涂改无效。

定标意见书

××××招标股份有限公司：

我校××校区(南区)学生社区及后勤服务用房工程招标(招标编号：YZ2010015205034)评标工作已经结束，根据各投标单位所递交的投标文件，经评标委员会评审并一致推荐，决定中标人如下：

中标单位	中标报价	质量	工期	项目经理
××××-1 建筑工程公司	7 766.084 276 万元	按国家及现行相关质量验收标准的要求及《××省工程建设地方标准》(DBJ 53/T-23—2008)，确保一次验收合格，并保证消防专项工程验收	180 日历天	×××

接此通知书，请向中标单位发出中标通知书。

××××大学(盖章)
××年××月××日

图 2.6　定标意见书

(3) 中标通知书。

中标通知书是指招标人在确定中标人(或依据有关规定经核准、备案)后向中标人发出的书面文件。中标通知书的内容应当简明扼要，通常只需告知投标人招标项目已经中标，并确定签订合同的时间、地点即可。中标通知书发出后，对招标人和中标人均具有法律约束力，如果招标人改变中标结果的，或者中标人放弃中标项目的，应当依法承担相应的法律责任。

① 中标人确定后，招标人应当向中标人发出中标通知书，并同时将中标结果通知所有未中标的投标人。

② 中标通知书的发出时间不得超过投标有效期的时效范围。

③ 中标通知书需要载明签订合同的时间和地点。需要对合同细节进行谈判的，中标通知书上需要载明合同谈判的有关安排。

④ 中标通知书可以载明提交履约担保等投标人需注意或完善的事项。

中标通知书如图 2.7 所示。

中标通知书

招标编号：YZ2010015205034

致：(中标人名称)

贵单位于××年××月××日(投标日期)为××××大学××校区(南区)学生社区及后勤服务用房工程施工招标所提供的投标书已被招标人接受，确定为本次招标项目的中标人，中标金额(大写)：柒仟柒佰陆拾陆万零捌佰肆拾贰元柒角陆分(￥7 766.084 276 万元)；工期：180 日历天；工程质量：按国家及现行相关质量验收标准的要求及《××省工程建设地方标准》(DBJ 53/T-23—2008)，确保一次验收合格，并保证消防专项工程验收；项目经理：×××。

你单位收到中标通知书后，请尽快与招标人联系，并在 10 日以内签订以上中标项目合同。

招标人：××××大学

法定代表人或授权代理人：

招标代理人：××招标股份公司

总经理：

日期：××年××月××日

图 2.7　中标通知书

(4) 签约。签约即是招投标双方签订合同。

① 相关规定。

《招标投标法》规定，招标人和中标人应当自中标通知书发出之日起 30 日内，按照中标通知书、招标文件和中标人的投标文件订立书面合同。招标人和中标人不得再订立背离合同实质性内容的其他协议。第五十九条规定了本条的法律责任，即招标人与中标人不按照招标文件和中标人的投标文件订立合同的，或者招标人、中标人订立背离合同实质性内容的，责令改正，可以处中标项目金额 5‰以上 10‰以下的罚款。这里的实质性内容主要指两方面内容，一是投标价格，二是投标方案。

发出中标通知书后，若中标人无正当理由拒签合同的，招标人取消其中标资格，其投标保证金不予退还；给招标人造成的损失超过投标保证金数额的，中标人还应当对超过部分予以赔偿。若招标人无正当理由拒签合同的，招标人向中标人退还投标保证金；给中标人造成损失的，还应当赔偿损失。

招标文件要求中标人提交履约保证金的，中标人应当提交。合同签订后，招标工作即告结束，签约双方都必须严格执行合同规定的相应条款。

② 合同协议的内容。工程施工合同协议是依据招标人与中标人按照招标文件及中标结果形成的合同关系，为按约定完成招标工程建设项目，明确双方责任、权利、义务关系而签订的合同协议书。签订协议时，双方在不改变招标投标实质性内容的条件下，对实质性差异的内容可以通过协商取得一致意见。合同协议书与下列文件一起构成合同文件。

(a) 中标通知书。

(b) 投标函及投标函附录。

(c) 专用合同条款。
(d) 通用合同条款。
(e) 技术标准和要求。
(f) 设计图纸。
(t) 已标价工程量清单。
(h) 其他合同文件。
合同文件应能互相补充和解释，如有不明确或不一致之处，以上述约定优先次序为准。

案例 2-12

评标委员会的组建及合同签约时间规定

【背景】

某省重点工程项目计划于 2008 年 12 月 28 日开工，由于工程复杂，技术难度高，一般施工队伍难以胜任，采取招标方式选择施工单位。有 A、B、C、D、E 5 家施工承包企业参加了投标。评标委员会成员由 7 人组成，其中当地招标监督管理办公室 1 人、公证处 1 人、招标人 1 人、技术经济方面专家 4 人。评标委员会于 10 月 28 日提出了书面评标报告。B、A 企业分列综合得分第一、第二名。11 月 10 日招标人向 B 企业发出了中标通知书，并于 12 月 12 日签订了书面合同。

【问题】

上述项目招标评标过程中有何不妥之处？

【案例解析】

(1) 评标委员会成员的组成不妥，招标监督管理办公室人员及公证处人员不可参加评标委员会。评标委员会由招标人及其招标代理机构熟悉相关业务的代表和不少于成员总数 2/3 的技术、经济等专家组成，成员人数为 5 人以上单数。

(2) 合同签订日期不妥。根据规定，建设单位和监理单位应于监理中标通知书发出后确定，招标人和中标人应在 30 日内按照招标文件要求签订合同。即招标人必须在 12 月 10 日前与中标单位签订书面合同。

案例 2-13

合同签约时合同价的确定

【背景】

某工程招标项目发出中标通知书后，招标人希望中标人在原中标价基础上再优惠 2%，即由其中标价 236.00 万元(人民币)调整为 231.28 万元(人民币)，以便更好地向上级领导汇报招标成果。招标人与中标人进行了协商，双方达成了一致意见。合同签订时，招标人认为有以下两种合法处理方法。

第 1 种：书面合同中填写的合同价格仍为 236.00 万元(人民币)，由中标人另行向招标人出具一个优惠承诺，在合同结算时扣除。招标人认为这种方法的好处是在合同备案时不易为行政监督部门发现，缺点是没有经过行政监督部门备案，如果双方发生争议，不能拿到桌面上。

第 2 种：书面合同中填写的合同价格直接填写为 231.28 万元(人民币)，同时双方向行政监督部门出具一个补充说明，详细阐明理由。招标人认为这种方法的好处是在合同履行过程中如果当事人双方发生争议，可以直接按照经过备案合同处理，缺点是如果行政监督部门审查仔细，发现后有可能不予备案，同时会受到处罚。

权衡再三，招标人选定了第1种处理方法，双方同时协商一致，在合同备案后，再另行签订一份合同，将合同价格调整为231.28万元人民币。

【问题】

(1) 招标人要求中标人在原中标价基础上再优惠2%的做法是否违法？如果中标人同意优惠，并按优惠价签订协议是否违法？如果按第1种意见，由中标人出具一个优惠承诺，在结算时直接扣除的做法是否违法？为什么？

(2) 合同执行过程中，当事人双方是否可以另行签订补充协议直接修改中标价？为什么？

【案例解析】

(1) 招标人在发出中标通知书后要求中标人在原中标价基础上再优惠2%的做法违反法律规定。《招标投标法》第四十六条规定，招标人和中标人按照招标文件和中标人的投标文件订立书面合同，招标人和中标人不得再行订立背离合同实质性内容的其他协议。这里的实质性内容主要指两方面内容，一是投标价格，二是投标方案。所以，签订合同过程中，招标人不能提出压低中标价格，并以此作为签订合同的条件。

同样，投标人同意优惠价格，然后双方按照优惠后的价格签订合同，无论是按照优惠后的价格签订合同，还是由中标人出具一个优惠承诺，在结算时直接扣除的做法均属于签订了背离合同实质性内容，即中标价格的其他协议，招标人和中标人同时违法。

(2) 合同执行的依据是当事人双方签署的有效合同文件，这里需要强调的是构成合同的有效合同文件。一般合同的组成文件中均包括双方当事人签署的补充协议，但并不是双方签署同意的所有文件都是有效文件，都构成合同。至少双方违反法律法规强制性规定签署的协议就不能构成有效合同。

工程施工合同一般设有变更条款，调整合同价格按照双方合同约定处理，但不允许在没有出现合同变更条件前提下，双方通过签订补充协议的方式直接修改合同价格，因为这种行为属于招标人与中标人另行订立了背离合同实质性内容的协议，即《招标投标法》第五十九条明令禁止的情形。

2.2.8 备案

1. 招标投标情况书面报告备案

按照《招标投标法》的规定，对于依法必须进行招投标的建设工程项目，招标人自确定中标人之日起15日内，向建设工程招标投标管理机构提交符合要求的招投标情况报告；招投标管理机构在自收到招投标情况报告书5日内审查完毕并在报告书的审查意见栏内签署是否同意备案。各个省份的招投标情况书面备案有其固定的格式，见表2-8。

2. 合同备案

(1) 招标人和中标人应当自中标通知书发出之日起30日内，按照招标文件和中标人的投标文件订立书面合同；招标人和中标人不得再行订立背离合同实质性内容的其他协议。订立书面合同后7日内，中标人应当将合同送县级以上工程所在地的建设行政主管部门备案。

(2) 建设工程施工合同的签订、执行、监督程序规定，签订建设工程施工合同(含廉政合同的“双合同”)，并将副本报送县级以上工程所在地的建设行政主管部门备案。

表 2-8　XX 省建设工程(施工)招标备案登记表

编号

招标人	××大学		
项目名称	××大学 学生社区及后勤服务用房工程施工		
项目地址	××省××市××路××号	建设规模	学生宿舍建筑面积××平方米，间数为××间
项目批准(备案)文号		报建批准文号	
总投资		招标规模	
招标方式	公开	发包方式	施工总承包
招标范围	××大学 学生社区及后勤服务用房工程施工图所示范围内分部分项工程，具体详见工程量清单所含的工程施工		
要求投标人资质等级	房屋建筑总承包一级以上(含一级)资质	资格审查方式	预审
项目建设资金情况	已到位	自行招标核准文号	
招标代理公司	××招标股份有限公司	资质等级	甲级

招标人：(公 章)

法定代表人：(印 签)

年　月　日

招标管理机构：(公 章)

年　月　日

综合案例1

【背景】

某国家重点大学新校区位于某市开发区大学产业园区内，建设项目由若干个单体教学楼、办公楼、学生宿舍、综合楼等构成，现拟对第五综合教学楼实施公开招标。该教学楼建筑面积 16 000m^2，计划投资额 4 800 万元，30%财政拨款(落实)，30%银行贷款(已经上报建设银行)，40%自筹(正在积极筹措之中)。

根据开发区管委会的文件要求，项目招标由该校新校区建设指挥部委托某招标代理公司实施——该代理公司隶属于开发区建设局，其主要成员由建设局离退休领导或专家构成。项目招标文告在当地相关媒体上公布，并指出“仅接受获得过梅花奖的建设施工企业投标”(梅花奖为本市市政府每年颁发的，用于奖励获得市优工程的建设施工企业的政府奖)，且必须具有施工总承包一级以上资质。

本地施工企业 A、B、C、D、E、F、G 分别前来购买了招标文件，并同时按照招标方的要求以现金的方式提交了投标保证金。在购买招标文件的同时，由学校随机指派工程技术或管理人员陪同进行现场踏勘，并口头回答了有关问题。

在投标人须知中明确指出，由于工期比较紧张，相关资料准备不很完备，尤其是需要由投标人根据图纸自行核算工程量并根据该量实施报价，并采用成本加固定酬金合同。

【问题】

(1) 根据我国相关法律规定，该项目是否需要招标？是否需要实施公开招标？为什么？

(2) 该项目的招标实施过程有哪些不妥之处？应该如何改正？

(3) 建设项目的合同计价模式的选择依据是什么？本项目合同选择上是否存在问题？应该选择什么合同？

【案例解析】

(1) 该项目需要招标，且需要公开招标。

因为该项目是国家重点大学新校区建设的组成部分，其投资方属于国家事业单位，其资金来源属于“全部或者部分使用国有资金投资或者国家融资的项目”。同时其投资额度已经超过了必须实施公开招标项目的相关标准。

另外，该项目不具备邀请招标及不需要招标项目的必要条件，因此必须实施公开招标。

(2) 该项目招标实施过程有以下不妥，并应作相应的改正。

① 建设项目资金尚未落实，除财政拨款外，其他资金并未落实——应该在资金来源落实后再实施招标。

② 根据开发区管委会的文件要求，招标代理机构由该校新校区建设指挥部委托的招标代理公司实施，且该公司与相关行政机关存在隶属与利益关系——应该根据情况自行实施或委托与行政机构无相关关系的招标代理机构进行招标，任何人、组织不得以任何方式指定招标代理机构。

③ 仅接受获得过梅花奖的建设施工企业投标是以不合理的条件排斥潜在的投标人——应该将该限制条件剔除。

④ 在购买招标文件的同时提交投标保证金，此时购买标书者并不意味着一定会投标，仅是潜在的投标人，只要在正式投标前提交即可。

⑤ 现场踏勘随时随机组织并口头回答相关的问题——招标人不得单独或者分别组织任何一个投标人进行现场踏勘，并且相关问题均应以书面的形式送达所有潜在的投标人。

⑥ 要求投标人自行核算工程量将导致投标竞争初始性的不公平——应该由招标人给出，以确保投标的公平性。

(3) 建设项目的合同及模式应该以保证双方的合法权益、保证风险在双方的均衡分配，并保证计价的可行性与合理性为基本前提。

本项目所选择的计价模式会导致招标方投入过多的管理成本，不利于招标方对于工程的有效控制。按照工程惯例，宜采用单价合同。

综合案例 2

【背景】

某医院决定投资一亿余元兴建一幢现代化的住院综合楼。其中土建工程采用公开招标的方式选定施工单位，但招标文件对省内的投标人与省外的投标人提出了不同的要求，也明确了投标保证金的数额。该院委托某建筑事务所为该项工程编制标底。2000 年 10 月 6 日招标公告发出后，共有 A、B、C、D、E、F 等 6 家省内的建筑单位参加了投标。投标文件规定 2000 年 10 月 30 日为提交投标文件的截止时间，2000 年 11 月 13 日举行开标会。其中，E 单位在 2000 年 10 月 30 日提交了投标文件，但 2000 年 11 月 1 日才提交投标保证金。开标会由该省建委主持，结果其所编制的标底高达 6 200 多万元，而其中的 A、B、C、D 等 4 个投标人的投标报价均在 5 200 万元以下，与标底相差 1 000 万余元，引起了投标人的异议。这 4 家投标单位向该省建委投诉，称某建筑事务所擅自更改招标文件中的有关规定，多计漏算多项材料价格。为此，该院请求省建委对原标底进行复核。2000 年 11 月 8 日，被指定进行标底复核的省建设工程造价总站(以下简称总站)拿出了复核报告，证明某建筑事务所在编制标底的过程中确实存在这 4 家投标单位所提出的问题，复核标底额与原标底额相差近 1 000 万元。

由于上述问题久拖不决，导致中标书在开标 3 个月后一直未能发出。为了能早日开工，该院在获得了省建委的同意后，更改了中标金额和工程结算方式，确定某省公司为中标单位。

【问题】

(1) 上述招标程序中有哪些不妥之处？说明理由。

(2) E 单位的投标文件应当如何处理？为什么？

(3) 对 D 单位撤回投标文件的要求应当如何处理？为什么？

(4) 问题久拖不决后，某医院能否要求重新招标？为什么？

(5) 如果重新招标，给投标人造成的损失能否要求该医院赔偿？为什么？

【案例解析】

(1) 不妥之处如下。

① 招标人对省内外的投标人提出不同要求。基于公平公正原则，不能故意排斥潜在投标人。

② 递交投标文件的截止时间与开标时间之间的间隔太长，是不合理的。《招标投标法》第三十四条规定："开标应当在招标文件确定的提交投标文件截止日期的同一时间公开进行"。另外，像本案例中情况，二者时间长可能会导致不公平、公正、公开的怀疑。

③ 招标人在省建委同意后确定某公司为中标单位。如果招标人可以擅自选择投标人，那招投标就失去意义了。

(2) E 单位的投标文件是否有效要看招标文件中对投标保证金的递交时间有无特殊要求。如果要求投标人在递交投标文件前递交，那 E 单位为无效标书，废标；如果要求投标人在开标时间前递交，那 E 单位的标书有效，应参加评标。

(3) D 单位撤回投标文件的时间如果在招标文件所标明的有效期之内，那 D 单位将被没收投标保证金；如果 D 单位在有效期之后(因招标人未及时发出中标通知书，D 单位有权利在有效期后撤回投标书另作安排)，招标人应允许其撤回并及时退回投标保证金。

(4) 作为招标人(医院)，因为标底出现重大偏差，可以要求重新招标，但原参与投标的投标人应可以参与投标，不得以任何理由拒绝原投标人投标，原投标人因其他事宜放弃，那招标人应同意。若原 6 个投标人中愿意继续参加投标的投标人少于 3 个，那招标人可以重新发布公告重新招标，也可以直接发包(得上级监管部门批准同意)。

(5) 招标文件中如果没有提及投标人投标过程中的费用事宜，那招标人应给予适当的补偿。如果招标文件中对投标人的投标费用明确表示不予支付，那投标人应自己承担。

综合案例 3

【背景】

某工程建设项目由于技术要求比较复杂，而目前国内能够实施该项施工工艺的企业数量过少，依法实施施工邀请招标，邀请 A、B、C、D 4 家施工企业投标。为了有效控制投资额度，设置了招标控制价。

在具体实施过程中，C 认为原项目设计方案存在疏漏，在标前答疑会上提出，但 A 则认为满足要求。招标方并未对此作出进一步的解释，仅要求投标方自行考虑。

在招标截止日期之前，各投标人均按要求提交了投标文件与投标保证金。

在评标时发现，A 的投标超过了招标控制价；B 所采用技术方案涉及一些招标方无法控制的因素，因此通知 B 按照标准技术重新编制技术方案并提交新的报价(二次报价)，却被 B 以保持技术优势为由加以拒绝；而 C 则对于其认为招标方不成熟的技术设计进行了优化，并在此基础上提出了报价；D 完全按照招标文件中的技术方案提交了报价，但在报价计算中存在疏漏，单价与总价不一致，提出修正，但被招标方拒绝，仍按其总价评标。

评标委员会认为，鉴于各方均存在问题，此次投标过程无效，应重新组织投标。

但D则认为其疏漏属于可以修正的，是有效的，应该在其他各方无效的前提下中标，因此在经过30天的调查取证后，向有关行政主管部门提出投诉，但未被受理。

【问题】

(1) 招标方是否可以对于设计不完善的项目进行招标？如果有相应的问题，招标方应如何？本项目招标过程中，对于C的异议，招标人的做法是否妥当？

(2) 评标委员会是否可以认定该次投标无效？为什么？如果有效，哪个投标人有效？为什么？

(3) D企业的投诉请求是否合理？相关机构以是否应该受理？

(4) 在本次招标过程中，招标方的错误有哪些？

【案例解析】

(1) 招标的工程项目应该具备招标所必需的技术条件，不能对于设计不完善的项目实施施工招标。如果相关条件不满足要求，招标方应该对其进行进一步的完善、澄清与解释。在本项目中，如果招标方根据相关技术标准判断其设计满足要求，可以不进行相关的解释，投标人应自行承担相应的风险。因此，招标人的做法无不妥。

(2) 评标委员会不应认定此次投标无效，因为在本次投标中，B、D的投标是有效的。尽管B拒绝对于相关技术方案实施修改，但仍属于对于招标文件的要求作出实质性的响应，因此有效；D的疏漏是属于可以修正的范畴，亦属有效。

(3) D的投诉是合理的，只要认为其合法权益受到侵害，当事人就可以向相关部门提出投诉；但由于其投诉已经超出10日的时效，相关政府部门可以不予受理。

(4) 在本次招标过程中，招标方的错误有：①不应该允许B进行二次投标；②应该允许D进行修正；③不应该否定所有投标并重新组织招标。

本章小结

本章重点介绍了招标的方式、分类、范围和规模，以及建设工程施工招标的基本程序。在介绍完招标程序后，按照先后顺序对其中的各个步骤予以展开来阐述其操作方法及要求，具体包括：招标准备工作、资格预审公告或招标公告、资格审查、招标文件的编制与发售、现场踏勘与投标预备会、投标文件的编制与递交、开标、评标、定标、中标与签约、备案等。

作为建设工程施工招标，其各项招标工作中的法定程序、法律法规都必须遵守。掌握其各项时限数字、各项明确的规定和要求对招投标活动有着至关重要的作用和现实意义。

复习与思考

一、单项选择题

1．按照《工程建设项目招标范围和规模标准规定》，(　　)不属于必须进行工程招标的项目。

A．监理单项合同估算价约为55万元的工程

B．重要设备采购单项合同估算价约为80万元的工程

C．设计单项合同估算价约为80万元的工程

D．施工单项合同估算价约为220万元的工程

2．资格预审公告/招标公告应满足发售时间不少于(　　)个工作日。

A．5　　B．7　　C．10　　D．15

3．以下关于组建评标委员会的说法中不正确的有(　　)。

A．应当在评标前依法组建

B．成员人数为3人以上单数

C．技术、经济方面的专家不少于成员总数的2/3

D．特殊招标项目可以由招标人从评标专家库中直接确定

4．某工程项目最终确定某建设公司中标，投标人于2009年3月1日向中标人发出了中标通知书，中标人于2009年3月5日收到，则招标人和中标人至少应在(　　)前签订书面建设工程施工合同。

A．2009年3月15日　　B．2009年3月20日

C．2009年4月1日　　D．2009年4月10日

二、多项选择题

1．根据《招标投标法》的规定，在招标文件要求的投标文件提交截止时间前，投标人对已提交的投标文件有(　　)的权利。

A．修改　　B．转让　　C．撤回　　D．补充

E．撤销

2．工程建设施工项目招标，投标文件有下列(　　)情形之一的，由评标委员会初审后按废标处理。

A．联合体投标未附联合体各方共同投标协议

B．按照投标文件要求提交备选投标方案

C．无单位公章并无法人授权的代理人签字或签章

D．质量标准的承诺内容字迹模糊无法辨认

E．投标人名称与资格预审时不一致，且未提供有效证明的

3．投标人认为根据实际招投标情况需要延长投标有效期的，应通知所有的投标人，则下列说法正确的是(　　)。

A．所有投标人均应同意

B．拒绝延长的投标人可以撤标但投标保证金不予退还

C．拒绝延长的投标人可以撤标并有权收回投标保证金

D．同意延长的投标人延长其投标担保期限但可以适当修改投标文件的实质性内容

E．同意延长的投标人延长其投标担保期限但不得修改投标文件的实质性内容

三、综合练习题

1．要求：收集一个招标工程的资料，按照工程所在地通用的招标文件格式文本编写招标文件(草案)一份。

2．难点：招投标活动日程的确定方法。招投标活动日程可参考下列方法确定。

(1) 招标公告日期：α(代号，下同)。

(2) 资格预审日期：$\beta=\alpha+5\sim7$(天)。

(3) 发放招标文件日期：$\gamma \leqslant \beta + 7$(天)。

(4) 现场勘察日期：$\delta \leqslant \gamma + 7$(天)左右。

(5) 投标预备会议日期：$\varepsilon = \gamma + 7 \sim 14$(天)。

(6) 投标截止日期η与开标日期θ：$\eta = \gamma + 20 \sim 56$(天)；$\theta = \eta$。

(7) 发布中标通知书日期：$\lambda \leqslant \theta +$ 投标有效期的天数。

(8) 合同签订日期：$\rho \leqslant \lambda +$ 招标文件规定的天数。

(9) 开工日期：$\sigma = \rho +$施工准备天数(按照专业知识，根据工程规模确定)。

(10) 竣工日期：$\tau = \sigma +$合同工期总日历天数。

第3章

建设工程投标

教学要求

能力目标	知识要点	权重
熟悉联合体投标的相关规定	联合体的资格及各方责任	10%
掌握建设工程施工投标的程序	建设工程施工投标的一般流程	15%
掌握施工项目投标文件的组成	投标函部分：所包括的内容及相应的规定	5%
	商务部分：工程量清单计价模式下的投标报价方法和要求	10%
	技术部分：所包括的内容及相应的要求	5%
熟悉施工项目投标决策分析	投标决策的含义、内容、原则与方法	10%
掌握施工项目投标文件的编制与递交	投标文件的编制、签署、装订和递交，以及投标有效期的规定	25%
掌握施工项目投标报价的技巧	根据具体情况采用不同的投标报价技巧	20%

引例

【背景】

某办公楼施工招标文件的合同条款中规定：预付款数额为合同价的30%，开工后三日内支付，上部结构工程完成一半时一次性全额扣回，工程款按季度支付。某承包商通过资格预审后对该项目投标，经造价工程师估算，总价为9 000万元，总工期为24个月，其中：基础工程估价为1 200万元，工期为6个月；上部结构工程估价为4 800万元，工期为12个月；装饰和安装工程估价为3 000万元，工期为6个月。该承包商为了既不影响中标，又能在中标后取得较好的收益，决定采用不平衡报价法对造价工程师的原估价作适当调整，基础工程调整为1 300万元，结构工程调整为5 000万元，装饰和安装工程调整为2 700万元。

另外，该承包商还考虑到，该工程虽然有预付款，但平时工程款按季度支付不利于资金周转，决定除按上述调整后的数额报价外，还建议业主将支付条件改为：预付款为合同价的5%，工程款按月支付，其余条款不变。该承包商将技术标和商务标分别封装，在封口处加盖本单位公章和法定代表人签字后，在投标截止日期前1天上午将投标文件报送业主。次日(即投标截止日当天)下午，在规定的开标时间前1小时，该承包商又递交了一份补充材料，其中声明将原报价降低4%。但是，招标单位的有关工作人员认为，一个承包商不得递交两份投标文件，因而拒收承包商的补充材料。

开标会由市招标办的工作人员主持，市公证处有关人员到会，各投标单位代表均到场。开标前，市公证处人员对各投标单位的资质进行审查，并对所有投标文件进行审查，确认所有投标文件均有效后，正式开标。主持人宣读投标单位名称、投标价格、投标工期和有关投标文件的重要说明。

【问题】

(1) 该承包商所运用的不平衡报价法是否恰当？为什么？

(2) 除了不平衡报价法，该承包商还运用了哪些报价技巧？运用是否得当？

(3) 从所介绍的背景资料来看，在该项目招标程序中存在哪些问题？分别作简单说明。

【案例解析】

(1) 恰当。因为该承包商是将属于前期工程的基础工程和主体结构工程的报价调高，而将属于后期工程的装饰和安装工程的报价调低，可以在施工的早期阶段收到较多的工程款，从而可以提高承包商所得工程款的现值；而且，这3类工程单价的调整幅度均在±10%以内，属于合理范围。

(2) 该承包商运用的投标技巧还有多方案报价法和突然降价法。多方案报价法运用恰当，因为承包商的报价既适用于原付款条件也适用于建议的付款条件；突然降价法也运用得当，原投标文件的递交时间比规定的投标截止时间仅提前1天多，这既是符合常理的，又为竞争对手调整、确定最终报价留有一定的时间，起到了迷惑竞争对手的作用。若提前时间太多，会引起竞争对手的怀疑，而在开标前1小时突然递交一份补充文件，这时竞争对手已不可能再调整报价了。

(3) 该项目招标程序中存在以下问题。

① 招标单位的有关工作人员不应拒收承包商的补充文件，因为承包商在投标截止时间之前所递交的任何正式书面文件都是有效文件，都是投标文件的有效组成部分，也就是说，补充文件与原投标文件共同构成一份投标文件，而不是两份相互独立的投标文件。

② 根据《招标投标法》，应由招标人(招标单位)主持开标会，并宣读投标单位名称、投标价格等内容，而不应由市招投标办工作人员主持和宣读。

③ 资格审查应在投标之前进行(背景资料说明了承包商已通过资格预审)，公证处人员无权对承包商资格进行审查，其到场的作用在于确认开标的公正性和合法性(包括投标文件的合法性)。

3.1 建设工程投标概述

1. 投标的基本知识

1) 投标的基本概念

建设工程投标是工程招标的对称概念，指具有合法资格和能力的投标人根据招标条件，经过初步研究和估算，在指定期限内填写标书，提出报价，并等候开标，决定能否中标的一种经济活动。

2) 建设工程的投标人

根据《招标投标法》第二十五条的规定，投标人是响应招标、参加投标竞争的法人或者其他组织，是建设工程招标投标活动中的另一方当事人，因此法人或者其他组织响应招标、参加投标竞争，是成为投标人的一般条件。投标人应具备以下基本条件。

(1) 必须有与招标文件要求相适应的人力、物力、财力。

(2) 必须有符合招标文件要求的资质等级和类似的工作经验与工程业绩证明。

(3) 符合法律、法规、规章和政策规定的其他条件。

建设工程投标单位的范围主要有：勘察设计单位、施工企业、建筑装饰企业、工程材料设备供应单位、工程总承包单位、咨询单位和监理单位等。

2. 投标人应具备的条件

合格的投标人还必须满足下述两项资格条件：一是国家有关规定对不同主体投标人的资格条件，主要要求符合国家对投标人资质管理的要素标准；二是招标人根据项目本身的要求，在招标文件或资格预审文件中规定的投标人的资格条件，主要是满足项目要求的能力要素标准。招标中通过对潜在投标人资格要素的审查，以确定其是否合格。

根据《工程建设项目施工招标投标办法》第20条的规定，参加建设项目施工投标的投标人应当具备以下5个条件，即：①具有独立订立合同的权利；②具有履行合同的能力，包括专业、技术资格和能力，资金、设备和其他物质设施状况，管理能力，经验、信誉和相应的从业人员；③没有处于被责令停业，投标资格被取消，财产被接管、冻结，破产状态；④在最近3年内没有骗取中标和严重违约及重大工程质量问题；⑤法律、行政法规规定的其他资格条件。

3. 联合体投标

大型建设工程项目往往不是一个投标单位所能完成的，所以，法律允许几个投标单位组成一个联合体，共同参与投标，并对联合体的相关问题作出了明确规定。

1) 联合体的法律地位

联合体是由多个法人或经济组织组成的，但它在投标时是作为一个独立的投标单位出现的，具有独立的民事权利能力和民事行为能力。

2) 联合体的资格

招标项目如允许投标人以联合体形式参加投标的，《招标投标法》第三十一条中的“联合体各方均应当具备规定的相应资格条件”说明“投标联合体各方应按照责任分工分别符合投标合同的相应资质等级和其他资格能力标准”；由同一专业的单位组成的联合体，按照其较低的资质等级确定联合体投标人的资质等级。这是为了促使资质优秀的投标单位组成联合体，防止以高等级资质获取招标项目，而由低等级资质的投标单位来完成的行为。

3) 联合体各方的责任

联合体各方签订共同投标协议，承担单独和连带责任。作为联合体一方参加投标则不得再单独以自己的名义或者参加其他联合体对同一标段投标。

4) 投标单位的意思自治

投标时，投标单位是否与他人组成联合体，与谁组成联合体，都由投标单位自行决定，任何人均不得干涉。《招标投标法》规定，招标人不得强制投标单位组成联合体进行投标，不得限制投标单位之间的竞争。

案例 3-1

工程施工联合体资格

【背景】

某施工招标项目接受联合体投标，其中的资质条件为：钢结构工程专业承包二级和装饰装修专业承包一级施工资质。有两个联合体投标人参加了投标，其中一个联合体由 A、B、C 三个成员单位组成，其具备的资质情况分别如下。

成员 A：具有钢结构工程专业承包二级和装饰装修专业承包二级施工资质。

成员 B：具有钢结构工程专业承包三级和装饰装修专业承包一级施工资质。

成员 C：具有钢结构工程专业承包三级和装饰装修专业承包三级施工资质。

该联合体成员共同签订的联合体协议书中，成员 A 承担钢结构施工，成员 B、C 承担装饰装修施工。资格审查时，审查委员会对最终确定该联合体的资格是否满足本项目资格条件意见不一，有以下三种意见。

意见 1：该联合体满足本项目资格要求，因为联合体成员中分别有钢结构工程专业承包二级的施工企业成员 A 和装饰装修专业承包一级施工资质成员 B。

意见 2：该联合体不满足本项目资格要求。《招标投标法》第三十一条明确规定“联合体各方均应当具备规定的相应资格条件”，这里的联合体成员 A、B、C 均不同时满足钢结构工程专业承包二级和装饰装修专业承包一级施工资质。

意见 3：该联合体不满足本项目资格要求。《招标投标法》第三十一条明确规定“由同一专业的单位组成的联合体，按照资质等级较低的单位确定资质等级”，本案中，三个单位均具有钢结构和装饰装修专业资质，按照该条规定，该联合体的资质等级应该为钢结构专业承包三级和装饰装修专业承包三级，所以，该联合体的资质不满足本项目资格条件。

【问题】

分析上述三种意见正确与否，说明理由并确定该联合体的资质。

【案例解析】

上述三种意见中，第二、三两种意见的结论正确，但其理由及第一种意见均不正确。

首先，第一种意见不正确。因为看一个联合体的资质是否满足要求不是看该联合体成员中是否有满足需要的资质等级。第二、三种意见虽然结论正确，但理由不正确，因为《招标投标法》第三十一条中的“联合体各方均应当具备规定的相应资格条件”一句话，重点在投标联合体各方应按照责任分工分别符合相应资质等级，而不是所有成员均须具备所有条件，否则联合体这种模式就没有实际意义了。本案中，由于协议分工中联合体 A 承担钢结构施工，所以联合体钢结构专业施工在资质为二级；而成员 B(一级)、C(三级)承担装饰装修施工，所以联合体的装饰装修资质应为两个成员中等级较低的资质，装饰装修资质应定为三级。因此该联合体不能通过招标方钢结构工程专业承包二级和装饰装修专业承包一级施工资质的要求，不能通过资格审查。

3.2 建设工程投标的一般程序

建设工程投标程序如图 3.1 所示。

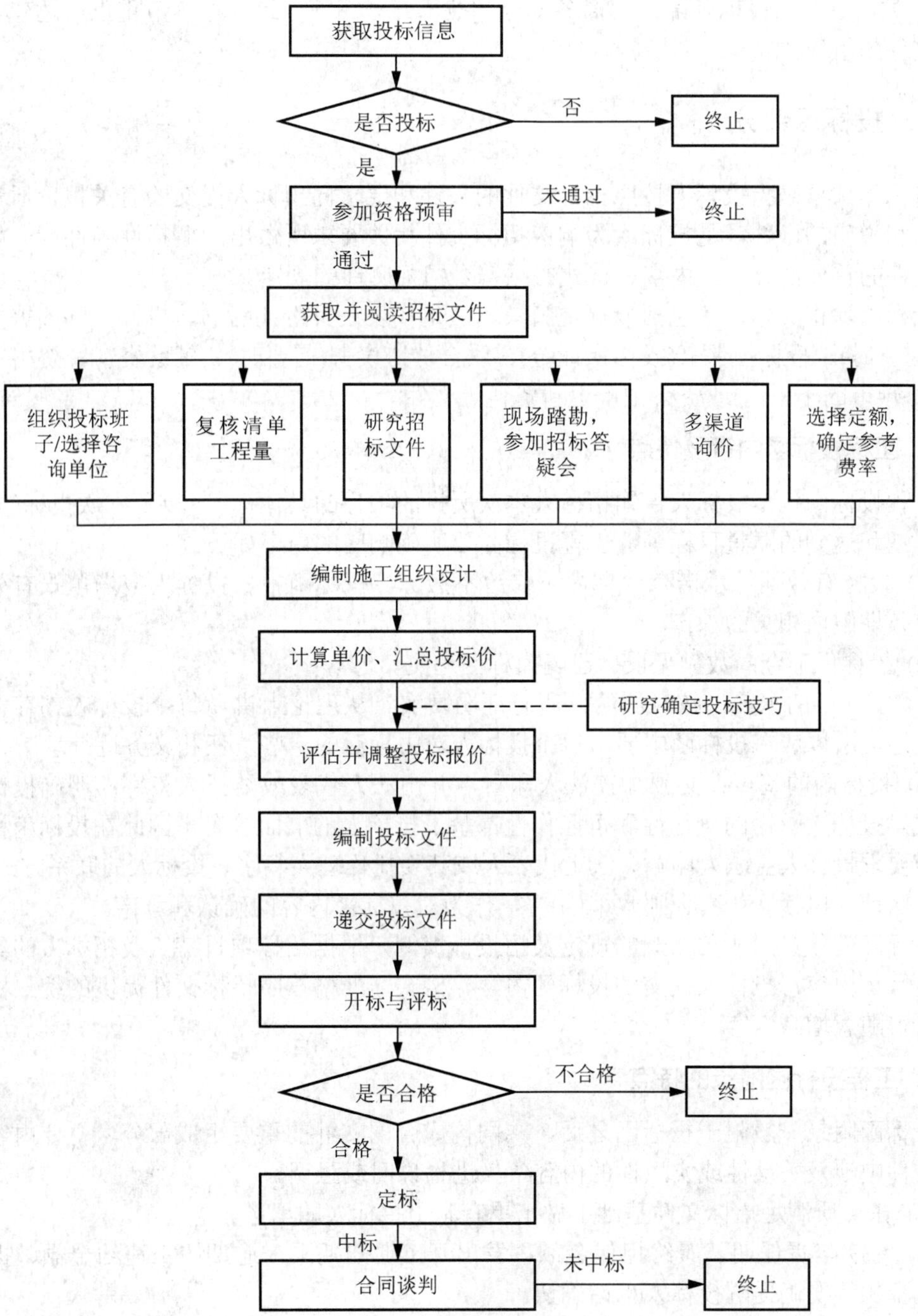

图 3.1 建设工程投标程序图

3.3 建设工程投标文件的组成

投标文件按照投标标的的不同可以分为建设工程投标文件、货物投标文件、服务投标文件3类，且均由投标函部分、商务部分、技术部分三部分组成。本节重点讲述建设工程投标文件的组成。

3.3.1 投标函部分

投标函部分是指投标人按照招标文件的条件和要求向招标人提交的有关报价质量目标等承诺和说明的函件，是投标人为响应招标文件相关要求所做出的概括性函件，一般位于投标文件的首要部分，其内容、格式必须符合招标文件的规定。

投标函除正文外，还包括投标函附录、法定代表人身份证明书、投标文件签署授权委托书(需要时)、投标担保书(投标保证金)、联合体协议书(需要时)、辅助资料、资格审查表格(资格预审的不采用)或资格预审更新资料等文件。

1. 工程投标函内容及特点

工程投标函包括投标人告知招标人本次所投的项目的具体标段，以及本次投标的报价、承诺工期和达到的质量目标等。工程投标函要明确响应的内容如下。

(1) 投标有效期：承诺有效期内不修改不撤标。投标函中，投标人应当填报有效期限和在有效期限内相关的承诺。

(2) 投标保证金：数额无误，已随投标函递交。

(3) 中标后的承诺：按时履约，所有证明真实。从理论上讲，每个投标人都存在中标的可能性，所以应在投标函中要求每个投标人对中标后的一些责任和义务进行承诺。

(4) 投标函的签署：必须加盖法人印章，并由法人代表或委托人签字；明确投标人联系方式。投标人承诺的执行性和可操作性都基于投标人的书面签署，因此在投标函格式部分均应要求投标人盖法人印章、法定代表人或其委托代理人签字、投标人的联系方式(包括地址、网址、电话、传真、邮政编码)等，作为对投标函内容的确认和承诺。

投标函应该参照相关法规的规定及招投标惯例，根据招标项目特点及招标人的具体需求确定具体内容，投标人提交的投标函内容、格式需严格按照招标文件提供的统一格式编写，不得随意增减内容。

2. 工程投标函附录的特点

投标函附录一般附于投标函之后，共同构成合同文件的重要组成部分，主要内容是对投标文件中涉及关键性或实质性的内容条款进行说明或强调。

(1) 在实质满足招标文件基础上做出更有利于招标人的承诺。

(2) 对缺陷责任期、履约担保金额、发出开工通知期限、逾期竣工违约金额、提前竣工奖励金额等明确提醒投标人承诺确认。

(3) 采用价格指数进行调价时，可增加价格指数和权重表，其中有选择范围的由投标人根据自身具体情况填写。

3. 法定代表人身份证明或其授权委托书

1) 法定代表人身份证明

在招投标活动中，法定代表人代表法人的利益行使职权，全权处理一切民事活动，因此，法定代表人身份证明十分重要，用以证明投标文件签字的有效性和真实性。

投标文件中的法定代表人身份证明一般应包括：投标人名称、单位性质、地址、成立时间、经营期限等投标人的一般资料，除此之外还应有法定代表人的姓名、性别、年龄、职务等有关法定代表人的相关信息和资料。法定代表人身份证明应加盖投标人的法人印章。

2) 授权委托书

若投标人的法定代表人不能亲自签署投标文件进行投标，则法定代表人需授权代理人全权代表其在投标过程和签订合同中执行一切与此有关的事项。

授权委托书中应写明投标人名称、法定代表人姓名、代理人姓名、授权权限和期限等，授权委托书一般规定不允许转委托权，法定代表人应在授权委托书上亲笔签名。根据项目的特点和需要也可以要求投标人对授权委托书进行公证。

4. 联合体协议书

凡联合体参与投标的均应签署并提交联合体协议书。

(1) 资格预审项目：采用资格预审，且接受联合体投标的项目，投标人在资格预审申请文件中提交联合体协议书正本，而不是在招标时再提交。通过资格预审后，只需提交原联合体协议书副本或正本复印件，可不再要求投标人提交协议书正本，以防止前后提交的两个正本联合体协议书出现差异而导致投标人资格失效。

(2) 资格后审项目：采用资格预审，且接受联合体投标的项目，投标人在投标文件中提交正本协议。

(3) 联合体协议书内容。

(4) 联合体内部分工：联合体协议书一项重要内容是明确联合体各成员的职责分工和专业工程范围，以便招标人对联合体各成员专业资质进行审查，并防止中标后联合体成员产生纠纷。

(5) 签署要求：联合体协议书按照招标文件规定进行签署和盖章。

5. 投标保证金

投标保证金金额通常有相对比例金额和固定金额两种方式。相对比例金额是以投标总价作为计算基数，投标保证金金额与投标报价有关；固定金额是招标文件规定投标人提交统一金额的投标保证金，投标保证金金额与报价无关。

(1) 投标保证金形式：银行电汇、银行汇票、银行保函、信用证、支票、现金或招标文件中规定的其他形式。注意：不应强迫只收现金；保证金有瑕疵不接受。

(2) 保证金的金额不同规章限定不一。

《工程建设项目施工招标投标办法》(国家发改委等七部委 30 号令)和《工程建设项目货物招标投标办法》(国家发改委等七部委 27 号令)规定，一般不得超过投标总价的 2%，最高不超过 80 万人民币。

(3) 投标保证金的没收与退还。

① 投标保证金的没收规定统一，招标人在投标人违反招标文件规定的以下条件时，可

以没收投标人的投标保证金：投标人在有效期内撤销或修改其投标文件；投标人未按中标通知要求递交履约担保金或拒绝签约。

②《工程建设项目施工招标投标办法》(国家发改委等七部委30号令)和《工程建设项目货物招标投标办法》(国家发改委等七部委27号令)规定：招标人与中标人签约后5个工作日内一次性退还未中标人。

3.3.2 商务部分

商务部分也称为商务标。《建设工程工程量清单计价规范》(GB 50500—2008)规定投标报价文件应包括：投标总价及工程项目总价表、单项工程费汇总表、单位工程费汇总表、分部分项工程量清单计价表、措施项目清单计价表、其他项目清单计价表、零星工作项目计价表、分部分项工程量清单综合单价分析表、项目措施费分析表和主要材料价格表等。

投标人根据招标文件中工程量清单及计价要求，结合施工现场实际情况及施工组织设计，按照企业工程施工定额或参照政府工程造价管理机构发布的工程定额，结合市场人工、材料、机械等要素价格进行投标报价。

3.3.3 技术部分

技术部分也称为技术标。技术部分主要包括以下几个方面。

(1) 施工组织设计。

(2) 项目管理班子配备情况。

(3) 拟分包项目情况表。

(4) 替代方案及其相应的报价(需要多方案报价时)。

首先，招标文件要明确投标人编写技术标的大纲要求。投标人结合招标项目的特点、难点和需求，研究项目技术、服务和管理方案，并根据招标文件统一格式和要求阐述、编制。方案编制必须层次分明、简明扼要，具有逻辑性，突出项目特点、重点、难点及招标人需求点，并能体现投标人的技术水平和能力特长。其次，技术、服务和管理方案尽可能采用一些图表形式，直观、准确地表达方案的意思和作用。

3.4 建设工程投标决策分析

1. 投标决策的含义

决策是指人们为一定的行为确定目标和制定并选择行动方案的过程。投标决策是承包商选择、确定投标目标和制定投标行动方案的过程。

投标决策的正确与否关系能否中标和中标后的效益问题，关系施工企业的信誉和发展前景及职工的切身经济利益，因此，企业的决策班子必须充分认识到投标决策的重要意义。

2．投标决策的内容

投标决策的内容即投标决策要解决的问题，它至少应该包括以下几个子决策系统。

(1) 是否参与投标：通过分析自身的资金、技术、人力、物力、任务饱满度、中标可能性、潜在竞争对手、项目的风险、盈利水平等决定是否参加投标。

(2) 投标风险评价：企业在中标后可能面临工期和是否盈利等风险，这都将影响企业的投标决策。风险等级影响着企业报价的策略和报价的高低，因此投标决策必须包括对风险的评价。

(3) 投标报价的确定：在最终决定参与投标后，核心问题转化为确定报价水平。报价的高低在一定程度上决定了中标的概率，也决定着中标后利润空间的大小，以及在实施项目经营管理时面临的相关风险。在提升中标率和增大利润空间之间寻求平衡点以确定最终报价成为投标决策的关键所在。

3．投标决策的类型

(1) 必须放弃的投标。

① 本施工企业主营和兼营能力之外的项目。

② 工程规模、技术要求超过本施工企业技术等级的项目。

③ 本施工企业生产任务饱满，而招标工程的盈利水平较低或风险较大的项目。

④ 本施工企业技术等级、信誉、施工水平明显不如竞争对手的项目。

(2) 根据投标积极性分类承包商要决定是否参与某项工程的投标。首先要考虑当前经营状况和长远经营目标，其次要明确参加投标的目的，然后分析中标机会的外部影响因素和投标机会的内在因素，可将投标分为以下3种类型。

① 生存型：投标报价以克服生存危机为目标，争取中标可以不考虑各种利益。社会政治经济环境的变化和承包商自身经营管理不善都可能造成承包商的生存危机。这种危机首先表现为政治原因，新开工工程减少，所有的承包商都将面临生存危机；其次，政府调整基建投资方向，使某些承包商擅长的工程项目减少，这种危机常常危害营业范围单一的专业工程承包商；第三，如果承包商经营管理不善，投标邀请越来越少，这时承包商应以生存为重，采取不盈利甚至赔本也要夺标的态度，只图暂时维持生存渡过难关，待以后寻找机会。

② 竞争型：投标报价以竞争为手段，以开拓市场、低盈利为目标，在精确计算成本基础上充分估计各竞争对手的报价目标，以有竞争力的报价达到中标的目的。如果承包商处在经营状况不景气、近期接受的投标邀请较少、竞争对手有威胁性、试图打入新的地区、开拓新的工程施工类型，而且招标项目风险小、施工工艺简单、工程量大、社会效益好的项目和附近有本公司其他在施工的项目，则应压低报价，力争夺标。

③ 盈利型：投标报价充分发挥自身优势，以实现最佳盈利为目标，对效益无吸引力的项目热情不高，对盈利大的项目充满自信。如果承包商在该地区已经打开局面，施工能力饱和，美誉度高，竞争对手少，具有技术优势并对业主有较强的名牌效应，投标目标主要是扩大影响或者项目施工条件差、难度高、资金支付条件不好，工期质量要求苛刻，则应采用比较高的标价。

4．投标决策应遵循的原则

(1) 可行性。

(2) 可靠性。

(3) 盈利性。

(4) 审慎性。

(5) 灵活性。

5．投标决策方法

(1) 定性分析法。建筑企业在分析招标信息的基础上发现了投标对象，但不一定每一个工程都去投标，应选择一些有把握的工程项目。

① 企业的经营能力。

② 企业的经营需要。

③ 中标的可能性。

④ 工程条件。

⑤ 时间要求。

(2) 定量分析法。

① 综合评分法。此方法和多目标决策中的评分法原理相同。它将投标工程定性工程定性分析的各个因素通过评分转化为定量问题，计算综合得分，用以衡量投标工程的条件。

② 期望值法(决策树法)。

③ 线性规划法。

3.5 建设工程投标报价

1．投标报价的概念

投标就是投标人根据招标文件的要求，提出完成发包业务的方法、措施和报价，竞争取得业务承包权的活动。

建设工程投标是指承包商根据建设单位招标文件的要求，提出完成建设工程发包业务的方法、措施和报价，竞争取得业务承包权的活动。

承包商根据项目的招标文件，研究投标策略，确定投标报价，并编制投标文件参与竞标。按照科学的投标程序，做好投标准备和现场考察调研工作，编制施工规划，正确计算投标报价，科学地编制投标文件是投标获胜的关键。

2．投标报价的编制原则

报价是投标的关键性工作，报价是否合理直接关系投标工作的成败。工程量清单计价模式下编制投标报价的原则如下。

(1) 投标报价由投标人自主确定，但必须执行《建设工程工程量清单计价规范》的强制性规定。投标价应由投标人或其委托的具有相应资质的工程造价咨询人编制。

(2) 投标人的投标报价不得低于成本。《招标投标法》中规定：“中标人的投标应当符合下列条件……(二)能够满足招标文件的实质性要求，并且经评审的投标价格最低；但是投标价格低于成本的除外。”《评标委员会和评标方法暂行规定》中规定：“在评标过程中，评标委员会发现投标人的报价明显低于其他投标报价或者在设有标底时明显低于标底的，使得其投标报价可能低于其他个别成本的，应当要求该投标人做出书面说明并提供相关证明材料。投标人不能合理说明或者不能提供相关证明材料的，由评标委员会认定该投标人以低于成本报价竞标，其投标应作为废标处理。”上述法律法规的规定特别要求投标人的投标报价不得低于成本。

(3) 按招标人提供的工程量清单填价格。实行工程量清单招标，招标人在招标文件中提供工程量清单，其目的是使各投标人在投标报价中具有共同的竞争平台。因此，为避免出现差错，其目的是使各投标人在投标报价中具有共同的竞争平台。因此，为避免出现差错，要求投标人应按招标人提供的工程量清单填报投标价格，填写的项目编码、项目名称、项目特征、计量单位、工程量必须与招标人提供的一致。

(4) 投标报价要以招标文件中设定的承发包双方责任划分，作为设定投标报价费用项目和费用计算的基础。承发包双方的责任划分不同，会导致合同风险分摊不同，从而导致投标人报价不同；不同的工程承发包模式会直接影响工程项目投标报价的费用内容和计算深度。

(5) 应该以施工方案、技术措施等作为投标报价计算的基本条件。企业定额反映企业技术和管理水平，是计算人工、材料和机械台班消耗量的基本依据；更充分利用现场考察、调研成果、市场价格信息和行情资料等编制基础报价。

(6) 报价计算方法要科学严谨，简明适用。

3．投标报价的编制依据

(1) 招标文件、工程量清单及其补充通知、答疑纪要。

(2) 建设工程设计文件及相关资料。

(3)《建设工程工程量清单计价规范》(GB 50500—2008)。

(4) 国家或省级行业建设主管部门颁发的计价办法。

(5) 企业定额、国家或省级行业建设主管部门颁发的消耗量定额。

(6) 投标人掌握的劳动力市场价格信息。

(7) 投标人掌握的建筑安装材料及工程设备的市场价格信息。

(8) 有关工程施工规范及工程验收规范等技术资料。

(9) 施工现场地质水文气象，以及地上情况的有关资料。

(10) 拟定的投标施工组织设计及施工技术方案。

(11) 由招标方采购的材料、设备的到货计划。

(12) 竞争态势预测及预期利润。

(13) 政府的法律、法规及制度。

4．投标报价的编制步骤

在工程量清单计价模式下，投标报价的编制程序如图 3.2 所示。

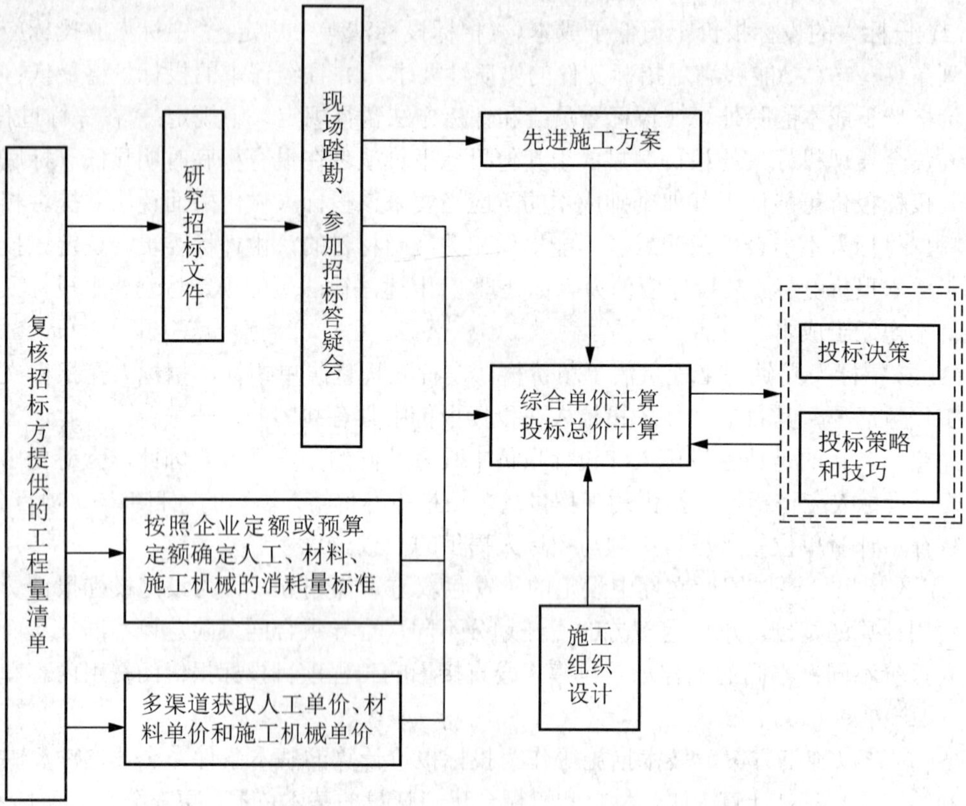

图 3.2 工程量清单计价模式下投标报价的编制程序

3.6 建设工程投标文件的编制和递交

潜在投标人应严格依据招标文件要求的格式和内容编制、签署、装订、密封、标识投标文件，按照规定的时间、地点、方式递交投标文件，并提供相应方式和金额的投标保证金。

投标人在提交投标截止时间之前可以撤回、补充或者修改已提交的投标文件。

3.6.1 投标文件的编制

1. 前期准备工作

(1) 招标信息跟踪：公开招标的项目所占比例很小，而邀请招标项目在发布信息时，业主已经完成了考察及选择投标单位的工作。

(2) 报名参加投标资格审查。投标人获得招标信息后，应及时报名，向招标人表明愿意参加投标，以便获得资格审查的机会。

(3) 研究招标文件。

① 组织投标机构。投标机构负责掌握市场动态，积累有关资料，研究招标文件，决定投标策略，计算标价，编制施工方案，递交投标文件等。

② 研究招标文件的要求。重点要分析“投标人须知”，以防止废标，另外，对于国际工程承包还要注意对投标书的语种要求，若要求使用投标人不熟悉的语种，应做好翻译和校核准备，避免出错。

③ 研究评标办法。分析评标办法和授予合同标准，据以采取投标策略。我国常用的评标和授予合同标准有两种方式，即综合评估法和最低报价法。

综合评估法是根据投标人的投标报价、工期、质量等因素量化的情况下，评标人根据经验判断各投标方案优劣的方法。

最低报价法是在质量工期满足招标文件要求的条件下，明确选择响应招标文件要求、投标价格最低的投标人中标。

④ 研究合同协议书、通用条款和专用条款以明确合同计价形式、合同责任和风险分担等。

(4) 调查投标环境，包括勘察施工现场，调查环境，调查招标人和竞争对手。

(5) 参加标前答疑会，提出疑问。

对招标文件中存在的问题向招标人提出，招标人将以书面形式回答。提出疑问时应注意方式方法，特别要注意不能引起招标人反感。

2．投标报价工作

(1) 编制投标文件。投标文件，即投标须知中规定的投标人必须提交的全部文件，一般包括投标函、施工组织设计或施工方案、投标保证金、招标文件要求提供的其他材料。

① 施工组织设计。施工组织设计是评标时考虑的主要因素之一。

② 物资询价。招标文件中指明的特殊物资应通过询价作采购方案比较。

③ 分包询价。总承包商会将部分专业工程分包给专业承包商。对分包商的询价要注意以下几点：分包标函是否完整；分包工程单价所包含的内容；分包商的工程质量、信誉和可信程度；质量保证措施；分包报价等。

④ 估算初步报价。报价是投标的核心，它不仅影响能否中标，也是中标后盈亏的决定因素之一。

(2) 报价分析决策。

① 分析报价。初步报价提出后应对其进行多方面分析，探讨初步报价的合理性、竞争性、盈利性和风险性，作出最终报价决策。

② 响应招标文件要求，分析招标文件隐藏机会。投标人不得变更招标文件。

③ 替代方案。有些业主欢迎投标人在按招标文件要求之外根据其经验制定科学合理的替代方案，再编制一份投标书。

3．编制建设工程投标文件的注意事项

(1) 编制建设工程投标文件必须使用招标人提供的投标文件表格式，如有必要，可增加附页，作为投标文件的组成部分。

(2) 投标文件应对招标文件有关工期、投标有效期、质量要求、技术标准和要求、招标范围等实质性内容做出全面具体的响应。

3.6.2 投标文件的签署

投标函及投标函附录、已标价工程量清单(或投标报价表、投标报价文件)、调价函及调价后报价明细目录等内容应由投标人的法定代表人或其委托代理人逐页签署姓名(该页正文内容已由投标人的法定代表人或其委托代理人签署姓名的可不签署)，并逐页加盖投标人单位印章或按招标文件签署规定执行。以联合体形式参与投标的，投标文件由联合体牵头人的法定代表人或其委托代理人按上述规定签署并加盖联合体牵头人单位印章。

3.6.3 投标文件的装订

投标文件正本与副本应分别装订成册，并编制目录，封面上应标记“正本”或“副本”，正本和副本份数应符合招标文件规定。

投标文件正本与副本都不得采用活页夹，并要求逐页标注连续页码，否则招标人对于投标文件装订松散而造成的丢失或其他后果不承担任何责任。

3.6.4 投标文件的密封、包装

由于投标是一次性的竞争行为，为保证其公正性，就必须对当事人各方提出严格的保密要求。例如：投标文件及其修改、补充的内容都必须以密封的形式送达，招标人或公证人员签收后必须原样保存，不得开启。

投标文件应该按照招标文件规定密封、包装。一般来说，对投标文件密封的规范要求有：

(1) 投标文件正本与副本应分别包装在内层封套里，投标文件电子文件(如需要)应放置于正本的同一内层封套里，然后统一密封在一个外层封套中，加密封条和盖投标人密封印章。国内招标的投标文件一般采用一层封套。

(2) 投标文件内层封套上应该清楚标记“正本”或“副本”字样。投标文件内层封套应写明：投标人邮政编码、投标人地址、投标人名称、所投项目名称和标段。投标文件外层封套应写明：招标人地址及名称、所投项目名称和标段、开启时间等。也有些项目对外层封套的标识有特殊要求，如规定外层封套上不应有任何识别标志。当采用一层封套时，内外层的标记均合并在一层封套上。

未按招标文件规定要求密封和加写标记的投标文件，招标人将拒绝接受。对投标文件密封的要求既对招标人有利(因为可以防止各投标人相互串通报价)，又对投标人有利(因为可以防止招标人和某些投标人互相串通)。

3.6.5 投标文件的递交和有效期

1. 投标文件递交

《招标投标法》第二十八条规定：“投标人应当在投标文件要求递交投标文件的截止日期前将投标文件送达招标文件规定的地点。招标人收到投标文件后应当签收保存，不得开启。在招标文件要求提交投标文件的截止时间后送达的投标文件，招标人应当拒收。”该条还规定：“在招标文件要求提交投标文件的截止时间后送达的投标文件，招标人应当拒收。”

因此，投标人必须按照招标文件规定地点，在规定时间内送达投标文件。递交投标文件最佳方式是直接或委托代理人送达，以便获得招标代理机构已收到投标文件的回执。如果以邮寄方式送达，投标人必须留出邮寄的时间，保证投标文件能够在截止日之前送达招

标人指定地点。另外，如果发生地点方面的错送、误送，其后果应当由投标人自行承担。

2．投标文件接收

招标人收到投标文件后应当签收，并在招标文件规定开标时间前不得开启。同时为了保护投标人的合法权益，招标人必须履行完备规范的签收手续。签收人要记录投标文件递交的日期和地点以及密封状况，签收人签名后应将所有递交的投标文件妥善保存。

3．投标文件有效期

投标文件有效期从投标截止时间起开始计算，主要用于组织评标委员会评标、招标人定标和发布中标通知书，以及签订合同协议书等工作。在招标文件中须明确规定“投标有效期”，一般项目投标有效期为60～90天，大型项目120天左右。

特殊情况下，招标人在原定投标文件有效期内可根据需要向投标人提出延长投标文件有效期的要求，投标人应立即以传真等书面形式对此向招标人做出答复，投标人可以拒绝招标人的要求，而不会因此被没收投标担保(保证金)。同意延期的投标人应相应地延长投标保证金的有效期，但不得因此而提出修改投标文件的要求。如果投标人在投标文件有效期内撤回投标文件，其投标担保(保证金)将被没收。

3.7 建设工程投标技巧

3.7.1 据项目特点报价法

根据招标项目的不同特点采用不同报价，条件差、难度高、工期紧的可以报高价，反之报低价。具体内容见表3-1。

表3-1 根据招标项目的不同特点采用不同报价

投标策略	项目情况(投标人情况)
报价可高一些	施工条件差的工程，专业要求高的技术密集型工程(又有专长，声望也较高)
	总价低的小工程(自己不愿做、又不方便不投标的工程)
	特殊的工程，如港口码头、地下开挖工程等
	工期要求急的工程
	投标对手少的工程
	支付条件不理想的工程
报价可低一些	施工条件好的工程
	工作简单、工程量大而其他投标人都可以做的工程
	投标人目前急于打入某一市场、某一地区，或在该地区面临工程结束，机械设备等无工地转移时的工程
	投标人在附近有工程，而本项目又可利用该工程的设备、劳务，或有条件短期内突击完成的工程
	投标对手多，竞争激烈的工程
	非急需工程
	支付条件好的工程

3.7.2 不平衡报价法

不平衡报价法是清单投标中投标人的一种常用的投标报价技巧，是指一个工程项目的总报价基本确定以后，如何进行内部各个项目报价的调整，以期既不提高总价，不影响中标，又能在结算时得到更理想的经济效益。总的来讲，不平衡报价法以“早收钱”和“多收钱”为指导原则。常见的不平衡报价法如表 3-2。

表 3-2 常见的不平衡报价类型

序号	信息类型	变动趋势		不平衡结果
1	资金收入的时间	结算早(如前期措施费、基础工程、土石方工程等)		单价高
		结算晚(如设备安装、装饰工程等)		单价低
2	清单工程量不准确	可能需要增加工程量		单价高
		可能需要减少工程量		单价低
3	设计图纸不明确	可能增加工程量		单价高
		可能减少工程量或工程内容说明不清楚的		单价低
4	暂定项目	自己承包的可能性高	肯定要施工的	单价高
			不一定要施工的	单价低
		自己承包的可能性低		
5	单价和包干混合制项目	固定包干报价项目		单价高
		单价项目		单价低
6	工程量不明确时招标人要求报单价	没有工程量		单价高
		有暂估工程量		单价适中
7	议标时招标人要求压低单价	工程量大的项目		单价小幅度降低
		工程量小的项目		单价较大幅度降低

这种方法在工程项目中运用得比较普遍，是一种投标策略。对于工程项目，应根据工程项目的不同特点及施工条件等来考虑采用不平衡报价法。不平衡报价法采用的前提是工程量清单报价，它在国际工程承包市场已运用了多年，现在已经正式在全国范围内推广。它强调的是“量价分离”，即工程量和单价分开，投标时承包商报的是单价而不是总价，总价等于单价乘以招标文件中的工程量，最终结算时以实际发生量为准。而这个总价是理念上的总价，或者说只是评标委员会在比较各家报价的高低时提供的一个总的大致参考值，实际上承包商拿到的总收入等于在履约过程中通过验收的工程量与相应单价的乘积。

案例 3-2

不平衡报价法应用案例

【背景】

某办公楼施工招标文件的合同条款中规定：预付款数额为合同价的 30%，开工后 3 日内支付，上部结构工程完成一半时一次性全额扣回，工程款按季度支付。

某投标人对该项目投标，经造价工程师估算，总价为 9 000 万元，总工期为 24 个月，其中：基础工程估价为 1 200 万元，工期为 6 个月；上部结构工程估价为 4 800 万元，工期为 12 个月；装饰和安装工程估价为 3 000 万元，工期为 6 个月。

该投标人为了既不影响中标，又能在中标后取得较好的收益，决定采用不平衡报价法对造价工程师的原估价作适当调整，基础工程调整为1 300万元，结构工程调整为5 000万元，装饰和安装工程调整为2 700万元。

另外，该投标人还考虑到，该工程虽然有预付款，但平时工程款按季度支付不利于资金周转，决定除按上述调整后的数额报价外，还建议业主将支付条件改为：预付款为合同价的10%，工程款按月支付，其余条款不变。

【问题】

(1) 该投标人运用的不平衡报价法是否恰当？为什么？

(2) 除了不平衡报价法，该投标人还运用了哪种报价技巧？运用是否得当？

【案例解析】

(1) 该投标人运用的不平衡报价法恰当。因为该投标人试讲属于前期工程的基础工程和主体结构工程的报价调高，而将属于后期工程的装饰工程和安装工程的报价调低，这样可以在施工的早期阶段收到较多的工程款，从而提高所得工程款的现值；而且，这三类工程报价的调整幅度均在±10%以内，属于合理范围。

(2) 该投标人运用的另一种投标技巧是多方案报价法，该报价技巧运用得当，因为该投标人的报价既适用于原付款条件也适用于建议的付款条件。

3.7.3 多方案报价法

多方案报价法也称为增加建议方案法，是对同一个招标项目，除了按招标文件的要求编制一个投标报价外，还编制了一个或几个建议方案，并给出相应的报价。通常主要有以下两种情况。

(1) 如果发现项目范围不很明确，条款不太清楚或很不公正，技术规范要求又过于苛刻时，则要在充分估计风险的基础上，按多方案报价法处理。如：在对原招标文件报价的基础上，再提出某某条款做某些变动，报价可降低多少，由此可报出一个较低的价。

(2) 如果发现设计图纸中存在某些不合理并可以改进的地方或可以利用某项新技术、新工艺、新材料替代的地方，或者发现自己的技术和设备满足不了招标文件中设计图纸的要求时，投标人可以先按设计图纸的要求报一个价，然后再另附上一个修改设计的比较方案，或说明在修改设计的情况下，报价可降低多少，这种情况通常也称作修改设计法。不过，建议方案不要写得太具体，要保留方案的技术关键，防止招标人将此方案交给其他投标人。建议方案一定要比较成熟，具有很好的可操作性。

多方案报价法(增加建议方案法)具有以下特点。

(1) 是投标人的“为用户服务”经营思想的体现。

(2) 要求投标人有足够的商务经验或技术实力。

(3) 招标文件明确表示不接受替代方案时，应放弃采用多方案报价法(增加建议方案法)。

案例 3-3

多方案报价法应用案例

【背景】

某投标人通过资格预审后，对招标文件进行了仔细分析，发现业主提出的工期要求过于苛刻，且合同条款中规定每拖延1天工期，罚合同价的1‰。若要保证实现该工期要求，必须采取特殊措施，从而大大增加成本；另外，该投标人还发现原设计结构方案采用框架剪力墙体系过于保守。因此，该投标人在投标文件中说明业主的工期要求难以实现，因而按自己认为的合理工期(比业主要求的工期增加3个月)编制施工进度计划并据此报价。

同时，该投标人还建议将框架剪力墙体系改为框架体系，并对这两种结构体系进行了技术经济分析和比较，证明框架体系不仅能保证工程结构的可靠性和安全性、增加使用面积、提高空间利用的灵活性，而且可降低造价约3%。该投标人就原招标文件设计的框架剪力墙体系进行了报价，又在认真分析原招标文件的设计和施工方案的基础上提出了一种新方案(框架结构)，并进行了相应报价。

【问题】

(1) 该投标人按自己认为的合理工期(比业主要求的工期增加3个月)编制施工进度计划并据此报价是否妥当？为什么？

(2) 该投标人还运用了哪种报价技巧？运用是否得当？

【案例解析】

(1) 该投标人按自己认为的合理工期(比业主要求的工期增加3个月)编制施工进度计划并据此报价的做法不妥当。因为投标人应对招标文件作出实质性响应，而该投标人将招标文件中业主要求的工期增加3个月属于对招标文件中“工期要求”这一实质性内容的不响应，会被作为废标处理。

(2) 该投标人还运用了多方案报价法(修改设计法)，运用得当。该投标人认真比较两种不同的设计方案，并分析在修改设计的情况下报价可降低幅度。且对两种不同设计方案分别进行了报价。

3.7.4 突然降价法

突然降价法是指在投标最后截止时间内采取突然降价的手段确定最终投标报价的一种方法，这是一种为迷惑竞争对手而采用的一种竞争方法。投标报价是一件保密的工作，但是竞争对手往往会通过各种渠道及手段来探听报价情况，因而用此法可以在报价时迷惑竞争对手。通常的做法是，在准备投标报价的过程中有意散布一些假情报，如先按一般情况报价或表现出自己对该工程兴趣不大，到投标快要截止时才突然降价。采用这种方法时，一定要在准备投标报价的过程中考虑好降价的幅度，在临近投标截止日期前，根据信息情况分析判断，再做出最后的决策。

案例 3-4

突然降价法应用案例

【背景】

某工程项目采用公开招标的方式选择承包商，在临近投标截止日期时收到了若干份投标文件。其中一投标人在投标截止日期前递交了一份合乎要求的投标文件，其报价为1亿元。但在投标截止日期前1小时，他又递交了一封符合投标文件要求的密封信。在此补充信中，该投标人声明：“出于友好目的，本投标人决定将计算总标价及所有单件都降低4%。”但是招标单位有关工作人员却认为，根据国际上“一标一投”的惯例，一个投标人不得递交两份投标文件，因而拒收该投标人的补充材料。

【问题】

(1) 招标单位有关工作人员的做法是否正确？为什么？

(2) 如果该投标人只提到将其计算总报价降低4%，是否可行？

(3) 如果该投标人在补充信中将其报价比评标最低的投标报价降低4%，是否可行？

【案例解析】

(1) 招标单位有关工作人员的做法是不正确的。根据《招标投标法》第二十九条规定，投标人在投标截止日期之前递交的任何正式的书面文件都是有效文件，都是投标文件的有效组成部分，也就是说补充材料与原已经递交的投标文件共同构成一份投标文件，而不是两份相互独立的投标文件。所以招标单位有关工作人员以“一标一投”、一个投标人不得递交两份投标文件为由而拒收该投标人的补充材料的做法是不正确的。

(2) 如果该投标人只提到将其计算总报价降低 4%，应在开标或评标过程中要求其予以澄清。如不澄清，可能会产生一系列问题。如某些工程量增加或减少超过10%，其单价应如何确定等，因此，要对这些含糊的问题予以说明。如果招标人对投标人的澄清或承诺结果满意，可以接受其修正总报价。

(3) 如果该投标人在补充信中将其报价比评标最低的投标报价降低 4%，这种情况是不可行的。因为这样做实际上就是无报价可言。因此，这样的投标应视为不符合要求而予以拒绝。

特别提示

案例 3-4 中，尽管投标人的补充信可能会由于招标人的失误未递交成功，但投标人的这种“突然降低报价”做法还是比较得当的。原投标文件的递交日期比投标截止日期提前一天，这既符合常理又为竞争对手调整最终报价留有余地，起到了迷惑竞争对手的作用。若提前过多，会引起竞争对手的怀疑，而在开标前 1 小时突然提交一份投标文件，这时竞争对手已不可能再调整报价了。在鲁布革水电站引水工程中，日本大成公司就曾成功地运用了该方法。日本大成公司知道其主要竞争对手是前田公司，因而在临近开标前突然将总报价降低8.04%，取得相对最低标，为中标打下基础。

3.7.5 先亏后盈报价法

先亏后盈报价法是一种无利润甚至亏损报价法，它可以看作战略上的“钓鱼法”。一般分为两种情况：一种是承包商为了占领某一市场，或为了在某一地区打开局面，不惜代价只求中标，先亏是为了占领市场，当打开局面后，就会带来更多的盈利；另一种是大型分期建设项目的系列招标活动中，承包商先以低价甚至亏本争取到小项目或先期项目，然后再利用由此形成的经验、临时设施，以及创立的信誉等竞争优势，从大项目或二期项目的中标收入来弥补前面的亏空并赢得利润。

案例 3-5

中铁十五局为打入西南建筑市场，曾采用了“先亏后盈报价法”，在 2000 年承揽了昆明市滇池电影院人行天桥工程，结算价 260 余万元，仅仅盈利 1 000 多元；但为了打入西南市场，中铁十五局投入大量人力物力，确保施工质量优良，随后相继承揽了总造价 500 多万元的昆明市盘龙江工程和总造价 7 000 余万元的昆明市金星立交桥工程。又在 2005 年承揽了世界银行贷款项目昆明市污水处理厂工程，并成立了西南指挥部。该局在西南市场立足了脚跟，并逐步发展成为西南建筑企业的一面旗帜。

3.7.6 低报价中标法

低报价中标是实行清单计价后的重要因素，但低价必须讲究“合理”二字。并不是越低越好，也不能低于投标人的个别成本。决策者必须是在保证质量、工期的前提下，在保证预期的利润及考虑一定风险的基础上确定最低成本价，因此决策者在决定最终报价时要慎之又慎。低价虽然重要，但报价不是唯一因素，除了低报价之外，决策者还可以采取策略或投标技巧战胜对手。投标人还可以提出能够让招标人降低投资的合理化建议或对招标人有利的一些优惠条件来弥补报高价的不足。

3.7.7 其他方面的技巧

投标人对招标项目进行投标时，除了主要应在投标报价上下功夫外，还应注意掌握其他方面的技巧。

(1) 聘请投标代理人。

(2) 服务取胜法。

(3) 寻求联合投标。

(4) 许诺优惠条件(如在投标时主动提出提前竣工、低息贷款等)。

(5) 质量信誉取胜。

(6) 开展公关活动。

(7) 加强索赔管理。

本章小结

本章以建设施工项目投标为例，重点阐述了建设工程投标的一般程序、投标文件的组成、投标决策分析、工程量清单计价、投标报价的步骤及技巧、投标文件的编制与递交等几个方面的问题，为从事施工项目的投标工作在一定程度上奠定了理论和法规基础。

复习与思考

一、选择题

1．下列对工程施工投标人资格的叙述中，错误的是(　　)。

A．投标人应该具有从事相应工程施工的资质

B．以联合体形式参加投标的，由同一专业的单位组成的，应按其最高的资质等级确定联合体投标人的资质等级

C．联合体各方签订共同投标协议，承担单独和连带责任

D．招标人不得强制不同的投标单位组成联合体进行投标

2．某工程项目，经过招标投标过程后，最终由甲设计公司和乙建筑公司组成的联合体中标，并与建设单位签订了合同。施工中，由于设计原因，建筑主体地下车库挡土墙侧压过大而发生偏移，该质量事故责任应由(　　)承担。

A．甲设计公司　　　　B．乙建筑公司

C．建设单位　　　　D．甲设计公司和乙建筑公司

3．以下关于以联合体形式参加投标的说法，正确的有(　　)。

A．联合体各方签订共同投标协议，承担单独和连带责任

B．作为联合体一方参加投标仍可单独以自己的名义对同一标段投标

C．同一专业的单位组成的联合体，按照其较高的资质等级确定联合体投标人的资质等级

D．作为联合体一方参加投标，不得再单独以自己的名义或者参加其他联合体对同一标段投标

E．招标项目如允许投标人以联合体形式参加投标的，投标联合体各方应按照责任分工分别符合投标合同的相应资质等级和其他资格能力标准

二、简答题

1．简述建设工程投标的一般程序。

2．建设工程投标文件的组成有哪些？

3．常用的建设工程投标技巧有哪几种？

三、综合练习题

1．要求：根据第 2 章“复习与思考”中综合练习题(见本书第 79 页)所编制的招标文件和有关资料编写投标文件(草案)。

2．难点：投标报价的确定。

(1) 对于提供工程量清单的招标项目，采用综合单价计价方式计算确定投标报价。

(2) 综合单价的测定方法可参阅第 5 章的相关内容，或由教师给出各个综合单价。

(3) 严格遵守确定投标报价的程序如下。

① 编制分部分项工程量清单计价表、措施项目清单计价表和其他项目清单计价表。分别计算出各表的合计(数)，然后填写单位工程费汇总表并算出它的合计数。

② 填写工程项目总价表。工程项目总价表的合计数即是投标总价。

③ 填写投标函的投标报价空格。将投标总价按要求分大小写填入投标函。

第 4 章

建设工程合同管理法律基础

教学要求

能力目标	知识要点	权重
熟悉建设工程合同管理的概念、原则及工作内容	建设工程合同管理的概念、原则及工作内容	10%
掌握建设工程合同的法律关系	建设法律、行政法规和相关法律关系，建设工程合同的法律基础	20%
掌握建设工程合同的订立与效力	建设工程合同订立的原则、程序、效力，以及建设工程合同无效的几种常见情形	20%
掌握建设工程合同的履行与担保	建设工程合同履行的内容、担保的方式	20%
熟悉建设工程合同的缔约过失责任	建设工程合同缔约过失责任的构成、承担缔约过失责任的情形	10%
熟悉建设工程合同争议的解决方式	建设工程合同争议的几种解决方式	5%
掌握建设工程合同的类型	建设工程合同按照不同的分类方式有不同的类型，不同类型合同的适用范围	15%

引例

在建设领域的民事诉讼中，受害人一方在遭受损失时，首先想到的通常都是“解约”。可是“解约”并不是那么容易的，它必须以“合同无法履行”为前提。

【背景】

2004年11月9日，某工程施工企业(承包人)与某实业公司(发包人)签订了一份建设工程施工合同，约定：施工企业根据实业公司提供的施工图纸为其建造一幢厂房，承包方式为包工包料，工程价款依照工程进度支付。工程进行当中，实业公司多次拖延给付工程进度款。后经协商双方达成协议，由施工企业先行垫付一部分资金，利息按同期银行贷款利率计算，实业公司应于两个月后将欠付工程款及施工企业垫资的利息返还给施工企业。但是两个月后，实业公司并未返还相应款项。施工企业多次以书面的形式催要均没有结果，于是向法院提起诉讼，以实业公司未能如约支付工程款，导致自己不能正常履行合同义务为由，请求法院判定解除双方的建设工程施工合同，并要求实业公司赔偿损失、返还施工企业的垫资及利息。

法院审理认为，因实业公司未按合同约定支付工程款，迟延支付价款，致使施工企业无法继续履行合同义务，并导致合同目的不能实现，而且，在施工企业履行催告义务后，实业公司在合理期间内仍拒不支付工程价款。在这种情况下，施工企业行使合同解除权，申请解除建筑施工合同的做法是符合我国法律规定的，并且根据《合同法》“因一方违约导致合同解除的，违约方应当赔偿因此给对方造成的损失”的有关规定，施工企业的诉讼请求应予以支持，且在双方的建设工程施工合同解除后，已经完成的建设工程质量合格的，实业公司应当按照约定支付相应的工程价，并赔偿其损失。因此，法院最终判决：支持施工企业的诉讼请求，解除双方的建设工程施工合同。

【案例解析】

我国《最高人民法院关于审理建设工程施工合同纠纷案件适用法律问题的解释》第九条规定：“发包人具有下列情形之一，致使承包人无法施工，且在催告的合理期限内仍未履行相应义务，承包人请求解除建设工程施工合同的，应予支持：第一，未按约定支付工程价款的；第二，提供的主要建筑材料、建筑构配件和设备不符合强制性标准的；第三，不履行合同约定的协助义务的。”由此可见，只有在发包人迟延支付价款，致使承包人无法继续履行合同义务，关系到合同目的不能实现时，承包人履行催告义务后，发包人在合理期间仍拒不支付工程价款，承包人才可行使合同解除权，解除建筑施工合同。

同样，《解释》第八条还规定：“承包人具有下列情形之一，发包人请求解除建设工程施工合同的，应予支持：第一，明确表示或者以行为表明不履行合同主要义务的；第二，合同约定的期限内没有完工，且在发包人催告的合理期限内仍未完工的；第三，已经完成的建设工程质量不合格，并拒绝修复的；第四，将承包的建设工程非法转包、违法分包的。

4.1 建设工程合同管理概述

1. 建设工程合同的概念

合同，又称契约，是当事人之间确立一定权利义务关系的协议。广泛的合同，泛指一切能发生某种权利义务关系的协议。

建设工程合同是指承包人和发包人之间确定承包方所完成约定的工程项目，发包方支付相应工程价款协议，它包括工程勘察、设计、监理、施工合同等类型。

2. 建设工程合同管理的概念

《合同法》第二百六十九条规定：“建设工程合同是承包人进行工程建设，发包人支付价款的合同。建设工程合同包括工程勘察、设计、施工合同。”

那么，建设工程合同管理就是指工程建设活动中，对工程项目涉及的各类合同的协商、签订与履行过程中所进行的科学、系统的管理工作，并通过管理保证工程项目的目标得以顺利实现的活动。

3. 建设工程合同管理的原则

(1) 合同第一位原则。
(2) 合同自愿原则。
(3) 合同的法律原则。
(4) 诚信实用原则。
(5) 公平合理原则。

4. 建设工程合同管理的工作内容

(1) 合同订立前的管理。
(2) 合同订立时的管理。
(3) 合同履行中的管理。
(4) 合同发生纠纷时的管理。

4.2 建设工程合同法律关系

4.2.1 我国法律体系概况

法律体系是指一个国家中的依照一定原则和要求组成的全部法律规范的统一整体。

从广义的角度理解，我国的法律体系不仅包括宪法和法律、行政法规，还包括地方性法规、民族自治地方的自治条例和单行条例等规范性文件。认为基本法律、行政法规、地方性法规、自治条例和单行条例等规范，虽然阶位不同，效力不同，但都具备法的形式要件，属于法的范畴，是我国法律体系的组成部分。即我国的法律体系一般可分为宪法、法律、行政法规、行业(部门)规章、地方性法规和地方规章等几个层次。

1. 宪法

宪法是由全国人民代表大会依照特别程序制定的具有最高效力的根本法。宪法是集中反映统治阶级的意志和利益，规定国家制度、社会制度的基本原则，具有最高法律效力的根本大法。其主要功能是制约和平衡国家权力，保障公民权利。

2. 法律

法律是指由全国人民代表大会及其常委会审议通过并以国家主席令的形式颁布的规范性法律文件，即狭义的法律。

建设法律既包括专门的建设领域的法律，也包括与建设活动相关的其他法律。例如，前者有《城乡规划法》、《建筑法》、《城市房地产管理法》等，后者有《民法通则》、《合同法》、《行政许可法》等。

3．行政法规

行政法规是国家最高行政机关国务院根据宪法和法律就有关执行法律和履行行政管理职权的问题，以及依据全国人民代表大会及其常务委员会特别授权所制定的规范性文件的总称。

现行的建设行政法规主要有《建设工程质量管理条例》、《建设工程安全生产管理条例》、《建设工程勘察设计管理条例》、《城市房地产开发经营管理条例》等。

4．行业(部门)规章

行业(部门)是国务院各部、委员会、中国人民银行、审计署和具有行政管理职能的直属机构，部门规章规定的事项应当属于执行法律或者国务院的行政法规、决定、命令的事项，其名称可以是“规定”、“办法”和“实施细则”等。

目前，大量的建设法规是以部门规章的方式发布的，如住房和城乡建设部发布的《房屋建筑和市政基础设施工程质量监督管理规定》、《房屋建筑工程和市政基础设施工程竣工验收暂行办法》、《市政公用设施抗灾设防管理规定》，国家发展和改革委员会发布的《招标公告发布暂行办法》、《工程建设项目招标范围和规模标准规定》等。

5．地方性法规、自治条例和单行条例

地方性法规是指省、自治区、直辖市的人民代表大会及其常务委员会根据本行政区域的具体情况和实际需要，在不同宪法、法律、行政法规相抵触的前提下可以制定地方性法规。

目前，各地方都制定了大量的规范建设活动的地方性法规、自治条例和单行条例，如《北京市建筑市场管理条例》、《天津市建筑市场管理条例》、《新疆维吾尔自治区建筑市场管理条例》等。

6．地方规章

地方规章是指省、自治区、直辖市及省会城市和经国务院批准的较大城市的人民政府根据法律和国务院的行政法规制定并颁布的规章。

如《重庆市建设工程造价管理规定》、《安徽省建设工程造价管理办法》、《宁夏回族自治区建设工程造价管理规定》、《宁波市建设工程造价管理办法》等。

上述法律法规规章的效力是：法律的效力高于行政法规；行政法规的效力高于部门规章；部门规章的效力高于地方性法规和规章。

4.2.2 建设法律、行政法规和相关法律的关系

建设法律、行政法规与所有的法律部门都有一定的关系，比较重要的是与行政法、民法商法、社会法的关系。

1．建设法的概念

建设法是调整国家行政管理机关、法人、法人以外的其他组织、公民在建设活动中产生的社会关系的法律规范的总称。

2. 建设法律、行政法规与行政法的关系

建设法律、行政法规在调整建设活动中产生的社会关系时会形成行政监督管理关系。对建设活动的各个阶段依法进行监督管理包括立项、资金筹集、勘察、设计、施工、验收等。

建设行政监督管理关系是行政法律关系的重要组成部分。

3. 建设法律、行政法规与民法商法的关系

建设民事商事法律关系是建设活动中由民事商事法律规范所调整的社会关系。建设民事商事法律关系有以下特点。

(1) 建设民事商事法律关系是主体之间的民事商事权利和民事商事义务关系。

(2) 建设民事商事关系是平等主体之间的关系。民法商法调整平等主体之间的财产关系和人身关系，这就决定了参加民事商事关系的主体地位平等、相互独立、互不隶属。

(3) 建设民事商事关系主要是财产关系。民法商法以财产关系为其主要调整对象。

(4) 建设民事商事关系的保障措施。民法商法调整对象的平等性和财产性即民事商事责任以财产补偿为主要内容，惩罚性和非财产性责任不是主要的民事商事责任形式。

建设民事商事关系是民事商事关系的重要组成部分。

4. 建设法律、行政法规与社会法的关系

建设法律、行政法规在调整建设活动中产生的社会关系时会形成社会法律关系。例如，施工单位应当做好员工的劳动保护工作，建设单位也要提供相应的保障；建设单位、施工单位、监理单位、勘察设计单位都会与自己的员工建立劳动关系。

建设社会关系是社会关系的重要组成部分。

4.2.3 我国建设工程法律关系的构成要素

法律关系都是由法律关系主体、法律关系客体和法律关系内容三个要素构成的，缺少其中任何一个要素就不能构成法律关系。由于三个要素的内涵不同，则组成不同的法律关系，诸如民事法律关系、行政法律关系、劳动法律关系、经济法律关系等。建设工程法律关系也是由主体、客体和内容三个要素所组成的。

1. 法律关系主体

法律关系主体主要是指参加或管理、监督建设活动，受建设工程法律规范调整，在法律上享有权利、承担义务的自然人、法人或其他组织。

(1) 国家机关。

① 国家权力机关是指全国人民代表大会及其常务委员会和地方各级人民代表大会及其常务委员会。国家权力机关参加建设工程法律关系的职能是审查批准国家建设计划和国家预决算，制定和颁布建设法律，监督检查国家各项建设法律的执行。

② 行政机关是依照国家宪法和法律设立的依法行使国家行政职权，组织管理国家行政事务的机关。它包括国务院及其所属各部委、地方各级人民政府及其职能部门。

(2) 社会组织。作为法律关系主体的社会组织一般应为法人。法人是指具有民事权利能力和民事行为能力，依法享有民事权利和承担民事义务的组织。法人必须依法成立；有必要的财产或者经费；有自己的名称、组织机构和场所；能够独立承担民事责任。

(3) 自然人。自然人也可以成为建设工程法律关系的主体。如建设企业工作人员(建筑工人、专业技术人员、注册执业人员等)同企业单位签订劳动合同时即成为劳动法律关系主体。

2. 法律关系客体

法律关系客体是指参加法律关系的主体享有的权利和承担的义务所共同指向的对象。在通常情况下，主体都是为了某一客体，彼此才设立一定的权利、义务，从而产生法律关系，这里的权利、义务所指向的事物即法律关系的客体。

法学理论上，一般客体分为财、物、行为和非物质财富。法律关系客体也不外乎四类。

(1) 表现为财的客体。财一般指资金及各种有价证券。在法律关系中表现为财的客体主要是建设资金，如基本建设贷款合同的标的，即一定数量的货币。

(2) 表现为物的客体。法律意义上的物是指可为人们控制的并具有经济价值的生产资料和消费资料。

(3) 表现为行为的客体。法律意义上的行为是指人的有意识的活动。

(4) 表现为非物质财富的客体。法律意义上的非物质财富是指人们脑力劳动的成果或智力方面的创作，也称智力成果。

3. 法律关系的内容

法律关系的内容即权利和义务。

(1) 权利。权利是指法律关系主体在法定范围内有权进行各种活动。权利主体可要求其他主体作出一定的行为或抑制一定的行为，以实现自己的权利，因其他主体的行为而使权利不能实现时有权要求国家机关加以保护并予以制裁。

(2) 义务。义务是指法律关系主体必须按法律规定或约定承担应负的责任。义务和权利是相互对应的，相应主体应自觉履行建设义务，义务主体如果不履行或不适当履行，就要承担相应的法律责任。

4.2.4 我国建设工程法律关系的产生、变更与终止

1. 法律关系的产生

法律关系的产生是指法律关系的主体之间形成了一定的权利和义务关系。如某单位与其他单位签订了合同，主体双方就产生了相应的权利和义务。此时，受法律规范调整的法律关系即产生。

2. 法律关系的变更

法律关系的变更是指法律关系的三个要素发生变化。

(1) 主体变更。主体变更是指法律关系主体数目增多或减少，也可以是主体改变。在合同中，客体不变，相应权利义务也不变，此时主体改变也称为合同转让。

(2) 客体变更。客体变更是指法律关系中权利义务所指向的事物发生变化。客体变更可以是其范围变更，也可以是其性质变更。

法律关系主体与客体的变更必然导致相应的权利和义务，即内容的变更。

3. 法律关系的终止

法律关系的终止是指法律关系主体之间的权利义务不复存在，彼此丧失了约束力。

(1) 自然终止。法律关系的自然终止是指某类法律关系所规范的权利义务顺利得到履行，取得了各自的利益，从而使该法律关系达到完结。

(2) 协议终止。法律关系协议终止是指法律关系主体之间协商解除某类建设工程法律关系规范的权利义务，致使该法律关系归于终止。

(3) 违约终止。法律关系违约终止是指法律关系主体一方违约，或发生不可抗力，致使某类法律关系规范的权利不能实现。

法律关系只有在一定的情况下才能产生，同样这种法律关系的变更和消灭也由一定情况决定。这种引起法律关系产生、变更和消灭的情况即是人们通常称之为的法律事实。法律事实即是法律关系产生、变更和消灭的原因。

法律事实按是否包含当事人的意志为依据分为两类。

(1) 事件。事件是指不以当事人意志为转移而产生的法律事实，包括自然事件、社会事件、意外事件。

(2) 行为。行为是指人的有意识的活动。行为包括积极的作为和消极的不作为。

4.2.5 我国建设工程合同的法律基础

合同管理应当以法律为依据，在我国，与建设工程合同相关的法律法规比较多，可以分为以下 3 类。

第一类是所有工程都必须执行的法律和行政法规，主要有《民法通则》、《合同法》、《建筑法》、《安全生产法》、《消防法》、《建设工程质量管理条例》等。

第二类是本行业所有工程都必须执行或参照执行的部令，主要是住建部等各部委颁布实施的各专业工程的技术规范、质量标准、工期定额等。

第三类是并非所有工程都会涉及，但是一旦涉及就必须执行的法律法规，例如：《仲裁法》、《民事诉讼法》、《担保法》、《保险法》、《公证法》等。

本节简要介绍几种与建设工程合同管理关系较为密切的法律制度。

(1) 建筑法律制度简介。建筑法是调整建筑活动的法律规范的总称，有广义和狭义之分。狭义的建筑法专指 1998 年 3 月 1 日起施行的《建筑法》。广义的建筑法，除《建筑法》之外，还包括其他所有调整建筑活动的法律、法规和规章，如住建部的部令、各地的地方法规等。内容包括：建筑许可、建筑工程发包与承包、建筑工程监理制度、建设工程质量管理、建设工程安全生产管理等。

(2) 合同法律制度简介。我国现行的《合同法》是从 1999 年 10 月 1 日起施行的，共 23 章，428 条。涉及建设工程合同的法律规定主要包含在总则和建设工程合同分则中。其中：总则主要包括合同的概念和合同法的基本原则、合同的订立、合同的效力、合同的履行、合同的变更和转让、合同的权利义务终止、违约责任和其他规定等；建设工程合同分则主要包括建设工程合同的概念和种类，工程分包的规定，合同的内容和形式，发包人对作业进度、质量的检查，承包人的质量责任，发包人的责任等。

(3) 招标投标法简介。我国的招标投标法自2000年1月1日起施行，主要内容包括招标投标程序、招标人和投标人应遵循的基本规则、任何违反法律规定应承担的法律责任等。招标投标法的基本宗旨是：招标和投标活动属于当事人在法律规定范围内自主进行的市场行为，但必须接受政府行政主管部门的监督。实行招标发包的建设工程必须遵守招标投标法的规定。

由此可以看出，我国现行的建设工程施工合同文本适应我国的法律、行政法规。如果工程需要适应特殊的法律、法规及规章，则双方在专用条款中规定较为全面的有层次性的法律基础体系，使得建设工程合同的管理有法可依。

4.3 建设工程合同的订立与效力

4.3.1 建设工程合同的订立原则、依据与内容

建设工程合同订立的基本原则应包括平等原则、自愿原则、公平原则、公正原则、诚实信用原则、遵守法律法规和公序良俗原则。

项目合同的订立应依据我国有关法律、建筑行业及有关部门颁发的条例及管理法规等，如《合同法》、《建筑法》、《建筑安装工程承包合同条例》、《建设工程项目管理规范》、《建筑业企业资质等级标准》等。

合同的基本内容：合同的内容由当事人约定，这是合同自由的重要体现。具体内容有：当事人的名称或者姓名和住所，标的、数量、质量、价款或者报酬，履行的期限、地点和方式，违约责任，解决争议的方法等。

4.3.2 建设工程合同订立的程序

与一般合同的订立过程一样，建设工程项目合同双方当事人也采取要约、承诺的方式达成一致意见，订立合同。当事人双方意思表示真实一致时，合同即可成立。其订立程序如图4.1所示。

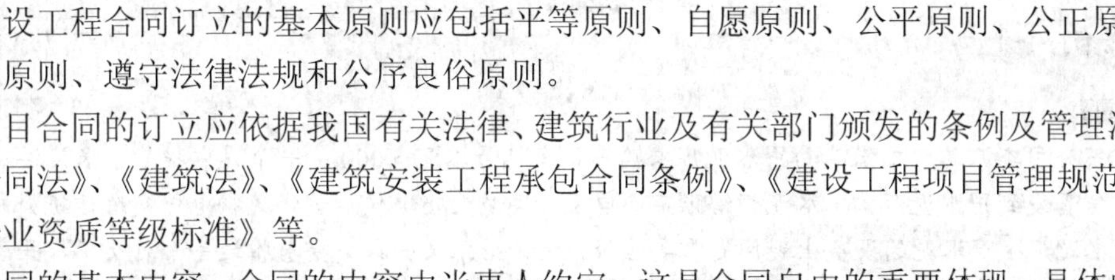

图4.1 建设工程合同订立的程序

1. 要约

要约是希望和他人订立合同的意思表示。要约应当符合如下规定：①内容具体确定；②表明经受要约人承诺，要约人即受该意思表示约束。也就是说，要约必须是特定人的意

思表示，必须是以缔结合同为目的的，必须具备合同的主要条款。

有些合同在要约之前还会有要约邀请。所谓要约邀请，是希望他人向自己发出要约的意思表示。要约邀请并不是合同成立过程中的必经过程，它是当事人订立合同的预备行为，这种意思表示的内容往往不确定，不含有合同得以成立的主要内容和相对人同意后受其约束的表示，在法律上无需承担责任。

在建设工程招投标活动中，招标人发布的招标公告或招标邀请只是一种要约邀请，而不是要约，因为它不是向特定的主体发出的，也没有规定价格。投标人进行投标报价的行为则是要约，是当事人一方向另一方提出订立合同的愿望。

2. 承诺

承诺是受要约人同意要约的意思表示，承诺的内容应当与要约的内容一致。除根据交易习惯或者要约表明可以通过行为作出承诺的之外，承诺一般应当以通知的方式作出。

对于工程项目合同，由于涉及的标的物比较特殊且金额巨大，所以承诺要以书面的形式作出。在招投标活动中，招标人发出中标通知书即为承诺。

案例 4-1

【背景】

某建筑公司委派其职工张某向甲水泥厂求购一批高标号水泥 5 000t，一个月内提货。张某按建筑公司的要求将传真发到甲水泥厂，甲水泥厂给张某回电表示同意。接电传后，张某将电传交给建筑公司。半个月后，甲水泥厂生产水泥的设备出现问题需要检修，便又给张某去电，要求推迟半个月交货，并请建筑公司在三天之内答复。张某又将电传转建筑公司，建筑公司考虑到时间较紧，不能等，便指示张某回电取消订货，公司另派人到乙水泥厂订货。因当时水泥紧缺，张某顿生一念，何不乘此机会捞一把。打定主意后，张某第三天以建筑公司名义回电甲水泥厂，同意延期提货。一个月后，张某代表建筑公司将水泥提走，并以自己的名义将其卖给另一建筑队。张某交货后，因建筑队拖欠别人材料款过多，别的厂家立即通过司法途径将该批水泥拍卖还账。建筑队无力支付货款，张某无法支付甲水泥厂货款。为此，甲水泥厂要求建筑公司支付货款。建筑公司说我方已经取消订货，与甲水泥厂已经没有买卖关系，甲水泥厂将货让张某提走，这是张某与甲水泥厂之间的事，与建筑公司无关。甲水泥厂无奈，向法院提起诉讼，法院判决建筑公司支付货款。

【问题】

此法院的判决是否正确？

【案例解析】

此案法院判决是正确的。建筑公司向甲水泥厂订购 5 000t 水泥，建筑公司是要约人，甲水泥厂是受要约人，张某是建筑公司的代理人。建筑公司通过代理人发出要约，甲水泥厂承诺表示同意，买卖合同成立。后甲水泥厂要求延迟交货，甲水泥厂是要约人，建筑公司是受要约人。甲水泥厂的要约到达张某时，要约生效。这时，建筑公司决定拒绝承诺，并要求代理人提出取消原合同的要约。由于建筑公司代理人没有发出拒绝承诺的通知和取消合同这一要约的通知，反而代表公司发出了承诺通知。因张某一直是以建筑公司代理人身份与甲水泥厂发生联系，甲水泥厂没有理由怀疑张某的行为不是建筑公司的真实意思表示，故张某代表建筑公司作出的承诺有效。后张某又代表建筑公司提走货物，甲水泥厂的合同义务已经履行。因此，甲水泥厂要求建筑公司支付货款的要求是正当的，理应得到法律的支持。至于建筑公司，应当在向甲水泥厂履行义务后，享有对张某的追索权和对建筑队的代位追索权。

《合同法》第二十一条："承诺是受要约人同意要约的意思表示。"

本条是对承诺概念的规定。承诺是受要约人同意要约的意思表示。根据这一表述，承诺有以下几个特点：首先，承诺是受要约人的意思表示。其次，承诺是受要约人发给要约人的意思表示。再次，承诺是受要约人针对要约人的要约发出的同意要约人要约的意思表示。第四，承诺应当是在有效期限内作出的意思表示。受要约人的意思表示只有具备上述特征才能作为承诺。应当说明的是，承诺与要约一样，是导致合同关系产生的必不可少的法律行为。正如没有要约就没有合同关系的产生一样，没有承诺也同样没有合同关系的出现。因此，研究合同的成立既要注意要约，也要注意承诺。

3. 合同的生效与成立

(1) 合同成立的时间。

承诺生效时合同成立，也就是说承诺生效的时间即为合同成立的时间。

当事人采用合同书形式订立合同的，自双方当事人签字或者盖章时合同成立。当事人采用信件、数据电文等形式订立合同的，可以在合同成立之前要求签订确认书，签订确认书时合同成立。另外，《合同法》第三十七条还明确规定："采用书面形式订立合同，在签字或者盖章之前，当事人一方已经履行主要义务，对方接受的，该合同成立。"

案例 4-2

【背景】

甲建筑公司(以下简称甲公司)拟向乙建材公司(以下简称乙公司)购买一批钢材，双方经过口头协商，约定购买钢材200t，单价为5 000元/t，并拟定了准备签字盖章的钢材买卖合同文本。乙公司签字盖章后，交给甲公司签字盖章。由于施工进度紧张，在甲公司催促下，乙公司在未收到甲公司签字盖章的合同文本情形下，将200t 钢材送到甲公司工地现场。甲公司接收了并投入工程使用。后因拖欠货款，双方产生了纠纷。

【问题】

甲、乙公司的钢材买卖合同是否成立？

【案例解析】

《合同法》第三十二条规定，"当事人采用合同书形式订立合同的，自双方当事人签字或者盖章时合同成立。"另外，《中华人民共和国合同法》第三十七条还明确规定："采用书面形式订立合同，在签字或者盖章之前，当事人一方已经履行主要义务，对方接受的，该合同成立。"

双方当事人在合同签字盖章十分重要，这也是《中华人民共和国合同法》的规定性条款。如果没有双方当事人签字盖章就不能最终确认当事人对合同内容的协商一致，也难以证明合同的成立有效。但是，双方当事人的签字盖章仅是形式问题。如果一个以书面形式订立的合同已经履行，仅仅是没有签字盖章，就认定合同不成立，则违背了当事人的真实意思表示。当事人既然已经履行，合同就应当依法成立。所以，在本案中，甲、乙公司的钢材买卖合同是成立的。

(2) 合同成立的地点。

承诺生效的地点为合同成立的地点。采用数据电文形式订立合同的，收件人的主营业地为合同成立的地点；没有主营业地的，其经常居住地为合同成立的地点；当事人另有约定的，按照其约定；当事人采用合同书形式订立合同的，双方当事人签字或者盖章的地点为合同成立的地点。

(3) 合同成立的其他情形。

合同成立的情形还包括：①法律、行政法规规定或者当事人约定采用书面形式订立合同，当事人未采用书面形式但一方已经履行主要义务，对方接受的；②采用合同书面形式订立合同，在签字或者盖章之前，当事人一方已经履行主要义务，对方接受的。

4.3.3 建设工程合同的法定形式和内容

1. 建设工程合同的法定形式

《合同法》规定，当事人订立合同，有书面形式、口头形式和其他形式。法律、行政法规规定采用书面形式的，应当采用书面形式；当事人约定定采用书面形式的，应当采用书面形式。

《合同法》明确规定，建设工程合同应当采用书面形式。其中，《合同法》第十一条明确规定："书面形式是指合同书、信件和数据电文(包括电报、电传、传真、电子数据交换和电子邮件)等可以有形地表现所载内容的形式。"

案例 4-3

【背景】

某建材供应公司因在甲市A单位订购的水泥没能及时达到，不能向客户(施工单位)交货，情急之下，立即向乙市B单位发出电报，要求立即给自己发出500吨水泥，价钱按过去购买该单位的水泥的价格计算。乙市B单位收到电报后，立即回电说：按某建材供应公司的意见办；立即发货，货到贵公司后请将货款汇到乙市B单位账户。乙市B单位发货后，甲市A单位的水泥也运到某建材公司。两地水泥均运到建材公司后，建材公司没有更多的销售渠道，便去电乙市B单位请求退货。B单位不允，建材公司便以双方没有签订书面合同为由拒收。双方成讼，诉至法院，法院判决建材公司败诉。

【案例解析】

此案建材公司之所以败诉，是因为建材公司与乙市B单位虽没有签订正式的书面合同，但并非它们之间没有书面合同。它们之间的书面合同是双方往来的电报。建材公司需要水泥，发电报给乙市B单位，该电报提出了购货的名称、数量、价格、交货地点等。很显然，该电报具有书面要约性质。B单位收到电报后立即回电，表示同意按建材公司的意见办，这是书面承诺。有要约和承诺，双方协商一致，合同成立。合同成立后，B单位按约发货，履行了合同义务。建材公司拒收，属于违约，当然败诉。此案的关键是建材公司仅仅将合同书认为是书面合同，而不知道信件、数据电文包括电报、电传、传真、电子数据和电子邮件等均是合同的书面形式，故作出了违约的蠢事，其败诉理所当然。

《合同法》第十一条规定："书面形式是指合同书、信件和数据电文(包括电报、电传、传真、电子数据交换和电子邮件)等可以有形地表现所载内容的形式。"

此条专门为合同的书面形式下定义。根据这一定义，合同的书面形式至少包括3种形式：一是当事人共同签订的合同书。这种形式将双方已经协商一致的各种权利和义务记载于共同签署的合同书内，便于日后双方共同遵守。这对于重大的、需要一定时间才履行的经济活动是最理想的一种合同书面形式。但对于需要立即履行，或在较短时间内必须履行的经济活动，这种形式就显示出其效率低下的不足。二是通过信件的方式共同协商双方的权利义务。这种方式可以在双方当事人不在同一地点的情况下，通过信件的文字表述来表达自己的意愿，最后达成共识。三是通过数据电文的方式来共同协商双方的权利义务。数据电文包括电报、电传、传真、电子数据和电子邮件。这种方式是信件方式的延伸，但它比信件方式更加快捷、方便。在现代信息社会中，通过先进的电讯、电子计算机手段可以使当事人更加快捷地了解各种商务信息，及时进行商务活动。在商务活动日益频繁、快捷的情况下，将当事人以数据电文作为共同协商合同权利义务的书面形式是非常必要的，这对于适应加快经济活动的节奏无疑有极大的好处。

2．建设工程施工合同的内容

下面以建设工程施工合同为例来具体阐述其法定形式和内容。

《合同法》规定，施工合同的内容包括工程范围、建设工期、中间交工工程的开工和竣工时间、工程质量、工程造价、技术资料交付时间、材料和设备供应责任、拨款和结算、竣工验收、质量保修范围和质量保证期、双方相互协作等条款。

4.3.4 建设工程合同的效力

1．概念

合同的效力即指合同的法律效力，法律赋予依法成立的合同具有约束当事人乃至第三人的强制力。

2．合同生效条件

建设工程合同生效是指已经成立并依法生效的建设工程合同在承包人和发包人之间产生的法律约束力。一份生效的合同具有法律约束力，是合同履行及争议处理的依据。合同生效的条件具体如下。

(1) 当事人须有缔约能力。

(2) 意思表示真实。

(3) 不违反法律和社会公共利益。

(4) 合同的形式合法。

3．合同生效的时间

合同生效的一般原则是依法成立的合同自成立时生效。如果合同生效附加了条件或期限，则合同在符合所附条件时生效或在所附期限到来时生效或失效。

4.3.5 建设工程合同无效的几种常见情形

在工程实践中，比较突出的是合同无效的问题。一般来说，建设工程在实施过程中如出现“参建主体不合格、内容违法、工程违法、程序违法”等现象都会导致合同无效。

1．承包人不具备相应资质签订合同无效

承包人不具备相应资质，特别是挂靠的情形，这种情况下，实际承包人直接与发包人签订的合同无效；挂靠人与名义承包人(即被挂靠人)，名义承包人与发包人签订合同均无效。

另外，在合同签订时，如承包人取得营业执照，但未办妥资质证书，合同一直未履行的，施工合同属于效力待定合同。

2．转包、违法分包、再分包合同无效

施工合同内容不应违反法律法规的强制性规定，或社会公共利益。而转包、违法分包、再分包签订的施工合同都因违反法律法规的强制性规定而无效。

3．应该招标未招标或中标无效则合同无效

为规范建筑项目的招标投标，进而达到规范建筑市场的目的，对于以下情况，依据《最高人民法院关于审理建设工程施工合同纠纷案件适用法律问题的解释》的相关规定，双方签订的施工合同无效。

(1) 必须实行公开招标的建设工程，未实行招标的。

(2) 必须施工公开招标的项目，进行招标后，中标无效的，具体包括：招标代理机构泄密或恶意串通；投标人泄露招标情况或者标底；投标人串通作弊、哄抬标价，致使定标困难或无法定标；招标人与个别投标人恶意串通，内定投标人；投标人弄虚作假骗取中标；招标人在确定中标前与投标人进行实质性谈判。

(3) 国家重点建设项目及大型建设项目公开招标，投标单位少于三家；议标，其投标单位少于两家。

(4) 根据《招标投标法》第三十三条规定和《合同法》第五十条的相关规定，如果投标价低于企业成本会被认定为投标无效。

(5) 对于发包人将必须进行招投标的建设工程化整为零或者以其他方式规避招投标的。

4.4 建设工程合同的履行与担保

4.4.1 建设工程合同的履行

合同履行是指合同当事人按照合同而约定完成各自应尽的全部义务。如果订立合同是基础，那么履行合同则是关键。合同履行应遵循全面履行和协作履行的原则。建设工程合同履行的内容主要有以下几方面。

(1) 建立合同实施的保证体系。合同依法生效后，当事人应认真做好履行过程中的组织和管理工作，成立项目经理部，通过合同分析将承担的各项合同义务和风险落实到各个部门岗位和个人。

(2) 对合同实施情况进行跟踪并进行诊断分析。重点是对质量、进度、成本的控制。

(3) 做好工程变更及其计价。合同中的综合单价因工程量变更需调整时，除合同另有约定外，应按照下列办法确定：工程量清单漏项或设计变更引起新的工程清单项目，其相应综合单价由承包人提出，经监理人确认同意后作为结算的依据；若监理人与承包人的意见不一致，应进一步协商一致后修改单价；若监理人与承包人协商不一致，按合同争议处理方式解决。由于工程量的变更，且实际发生了规定以外的费用损失，如措施项目费等，承包人可提出索赔要求，与监理人协商确认后，给予补偿。

(4) 工程款的计量支付及竣工结算。单价合同在合同管理中具有便于计量支付及竣工结算的特点，且合同的公正性及可操作性相对较好。合同履行中，发包人只要按照合同约定的时间、方式和经工程师确认的符合质量要求的已完成项目工程量，按相应项目的清单单价计算支付工程进度款。当承包人按照合同规定的内容全部完成所承包的工程，并符合合同要求，经验收质量合格后，根据清单中实际完成的工程量和工程变更的增减工程量乘以相应单价即为竣工结算价款。

4.4.2 建设工程合同的担保方式

担保是指依照法律规定，或由当事人双方经过协商一致而约定的，为保障当事人一方债权得以实现的法律措施。《中华人民共和国担保法》设定了五种担保方式，即：保证、抵押、质押、留置和定金。

1. 保证

在建设工程活动中，保证是最为常用的一种担保方式。所谓保证，是指保证人和债权人约定，当债务人不履行债务时，保证人按照约定履行债务或者承担责任的行为。具有代为清偿债务能力的法人、其他组织或者公民可以作保证人。但在建设工程活动中，由于担保的标的额较大，保证人往往是银行，也有信用较高的其他担保人，如担保公司。银行出具的保证通常称为保函，其他保证人出具的书面保证一般称为保证书。

(1) 保证合同。保证人与债权人应当以书面形式订立保证合同。保证合同应当包括以下内容：①被保证的主债权种类、数额；②债务人履行债务的期限；③保证的方式；④保证担保的范围；⑤保证的期间；⑥双方认为需要约定的其他事项。保证合同不完全具备以上规定内容的可以补正。

(2) 保证责任。保证合同生效后，保证人就应当在合同约定的保证范围和保证期间承担保证责任。

保证担保的范围包括主债权及利息、违约金、损害赔偿金和实现债权的费用。保证合同另有约定的，按照约定。当事人对保证担保的范围没有约定或者约定不明确的，保证人应当对全部债务承担责任。

保证期间，债权人依法将主债权转让给第三人的，保证人在原保证担保的范围内继续承担保证责任。保证合同另有约定的，按照约定。保证期间，债权人许可债务人转让债务的，应当取得保证人书面同意，保证人对未经其同意转让的债务不再承担保证责任。债权人与债务人协议变更主合同的，应当取得保证人书面同意，未经保证人书面同意的，保证人不再承担保证责任。保证合同另有约定的，按照约定。

一般保证的保证人未约定保证期间的，保证期间为主债务履行期届满之日起6个月。连带责任保证的保证人与债权人未约定保证期间的，债权人有权自主债务履行期届满之日起6个月内要求保证人承担保证责任。

(3) 建设工程施工常用的保证种类。

① 施工投标保证金。施工投标保证金除现金外，可以是银行出具的银行保函、保兑支票、银行汇票或现金支票。

② 施工合同履约保证金。《招标投标法》规定，招标文件要求中标人提交履约保证金的，中标人应当提供。

施工合同履约保证金是为了保证施工合同的顺利履行而要求承包人提供的担保。施工合同履约保证金多为提供第三人的信用担保(保证)，一般是由银行或者担保公司向招标人出具履约保函或者保证书。

③ 工程款支付担保。《工程建设项目施工招标投标办法》规定，招标人要求中标人提供履约保证金或其他形式履约担保的，招标人应当同时向中标人提供工程款支付担保。

工程款支付担保是发包人向承包人提交的、保证按照合同约定支付工程款的担保，通常采用由银行出具保函的方式。

2. 抵押

按照《担保法》、《物权法》的规定，抵押是指债务人或者第三人不转移对财产的占有，将该财产作为债权的担保。债务人不履行债务时，债权人有权依照法律规定以该财产折价或者以拍卖、变卖该财产的价款优先受偿。其中，债务人或者第三人称为抵押人，债权人称为抵押权人。

(1) 抵押物。下列财产可以作为抵押物：①抵押人所有的房屋和其他地上定着物；②抵押人所有的机器、交通运输工具和其他财产；③抵押人依法有权处置的国有土地使用权、房屋和其他地上定着物；④抵押人依法有权处置的国有机器、交通运输工具和其他财产；⑤抵押人依法承包并经发包方同意抵押的荒山、荒沟、荒丘、荒滩等荒地的土地使用权；⑥依法可以抵押的其他财产。

下列财产不得抵押：①土地所有权；②耕地、宅基地、自留地、自留山等集体所有的土地使用权；③学校、幼儿园、医院等以公益为目的的事业单位、社会团体的教育设施、医疗卫生设施和其他社会公益设施；④所有权、使用权不明或者有争议的财产；⑤依法被查封、扣押、监管的财产；⑥依法不得抵押的其他财产。

(2) 抵押的效力。抵押担保的范围包括主债权及利息、违约金损害赔偿金和实现抵押权的费用。当事人也可以在抵押合同中约定抵押担保的范围。

(3) 抵押权的实现。债务履行期届满抵押权人未受清偿的，可以与抵押人协议以抵押物折价或者以拍卖、变卖该抵押物所得的价款受偿；协议不成的，抵押权人可以向人民法院提起诉讼。抵押物折价或者拍卖、变卖后，其价款超过债权数额的部分归抵押人所有，不足部分由债务人清偿。

3. 质押

(1) 质押的法律概念。按照《担保法》、《物权法》的规定，质押是指债务人或者第三人将其动产或权利移交债权人占有，将该动产或权利作为债权的担保。债务人不履行债务时，债权人有权依照法律规定以该动产或权利折价或者以拍卖、变卖该动产或权利的价款优先受偿。

质权是一种约定的担保物权，以转移占有为特征。债务人或者第三人为出质人，债权人为质权人，移交的动产或权利为质物。

(2) 质押的分类。权利质押一般是将权利凭证交付质押人的担保。可以质押的权利包括：①汇票、支票、本票、债券、存款单、仓单、提单；②依法可以转让的股份、股票；③依法可以转让的商标专用权、专利权、著作权中的财产权；④依法可以质押的其他权利。

4. 留置

按照《担保法》、《物权法》的规定，留置是指债权人按照合同约定占有债务人的动产，债务人不按照合同约定的期限履行债务的，债权人有权依照法律规定留置该财产，以该财产折价或者以拍卖、变卖该财产的价款优先受偿。

由于留置是一种比较强烈的担保方式，必须依法行使，不能通过合同约定产生留置权。《担保法》规定，因保管合同、运输合同、加工承揽合同发生的债权，债务人不履行债务的，债权人有留置权。法律规定可以留置的其他合同适用以上规定。当事人可以在合同中约定不得留置的物。

留置权人负有妥善保管留置物的义务。因保管不善致使留置物灭失或者毁损的，留置权人应当承担民事责任。

5. 定金

《担保法》规定，当事人可以约定一方向对方给付定金作为债权的担保。债务人履行债务后，定金应当抵作价款或者收回。给付定金的一方不履行约定的债务的，无权要求返还定金；收受定金的一方不履行约定的债务的，应当双倍返还定金。

定金应当以书面形式约定。当事人在定金合同中应当约定交付定金的期限。定金合同从实际交付定金之日起生效。定金的数额由当事人约定，但不得超过主合同标的额的20%。

4.5 建设工程合同的缔约过失责任

缔约过失责任是指在合同签订过程中，由于当事人一方的过错，使应当成立的合同而未成立，并因此给另一方造成违约的行为。

建设工程合同的缔约过失责任是指在建设工程合同缔结过程中，当事人一方或双方因自己的过失而致合同不成立、无效或被撤销，应对依赖其合同为有效成立的相对人赔偿基于此项依赖而发生的损害。

缔约过失责任既不同于违约责任，也有别于侵权责任，是一种独立责任。现实生活中确确实实存在由于过失给当事人造成损失、但合同尚未成立的情况。缔约过失责任的规定能够解决这种情况的责任承担问题。

4.5.1 缔约过失责任的构成

缔约过失责任是针对合同尚未成立应当承担的责任，其成立必须具备一定的要件，否则将极大地损害当事人协商订立合同的积极性。

(1) 缔约一方受有损失。损害事实是构成民事赔偿责任的首要条件，如果没有损害事实的存在，也就不存在损害赔偿责任。缔约过失责任的损失是一种依赖利益的损失，既缔约人依赖合同有效成立，但因法定事由发生，致使合同不成立、无效或被撤销等而造成的损失。

(2) 缔约当事人有过错。承担缔约过失责任一方应当有过错，包括故意行为和过失行为导致的后果责任。这种过错主要表现为违反先合同义务。所谓“先合同义务”，是指缔约人双方为签订合同而互相接触磋商开始(但合同尚未成立)，逐渐产生的注意义务(或称附随义务)，包括协助、通知、照顾、保护、保密等义务，它自要约生效开始产生。

(3) 合同尚未成立。这是缔约过失责任有别于违约责任的最重要原因。合同一旦成立，当事人应当承担的是违约责任或合同无效的法律责任。

(4) 缔约当事人有过错行为与该损失之间有因果关系。缔约当事人有过错行为与该损失之间有因果关系，即该损失是由违反先合同义务引起的。

4.5.2 承担缔约过失责任的情形

按照《合同法》第四十二条规定，当事人在订立合同的过程中有下列情形之一，给对方造成损失的，应当承担损害赔偿责任。

(1) 假借订立合同恶意进行磋商。

恶意磋商是指一方没有订立合同的诚意，假借订立合同与对方磋商而导致另一方遭受损失的行为。如甲施工单位知悉自己的竞争对手在协商与乙单位联合投标，为了与对手竞争，遂与乙单位谈判联合投标事宜，在谈判中故意拖延时间，使竞争对手失去与乙单位联合的机会，之后宣布谈判终止，致使乙单位遭受重大损失。

(2) 故意隐瞒与订立合同有关的重要事实或提供虚假情况。

故意隐瞒与订立合同有关的重要事实或提供虚假情况是指以涉及合同成立与否的事实予以隐瞒或者提供与事实不符的情况而引诱对方订立合同的行为。如代理人隐瞒无权代理这一事实而与相对人进行磋商；施工企业不具有相应的资质等级而谎称具有；没有得到进出口许可而谎称获得；故意隐瞒标的物的瑕疵；等等。

(3) 有其他违背诚实信用原则的行为。

有其他违背诚实信用原则的行为主要指当事人一方对附随义务的违反，即违反了通知、照顾、保护、说明等义务。

(4) 违反缔约中的保密义务。

当事人在订立合同过程中知悉的商业秘密，无论合同是否成立，不得泄露或者不正当使用。泄露或者不正当使用该商业秘密给对方造成损失的，应当承担损害赔偿责任。如发包人在建设工程招标投标中或者合同谈判中知悉对方的商业秘密，如果泄露或者不正当使用，给承包人造成损失的，应当承担损害赔偿责任。

案例 4-4

违背诚信原则应当承担缔约责任

【背景】

2010 年 2 月，建设单位甲(以下简称“甲”)经过设计招标，确定由设计单位乙(以下简称“乙”)就某办公楼项目进行施工图设计，乙要求与甲签订该办公楼的施工图设计合同，甲表示待设计工作完成后再签。乙基于对甲的信任，按照甲的要求进行设计，在施工图设计完成后，甲表示不用乙的设计了。此时，乙要求甲承担责任，而甲表示双方并未签订合同，因此不承担责任。

【问题】

本案例中，甲是否应该承担责任?

【案例解析】

按照《合同法》第四十二条规定，当事人在订立合同的过程中有下列情形之一，给对方造成损失的，应当承担损害赔偿责任。

(1) 假借订立合同，恶意进行磋商。

(2) 故意隐瞒与订立合同有关的重要事实或提供虚假情况。

(3) 有其他违背诚实信用原则的行为。

(4) 违反缔约中的保密义务。

这是《合同法》中所规定的缔约过失责任，缔约过失责任是指在合同签订过程中，由于当事人一方的过错，使应当成立的合同而未成立，并因此给另一方造成违约的行为。

建设工程合同的缔约过失责任是指在建设工程合同缔结过程中，当事人一方或双方因自己的过失而致合同不成立、无效或被撤销，应对依赖其合同为有效成立的相对人赔偿基于此项依赖而发生的损害。

在本案例中，乙中标后，甲应当及时与乙签订办公楼工程的施工图设计合同，而甲表示待设计工作完成后再签。但是，在乙按照甲的要求完成了设计工作后，甲又拒绝接受乙的设计成果，因此给乙造成了损失。甲的行为显然违背了诚实信用原则，所以甲应当承担缔约过失责任。

4.6 建设工程合同争议的解决方式

1. 友好协商

发包人和承包人共同努力友好协商解决争议。

2. 争议评审

应采用争议评审的，发包人和承包人应在开工日后的28天内或在争议发生后协商成立争议评审组。争议评审组由有建设工程合同管理和工程实践经验的专家组成。

合同双方的争议应首先由申请人向争议评审组提交一份详细的评审申请报告，并附必要的文件、图纸和证明材料，申请人还应将上述报告的副本同时提交给被申请人和监理人。被申请人在收到申请人评审申请报告副本后的28天内向争议评审组提交一份答辩报告，并附证明材料。被申请人将答辩报告的副本同时提交给申请人和监理人。争议评审组在收到合同双方报告后的14天内，邀请双方代表和有关人员举行调查会，向双方调查争议细节；必要时争议评审组可要求双方进一步提供补充材料。在调查会结束后的14天内，争议评审组应在不受任何干扰的情况下进行独立、公正的评审，作出书面评审意见，并说明理由。在争议评审期间，争议双方暂按总监理工程师的确定执行。

发包人或承包人不接受评审意见，并要求提交仲裁或提起诉讼的，应在收到评审意见后的14天内将仲裁或起诉意向书面通知另一方，并抄送监理人，但在仲裁或诉讼结束前应暂按总监理工程师的确定执行。

3. 争议的法律解决

发包人和承包人在履行合同中发生争议的，可以友好协商解决或者提请争议评审组评审。合同当事人友好协商解决不成、不愿提请争议评审或者不接受争议评审组意见的，可在专用合同条款中约定下列一种方式解决。

(1) 向约定的仲裁委员会申请仲裁。

(2) 向有管辖权的人民法院提起诉讼。

4.7 建设工程合同的类型

建设工程合同按项目计价方式、项目实施专业、签约各方的关系可分为不同的类型。

4.7.1 按计价方式分类

按照计价方式的不同，建设工程施工合同可以分为总价合同、单价合同和成本加酬金合同。其类型及适用范围见表4-1。

表4-1 建设工程合同类型及其适用范围

1. 总价合同	总价合同是指在合同中确定一个完成项目的总价、承包人，据此完成项目全部内容的合同。这种合同类型能够使发包人在评标时易于确定报价最低的承包人、易于进行支付计算。 总价合同又可以分为固定总价合同和可调总价合同	这类合同仅适用于工程量不大且能精确计算、工期较短、技术不太复杂、风险不大的项目。因而采用这种合同类型要求发包人必须准备详细而全面的设计图纸(一般要求施工详图)和各项说明，使承包人能准确计算工程量
(1) 固定总价合同	这是建设工程施工经常使用的一种合同形式。总价被承包人接受以后，一般不得变动。所以在招标签约前必须已基本完成设计工作(达80%～100%)，工程量和工程范围已十分明确。但工程范围不宜过大，以减少双方风险。也可阐明分期完成和分期付款办法	这种形式适合于工期较短(一般不超过一年)、对工程要求十分明确的项目
(2) 可调总价合同	报价及订立合同时，以招标文件的要求及当时的物价计算总价合同。但在合同条款中双方商定：如果在执行合同中由于通货膨胀引起工料成本增加达到某一限度时，合同总价应相应调整。这种合同方式，发包人承担了通货膨胀这一不可预见的费用因素的风险，承包人承担其他风险	工期较长(如一年以上)的工程适合采用这种合同形式
2. 单价合同	单价合同是承包人在投标时，按招标文件就分部分项工程所列出的工程量表确定各分部分项工程费用的合同类型。这类合同的适用范围比较宽，其风险可以得到合理的分摊，并且能鼓励承包人通过提高工效等手段从成本节约中提高利润。单价合同也可以分为固定单价合同和可调单价合同	
(1) 固定单价合同	这也是经常采用的合同形式。特别是在设计或其他建设条件(如地质条件)还不太明确的情况下(技术条件应明确)，而以后又需增加工程内容或工程量时，可以按单价适当追加合同内容。在每月(或每阶段)工程结算时，根据实际完成的工程量结算，在工程全部完成时以竣工图的工程量最终结算工程总价款	
(2) 可调单价合同	合同单价可调，一般在工程招标文件中规定。在合同中签订的单价，根据合同约定的条款，如在工程实施过程中物价发生变化等，可作调值。有的工程在招标或签约时，因某些不确定性因素而在合同中暂定某些分部分项工程的单价，在工程结算时，再根据实际情况和合同约定对合同单价进行调整，确定实际结算单价	

续表

3. 成本加酬金合同	成本加酬金合同是由发包人向承包人支付工程项目的实际成本，并按事先约定的某一种方式支付酬金的合同类型。在这类合同中，发包人需承担项目实际发生的一切费用，因此也就承担了项目的全部风险。而承包人由于无风险，其报酬往往也较低。这类合同的缺点是发包人对工程总造价不易控制，承包人也往往不注意降低项目成本。成本加酬金合同有多种形式，但目前流行的主要有如下几种： (1) 成本加固定费用合同； (2) 成本加定比费用合同； (3) 成本加奖金合同； (4) 成本加保证最大酬金合同； (5) 工时及材料补偿合同	这类合同主要适用于以下项目： (1) 需要立即开展工作的项目，如震后的救灾工作； (2) 新型的工程项目，或对项目工程内容及技术经济指标未确定的项目； (3) 项目风险很大。

4.7.2 按项目实施专业分类

按照项目实施专业的不同，建设工程合同可分为咨询(监理)服务合同，勘察、设计合同，工程施工合同，供货合同，劳务合同等。

总价合同、单价合同和成本加酬金合同。

(1) 咨询(监理)服务合同。与咨询(监理)公司签订的合同，咨询(监理)公司负责工程的可行性研究、设计监理、招标和施工阶段监理等某一项或几项工作。

(2) 勘察、设计合同。与勘察、设计单位签订的合同，勘察或设计单位负责工程的地质勘察和工程设计工作。

(3) 工程施工合同。承包商与发包人签订的由承包商负责项目采购与建造工作的合同。

(4) 供货合同。与有关的材料和设备供应单位签订的供应(采购)合同。

(5) 劳务合同。施工承包人或分承包人雇用劳务所签订的合同。

4.7.3 按签约各方的关系分类

按照签约各方的关系，建设工程合同可分为以下几类。

(1) 工程总承包合同。业主方与施工承包人之间签订的合同，其范围包括对应项目的全部工程内容，从设计、材料采购到施工建造等一系列工程活动。

(2) 联合承包合同。两个或两个以上合作单位之间，以承包人的名义为共同承包工程建设项目而签订的合同，一般称为联合体协议。

(3) 工程分包合同。总承包商可将中标项目的一部分内容包给分包商，由此而在总承包商与分承包商之间签订的合同。一般不允许将项目的全部内容分包出去，对于允许分包的内容，在合同条件中应有规定，在签订分包合同后，总承包商仍应履行与业主签订的合同中所规定的全部责任和义务。

(4) 劳务分包合同。包工不包料合同或包清工合同。分包商在合同实施过程中不承担材料涨价的风险。

4.7.4 影响合同计价方式选择的因素

(1) 项目的复杂程度。

(2) 工程设计工作的深度。

(3) 工程施工的难易程度。

(4) 工程进度要求的紧迫程度。

4.7.5 招标代理合同

招标人与招标代理机构应当签订委托招标代理的书面合同，明确委托招标代理的内容范围、权限、义务和责任，并报有关行政监督部门备案。招标代理机构不得无权代理、越权代理和违法代理，不得接受同一招标项目的投标咨询服务。委托招标代理合同主要包括以下内容。

(1) 委托代理范围。招标人应在合同中明确委托招标代理机构开展招标代理服务的内容、范围和权限。委托代理服务的范围可以包括以下全部或部分工作内容：招标前期准备策划，制定招标方案，编制发售资格预审公告和资格预审文件，协助招标人组织资格评审，确定投标人名单，编制发售招标文件，组织投标人踏勘现场，答疑，组织开标，配合招标人组建评标委员会，协助评标委员会完成评标与评标报告，确定中标候选人并办理公示，协助招标人定标并向中标人发出中标通知书，协助招标人拟定和签订中标合同，协助招标人向招标投标监督部门办理有关招标投标的报告，核准或备案手续，解答或协助处理投标人和其他利害关系人提出的异议、投诉，配合监督部门调查违法行为，招标人委托的其他服务工作。

(2) 代理期限。合同应明确招标人委托代理机构开展委托代理范围工作的起止时间。

(3) 双方的权利和义务。合同应明确双方的权利、义务和承担的责任。

(4) 服务费用的标准和支付。合同用明确服务收费项目、收费标准、支付方式和时间。其中招标人委托招标代理机构开展招标代理服务的，服务收费应该依据原国家计委印发的《招标代理服务收费管理暂行办法》(国家发展计划委员会计价格[2002]1980 号)和 2003 年 9 月 15 日《国家发展改革委办公厅关于招标代理服务收费有关问题的通知》(发改办价格[2003]857 号)，利用外资贷款项目的代理服务收费依据财政部、商务部的有关规定。合同还应明确招标代理服务中发生的各项相关费用的承担者和支付者。

(5) 其他。合同的变更、解除、违约责任，以及合同履行中发生争议的解决办法等。

案例 4-5

合同类型的选择

【背景】

某施工单位根据领取的某 2 000m^2 两层厂房工程项目招标文件和全套施工图纸，采用低报价策略编制了投标文件，并获得中标。该施工单位(乙方)于某年某月某日与建设单位(甲方)签订了该工程项目的固定价格施工合同，合同工期为 8 个月。甲方在乙方进入施工现场后，因资金紧缺，口头要求乙方暂停施工一个月，乙方亦口头答应。工程按合同规定期限验收时，甲方发现工程质量有问题，要求返工。两个月后，返工完毕。结算时甲方认为乙方迟延交付工程，应按合同约定偿付逾期违约金。乙方认为临时停工是甲方要求的。乙方为抢工期，加快施工进度才出现了质量问题，因此迟延交付的责任不在乙方。甲方则认为临时停工和不顺延工期是当时乙方答应的。乙方应履行承诺，承担违约责任。

【问题】

(1) 该工程采用固定价格合同是否合适？

(2) 该施工合同的变更形式是否妥当？此合同争议依据合同法律规范应如何处理？

【案例解析】

本案例主要考核建设工程施工合同的类型及其适用性，解决合同争议的法律依据。建设工程施工合同以付款方式不同可分为：固定价格合同、可调价格合同和成本加酬金合同。根据各类合同的适用范围分析该工程采用固定价格合同是否合适。解决合同争议的法律依据主要是《合同法》与《建设工程施工合同》示范文本的有关规定。

(1) 合适。因为固定价格合同适用于工程量不大且能够较准确计算、工期较短、技术不太复杂、风险不大的项目。该工程基本符合这些条件，故采用固定价格合同是合适的。

(2) 不妥当。根据《合同法》和《建设工程施工合同》示范文本的有关规定，建设工程合同应当采取书面形式，合同变更亦应当采取书面形式。若在应急情况下可采取口头形式，但事后应予以书面形式确认。否则，在合同双方对合同变更内容有争议时，只能以书面协议的内容为准。本案例中甲方要求临时停工，乙方亦答应，是甲、乙方的口头协议，且事后并未以书面的形式确认，所以该合同变更形式不妥。在竣工结算时双方发生了争议，对此只能以原合同规定为准。施工期间，甲方未能及时支付工程款，应对停工承担责任，故应当赔偿乙方停工一个月的实际经济损失，工期顺延一个月。工程因质量问题返工，造成逾期交付，责任在乙方，故乙方应当支付逾期交工一个月的违约金，因质量问题引起的返工费由乙方承担。

本章小结

本章在对建设工程合同管理进行简要阐述的基础上，对建设工程合同所涉及的法律关系，建设工程合同的订立、效力、履行与担保、缔约过失责任，以及合同争议的解决方式等进行了详细介绍。

复习与思考

一、选择题

1．关于《城市房地产开发经营管理条例》表述正确的是(　　)。

A．属于法律

B．属于行政法法规

C．由国务院制定

D．由全国人大及常委会制定

E．效力低于法律高于地方法规

2．在《中华人民共和国担保法》中，规定的担保方式中不能作为抵押财产的包括(　　)。

A．土地使用权

B．社会团体的教育设施

C．土地所有权

D．抵押人所有的交通工具

E．依法被监管的财产

3．关于定金的概念理解正确的是(　　)。

A．债务人履行债务后，定金应当抵作价款或者收回

B．给付定金的一方不履行约定的债务的，无权要求返还定金

C．收受定金的一方不履行约定的债务的，应当双倍返还定金

D．定金合同从登记之日起生效

E．定金的数额由当事人约定，但不得超过 80 万元人民币

4．按照工程计价方式分类，合同可以分为(　　)。

A．总价合同

B．单价合同

C．成本加酬金合同

D．成本加成合同

E．包干合同

二、简答题

1．我国的法律体系由哪些层次组成？

2．合同订立的原则和程序是什么？

3．建设工程合同担保的方式有哪些？

4．《合同法》中关于缔约过失责任有哪些规定？

5．建设工程合同按照计价方式的不同可以分为哪几类？

第5章 建设工程施工合同管理

教学要求

能力目标	知识要点	权重
掌握建设工程施工合同的概念及一般特点	建设工程施工合同的概念、特点	10%
理解建设工程施工合同的订立程序； 理解《建设工程施工合同(示范文本)》的构成	建设工程施工合同的订立程序； 《建设工程施工合同(示范文本)》	10%
掌握建设工程施工合同当事人的构成； 掌握建设工程施工合同当事人产生的程序； 掌握施工合同当事人的职责、职权	建设工程发包人； 建设工程承包人； 工程师的产生和职权； 项目经理的产生和职责	20%
掌握建设工程施工合同质量、进度、投资、安全、分包管理的规范与要求	建设工程施工合同质量管理； 建设工程施工合同进度管控； 建设工程施工合同投资管控； 建设工程施工合同分包管理	50%
掌握建设工程施工合同争议解决管理方法	建设工程施工合同违约责任； 建设工程施工合同争议的解决； 建设工程施工合同的解除	10%

引例

【背景】

某海滨城市为发展旅游业，经批准兴建一座三星级大酒店(龙宫大酒店)，该项目以龙宫大酒店(甲方)与莱市兴城建筑工程公司(乙方)、日本立成装饰工程公司(丙方)分别签订了主体建筑工程合同和装饰工程承包合同。合同于1984年10月10日正式签字。

龙宫大酒店(甲方)与兴城工程公司(乙方)签订的合同约定1984年11月10日正式开工，竣工日期为1986年5月1日。因主体工程与装饰工程分别为两个独立的合同，由两个承包商承建，为保证工期，当事人约定：主体与装饰施工采取立体交叉作业，即主体完成一层，装饰工程承包者立即进入装饰作业。为保证装饰工程达到三星级水平，业主委托香港飞龙咨询公司实施“装饰工程监理”。

工程施工过程中，甲方要求乙方将竣工期提前至1986年3月8日，双方协商修订施工方案后达成协议。

龙宫大酒店于1986年3月10日(农历二月初二龙抬头之日)剪彩开业。1989年8月1日，原告(合同乙方)诉称：被告(合同甲方)于1986年3月8日签发了竣工验收报告，业已开张营业，至今已达两年有余，但在结算工程款时制造事端，本应付工程总价款1 600万人民币，但只付1 400万元人民币。特请求法庭判决被告支付1 600万元人民币及拖期的利息。

1989年10月10日庭审中，被告答称：原告主体施工质量有问题，如大堂、电梯间门洞、大厅墙面、游泳池等主体施工质量不合格。因此，日本装修商进行返工，并提出索赔，经监理工程师签字报业主代表认可，共支付20万美元，折合人民币125万元。此项费用应由原告承担。另还有其他质量问题，并造成客房、机房设备、设施损失计人民币76万元。共计损失200万元，应从总工程款中扣除，故应支付主体工程款总额为1 400万元。原告辩称：被告称工程主体不合格不属实，并向法庭呈交了业主及有关方面签字的合格竣工验收报告及业主致乙方的感谢信等证据。

被告又辩称：竣工验收报告及感谢信是在原法定代表宴请己方时，提出为了企业晋级，请高抬贵手的情况下，己方代表才签的字。此外，被告代理人又向法庭呈交业主被日本立成装饰工程公司提出的索赔20万美元(经监理工程师和业主代表签字)的清单56件。原告再辩称：被告代表发言纯系戏言，怎能以签署竣工验收报告为儿戏请求法庭以文字为证。又指出：被告委托的监理工程师监理的装饰合同，支付给日本立成装饰公司的费用凭单，并无己方(兴城公司)代表的签字认可，因此不承担责任。

原告最后请求法庭关注：自签发竣工验收报告后，乙方向甲方多次以书面结算方式提出结算要求，在长达两年多的时间里，甲方从未向乙方提出过工程质量问题的要求。

【问题】

(1) 原、被告之间的合同是否有效?

(2) 主体施工质量不合格时，业主应采用哪些正当措施?

(3) 装饰合同中的索赔是否对承包商具有约束力？怎样才能具有约束力?

(4) 该项工程竣工结算中，甲方从未向乙方提出质量问题。直至乙方于1989年8月1日，向人民法院提出起诉后，甲方在答辩状中才提出质量问题。对此应否依法保护?

【案例解析】

(1) 原被告之间签订的主体施工合同合法有效。

(2) 主体施工质量不合格时，业主在验收时应即时要求主体工程承包商返工，而不应由装修工程承包商返工。

(3) 装饰合同中的索赔对主体工程承包商不具有约束力，因为所谓的主体工程不合格未经主体工程承包商签字认可。如果要求主体承包商承担责任时，首先应向主体承包商提出返工；若主体承包商不进行返工处理，可由装饰工程承包商实施补救，再经主体工程承包商签字认可，方可进行转索赔，即对主体工程承包商具有约束力。

(4)《民法通则》规定，普通诉讼时效为两年。该合同纠纷中，甲方在竣工验收后两年中从未向乙方提出质量问题，直至乙方为结算工程款问题向法院提起起诉时，甲方在答辩中方才提出质量问题。因此，诉讼时效已过，法律规定不予保护其实体权利。

5.1 建设工程施工合同管理概述

5.1.1 建设工程施工合同的概念

建设工程施工合同是建设工程合同中最重要的合同。建设工程施工合同即建筑安装承包合同，是发包人与承包人之间为完成商定的建设工程项目，确定双方权利和义务的协议。

建设工程施工合同的当事人称为发包方和承包方。依照建设工程施工合同，承包方应完成一定的建筑、安装工程任务，发包人应提供必要的施工条件并支付工程价款。建设工程施工合同是建设工程合同的一种，在订立时应遵循平等、自愿、公平、诚实信用等原则。

建设工程施工合同的当事人是发包人和承包人，双方是平等的民事主体。承发包双方签订建设工程施工合同必须具备相应资质条件和履行建设工程施工合同的能力。对合同范围内的工程实施建设时，发包人必须具备组织协调能力；承包人必须具备有关部门核定的资质等级并持有营业执照等证明文件。

5.1.2 建设工程施工合同的一般特点

1. 合同标的物的特殊性

建设工程施工合同的标的物是特殊建筑产品，不同于其他产品。首先，建筑产品的固定性和施工生产的流动性是区别于其他商品的根本特点。建筑产品是不动产，这就决定了每个建设工程施工合同之间具有不可替代性，且施工机械、施工队伍必须围绕建筑产品不断移动。其次，建筑产品各自具有特定的功能要求，其实物形态千差万别，其外观、结构、使用目的、使用人等都各不相同，这就要求每个建筑产品都需单独设计和施工，造成建筑产品的单体性和生产的单次性。再次建筑产品体积庞大，耗费的人、财、物力巨大，一次性投资额大。

2. 合同履行期限的长期性

建筑物作为建设工程施工合同的标的物，与一般工业产品的生产相比具有体积大、建筑材料类型多、结构复杂、工作量大等特点，因而施工生产期较长，合同履行期限具有长期性特点。

3. 合同内容的多样性和复杂性

建设工程施工合同实施过程中涉及的主体具有多样性，且其履行期限长、标的额大，涉及的法律关系复杂，除承包人与发包人的合同关系外，还涉及与劳务人员的劳动关系、与保险公司的保险关系、与材料设备供应商的买卖关系，与监理单位、分包单位等的关系。建设工程施工合同除了具备合同一般内容外，还应对安全施工、工程分包、不可抗力、工程设计变更、材料设备供应、运输和验收等内容作出规定。所有这些都决定了建设工程施工合同的内容具有多样性和复杂性的特点。因而我国《建设工程施工合同(示范文本)》“通用条款”有11大部分共47个条款，173个子款。

4. 合同监督的严格性

由于建设工程施工合同的履行对国民经济发展、社会和谐稳定具有重大影响，因此国家对建设工程施工合同的监督管理十分严格。

1) 对合同主体监督的严格性

建设工程施工合同主体一般只能是法人。发包人一般只能是经过批准进行工程项目建设的法人，必须有国家批准的建设项目、落实投资计划并且应当具备相应的协调能力；承包人则必须具备法人资格，而且应当具备相应的从事施工活动的资质，且资质等级低的企业不能越级承包建设工程。

2) 对合同订立监督的严格性

订立建设工程施工合同必须以国家批准的投资计划为前提，即使是国家投资以外的、以其他方式筹集的投资也要受到当年的贷款规模和批准限额限制，并经过严格的审批程序方可订立。建设工程施工合同的订立还必须符合国家关于建设程序的规定。

3) 对合同履行监督的严格性

在建设工程施工合同履行过程中，除了当事人应当对合同进行严格的管理外，合同的主管机关、金融机构、建设行政主管部门等都要对合同的履行进行严格的监督。

5.1.3 建设工程施工合同的订立

建设工程施工合同的订立是指发包人和承包人之间为了建立承发包合同关系，通过对建设工程施工合同具体内容进行协商而形成合意的过程。

1. 订立建设工程施工合同应具备的条件

在我国建设程序的每一阶段都有严格审查、批准或备案制度，建设工程施工合同的订立也不例外，也有相应的要求。现在建设工程施工合同的订立基本上都是采用招投标制度。通过招投标订立建设工程施工合同必须满足如下条件。

(1) 初步设计已经批准。

(2) 工程项目已经列入年度建设计划。

(3) 有能够满足施工要求的设计文件和有关技术资料。

(4) 建设资金和主要建筑材料设备来源已经落实。

(5) 中标通知书已经下达。

2. 订立建设工程施工合同应遵守的原则

1) 遵守国家法律、法规和国家计划原则

《合同法》第七条规定：“当事人订立、履行合同应当遵守法律、行政法规……”所谓合法原则，主要是指在合同法律关系中，合同主体、合同的订立形式、订立合同的程序、合同的内容、履行合同的方式、对变更或者解除合同权利的行使等都必须符合中国的法律、行政法规。实践中，下列工程合同常常因为违反法律、行政法规的强制性规定而无效或部分无效：没有从事建筑经营活动资格而订立的合同；超越资质等级订立的合同；未取得《建设工程规划许可证》或者违反《建设工程规划许可证》的规定进行建设，严重影响城市规划的合同；未取得《建设用地规划许可证》而签订的合同；未依法取得土地使用权而签订的合同；必须招标投标的项目未办理招标投标手续而签订的合同；根据无效中标结果所订立的合同；非法转包合同；不符合分包条件而分包的合同；违法带资、垫资施工的合同等。

2) 平等、自愿、公平的原则

《合同法》第三条规定："合同当事人的法律地位平等，一方不得将自己的意志强加给另一方。"所谓平等是指当事人之间在合同的订立、履行和承担违约责任等方面都处于平等的法律地位，彼此的权利、义务对等。合同的当事人，无论规模和实力的大小，在订立合同的过程中地位一律平等，订立工程合同必须体现发包人和承包人在法律地位上完全平等。《合同法》第四条规定："当事人依法享有订立合同的权利，任何单位和个人不得干预。"所谓自愿原则，是指：是否订立合同、与谁订立合同、订立合同的内容，以及变更、不变更合同都要由当事人依法自愿决定。订立工程合同必须遵守自愿原则。实践中，有些地方行政管理部门如消防、环保、供气等部门通常要求发包方、总承包方接受并与其指定的专业承包商签订专业工程分包合同，发包方、总承包方如果不同意，上述部门在工程竣工验收时就会故意找麻烦，拖延验收、通过。此行为严重违背了在订立合同时当事人之间应当遵守的自愿原则。

《合同法》第五条规定："当事人应当遵循公平原则确定各方的权利和义务。"所谓公平原则是指当事人在订立合同的过程中以利益均衡作为评判标准。该原则最基本的要求即是发包人与承包人的合同权利、义务、承担的责任要对等而不能显失公平。实践中，发包人常常利用自身在建筑市场的优势地位要求工程质量达到优良标准，但又不愿意优质优价；要求承包人大幅度缩短工期，但又不愿支付赶工措施费；竣工日期提前，发包人不支付奖励或奖励很低，竣工日期延迟，发包人却要承包人承担逾期竣工一倍、有时甚至几倍于奖金的违约金。上述情况均违背了订立工程合同时承、发包方应该遵循的公平原则。

3) 诚实信用原则

《合同法》第六条规定："当事人行使权利、履行义务应当遵循诚实信用原则。"诚实信用原则主要是指当事人在缔约时诚实并且不欺不诈，在缔约后守信并自觉履行。在工程合同的订立过程中常常会出现这样的情况，经过招标投标过程，发包方确定了中标人，却不愿与中标人订立工程合同，而另行与其他承包商订立合同。发包人此行为严重违背了诚实信用原则，按《合同法》规定应承担缔约过失责任。

4) 不得损害社会公众利益和扰乱社会经济秩序原则

当事人双方订立建设工程施工合同不得损害社会公众利益和扰乱社会经济秩序。

案例 5-1

合同用语不规范，险些损失10多万

××市第三建筑公司(承包方，乙方)以议标形式承接了××局技工学校(发包方，甲方)教学楼的施工，并于2007年8月5日签订了施工合同。工程概况：教学楼建筑面积1 800m^2，4层混合结构，条形钢筋混凝土基础，工期为210天，于2007年9月20日开工。

在甲、乙双方协议条款第1条承包范围中写道：“设计地基标高以上的土建、给排水、采暖及电气照明工程。广播、电视、通讯管线的预埋工程。”

在甲、乙双方签订的补充条款中写道：“设计地基标高以上的工程内容所发生的正常变更均不再调整合同价款。以下的工程按双方签订的洽商实际发生工程调整。”

基槽开挖后，发现了地质资料中没有反映出来的废弃地窖。该地窖是由0.7m厚的旧式灰土构成。处理比较费工，且影响进度。乙方代表弄清了这不可预见情况后，向甲方代表递交的洽商稿中写着“在基础开挖中发现的地质资料中没有反映出来的地窖(3m宽×5m长×2.2m深)处理费用应由甲方承担。”为此，双方发生了争执。

甲方代表：按合同补充条款中规定，设计地基标高以上的工程变更不再调整工程价款“设计地基标高以上”是指“设计基础垫层上表面标高以上”。

乙方代表：“地基”是指基础，平常人都是这样理解的，而基础在建筑中的分界是以地面标高为准的，“地基标高以上”应理解为“地面标高以上”的意思。

甲方代表：补充条款起草的意思(是甲方起草)就是指基础垫层上皮。如果是指地面以上，就不用“设计地基标高以上”这句话了。

乙方代表：补充条款中讲的是正常工程变更的情况不得调整工程价款，而现在不是工程变更，而是不可预见的地下障碍。

甲方代表：合同中的工程变更并没有专指是设计图纸的变更，而且也没有规定地质资料的原因可以调整工程价款。

乙方代表：如果工程变更也包括地质资料的差异，都应为正常工程变更。而现在发现的地下障碍是地质资料中所没有的，不属于正常工程变更。“正常”与“不正常”的界限应如何划分？

甲方代表：不是以某人为意愿提出的变更均属于正常变更，“地窖”障碍不是我愿意它存在或不存在的。应是正常的。

经过这个问题的交涉，乙方代表悔恨当时发现“地基”两个字要求修改的态度不够坚决。并进一步感觉到，整个工程施工中所发生的变更都可能被划归正常变更而得不到价款的调整。

基础验槽时，勘探方工程师发现现场暴露土层不是勘探报告中所建议的持力层。经进一步核查发现，是设计人员误将基础深度的数据当成自然地坪(室外设计地坪)至持力层的深度数据造成的。经甲乙双方及设计、勘探人员现场议定，需加深现设计基础深度，下挖0.6m方到持力层。并办理了洽商记录。

洽商中写入：“因设计原因需将原基础底标高下降(加深)0.6m。下降部位的工程及由于下降所引起的上部土方增加工程费用由甲方另行承担。”

乙方按照合同条件的规定就基础加深的设计变更提出索赔报告如下。

××局技工学校基建办公室：

根据×月×日基础验槽时所签认的××号洽商，乙方需要在现已挖好基槽的基础土层继续下挖0.6m。不仅槽底作业难度加大而且因土质较差，下挖后必然对原设计基槽放坡进行修改。相应外运及回填量也随之增加，甲方应承担如下项目的费用及延长工期。

(1) 加深0.6m坑底土方挖运费A万元。

(2) 加深0.6m对上部槽边坡加大土方挖运费B万元。

(3) 第2项需回运回填，增加费用C万元。

(4) 混凝土基础垫层增加D万元。

(5) 钢筋混凝土条形基础增加E万元。

(6) 砖放脚基础F万元。

(7) 延长工期15天。(详细计算过程略)

××市第三建筑公司

2007年9月28日

甲方代表就该项索赔约见乙方代表，交涉如下。

甲方代表：同意索赔报告中的费用为“$A+B+C$”万元，并考虑工程量增加的是所有基础均为 0.6m 的砖基墙，合价 Q 万元，合计为$(A+B+C+Q)$万元。

工期延长，按照实际记录，12 天已完成到未加深前的部位，同意延期 12 天。

乙方代表：基础加深索赔是按照协议条款“设计地基标高”以下的内容，也是按实际发生进行调整的，不是违约要求(暗示甲方不执行协议条款是一种违约行为)。

工期延长问题。正如甲方所说，12 天已完成到未加深前的部位，但由于加深造成上部放坡增加的回填及回运也是需要时间的，按回填的比例计算(计算略)应增加 3 天时间。

甲方代表：合同价中已包含一个基础，现在又增加一个(指基础墙以下部位)基础，甲方不能建一个工程付两个基础的款。

乙方代表：甲方只付了“地基标高”以下增加的这部分基础的款，而“地基标高”以上的基础的款是不能调整的，谁也拿不走(表示甲方不能从原合同价中扣除基础工程的费用，又必须增加地基标高以下的基础工程费用)。

甲方代表：关于因加深基础回填增加 3 天延长工期问题是可以通过工作安排进行调整的。

乙方代表：可以只延长工期 12 天。

经过双方交涉，乙方得到了全部索赔费用$(A+B+C+D+E+F)$万元及 12 天的工期延长补偿。根据甲方测算，如将合同中改动一个字，(将“地基”中的“基”字改成“面”字)，可减少索赔 6.4 万元。

【案例解析】

该合同是建设单位临时确定的合同起草人写的初稿，也并非想达到什么确定的目的。乙方审查合同稿时虽向甲方提出“地基标高”一词不够确切，由于未点到关键之处，也没有坚持一定修改。在合同实施中，甲方代表面对预先未明确的地窖的存在而需要增加工程费用情况时，出于维护己方利益，做出了合乎自己一方的解释是可以理解的，但后来工程情况的变化使甲方代表的解释与己方不利时，已无再更改的余地。使双方都尝到了含糊合同条件的滋味。如果双方能够按照签订合同时等价有偿的原则进行解释，本案中双方的合作关系不会一开始就那么紧张。乙方在对己不利条件下抓住有利的机会挽回了不利时的损失，并得到了较多的收益，从合同管理的角度看问题，是一个成功的范例。

此案例给我们的启示是建设工程施工合同具有一系列复杂性特点，而施工合同一旦成立就成为规范承发包双方权利与义务的具有法律效力的文件。所以在订立合同时，相关表述及专业术语必须以规范为准，或在订立合同之初就由双方协商一致并作出书面解释，从而避免产生类似情况。

3．订立建设工程施工合同的程序

1) 订立建设工程施工合同应对合同进行审查

只有依法成立的合同才能够成为有效合同。《中华人民共和国合同法》第八条规定：“依法成立的合同对当事人具有法律约束力。当事人应当按照约定履行自己的义务，不得擅自变更或解除合同。依法成立的合同受法律保护。”第四十四条规定：“依法成立的合同自成立时生效。法律、行政法规规定应当办理批准、登记等手续生效的，依照其规定。”有效的工程施工合同有利于建设工程的顺利进行。对建设工程施工合同效力的审查基本从合同主体、客体、内容三方面加以考察，主要包括合同效力的审查和合同内容的审查。

合同效力的审核主要涉及以下三方面。

(1) 对签订合同的双方合法资格、资质的审查。

开发公司必须是专门从事房地产开发和经营的公司，符合《中华人民共和国城市房地产管理法》的相关规定。如公司经营范围无从事建设工程开发项目条款，则该公司所从事的建设工程开发与签订的建设工程施工合同视为无效合同。而承包方的勘察、设计、施工单位在我国均实行资质管理制度，无资质或超越资质承揽工程并签订建设工程施工合同，该合同属于无效合同。

(2) 所订立的合同是否违反了建设工程施工合同成立的法定程序。

是否按《招标投标法》规定对工程进行招投标。招投标活动是否遵循“公开、公平、公正”和诚实守信原则，否则可能导致合同无效。

(3) 所订立的合同是否违反了其他法律、法规。

合同违反法律、法规可能导致整个合同或部分合同的无效。构成合同无效的因素众多，因此还应根据《合同法》进行细致的判别。因此，承发包双方应将合同效力的审查落实到专门的机构及人员，对合同文本及条款进行逐一审核，以期尽量完善合同，实现合同双方共同的互利双赢。

而对合同内容审查直接关系到合同双方的权利、义务，在建设工程施工合同签订之前应严格审定各项合同内容，有效规避风险，争取自身最大合法权益。

案例 5-2

建设工程施工合同与劳务合同

2002 年 2 月 6 日，被告某建筑公司与原告包工头杨某签订了一份《施工合同书》，合同约定被告将其承包的某公司综合楼工程发包给原告，由原告组织民工施工。承包方式为包工不包料，工程款按建筑面积 9 000 平方米计算一次包死，单价为每平方米 86.90 元，工程款总计 782 100 元，工程竣工后预留 7%的保修金，其余工程款于 2002 年年底前一次性支付完毕，保修金在一年保修期满后支付。合同签订后，原告即组织民工 20 余人进场施工，截至 2002 年 11 月 6 日，原告组织民工完成了合同约定的工程量。2002 年 12 月 31 日，原、被告双方进行了结算，被告应支付原告工程款共计 82 500 元(含合同外部分工程量)。截至 2003 年 1 月 10 日，被告共支付原告工程款 50 余万元，尚欠 32 万余元未付，故原告提起诉讼，要求被告按合同约定立即支付工程款。被告辩称双方签订的《施工合同书》实质上是工程分包合同，而原告不具备建筑施工企业应该具备的从业资格，违反了《建筑法》第十二条、第二十九条之规定，因此双方签订的施工合同是无效合同。其二，根据双方签订的补充协议，该工程应在 2002 年 10 月 1 日竣工，而原告却延期 1 个月零 5 天，应赔偿其损失 10 万元(以其向发包人赔偿的损失为据)。其三，按合同约定，工程款应扣除 7%的保修金，即 57 750 元，在保修期满后再支付。法院审理后认为，原、被告双方签订的合同属于劳务合同，而非工程分包合同，因此双方签订的合同为有效合同，被告应按合同约定支付原告人工费。对于被告要求原告赔偿因延期交工而造成的经济损失，法院认为延期交工并非原告的过错，应由被告自行承担。对于被告提出的保修金问题，法院认为原告只负责组织民工为该项工程提供劳务，工程质量依法应由被告负责，被告的主张于法无据，不予支持。

【问题】

(1) 双方签订的合同是否有效?

(2) 原告应否承担工期、质量等工程责任?

【案例解析】

(1) 原、被告双方签订的合同为有效合同。尽管本案原、被告双方签订的合同名称为《施工合同书》，但不能仅凭合同的名称来判定该合同的性质，从该合同所反映的内容来看，该合同实际上属于劳务合同。我们知道，工程分包合同是指工程承包单位将其承包工程中的部分工程发包给分包单位，分包合同的客体是工程(当然包括劳务)，即分包单位要独立完成合同约定的工程，并对其完成的工程向承包单位负责。而本案原、被告双方签订的施工合同，从其包工不包料的承包方式、工程款(实际上为人工费)单价，原告在施工组织、技术、工程质量等方面完全接受被告的领导，以及被告在合同履行过程中下达的一系列指令等因素综合考虑，该合同实质上就是单纯的劳务合同而非工程分包合同，也不是劳务分包合同。我国《建筑法》规定的从业资格仅指从事建筑活动的建筑施工企业、勘察单位、设计单位和工程监理单位，不包括劳务。而事实上劳务分包始于2001年，即原建设部颁布的《建筑业企业资质管理规定》。该规章才规定从事劳务分包的企业应具备相应的资质等级，在此之前中国法律并无劳务分包的相关规定。根据《合同法》关于合同无效的相关规定，该合同既未违反法律、行政法规的强制性规定，也未损害国家和社会公共利益，因此应认定为有效合同。

(2) 原告不应承担工期、质量等工程责任。对于工期延误、工程质量保修金，被告的反驳似乎有理，因为双方签订的合同确有明确约定，但仔细分析就会发现被告的理由在法律上是站不住脚的，其目的是为了推卸自己的责任。我们知道，质量、工期、价款是建设工程施工合同的三要素，也是承、发包双方确定的最主要的合同目标，承包单位必须按合同约定的质量、工期向发包单位负责且自行承担责任，而不能将该责任转嫁给任何第三人。当然承包单位可以将某些单项工程(包括劳务)分包并确定分包工程的工期、质量标准，但显然不能将整体工程的工期、质量责任转嫁给分包单位；分包单位仅对自己分包工程的工期、质量负责，而不对整体工程的工期和质量负责。何况本案的原告并不是工程分包单位，即使确实存在因原告的原因而导致工期延误或质量缺陷，那也是被告未尽管理职责所致，因此原告不应对工期延误和工程质量承担责任。

本案例给我们的启示是，签订合同时必须首先明确界定自己所签订合同的属性和合同种类，方能在合同履行过程中有效实施合同管理。

2) 订立建设工程施工合同的形式和程序

(1) 订立建设工程施工合同的形式。《合同法》第十条规定："当事人订立合同有书面形式、口头形式和其他形式。法律、行政法规规定采用书面形式的，应当采用书面形式。当事人约定采用书面形式的应当采用书面形式。"书面形式是指合同书、信件和数据电文(包括电报、电传、传真、电子数据交换和电子邮件)等可以有形地表现所载内容的形式。"工程合同由于涉及面广、内容复杂、建设周期长、标的金额大，《合同法》第二百七十条规定："工程施工合同应当采用书面形式。"

(2) 订立工程合同的程序。建设工程施工合同的订立方式有两种：直接发包和招标发包。如果没有特殊情况，建设工程的施工都应通过招标投标确定施工企业。这两种方式实际上都包含要约和承诺的过程。工程招标投标过程中，投标人根据发包人提供的招标文件在约定的报送期内发出的投标文件即为要约，招标人通过评标向投标人发出中标通知书即为承诺。

《合同法》第十三条规定："当事人订立合同，采取要约、承诺方式。"

① 要约及要约邀请。要约是希望和他人订立合同的意思表示，该意思表示应当符合下列规定：内容具体、确定，表明经受要约人承诺，要约人即受该意思表示约束。要约邀请不同于要约，要约邀请是希望他人向自己发出要约的意思表示。寄送的价目表、拍卖公告、招标公告、招股说明书、商业广告等为要约邀请。

② 承诺。承诺是受要约人同意要约的意思表示。承诺应当具备的条件：承诺必须由受要约人或其代理人作出；承诺的内容与要约的内容应当一致；承诺要在要约的有效期内作出；承诺要送达要约人。承诺可以撤回但是不得撤销。承诺通知到达受要约人时生效。不需要通知的，根据交易习惯或者要约的要求作出承诺的行为时生效。承诺生效时，合同成立。根据《招标投标法》对招标、投标的规定，招标、投标、中标实质上就是要约、承诺的一种具体方式。招标人通过媒体发布招标公告，或向符合条件的投标人发出招标文件，为要约邀请；投标人根据招标文件内容在约定的期限内向招标人提交投标文件，为要约；

招标人通过评标确定中标人，发出中标通知书，为承诺；招标人和中标人按照中标通知书、招标文件和中标人的投标文件等订立书面合同时，合同成立并生效。

(3) 施工合同的文件组成及主要条款。

① 施工合同文件的组成及解释次序。不需要通过招投标方式订立的工程合同，合同文件常常就是一份合同或协议书，最多在正式的合同或协议书后附一些附件，并说明附件与合同或协议书具有同等的效力。通过招投标方式订立的工程合同，因经过招标、投标、开标、评标、中标等一系列过程，合同文件不单单是一份协议书，而通常由以下文件共同组成：本合同协议书，中标通知书，投标书及其附件，本合同专用条款，本合同通用条款，标准、规范及有关技术文件，图纸，工程量清单，工程报价书或预算书。

当上述文件间前后矛盾或表达不一致时，以在前的文件为准。

② 建设工程施工合同的主要条款。一般合同应当具备如下条款：当事人的名称或姓名和住所，标的、数量、质量、价款或者酬金，履行期限、地点和方式，违约责任，争议的解决方法。建设工程施工合同应当具备的主要条款如下。

(a) 承包范围建筑安装工程通常分为基础工程(含桩基工程)、土建工程、安装工程、装饰工程，合同应明确哪些内容属于承包方的承包范围，哪些内容发包方另行发包。

(b) 工期承发包双方在确定工期的时候应当以国家工期定额为基础，根据承发包双方的具体情况，并结合工程的具体特点确定合理的工期；工期是指自开工日期至竣工日期的期限，双方应对开工日期及竣工日期进行精确的定义，否则易起纠纷。

(c) 中间交工工程的开工和竣工时间。确定中间交工工程的工期应与工程合同确定的总工期相一致。

(d) 工程质量等级。工程质量等级标准分为不合格、合格和优良，不合格的工程不得交付使用。承发包双方可以约定工程质量等级达到优良或更高标准，但是应根据优质优价原则确定合同价款。

(e) 合同价款又称工程造价，通常采用国家或者地方定额的方法进行计算确定。随着市场经济的发展，承发包双方可以协商自主定价，而无须执行国家、地方定额。

(f) 施工图纸的交付时间。施工图纸的交付时间必须满足工程施工进度要求。为了确保工程质量，严禁出现随意性的边设计、边施工、边修改的“三边”工程。

(g) 材料和设备供应责任。承发包双方需明确约定哪些材料和设备由发包方供应，以及在材料和设备供应方面双方各自的义务和责任。

(h) 付款和结算。发包人一般应在工程开工前支付一定的备料款(又称预付款)，工程开工后按工程进度按月支付工程款，工程竣工后应当及时进行结算，扣除保修金后应按合同约定的期限支付尚未支付的工程款。

(i) 竣工验收。竣工验收是工程合同重要条款之一，实践中常见有些发包人为了达到拖欠工程款的目的迟迟不组织验收或者验而不收。因此，承包人在拟订本条款时应设法预防上述情况的发生，争取主动。

(j) 质量保修范围和期限。对建设工程的质量保修范围和保修期限应当符合《建设工程质量管理条例》的规定。

最后是其他条款。建设工程施工合同还包括隐蔽工程验收、安全施工、工程变更、工程分包、合同解除、违约责任、争议解决方式等条款，双方均要在签订合同时加以明确约定。

签订建设工程施工合同应特别重视合同条款内容的明确性、严谨性、完备性、书面性。建设工程施工合同条款及补充协议是当事人双方进行该项经济活动的法律依据，它必须遵守相关法律法规，同时应体现平等互利、公正合理、协商一致的原则。合同条款的内容要全面、明确、严谨和突出重点。合同一旦生效就具有法律效力。因此，首先在签订合同之前做到与合同有关的一切问题，必须事先考虑周到，并且要对各种情况做出明确的规定，不能存在侥幸心理，特别是有关工程承包范围、承包价格调整方式、工期、质量、设备材料、违约责任及索赔等重要条款。条款语言忌用“原则上同意！双方有这个意向”等这类商讨性、意向性用语，如果双方忽略了这一原则，将不可避免地会给工程实施带来隐患，因此双方的利益也无法从法律上得到保护。其次在合同的签订和实施过程中不要轻易相信任何口头承诺和保证，少说多写双方商讨的结果、做出的决定，或对方的承诺只有写入合同，及有双方文字签署才算确定。

5.1.4 《建设工程施工合同(示范文本)》简介

1.《建设工程施工合同(示范文本)》的组成

《建设工程施工合同(示范文本)》由《协议书》、《通用条款》、《专用条款》三部分组成，并附有三个附件。附件一是《承包人承揽工程项目一览表》，附件二是《发包人供应材料设备一览表》，附件三是《工程量保修书》。

(1)《协议书》是《建设工程施工合同(示范文本)》中总纲性的文件，是发包人与承包人依照《合同法》、《建筑法》及其他有关法律、行政法规，遵循平等、自愿、公平和诚实信用的原则，就建设工程施工中最重要的事项协商一致而订立的协议。

(2)《通用条款》。《通用条款》是根据《合同法》、《建筑法》、《建设工程施工合同管理办法》等法律、法规，对承发包双方的权利义务作出的规定，除双方协商一致对其中的某些条款作出修改、补充或取消外，其余条款双方都必须履行。

(3)《专用条款》考虑到建设工程的内容各不相同，工期、造价也随之变动，承包人、发包人各自的能力、施工现场的环境也不相同，《通用条款》不能完全适用于各个具体工程，因此配之以《专用条款》对其作必要的修改和补充，使《通用条款》和《专用条款》共同成为双方统一意愿的体现。

(4) 附件。《建设工程施工合同(示范文本)》的附件则是对施工合同当事人的权利、义务的进一步明确，并且使得建设工程施工合同当事人的有关工作一目了然，便于执行和管理。

2. 施工合同文件的组成及解释顺序

《建设工程施工合同(示范文本)》规定了建设工程施工合同文本的组成及解释顺序。组成建设工程施工合同的文本包括：①施工合同协议书；②中标通知书；③投标书及其附件；④建设工程施工合同专用条款；⑤建设工程施工合同通用条款；⑥标准、规范及有关技术文件；⑦图纸；⑧工程量清单；⑨工程报价单或预算书。

3. 订立建设工程施工合同的作用

(1) 建设工程施工合同明确了在施工阶段承包人和发包人的权利和义务。

建设工程施工合同起着明确建设工程发包人和承包人权利和义务的重要作用。通过建设工程施工合同的签订就使得发包人清楚地认识到自己一方和对方在建设工程施工合同中各自承担的义务或享有的权利，以及双方之间的权利和义务的相互关系。

(2) 建设工程施工合同是施工阶段实行监理的依据。

目前我国大多数工程都实行建设监理，监理单位受发包人的委托，对承包人的施工质量、施工进度、工程投资进行监督，监理单位对承包人的监督应依据发包人和承包人签订的建设工程施工合同进行。

(3) 建设工程施工合同是保护建设工程施工过程中发包人和承包人权益的依据。

依法成立的建设工程施工合同，在实施过程中发包人和承包人的权益都受到法律保护。当一方不履行合同，使对方权益受到侵害时，就可以建设工程施工合同为依据，根据有关法律追究违约一方的法律责任。

案例 5-3

关于建设工程施工合同文本的解释顺序

某建设工程，在施工招标文件中按照工期定额计算，工期为 570 天，中标人投标书中写明的工期也是 570 天。但在建设工程施工合同中，开工的日期为 2006 年 12 月 15 日，竣工日期为 2008 年 7 月 20 日，日历天数为 581 天。请问如果你是总监理工程师，监理的工期目标应该为多少天？为什么？

【案例解析】

监理的工期目标应该为 581 天。因为我国建设工程施工合同的文本组成部分包括建设工程施工合同协议书和投标书，不包括招标文件，但现在投标书和建设工程施工合同协议书之间存在工期矛盾，根据合同文件解释的优先顺序，合同协议书比投标书更具有优先权，所以监理的目标工期应定为 581 天。

5.2 建设工程施工合同的当事人

5.2.1 建设工程发包人

发包人是指具备法人资格的国家机关、事业单位、国有企业、集体企业、私营企业、经济联合体和社会团体，也可以是依法登记的个人合伙、个体经营户或个人，即一切以协议、法院判决或其他合法完备手续取得投资人的资格，承认全部合同条件，能够而且愿意履行合同规定义务的合同当事人。与发包人合并的单位、兼并发包人的单位，购买发包人合同和接受发包人出让的单位和人员(即发包人的合法继承人)均可成为发包人，履行合同规定的义务，享有合同规定的权利。

根据专用条款约定的内容和时间，发包人应分阶段或一次完成以下的工作。

(1) 办理土地征用、拆迁补偿、平整施工场地等工作，使施工场地具备施工条件，并在开工后继续负责解决以上事项的遗留问题。

(2) 将施工所需水、电、电信线路从施工场地外部接至专用条款约定地点，并保证施工期间需要。

(3) 开通施工场地与城乡公共道路的通道，以及专用条款约定的施工场地内的主要交通干道，满足施工运输的需要，保证施工期间的畅通。

(4) 向承包人提供施工场地的工程地质和地下管网线路资料，对资料的真实准确性负责。

(5) 办理施工许可证及其他施工所需证件、批件和临时用地、停水、停电、中断道路交通、爆破作业等的申请批准手续(证明承包人自身资质的证件除外)。

(6) 确定水准点与坐标控制点，以书面形式交给承包人，并进行现场交验。

(7) 组织承包人和设计单位进行图纸会审和设计交底。

(8) 协调处理施工现场周围地下管线和邻近建筑物、构筑物(包括文物保护建筑)、古树名木的保护工作，并承担有关费用。

(9) 发包人应做的其他工作，双方在专用条款内约定。

发包人可以将上述部分工作委托承包人办理，具体内容由双方在专用条款内约定，其费用由发包人承担。

发包人不按合同约定完成以上义务，应赔偿承包人的有关损失，延误的工期相应顺延。

案例 5-4

只因不按法规办，开工损失20万

S建筑公司五处(乙方)中标后，承接了B研究所(甲方)5 800m^{2}住宅工程。合同签订后，乙方按甲方提供的施工平面位置(规划部门批准位置)放线后，发现拟建工程北端应拆除的临时建筑(花房)因未拆除影响正常施工。甲方代表察看现场后便做出将总平面位置进行修改的决定，通知乙方将平面位置向南平移3m后开工。正当乙方按平移后的工程位置挖完基槽时，规划监督工作人员进现场检查发现了问题，要求立即停工，并向甲方开具5万元人民币罚款单，要求工程原批准的位置不得变动。

工程刚刚开工，先送交了5万元罚款，又处理乙方提出的索赔。乙方接到甲方仍按原平面位置施工的书面通知后提出索赔如下。

B研究所基建处：

接到贵方仍按原平面位置进行施工的通知后，乙方立即组织实施，但因平移3m使原已挖好的所有槽墙基槽作废，需要用土夯填并重新开挖新基槽。所发生的此类费用及停工损失应由贵方承担。

(1) 所有横墙基槽回填夯实费用3.5万元。

(2) 重新开挖新的横墙基槽费用6.3万元。

(3) 86人停工20天损失费2.52万元。

(4) 租赁机械工具费1.0万元。

(5) 其他应由甲方承担的费用0.8万元。

合计14.12万元

(6) 顺延工期20天。

S建筑公司五处：

2009年10月15日，甲方审核后同意了乙方的索赔。

【案例解析】

此案是法制观念淡薄在工程建设方面的体现。许多人明明知道政府对建筑工程规划管理的要求，也清楚已经批准的位置不得随意改变。但执行中仍是我行我素，目无规章。本案中，甲方如按报批的平面位置提前拆迁花房，创造施工条件。或按保留花房方案去报规划，争取批准，都能避免20万元的损失。现实中，对建设工程许可制度不认真执行的情况时有发生。常见的违法现象有，批准施工图后又修改设计的；擅自增加层数的；擅自改变使用性质的；擅自改变平面布局的等。希望读者从本案中得到教益。

5.2.2 建设工程承包人

承包人是指具备与工程相应资质和法人资格的，并被发包人接受的合同当事人及其合法继承人。

承包人按专用条款约定的内容和时间完成以下工作。

(1) 根据发包人的委托，在其设计资质允许的范围内完成施工图设计或与工程配套的设计，经工程师确认后使用，发生的费用由发包人承担。

(2) 向工程师提供年、季、月工程进度计划及相应进度统计报表。

(3) 根据工程需要提供和维修非夜间施工使用的照明、围栏设施，并负责安全保卫。

(4) 按专用条款约定的数量和要求，向发包人提供在施工现场办公和生活的房屋及设施，发生费用由发包人承担。

(5) 遵守有关部门对施工场地交通、施工噪声，以及环境保护和安全生产等的管理规定，按规定办理有关手续，并以书面形式通知发包人。发包人承担由此发生的费用，因承包人责任造成的罚款除外。

(6) 已竣工工程未交付发包人之前，承包人按专用条款约定负责已完工程的成品保护工作，保护期间发生损坏，承包人自费予以修复。要求承包人采取特殊措施保护的工程部位和相应的追加的合同价款在专用条款内约定。

(7) 按专用条款的约定做好施工现场地下管线和邻近建筑物、构筑物(包括文物保护建筑)、古树名木的保护工作。

(8) 保证施工场地清洁，符合环境卫生管理的有关规定，交工前清理现场达到专用条款约定的要求，承担因自身原因违反有关规定造成的损失和罚款。

(9) 承包人应做的其他工作，双方在专用条款内约定。

承包人不履行上述各项义务，造成发包人损失的，应对发包人的损失给予赔偿。

5.2.3 工程师的产生和职权

工程师包括监理单位委派的总监理工程师或者发包人指定的履行合同的负责人两种情况。

1. 发包人委托监理

发包人可以委托监理单位全部或者部分负责合同的履行。工程施工监理单位应当依照法律、行政法规及有关的技术标准、设计文件和建设工程施工合同，对承包人在施工质量、建设工期和建设资金使用等方面代表发包人实施监督。发包人应当将委托的监理单位名称、监理内容及监理权限以书面形式通知承包人。

监理单位委派的总监理工程师在施工合同中称为工程师。总监理工程师是经监理单位法定代表人授权派驻施工现场监理组织的总负责人，行使监理合同赋予监理单位的权利和义务，全面负责受委托工程的建设监理工作。监理单位委派的总监理工程师姓名、职务、职责应当向发包人报送，在施工合同的专用条款中应当写明总监理工程师的姓名、职务、职责。

2. 发包人派驻代表

发包人派驻施工场地履行合同的代表在施工合同中也称工程师。

发包人代表是经发包人单位法定代表人授权派驻施工现场的负责人，其姓名、职务、职责在专用条款内约定，但职责不得与监理单位委派的总监理工程师职责相互交叉。发生交叉或不明确时，由发包人法定代表人明确双方职责，并以书面形式通知承包人。

3. 工程师易人

对于工程师易人，发包人应至少于易人前 7 天以书面形式通知承包人，后任工程师继续履行合同文件约定的权利和义务，不得更改前任工程师所做出的书面承诺。

4. 工程师的职责

工程师按约定履行职责。发包人对工程师行使权利的范围一般都有一定的限制，如对委托监理的工程师要求其在行使认可索赔权力时，如索赔额超过一定限度，必须先征得发包人的批准。工程师的具体职责如下。

1) 工程师委派工程师代表

在施工过程中不可能所有的监督和管理工作都由工程师自己完成。工程师可委派工程师代表行使自己的部分权利和职责，并可在认为必要时撤回委派。委派和撤回均应提前 7 天以书面形式通知承包人，委派书和撤回通知作为合同附件。

工程师代表在工程师授权范围内向承包人发出的任何书面形式的函件与工程师发出的函件具有同等效力。承包人对工程师代表发出的任何书面形式的函件有疑问时，可将此函件提交工程师，工程师应进行确认。工程师代表发出的指令有失误时，工程师应进行纠正。除工程师或工程师代表外，发包人派驻工地的其他人员均无权向承包人发出任何指令。

2) 工程师发布指令、通知

工程师的指令、通知由其本人签字后，以书面形式交给项目经理，项目经理在回执上签署姓名和收到时间后立即生效。确有必要时，工程师可发出口头指令，并在 48 小时内给予书面确认，承包人对工程师的指令应予执行。工程师不能及时给予书面确认，承包人应于工程师发出口头指令后 7 天内提出书面确认要求。工程师在承包人提出确认要求后 48 小时内不予答复应视为承包人要求已被确认。

承包人认为工程师指令不合理，应在收到指令后 24 小时内提出书面申告，工程师在收到承包人申告后 24 小时内作出修改指令或继续执行原指令的决定，并以书面形式通知承包人。紧急情况下，工程师要求承包人立即执行的指令或承包人虽有异议，但工程师决定仍继续执行的指令，承包人应予执行。因指令错误发生的费用和给承包人造成的损失由发包人承担，延误的工期相应顺延。

上述规定同样适用于工程师代表发出的指令、通知。

3) 工程师应当及时完成自己的职责

工程师应按合同约定及时向承包人提供所需指令、批准、图纸并履行其他约定的义务，否则承包人在约定时间后 24 小时内将具体要求、需要的理由和延误的后果通知工程师，工程师收到通知后 48 小时内不予答复，应承担延误造成的追加合同价款，并赔偿承包人有关损失，顺延延误的工期。

4) 工程师做出处理决定

在合同履行中发生影响承发包双方权利或义务的事件时，负责监理的工程师应做出公正的处理。为保证施工正常进行，承发包双方应尊重工程师的决定。承包人对工程师的处理有异议时，按照合同约定争议处理办法解决。

5.2.4 项目经理的产生和职责

1. 项目经理的产生

项目经理是由承包人单位法定代表人授权的，派驻施工场地的承包人的总负责人，他代表承包人负责工程施工的组织、实施。承包人施工质量、进度的好坏与承包人代表的水平、能力等有很大关系。一般承包人代表人选应当在投标书中明确，并作为评标的一项内容。项目经理的姓名、职务在专用条款内约定。项目经理一旦确定后，承包人不能随意易人。

项目经理易人，承包人应至少于易人前 7 天以书面形式通知发包人，后任继续履行合同文件约定的前任的权利和义务，不得更改前任作出的书面承诺。因为前任项目经理的书面承诺是代表承包人的，项目经理的易人并不意味着合同主体的变更，双方都应履行各自的义务。

2. 项目经理的职责

项目经理应当积极履行合同规定的职责，完成承包人应当完成的各项工作。项目经理应当对施工现场的施工质量、成本、进度、安全等负全面的责任。对于在施工现场出现的超过自己权限范围的事件应当及时向上级有关部门和人员汇报，请示处理方案或者取得自己处理的授权。其日常性的工作有以下两类。

(1) 代表承包人向发包人提出要求和通知。项目经理有权代表承包人向发包人提出要求和通知。承包人的要求和通知以书面形式由项目经理签字后送交工程师，工程师在回执上签署姓名和收到时间后生效。

(2) 组织施工。项目经理按发包人认可的施工组织设计(施工方案)和依据合同发出的指令、要求组织施工。在情况紧急且无法与工程师联系时，应当采取保证人员生命和工程财产安全的紧急措施，并在采取措施后 48 小时内向工程师送交报告。若责任在发包人和第三方，由发包人承担由此发生的追加合同价款，相应顺延工期；责任在承包人，由承包人承担费用，工期不予顺延。

案例 5-5

发包方未组织竣工验收而直接出售建筑物造成的责任纠纷

甲建筑公司负责乙房地产开发公司的一项商业居民建设施工工程，双方依法签订了建筑工程施工合同。工程完成后，甲公司通知乙公司验收，乙公司迟迟不进行验收就直接出售该楼房屋。不久，一买主丙被塌落的天花板砸伤。请问丙所受到损害应该由谁承担责任？

【案例解析】

《合同法》第二百七十九条规定：“建设工程竣工后，发包人应当根据施工图及说明书、国家颁发的施工验收规范和质量检验标准及时进行验收。验收合格的，发包人应该按照约定支付价款，并接收该建筑工程。建设工程竣工验收合格后，方可交付使用；未经验收或者验收不合格的，不得交付使用。”发包人没有履行验收义务就接收了工程，而后又主张质量不合格的纠纷在实践中经常发生，而第二百七十九条未给出明确的答案。《最高人民法院关于审理建设工程施工合同纠纷案件适用法律问题的解释》(以下简称《解释》)第十三条对此予以了回应：“建设工程未经竣工验收，发包人擅自使用后，又以使用部分质量不符合约定为由主张权利的，不予支持；但是承包人应当在建设工程的合理使用寿命内对地基基础工程和主体结构质量承担民事责任。”《合同法》第二百八十二条还规定：“因承包人的原因致使建设工程在合理使用期限内造成人身和财产损害的，承包人应当承担损害赔偿责任。”

显然，天花板塌落不属于地基基础工程和主体结构质量瑕疵，因为乙未尽验收义务径行出售该楼，故乙不得以质量不合格为由向甲主张违约责任。乙也不是被侵权人，不可以向甲主张侵权责任。丙被砸伤，依据《合同法》第二百八十二条，可直接主张甲侵权无疑；而且丙可以依据与乙的买卖合同主张乙的违约责任。不仅如此，由于乙应当预见到未验收合格的房屋可能造成他人损害，而他仍然将该房出售给丙，因此乙对丙的受害存在过错，故丙可以主张乙承担侵权责任。对此种情形，《解释》在第三条第二款作了确认：“因建设工程不合格造成损失，发包人有过错的，也应当承担相应的民事责任。”

5.3 建设工程施工合同管理

5.3.1 建设工程施工合同的质量管理

工程施工中的质量控制是合同履行中的重要环节。建设工程施工合同的质量控制涉及许多方面的因素，任何一个方面的缺陷和疏漏都会使工程质量无法达到预期的标准。

1. 标准、规范和图纸

1) 合同适用标准、规范

标准是指对重复性事物和概念所做的统一性规定。它以科学技术和实践经验的综合成果为基础，经有关方面协商统一，由主管机构批准，以特定形式发布，作为共同遵守的准则和依据。

工程建设标准是指对基本建设中各类工程的规划、勘察、设计、施工、安装和验收等需要协调统一的事项所制定的标准。

施工中所采用的施工和验收标准都必须在签订建设工程施工合同时予以确定，因为不同的标准对应不同的施工质量，也就对应不同的工程造价。严格地说，工程适用的标准在招标文件中就应该确定。

建设工程施工合同规定，业主和承包商双方要在专用条款内约定工程适用的标准、规范的名称。就是要约定施工和验收采用的标准，使工程的施工和验收都依据该标准进行。

如果国内没有相应标准、规范，业主应按专用条款约定的时间向承包商提出施工技术要求，承包商按约定的时间和要求提出施工工艺，经业主认可后执行。

业主要求使用国外标准、规范的，应负责提供中文译本。

我国《建设工程质量管理条例》规定，建设单位不得明示或者暗示设计单位或者施工单位违反工程建设强制性标准，降低建设工程质量。根据《建设工程质量管理条例》的规定，建设部在2000年8月发布实施的《工程建设强制性标准监督规定》规定，在中华人民共和国境内从事新建、扩建、改建等工程建设活动必须执行工程建设强制性标准，并发布了《工程建设强制性标准条文》，各建设市场的主体在工程建设活动中都不得违背强制性标准条文的规定。建设工程施工的技术要求和方法为强制性标准，建设工程施工合同当事人必须执行。

2) 图纸

建设工程施工应当按照图纸进行。在建设工程施工合同管理中的图纸是指由发包人提供或者由承包人提供，经工程师批准、满足承包人施工需要的所有图纸(包括配套说明和有关资料)。按时、按质、按量提供施工所需图纸也是保证工程施工质量的重要方面。

(1) 发包人提供图纸，《通用条款》有以下规定。

① 业主应按专用条款约定的日期和套数向承包商提供图纸。

② 承包商需要增加图纸套数的，业主应代为复制，复制费用由承包商承担。

③ 业主对工程有保密要求的，应在专用条款中提出保密要求，保密措施费用由业主承担，承包商在约定保密期限内履行保密义务。

④ 承包商未经业主同意不得将本工程图纸转给第三人。工程质量保修期满后，除承包商存档需要的图纸外，应将全部图纸退还给业主。

⑤ 承包商应在施工现场保留一套完整图纸，供工程师及有关人员进行工程检查时使用。

(2) 承包人提供图纸。一般做法是承包商根据需要画出图纸，经工程师认可后，报设计单位审核。设计单位同意的，由设计单位对图纸进行确认后，承包商依照图纸进行施工。

案例 5-6

某建设工程施工合同规定，业主向承包商提供图纸6套，承包商在施工中由于图纸损耗过多，已经没有剩余的图纸做竣工图，要求业主再提供3套图纸，施工图纸的费用由谁来支付？

【案例解析】

由于合同约定业主提供6套图纸给承包商，这6套图纸的相关费用应由业主支付。而承包商要求再要3套，该3套图纸费用应由业主复制给承包商，但相关费用要由承包商支付。

2．材料设备供应的质量控制

工程建设的材料设备供应的质量控制是整个工程质量控制的基础。建筑材料、构配件生产及设备供应单位对其生产或者供应的产品质量负责。而材料设备的需方则应根据买卖合同的规定进行质量验收。

1) 材料设备的质量及其他要求

(1) 材料生产和设备供应单位应具备法定条件。

(2) 材料设备质量应符合要求。

(3) 材料设备或者其包装上的标识应符合要求。

2) 发包人供应材料设备时的质量控制

(1) 双方约定发包人供应材料设备的一览表。对于由发包人供应的材料设备应该在招标文件中予以载明，双方应当约定发包人供应材料设备的一览表，作为合同附件。发包人根据该表提供相应的材料设备，并对材料设备负责。

(2) 建设工程施工合同对于业主提供的材料设备的规定如下。

① 发包人按《发包人供应材料设备一览表》约定的内容提供材料设备，并向承包商提供产品合格证明，对其质量负责。发包人在所供材料设备到货前24小时以书面形式通知承包商，由承包商派人与发包人共同清点验收。

② 材料设备验收后的保管。

发包人供应的材料设备，承包商派人参加清点后由承包商妥善保管，发包人支付相应保管费用。因承包商原因发生丢失损坏，由承包商负责赔偿。

发包人未通知承包商清点，承包商不负责材料设备的保管，丢失损坏由发包人负责。

③ 发包人供应材料设备使用前的检验或试验。

发包人供应的材料设备进入施工现场后需要在使用前检验或者试验的，由承包人负责；费用由发包人负责，不合格的不得使用。即使在承包人检验通过之后，如果又发现材料设备有质量问题的，发包人仍应承担重新采购及拆除重建的追加合同价款，并相应顺延由此延误的工期。

④ 发包人供应的材料设备不符合一览表要求。

发包人供应的材料设备与约定不符时，应当由发包人承担有关责任，具体按照下列情况进行处理。

(a) 材料设备单价与一览表不符，由业主承担所有价差。

(b) 材料设备的品种、规格、型号和质量等级与一览表不符，承包商可拒绝接收保管，由业主运出施工场地并重新采购。

(c) 业主供应的材料规格、型号与一览表不符，经业主同意，承包商可代为调剂串换，由业主承担相应费用。

(d) 到货地点与一览表不符，由业主负责运至一览表指定地点。

(e) 供应数量少于一览表约定的数量时，由业主补齐，多于一览表约定数量时，业主负责将多出部分运出施工场地。

(f) 到货时间早于一览表约定时间，由业主承担因此发生的保管费用；到货时间迟于一览表约定的供应时间，业主赔偿由此造成的承包商损失，造成工期延误的，相应顺延工期。

案例 5-7

业主负责采购设备后引起的合同纠纷

某工程，经施工招标，业主选定A公司为中标单位。施工合同中双方约定，A公司将配套工程分包给C专业工程公司，业主负责采购设备。该工程在施工过程中出现如下情况。

业主负责采购的配套工程设备提前进场，A公司派人参加开箱清点验收，并向监理工程师提交因此增加的保管费支付申请。

C公司在配套设备安装过程中发现附属工程材料库中部分配件丢失，要求业主重新采购供货。

【问题】

(1) 监理工程师是否应予以签认？为什么？

(2) C公司的要求是否合理？为什么？

【案例解析】

(1) 监理工程师对A公司增加保管费的支付申请应该予以签认。因为根据合同约定，业主提供的材料设备提前进场，承包商保管成本增加，属于业主应承担的责任，由业主承担由此发生的保管费用。

(2) C公司的要求不合理。第一，C公司是分包商，它不应直接向业主提出采购要求；第二，业主购买的设备虽然提前进场，但承包商已经参与开箱清点验收，保管期间的损坏丢失责任应由承包商承担。

3) 承包人采购材料设备的质量控制

《建筑法》第二十五条规定：按照合同约定，建筑材料、建筑构配件和设备由工程承包单位采购的，发包单位不得指定生产厂家、供应商。有关承包商采购的材料设备，建设工程施工合同中相关规定如下。

(1) 到货验收。承包商负责采购材料设备的，应按照专用条款约定及设计和有关标准要求采购，并提供产品合格证明，对材料设备质量负责。承包商在材料设备到货前24小时通知工程师清点验收。

(2) 退场。承包商采购的材料设备与设计标准要求不符时，承包商应按工程师要求的时间运出施工场地，重新采购符合要求的产品，承担由此发生的费用，由此延误的工期不予顺延。

(3) 检验。承包商采购的材料设备在使用前应按工程师的要求进行检验或试验，不合格的不得使用，检验或试验费用由承包商承担。

(4) 代用材料。承包商需要使用代用材料时，应经工程师认可后使用，由此增减的合同价款双方以书面形式议定。

对于工程建设材料设备，《建设工程质量管理条例》规定，施工单位必须按照工程设计要求、施工技术标准和合同约定，对建筑材料、建筑构配件、设备和商品混凝土进行检验，检验应当有书面记录和专人签字；未经检验或者检验不合格的，不得使用。施工人员对涉及结构安全的试块、试件及有关材料应当在建设单位或者工程监理单位监督下现场取样，并送到具有相应资质等级的质量检测单位进行检测。

案例5-8

合同约定的材料提供方不同导致责任划分不同

A房地产开发公司投资开发了一项花园酒店工程。由B建筑安装工程总公司负责施工，并由C建材公司提供由D水泥厂生产的水泥。1995年9月15日，建材公司提供的20t水泥进入工地，B建筑安装工程总公司送检测试，结论为合格水泥。之后，C建材公司陆续组织水泥进场，共计680t。同年10月11日，B公司从C公司供应的水泥中再次抽样送检，经检验确认为废品水泥。此时水泥已用去613t，分别浇筑在花园酒店工程A楼的12～15层。经有关部门检测，第12～15层的混凝土强度不符合设计要求，市建设工程质量监督总站决定对该工程要求第12～15层推倒重浇。A公司于是向人民法院起诉B公司、C公司和D水泥厂，要求三被告赔偿经济损失。

【问题】

(1) 如果建设工程施工合同明确约定水泥由甲方供应，责任应如何区分？

(2) 如果建设工程施工合同明确约定水泥由乙方供应，责任应如何区分？

(3) 对第二种情况，监理单位应承担什么责任？

【案例解析】

(1) 如建设工程施工合同明确约定水泥由甲方供应，则应看乙方(B建筑安装总公司)是否知道C建材公司供应的水泥是分批的。如不知，则B无责任，应由D水泥厂承担赔偿责任，C公司承担连带责任。如果乙方知道供应的水泥是分批的，则应由B、C公司共同承担连带责任。

(2) 如建设工程施工合同明确约定水泥由乙方供应，则由B公司承担赔偿责任。

(3) 对第二种情况，监理单位应承担监理失当的责任。监理单位根据监理合同的约定承担责任。

3. 施工企业的质量管理

施工企业的质量管理是工程师进行质量控制的出发点和落脚点。工程师应当协助和监督施工企业建立有效的质量管理体系。

建设工程施工企业的经理要对本企业的工程质量负责，并建立有效的质量保证体系。施工企业的总工程师和技术负责人要协助经理管理好质量工作。

4. 工程验收的质量控制

工程验收是一项以确认工程是否符合建设工程施工合同规定目的的行为，是质量控制的最重要的环节。

1) 工程质量标准

工程质量应当达到协议书约定的质量标准，质量标准的评定以国家或者专业的质量检验评定标准为依据。

发包人对部分或者全部工程质量有特殊要求的，应支付由此增加的追加合同价款，对工期有影响的应给予相应顺延。达不到约定标准的工程部分，工程师一经发现，可要求承包人返工，承包人应当按照工程师的要求返工，直到符合约定标准。

双方对工程质量有争议，由专用条款约定的工程质量监督部门鉴定，所需费用及因此造成的损失，由责任方承担。双方均有责任，由双方根据其责任大小分别承担。

2) 施工过程中的检查和返工

在工程施工过程中，工程师及其委派人员对工程的检查检验是他们的一项日常性工作和重要职能。

承包人应认真按照标准、规范和设计要求，以及工程师依据合同发出的指令施工，随时接受工程师及其委派人员的检验，为检查检验提供便利条件。

工程质量达不到约定标准的部分，工程师一经发现，可要求承包人拆除和重新施工，承包人应按工程师及其委派人员的要求拆除和重新施工，承担由于自身原因导致拆除和重新施工的费用，工期不予顺延。

3) 隐蔽工程和中间验收

由于隐蔽工程在施工中一旦完成隐蔽就很难再对其进行质量检查，因此隐蔽工程必须在隐蔽前进行检查验收。对于中间验收，合同双方应在专用条款中约定需要进行中间验收的单项工程和部位的名称、验收的时间和要求，以及发包人应提供的便利条件。

工程具备隐蔽条件或达到专用条款约定的中间验收部位，承包商进行自检，并在隐蔽或中间验收前48小时以书面形式通知工程师验收。验收合格，工程师在验收记录上签字后，承包商可进行隐蔽和继续施工。验收不合格，承包商在工程师限定的时间内修改后重新验收。

工程师不能按时进行验收，应在验收前24小时以书面形式向承包商提出延期要求，延期不能超过48小时。工程师未能按以上时间提出延期要求，不进行验收，承包商可自行组织验收，工程师应承认验收记录。

经工程师验收，工程质量符合标准、规范和设计图纸等要求，验收 24 小时后，工程师未在验收记录上签字的，视为工程师已经认可验收记录，承包商可进行隐蔽或继续施工。

隐蔽工程的检查验收是工程师进行质量管理的最重要工作之一，主要因为隐蔽工程的质量问题具有隐蔽性，危害更大。《建筑法》第三十五条规定："工程监理单位不按照委托监理合同的约定履行监理义务，对应当监督检查的项目不检查或者不按照规定检查，给建设单位造成损失的，应当承担相应赔偿责任。"

《建设工程监理规范》规定，专业监理工程师应根据承包商报送的隐蔽工程报验申请表和自检结果进行现场检查，符合要求予以签认。对未经监理人员验收或验收不合格的工序，监理人员应拒绝签认，并要求承包商严禁下一道工序的施工。

4) 重新检验

保证工程的质量符合合同约定的标准是工程师进行质量管理的目的，因此，工程师应该有权随时对工程的任何部位进行检验。

无论工程师是否进行验收，当其要求对已经隐蔽的工程重新检验时，承包商应按要求进行剥离或开孔，并在检验后重新覆盖或修复。检验合格，业主承担由此发生的全部追加合同价款，赔偿承包商损失，并相应顺延工期。检验不合格，承包商承担发生的全部费用，工期不予顺延。

案例 5-9

完工项目的重新验收

某工程，经施工招标，业主选定 A 公司为中标单位。施工合同中双方约定，A 公司将桩基工程分包给 C 专业工程公司。施工中出现如下情况。

桩基工程施工完毕，已按国家有关规定和合同约定做了检验验收。监理工程师对其中 8 号桩的混凝土质量有怀疑，建议业主采用钻孔取样的方法进一步检验。C 公司不配合，总监理工程师要求 A 公司给予配合，A 公司以桩基工程为 C 公司施工为由拒绝。

若钻孔取样检验合格，A 公司要求该监理公司承担因此发生的全部费用，赔偿其窝工损失，并顺延所影响的工期。

【问题】

(1) A 公司的做法是否妥当？为什么？

(2) A 公司的要求合理吗？为什么？

【案例解析】

(1) A 公司的做法是不妥当的。因为桩基施工任务是建设工程施工合同任务之一，A 公司作为建设工程施工合同的承包商有完成施工任务及相应检查验收的义务，C 公司是 A 公司的分包商，属于合同中由第三方代为履行合同义务的第三方，它的出现并不解除承包商 A 公司对建设工程施工合同应承担的任何义务。

(2) A 公司的要求不合理。因为根据建设工程施工合同，对于重新检验情况，检验合格，业主承担由此发生的全部追加合同价款，赔偿承包商损失，并相应顺延工期。承包商不应要求监理公司赔偿，而应向监理工程师提出，要求业主赔偿其损失。

5) 试车

(1) 试车的组织责任。

① 单机无负荷试车。设备安装工程具备单机无负荷试车条件，承包商组织试车，并在

试车前48小时以书面形式通知工程师。试车合格，工程师在试车记录上签字。

工程师不能按时参加试车，须在开始试车前24小时以书面形式向承包商提出延期要求，延期不能超过48小时。工程师未能按以上时间提出延期要求而不参加试车，应承认试车记录。

② 联运无负荷试车。设备安装工程具备无负荷联动试车条件，业主组织试车，并在试车前48小时以书面形式通知承包商。通知包括试车内容、时间、地点和对承包商的要求，承包商按要求做好准备工作。试车合格，双方在试车记录上签字。

③ 竣工后的投料试车。投料试车应在工程竣工验收后由发包人负责，如发包人要求在工程竣工验收前进行或需要承包人配合时，应征得承包人同意，另行签订补充协议，因为带负荷试车不属于承包人的工作范围。

(2) 试车的双方责任。

① 由于设计原因试车达不到验收要求，发包人应要求设计单位修改设计，承包人按修改后的设计重新安装。发包人承担修改设计、拆除及重新安装的全部费用和追加合同价款，工期相应顺延。

② 由于设备制造原因试车达不到验收要求，由该设备采购一方负责重新购置和修理，承包方负责拆除和重新安装。设备由承包人采购的，由承包人承担相应费用，工期不予顺延；设备由发包人采购的，发包人承担上述各项追加合同价款，工期相应顺延。

③ 由于承包人施工原因试车达不到验收要求，承包人按工程师要求重新安装和试车，并承担重新安装和试车的费用，工期不予顺延。

④ 试车费用除已包括在合同价款之内或者专用条款另有约定外，均由发包人承担。

⑤ 工程师未在规定时间内提出修改意见，或试车合格而不在试车记录上签字，试车结束24小时后，记录自行生效，承包人可继续施工或办理竣工手续。

6) 竣工验收

竣工验收是全面考核建设工作，检查是否符合设计要求和工程质量的重要环节。建设工程竣工验收合格后方可交付使用。

工程未经竣工验收或竣工验收未通过的，业主不得使用。业主强行使用时，由此发生的质量问题及其他问题由业主承担责任。

交付竣工验收的建设工程必须符合规定的建筑工程质量标准，有完整的工程技术经济资料和经签署的工程保修书，并具备国家规定的其他竣工条件。

《建设工程质量管理条例》规定，建设单位收到建设工程竣工报告后，应当组织设计、施工和工程监理等有关单位进行竣工验收。建设工程竣工验收应当具备下列条件。

(1) 完成建设工程设计和合同约定的各项内容。

(2) 有完整的技术档案和施工管理资料。

(3) 有工程使用的主要建筑材料、建筑构配件和设备的进场试验报告。

(4) 有勘察、设计、施工和工程监理等单位分别签署的质量合格文件。

(5) 有施工单位签署的工程保修书。

建设单位应当严格按照国家有关档案管理的规定，及时收集、整理建设项目各环节的文件资料，建立、健全建设项目档案，并在建设工程竣工验收后，及时向城市建设档案部门移交建设项目档案。

2000年4月，建设部发布《房屋建筑工程和市政基础设施工程竣工验收备案管理暂行办法》规定，建设单位应当自工程竣工验收合格之日起15日内，依照本办法规定，向工程所在地的县级以上地方人民政府建设行政主管部门备案。

建设单位办理工程竣工验收备案应当提交下列文件。

(1) 工程竣工验收备案表。

(2) 工程竣工验收报告。竣工验收报告应当包括工程报建日期，施工许可证号，施工图设计文件审查意见，勘察、设计、施工和工程监理等单位分别签署的质量合格文件及验收人员签署的竣工验收原始文件，市政基础设施的有关质量检测和功能性试验资料，以及备案机关认为需要提供的有关资料。

(3) 法律、行政法规规定应当由规划、公安消防、环保等部门出具的认可文件或者准许使用文件。

(4) 施工单位签署的工程质量保修书。

(5) 法规、规章规定必须提供的其他文件。

商品住宅还应当提交《住宅质量保证书》和《住宅使用说明书》。

工程具备竣工验收条件，承包人按国家工程竣工验收有关规定向发包人提供完整竣工资料及竣工验收报告。双方约定由承包人提供竣工图，应当在专用条款内约定提供的日期和份数。

7) 质量保修

建设工程办理交工验收手续后，在规定的期限内，因勘察、设计、施工、材料等原因造成的质量缺陷应当由施工单位负责维修。所谓质量缺陷，是指工程不符合国家或行业现行的有关技术标准、设计文件及合同中对质量的要求。

(1) 质量保修书的内容。承包人应当在工程竣工验收之前与发包人签订质量保修书作为合同附件，质量保修书的主要内容包括：①质量保修项目内容及范围；②质量保证期；③质量保修责任；④质量保修金的支付方法。

(2) 工程质量保修范围和内容。质量保修范围包括地基基础工程、主体结构工程、屋面防水工程和双方约定的其他建筑工程，以及电气管线、上下水管线的安装工程，供热、供冷系统工程项目。工程质量保修范围是国家强制性的规定，合同当事人不能约定减少国家规定的工程质量保修范围。工程质量保修的内容由当事人在合同中约定。

(3) 质量保证期。质量保证期从工程竣工验收合格之日算起。分单项竣工验收的工程，按单项工程分别计算质量保证期。保修的期限应当按照保证建筑物合理寿命年限内正常使用，维护使用者合法权益的原则确定。具体的保修范围和最低保修期限由国务院规定。

《建设工程质量管理条例》第四十条规定：在正常使用条件下，建设工程的最低保修期限如下。

① 基础设施工程、房屋建筑的地基基础工程和主体结构工程为设计文件规定的该工程的合理使用年限；

② 屋面防水工程、有防水要求的卫生间、房间和外墙面的防渗漏为5年；

③ 供热与供冷系统为2个采暖期、供冷期；

④ 电气管线、给排水管道、设备安装和装修工程为2年。

(4) 质量保修责任。

① 保修工作程序。建设工程在保修范围和保修期限内发生质量问题时，发包人或房屋建筑所有人向施工承包人发出保修通知。

承包人接到保修通知后，应在保修书约定的时间内及时到现场核查情况，履行保修义务。发生涉及结构安全或严重影响使用功能的紧急抢修事故时，应在接到保修通知后立即到达现场抢修。

② 保修责任。

(a) 在工程质量保修书中应当明确建设工程的保修范围、保修期限和保修责任。

(b) 若承包人不按工程质量保修书约定履行保修义务或拖延履行保修义务，经发包人申告后，由建设行政主管部门责令改正，并处以10万元以上、20万元以下的罚款。

(c) 保修期限内因工程造成所有人、使用人或第三方人身、财产损害时，受损害方可向发包人提出赔偿要求。

(d) 因保修不及时造成新的人身、财产损害，由造成拖延的责任方承担赔偿责任。

(e) 建设工程超过合理使用年限后，承包人不再承担保修的义务和责任。

5.3.2 建设工程施工合同的进度管理

进度控制是建设工程施工合同管理的重要组成部分。合同当事人应当在合同规定的工期内完成施工任务，发包人应当按时做好准备工作，承包人应当按照施工进度计划组织施工。

1. 施工准备阶段的进度控制

施工准备阶段的许多工作都对施工的开始和进度有直接的影响，包括双方对合同工期的约定、承包人提交进度计划，设计图纸的提供、材料设备的采购、延期开工的处理等。施工准备阶段的进度控制包含以下内容：①合同双方约定合同工期；②承包人提交进度计划；③工程师对进度计划予以确认或者提出修改意见；④其他准备工作；⑤延期开工。

1) 承包人要求的延期开工

如果承包人要求延期开工，则工程师有权批准是否同意延期开工。

承包人不能按时开工，应当不迟于协议书约定的开工日期前7天，以书面形式向工程师提出延期开工的理由和要求。工程师应当在接到延期开工申请后的48小时内以书面形式答复承包商。

工程师在接到延期开工申请48小时内不答复，视为同意承包商要求，工期相应顺延。工程师不同意承包商延期要求或承包商未在规定时间内提出延期要求，工期不予顺延。

2) 发包人原因的延期开工

因发包人的原因不能按照协议书的开工日期开工，工程师以书面形式通知承包人后，可推迟开工日期。发包人应当赔偿承包人因延期开工造成的损失，并顺延相应工期。

案例 5-10

延期开工申请的提交

深圳某工程项目，建设单位与施工总承包单位按照《建设工程施工合同(示范文本)》签订了施工承包合同，并委托了某监理公司承担施工阶段的监理任务。开工前，在施工合同约定开工日期的前5天，施工总承包单位书面提交了延期10天开工申请，总监理工程师不予批准，于是双方发生了争执。

【问题】

总监理工程师不批准总承包商的延期申请是否合理？说明理由。

【案例解析】

总监理工程师不批准总承包商的延期申请是合理的。原因：根据施工合同规定，承包商不能按时开工，应当不迟于协议书约定的开工日期前7天，以书面形式向工程师提出延期开工的理由和要求，工程师应当在接到延期开工申请后的48小时内以书面形式答复承包商。而本案中承包商提出的延期申请不符合合同规定的时间要求，总监理工程师应该不予批准。

2. 施工阶段的进度控制

工程开工后，合同履行即进入施工阶段，直至工程竣工。这一阶段进度控制的任务是控制施工任务在协议书规定的合同工期内完成。施工阶段的进度控制包括以下几方面。

1) 监督进度计划的执行

开工后，承包人必须按照工程师确认的进度计划组织施工，接受工程师对进度的检查、监督。这是工程师进行进度控制的一项日常性工作，检查、监督的依据是已经确认的进度计划。

2) 暂停施工

在施工过程中，有些情况会导致暂停施工。暂停施工当然会影响工程进度，作为工程师应当尽量避免暂停施工。暂停施工的原因是多方面的，但归纳起来有以下3个方面。

(1) 工程师要求的暂停施工。《建设工程施工合同(示范文本)》通用条款规定，工程师认为确有必要暂停施工时，应当以书面形式要求承包商暂停施工，并在提出要求后48小时内提出书面处理意见。承包商应当按工程师要求停止施工，并妥善保护已完工程。承包商实施工程师作出的处理意见后，可以书面形式提出复工要求，工程师应当在48小时内给予答复。工程师未能在规定时间内提出处理意见，或收到承包商复工要求后48小时内未予答复，承包商可自行复工。

如果是因业主原因造成停工的，那么由业主承担所发生的追加合同价款，赔偿承包商由此造成的损失，相应顺延工期。如果因承包商原因造成停工的，则由承包商承担相应费用，工期不予顺延。

我国《建设工程监理规范》对工程师要求停工有着具体的规定，其中第6.1.2款规定，在发生下列情况之一时，总监理工程师可签发工程暂停令，见表5-1。

表5-1　工程暂停令

工程名称：世纪华城三期　　　　编号：B1-201101

致：××市第四建筑工程有限公司(承包单位)

由于你方三期工程相关的开工资料及部分专项施工方案仍未报我部审批的原因，现通知你方必须于2011年3月22日12时起，对本工程的基础承台及地下室部位(工序)实施暂停施工，并按下述要求做好各项工作：

限你方在5日内尽快将三期工程开工资料及施工方案补全，并报我部审批。

项目监理机构：××建设监理咨询公司

总监理工程师：×××

日期：2011年3月22日

① 业主要求暂停施工且工程需要暂停施工。

② 为了保证工程质量而需要进行停工处理。

③ 施工出现了安全隐患，总监理工程师认为有必要停工以消除隐患。

④ 发生了必须暂时停止施工的紧急事件。

⑤ 承包商未经许可擅自施工，或拒绝项目监理机构管理。

(2) 由于发包人违约，承包人主动暂停施工。如果出现业主违约，导致施工无法继续进行，承包商停止施工，以保护自身的利益。因此，通用条款中规定在下面两种情况下，承包商可以停工。

① 业主不按约定预付工程预付款。

如果业主没有按照约定支付预付款，则承包商在约定预付时间 7 天后向业主发出要求预付的通知，业主收到通知后仍不能按要求预付，承包商可在发出通知 7 天后停止施工，业主应从约定应付之日起向承包商支付应付款的贷款利息，并承担违约责任。

② 业主超过约定的支付时间不支付工程款(进度款)。

工程进度款是承包商完成相应的施工任务后，业主应该支付的款项，是承包商履行义务后应该获得的权利。业主如果不按约定支付工程进度款，承包商可向业主发出要求付款的通知，业主收到承包商通知后仍不能按要求付款，可与承包商协商签订延期付款协议，经承包商同意后可延期支付。协议应明确延期支付的时间和从计量结果确认后第 15 天起支付应付款的贷款利息。业主不按合同约定支付工程款(进度款)，双方又未达成延期付款协议，导致施工无法进行，承包商可停止施工，由业主承担违约责任。

(3) 意外情况导致的暂停施工。

在施工中发现古墓、古建筑遗址等文物及化石或其他有考古、地质研究等价值的物品时，承包商应立即保护好现场并于 4 小时内以书面形式通知工程师，工程师应于收到书面通知后 24 小时内报告当地文物管理部门，业主与承包商按文物管理部门的要求采取妥善保护措施，业主承担由此发生的费用，顺延延误的工期。

施工中出现不可抗力事件时，如果需要停工的，承包商也应停工。

3) 设计变更

在施工过程中如果发生设计变更，将对施工进度产生很大的影响。因此，工程师在其可能的范围内应尽量减少设计变更。如果必须对设计进行变更，应当严格按照国家的规定和合同约定的程序进行。

(1) 发包人对原设计进行变更。施工中业主需对原工程进行设计变更，应提前 14 天以书面形式向承包商发出变更通知。变更超过原设计标准或批准的建设规模时，业主应报规划管理部门和其他有关部门重新审查批准，并由原设计单位提供变更的相应图纸和说明，由此延误的工期相应顺延。

由于大部分建设工程的设计是由业主委托设计单位进行的，如果设计单位要求对设计进行变更，在施工合同中也属于业主要求设计变更的情况。

(2) 承包人要求对原设计进行变更。施工中承包商不得对原工程设计进行变更。因承包商擅自变更设计发生的费用和由此导致业主的直接损失由承包商承担，延误的工期不予顺延。

承包商在施工中提出的合理化建议涉及对设计图纸或施工组织设计的更改及对材料、设备的换用的须经工程师同意。未经同意擅自更改及使用时，承包商承担由此发生的费用，并赔偿业主的有关损失，延误的工期不予顺延。

(3) 设计变更基本程序。在建设工程施工合同管理中，工程变更的情况非常常见，设计变更是工程变更的一种情况。由于设计变更一般会涉及工期与施工成本的较大调整，所以施工合同中对此作出特别的说明，而一般的工程变更则属于合同管理的内容。

《建设工程监理规范》规定，项目监理机构应按下列程序处理工程变更，其相应表格见表 5-2～表 5-5。

表 5-2　工程变更单

工程名称：恒盛商业广场二期消防工程　　　　编号：A201109

致：××市建设监理有限公司(监理单位)

由于商业广场二楼屋顶走向原因，兹提出喷淋管线布置工程变更(内容见附件)，请予以审批。

增加材料如下：

主管线 7 处：(每处增加沟槽 150 卡箍 4 个，沟槽 150 弯头 2 个)

支管 45 处：(每处增加丝扣 50 弯头 2 个，DN50 镀锌钢管 0.3m。)

附件：共 3 页

提出单位：××市第三建筑公司恒盛广场项目经理部

代表人：×××

日期：2011 年 3 月 28 日

一致意见：同意××市第三建筑公司恒盛广场项目经理部所申请喷淋管线布置工程变更申请。并追加相应费用及顺延工期。

建设单位代表	设计单位代表	项目监理机构
签字：	签字：	签字：
日期	日期	日期

表 5-3　工程临时延期申请表

工程名称：××县城西饮水工程净水设施土建部分　　　　编号：200902

致：××市三水监理咨询有限公司(监理单位)

根据施工合同条款通用及专用条款 13.1.(1)及 13.1.(4)条的规定，由于施工图设计文件交付延后及设计变更和工程量增加等原因，己方申请工程延期，请予以批准。

附件：

工程延期的依据及工期计算

1．因施工图设计文件交付日期延后

本工程开工前建设单位交付施工单位的图纸为初步设计阶段图纸，作为招标专用图纸，各单体结构设计标高、具体尺寸，各种预埋件平面位置、标高及大样图等未详细标注，经 2009 年 2 月 17 日图纸会审及其后召开的图纸问题专题协调会议，建设、设计、监理及施工等四方达成一致意见，由设计单位尽快作出施工阶段的详细施工图设计文件，为区别旧图纸，新图纸出图日期统一为 2008 年 12 月。施工图设计文件从 2009 年 3 月 10 日开始正常交付，造成工程整体开工日期延后，延后时间为计划开工日期 2009 年 2 月 13 日延至 2009 年 3 月 10 日，加上熟悉图纸及合理的施工准备时间 3 个日历天，合计延误工期 28 日历天。

2．因工程施工项目增加

为完善××县城区饮水工程项目整体使用功能及厂区附属配套设施建设需要，建设单位又陆续新增许多清单外施工项目，具体如下。

(1) 土建施工项目：各单体内外装修、工艺管道及钢板止水带预埋、门卫项目及无负压泵房项目等，土建施工项目预计增加造价约 189 万元。

(2) 施工项目预计增加造价约 119 万元。

(3) 安装施工项目：各单体水电项目、厂区电力管线预埋及接地网、厂区绿化消防生活用水管道等，施工项目预计增加造价约 40 万元。市政施工项目：厂区污水管道、厂区雨水管道、厂区工艺管道土建、厂区道路及广场，市政施工项目增加造价约 10 万元。

续表

以上施工项目合计增加造价约358万元，需增加施工工期计算：358万元÷565万元(合同价不含暂定费100万元)×120日历天(合同工期)=76日历天 3．合计延长工期：28+76=104日历天 4．合同竣工日期：2009年6月18日 5．申请延长竣工日期：2009年10月2日 证明材料如下。 (1) ××县城区饮水工程领取图纸签收清单。 (2) ××县城区饮水工程净水设施土建部分补充协议。 承包单位：××省××市政工程股份有限公司 项目经理：××× 日期：2009-3-15 抄送：××县城区饮水工程建设指挥部

表5-4 工程临时延期审批表

工程名称：××县城西饮水工程净水设施土建部分　　编号：200902

致：(监理单位) 根据施工合同条款13.1(1)及13.1(4)条的规定，己方对你方提出的××县城西饮水工程净水设施土建部分工程延期申请(第2号)要求延长工期104日历天的要求，经过审核评估决定如下。 (1) 暂时同意工期延长104日历天。使竣工日期(包括已指令延长的工期)从原来的2009年6月18日延迟到2009年10月2日。请你方执行。 (2) 不同意延长工期，请按约定竣工日期组织施工。 说明： 项目监理机构：××市三水监理咨询有限公司 总监理工程师：××× 日期：2009-3-18

表5-5 工程最终延期审批表

工程名称：南村社区整治立面整饰工程施工专业承包　　编号：200901

致：××市第三建设有限公司(建设单位) 根据施工合同条款13.1(3)条的规定，己方对你方提出的工程延期申请(第01号)要求延长工期239日历天的要求，经过审核评估决定如下。 (1) 最终同意工期延长239日历天。使竣工日期(包括已指令延长的工期)从原来的2009年12月03日延迟到2010年9月30日。请你方执行。 (2) 不同意延长工期，请按约定竣工日期组织施工。 说明：根据合同通用条款13.1第3条规定，工程师未按合同约定提供所需指令、批准等，致使施工不能正常进行，因五中商铺拆迁和看台报建原因经核实并非你公司责任。 项目监理机构：××建设监理公司 总监理工程师：×× 日期：2009-7-15

① 设计单位对原设计存在的缺陷提出的工程变更应编制设计变更文件；业主或承包商提出的工程变更应提交总监理工程师，由总监理工程师组织专业监理工程师审查。审查同

意后，应由业主转交原设计单位编制设计变更文件。当工程变更涉及安全、环保等内容时，应按规定经有关部门审定。

② 项目监理机构应了解实际情况和收集与工程变更有关的资料。

③ 总监理工程师必须根据实际情况、设计变更文件和其他有关资料，按照施工合同的有关条款，在指定专业监理工程师完成一系列前期分析变更工作后，对工程变更的费用和工期作出评估。

④ 总监理工程师应就工程变更费用及工期的评估情况与承包单位和建设单位进行协调。

⑤ 总监理工程师签发工程变更单。

⑥ 项目监理机构应根据工程变更单监督承包商实施变更。

案例 5-11

自然因素引起的工期顺延

某工程在施工过程中，由于持续降雨，雨量是过去 20 年平均值的两倍，导致承包方工期延误了 34 天，于是承包商要求工程师顺延工期。

监理工程师认为延误时间中的一半(17 天)是一个有经验的承包商无法预料的，另外的(17 天)为承包商应该承担的正常气候风险，即同意延长工期 17 天。

【案例解析】

施工中出现不可抗力事件时，如果需要停工的，承包商也应停工。本案中监理工程师综合考虑了不可抗力事件及承包人在其中应当承担的正常气候风险，延长工期 17 天是有据可依的。

3. 竣工验收阶段的进度控制

竣工验收是发包人对工程的全面检验，是保修期外的最后阶段。在竣工验收阶段，工程师进度控制的任务是督促承包人完成工程扫尾工作，协调竣工验收中的各方关系，参加竣工验收。

1) 竣工验收的程序

工程应当按期竣工。工程按期竣工有两种情况：承包人按照协议书约定的竣工工期或者工程师同意顺延的工期竣工。工程如果不能按期竣工，承包人应当承担违约责任。竣工验收阶段发、承包人的工作包括以下几方面。

(1) 承包人提交竣工验收报告。

(2) 发包人组织验收。建设工程施工合同规定，竣工验收由发包人组织进行。发包人收到承包商提交的竣工验收报告后 28 天内组织有关单位验收，并在验收后 14 天内给予认可或提出修改意见。承包人按要求修改，并承担由自身原因造成修改的费用。

(3) 发包人不按时组织验收的后果。发包人收到承包人送交的竣工验收报告后 28 天内不组织验收，或者经验收后 14 天内不提出修改意见，则视为竣工验收报告已经被认可。发包人收到承包人送交的竣工验收报告后 28 天内不组织验收，从第 29 天起承担工程保管及一切意外责任。

案例 5-12

承包人与发包人的违约责任

××市某建设公司(承包人)与胜利电子集团(发包人)签订的一份建设工程施工合同中规定，建设项目为胜利大厦，按照设计图纸施工，总造价为 2 800 万元，按照工程进度付款，合同工期为 470 天。此工程于 2000 年 5 月 1 日开工，2001 年 10 月 20 日竣工，验收合格后交付发包人使用。发包人认为承包人拖延工期 68 天，拒付工程尾款 260 万元。承包人认为工程验收合格，发包人应当支付工程款。于是双方发生争执。试分析本案例应当如何处理。

【案例解析】

双方均有违约行为，承包人拖延工期 68 天，应当支付拖延工期的违约金；但发包人对该工程既然已经验收合格，就应当支付工程尾款，由于发包人拒绝支付，所以也应当承担迟延履行的违约责任。

2) 发包人要求提前竣工

在施工中，发包人如果要求提前竣工，应当与承包人进行协商，协商一致后应签订提前竣工协议。发包人应为赶工提供方便条件。

案例 5-13

施工合同进度管理案例

某实施监理的工程项目，在基础施工时，施工人员发现了有研究价值的古墓，监理机构及时采取措施并按有关程序处理了该事件。

设备安装工程开始前，施工单位依据总进度计划的要求编制了如图 5.1 所示的设备安装双代号网络进度计划(时间单位：天)，并得到了总监理工程师批准。其试车表见表 5-6。

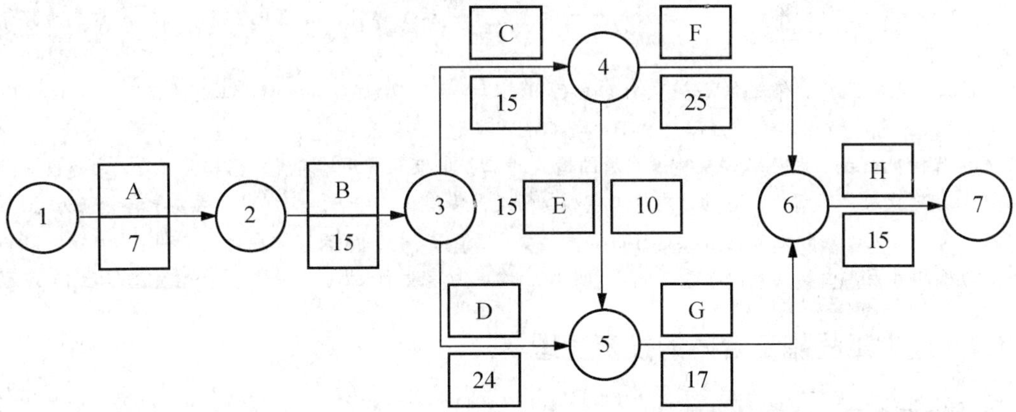

图 5.1 设备安装双代号网络进度计划

表 5-6 试车表

工作	工作内容	采购者	设备安装及第一次试车结果	二次试车
A	设备安装工程准备工作		正常，按计划执行	
B	设备 1 安装及单机无负荷试机	建设单位	安装质量事故，初次试车未通过，费用增加 1 万元，时间增加 1 天	通过

续表

工作	工作内容	采购者	设备安装及第一次试车结果	二次试车
C	设备 2 安装及单机无负荷试机	施工单位	安装工艺原因，初次试车未通过，费用增加 3 万元，时间增加 1 天	通过
D	设备 3 安装及单机无负荷试机	建设单位	设计原因，初次试车未通过，费用增加 2 万元，时间增加 4 天	通过
E	设备 4 安装及单机无负荷试机	施工单位	设备原材料原因，初次试车未通过，费用增加 4 万元，时间增加 1 天	通过
F	设备 5 安装及单机无负荷试机	建设单位	设备制造原因，初次试车未通过，费用增加 5 万元，时间增加 3 天	通过
G	设备 6 安装及单机无负荷试机	施工单位	一次试车通过	
H	整个设备系统无负荷连动试车		建设单位指令错误，初次试车未通过，费用增加 6 万元，时间增加 1 天	通过

【问题】

(1) 简述项目监理机构处理古墓事件的程序，并分析由此事件导致的费用增加由谁承担？工期可否顺延？

(2) 设备安装工程具备试车条件时单机无负荷试车和无负荷联动试车应分别由谁组织？

(3) 试对 B、C、D、E、F、H 六项工作的设备安装及试车结果没通过的责任进行界定。

(4) 设备安装工程的计划工期和应批准顺延工期各是多少？应补偿施工单位的费用是多少？

【案例解析】

(1) 在施工中发现古墓、古建筑遗迹等文物及化石或其他有考古、地质研究等价值的物品时，承包人应立即保护好现场并于 4 小时内以书面形式通知监理工程师，监理工程师应于收到书面通知后 24 小时内报告当地文物管理部门，发包人承包人按文物管理部门的要求采取妥善保护措施，发包人承担由此发生的费用，顺延延误的工期。

(2) 设备安装工程具备试车条件时由承包商组织单机无负荷试车，由发包人组织联动无负荷试车。

(3) B、C、E 三项工作第一次试车没有通过的责任者是施工单位，其他几项工作没有通过的责任者是建设单位。

(4) 根据施工进度图有三条线路: A-B-C-E-G-H，工时为 79 天; A-B-D-G-H，工时为 78 天，A-B-C-F-H，工时为 77 天。可以看出，关键线路为 A-B-C-E-G-H，工时为 79 天。

而实际情况出现了因施工方或建设方原因造成的工程延期及费用增加，根据相关规定，由建设方原因造成的工期延误及费用增加，建设方应将工期加以顺延，费用相应增加。而建设方主要承担责任为 D、F、H 三项任务。可见，实际施工 A-B-C-E-G-H 时间增加 5 天，工时为 83 天，比原计划工期增加 4 天，所以应批准工期顺延 4 天。由建设单位原因造成的费用增加均应由建设单位加以补偿，应补偿施工单位 13 万元。

5.3.3 建设工程施工合同的投资管理

1. 施工合同价款及其调整

1) 施工合同价款的约定

施工合同价款，按有关规定和协议条款约定的各种取费标准计算，用以支付承包方按照合同要求完成工程内容的价款总额。

合同价款可以按照固定价格合同、可调价格合同、成本加酬金合同三种方式约定。

(1) 固定价格合同。固定价格合同是指在约定的风险范围内价款不再调整的合同。这种合同的价款并不是绝对不可调整，而是约定范围内的风险由承包人承担。

(2) 可调价格合同。可调价格合同是指合同价格可以调整的合同。合同双方应当在专用条款内约定合同价款的调整方法。

(3) 成本加酬金合同。成本加酬金合同是由发包人向承包人支付工程项目的实际成本，并按事先约定的某一种方式支付酬金的合同类型。合同价款包括成本和酬金两部分，合同双方应在专用条款内约定成本构成和酬金的计算方法。

2) 可调价格合同中合同价款的调整

(1) 可调价格合同中价格调整的因素如下。

① 法律、行政法规和国家有关政策变化影响合同价款。

② 工程造价管理部门公布的价格调整。

③ 一周内非承包人原因停水、停电、停气造成停工累计超过8小时。

④ 双方约定的其他因素。

(2) 可调节价格合同中价格调整的程序。

承包人应当在价款可以调整的情况发生后14天内将调整原因、金额以书面形式通知工程师，工程师确认后作为追加合同价款，与工程款同期支付。工程师收到承包人通知之后14天内不作答复也不提出修改意见，视为该项调整已经同意。

2. 工程预付款

双方应当在专用条款内约定发包人向承包人预付工程款的时间和数额，开工后按约定的时间和比例逐次扣回。预付时间应不迟于约定的开工日期前7天。发包人不按约定预付，承包人在约定预付时间7天后向发包人发出要求预付的通知，发包人收到通知后仍不能按要求预付，承包人可在发出通知7天后停止施工，发包人应从约定应付之日起向承包方支付应付款的贷款利息，并承担违约责任。

3. 工程款(进度款)支付

1) 工程量的确认

对承包人已完成工程量的核实确认是发包人支付工程款的前提，其具体的确认程序如下。

(1) 承包人向工程师提交已完成的工程量报告。承包人应按专用条款约定的时间向工程师提交已完成工程量的报告。

(2) 工程师的计量。工程师接到报告后7天内按设计图纸核实已完成工程量(以下称计量)，并在计量前24小时内通知承包人，承包人为计量提供便利条件并派人参加。如果承包人不参加计量，发包人自行进行，计量结果有效，作为工程价款支付的依据。

2) 工程款(进度款)结算方式

(1) 按月结算。这种结算办法实行旬末或月中预支，月末结算，竣工后清算的办法，跨年度施工的工程，在年终进行工程盘点，办理年度结算。

(2) 竣工后一次结算。建设工程或单项工程全部建筑安装工程建设期较短或施工合同价较低的，可以实行工程价款每月月中预支，竣工后一次结算。

(3) 分段结算。这种结算方式要求当年开工、当年不能竣工的单项工程或单位工程按照工程形象进度划分不同阶段进行结算。

(4) 其他结算方式。结算双方可以约定采用并经开户分行同意的其他结算方式。

3) 工程款(进度款)支付的程序和责任

发包人应在双方计量确认后14天内向承包人支付工程款(进度款)。用于工程上的发包人供应材料设备的价款，以及按约定时间发包人应按比例扣回的预付款，与工程款(进度款)同期结算。合同价款调整、设计变更调整的合同价款及追加的合同价款应与工程款(进度款)同期调整支付。

案例 5-14

某快速干道工程，工程开、竣工时间分别为当年4月1日和9月30日。业主根据该工程的特点及项目构成情况，将工程分为3个标段。其中第Ⅱ标段造价为4 150万元，第Ⅱ标段中的预制构件由业主提供(直接委托构件厂生产)。

施工单位为C公司，业主与C公司在施工合同中约定，开工前业主向C公司支付合同价款的25%预付款，预付款从第三个月开始等额扣还，4个月扣完。第Ⅱ标段完成产值见表5-7。

表5-7　完成产值表　　单位：万元

月　份	4月	5月	6月	7月	8月	9月
C公司	480	685	560	430	620	580
构件厂	0	0	275	340	180	0

业主根据C公司完成的工程量(经监理工程师签认)按月支付工程款，保留金额为合同总额的5%。保留金从开工起按每月产值的10%扣留，直至扣完为止。监理工程师签发的月付款凭证最低金额为300万元。

【问题】

(1) 业主支付给C公司的工程预付款是多少？4个月每个月扣还多少？

(2) 监理工程师在第4、6、7、8月底分别给C公司实际签发的付款凭证金额是多少？

【案例解析】

(1) 根据给定条件，C公司承担施工任务的合同价为第Ⅱ标段总造价减去业主提供的预制构件价，即4 150－(275+340+180)=3 355.00万元，则业主提供的预付款为3 355.00×25%=838.75万元。合同约定从第三个月开始等额扣还，因此每个月扣还数额见表5-8。

表5-8　预付款扣还表　　单位：万元

月　份	4月	5月	6月	7月	8月	9月
预付款扣还	0	0	209.69	209.69	209.69	209.69

(2) 本合同价款总额为3 355.00万元，因此保留金总额为：3 355.00×5%=167.75万元，监理工程师实际签发的付款凭证金额如下。

4月：承包商产值为480万元，保留金为480×10%=48万元，应签发480-48=432万元，大于最小签发凭证金额300万元，所以实际签发432万元。

6月：承包商6月产值为560万元，而5月保留金为685×10%=68.5万元，4、5两月扣留保留金为48+68.5=116.5万元。还未扣留完的保留金为167.75-116.5=51.25万元。而本月按规定应扣留保留金为560×10%=56万元，超过51.25万元，所以应实际扣留保留金51.25万元。另外，6月还应扣还工程预付款209.69万元，所以本月应签发金额为560-51.25(保留金)-209.69(预付款)=299.06万元，金额小于签发凭证最小金额，所以本月监理工程师不签发凭证，本次金额并入下月。

7月：承包商7月产值为430万元，扣还预付款209.69万元，本月应签发金额为430-209.69=220.31万元，并入上月金额，220.31+299.06=519.37万元，所以工程师实际签发519.37万元。

8月：承包商8月产值为620万元，扣还预付款209.69万元，本月应签发金额为430−209.69=410.31万元，实际签发410.31万元。

4．变更价款的确定

1) 变更价款的确定程序

设计变更发生后，承包人在工程设计变更确定后14天内提出变更工程价款的报告，经工程师确认后调整合同价款。

2) 变更价款的确定方法

变更合同价款按照下列方法进行。

(1) 合同中已有适用于变更工程的价格，按合同已有的价格计算、变更合同价款。

(2) 合同中只有类似于变更工程的价格，由承包人提出适当的变更价格，经工程师确认后执行。

(3) 合同中没有适用或类似于变更工程的价格，由承包人提出适当的变更价格，经工程师确认后执行。

5．施工中涉及的其他费用

1) 安全施工方面的费用

承包人应按工程质量、安全及消防管理有关规定组织施工，采取严格的安全防护措施，消除事故隐患。承包人由于自身的安全措施不力造成事故责任和因此发生的费用由承包人承担。非承包人责任造成安全事故，由责任方承担责任和发生的费用。

发生重大伤亡及其他安全事故，承包人应按有关规定立即上报有关部门并通知工程师，同时按政府有关部门要求处理，发生的费用由事故责任方承担。发包人应对其在施工场地的工作人员进行安全教育，并对他们的安全负责。

2) 专利技术及特殊工艺涉及的费用

发包人要求使用专利技术或特殊工艺，须负责办理相应的申报手续，承担申报、试验、使用等费用。承包人按发包人要求使用，并负责试验等有关工作。承包人提出使用专利技术或特殊工艺，报工程师认可后实施。承包人负责有关申报手续并承担有关费用。

3) 文物和地下障碍物

在施工中发现古墓、古建筑遗址等文物及化石或其他有考古、地质研究等价值的物品时，承包人应立即保护好现场并于4小时内以书面形式通知工程师，工程师应于收到书面通知后24小时内报告当地文物管理部门，并按有关管理部门要求采取妥善保护措施。发包人承担由此发生的费用，延误的工期相应顺延。

6．竣工结算

1) 承包人递交竣工决算报告及违约责任

工程竣工验收报告经发包人认可后，承发包双方应当按协议约定的合同价款及专用条款约定的合同价款调整方式进行工程竣工结算。工程竣工验收报告经发包人认可后28天内，承包人向发包人递交竣工决算报告及完整的竣工资料。

工程竣工验收报告经业主认可后28天内，承包商未能向业主递交工程结算报告及完整的结算资料，造成工程竣工结算不能正常进行或工程竣工结算价款不能及时支付，业主要求交付工程的，承包商应当交付；业主不要求交付工程的，承包商承担保管责任。

2) 发包人的核实和支付

发包人自收到竣工结算价款后28天内进行核实，确认后支付工程竣工结算价款。承包人收到竣工结算价款后14天内将竣工工程交付发包人。

3) 发包人不支付结算价款的违约责任

发包人收到竣工结算报告及结算资料后28天内无正当理由不支付工程竣工结算价款，从第29天起按承包人同期向银行贷款利率支付拖欠工程价款的利息，并承担违约责任。

发包人收到竣工结算报告及结算资料后28天内不支付工程竣工结算价款，承包商可以催告业主支付结算价款。业主在收到竣工结算报告及结算资料后56天内仍不支付的，承包商可以与业主协议将该工程折价，也可以由承包商申请人民法院将该工程依法拍卖，承包商就该工程折价或者拍卖的价款优先受偿。

7. 质量保修金

保修金是预防因承包商的责任而使工程存在质量缺陷，而在竣工结算时扣留的款项，目的是为了保证承包人能承担修复工程的责任。

1) 质量保修金的支付

保修金由承包人向发包人支付，也可由发包人从应付承包人工程款内预留。质量保修金的比例及金额由双方约定，但不应超过施工合同价款的3%。

2) 质量保修金的结算与返还

工程的质量保证期满后，发包人应当及时结算和返还(如有剩余)质量保修金。发包人应当在质量保证期满后14天内将剩余保修金和按约定利率计算的利息返还承包人。

5.3.4 建设工程施工合同的安全管理

建设工程施工合同的安全管理涉及广大工程参与者的生命安全，建设工程施工合同安全管理责任重大，自2004年2月1日起《建设工程安全生产管理条例》的施行使建设工程安全管理的各方责任以法规的形式固定下来。《建设工程安全生产管理条例》对于发包人、承包商、设计勘察和监理等建设工程参与的各方都明确了责任范围，对于施工合同的安全管理主要是指业主、承包商和监理三方的安全责任。

1. 发包人的安全责任

《建设工程安全生产管理条例》中规定发包人的安全责任如下。

(1) 应当向施工单位提供施工现场及毗邻区域内供水、排水、供电、供气、供热、通信和广播电视等地下管线资料，气象和水文观测资料，相邻建筑物和构筑物、地下工程的有关资料，并保证资料的真实、准确、完整。

(2) 不得对勘察、设计、施工和工程监理等单位提出不符合建设工程安全生产法律、法规和强制性标准规定的要求，不得压缩合同约定的工期。

(3) 在编制工程概算时应当确定建设工程安全作业环境及安全施工措施所需费用。

(4) 不得明示或者暗示施工单位购买、租赁和使用不符合安全施工要求的安全防护用具、机械设备、施工机具及配件、消防设施和器材。

(5) 在申请领取施工许可证时应当提供建设工程有关安全施工措施的资料。依法批准开工报告的建设工程，应当自开工报告批准之日起15日内，将保证安全施工的措施报送建设工程所在地的县级以上地方人民政府建设行政主管部门或者其他有关部门备案。

对于属于拆除工程的施工任务，业主一定要注意施工单位的资质应符合《建设工程安全生产管理条例》的规定，业主应当将拆除工程发包给具有相应资质等级的施工单位，同时应当在拆除工程施工 15 日前将下列资料报送建设工程所在地的县级以上地方人民政府建设行政主管部门或者其他有关部门备案。

(1) 施工单位资质等级证明。

(2) 拟拆除建筑物、构筑物及可能危及毗邻建筑的说明。

(3) 拆除施工组织方案。

(4) 堆放、清除废弃物的措施。

实施爆破作业的，应当遵守国家有关民用爆炸物品管理的规定。

2. 监理单位的安全责任

《建设工程安全生产管理条例》第十四条规定了监理方的责任，具体规定如下。

“工程监理单位应当审查施工组织设计中的安全技术措施或者专项施工方案是否符合工程建设强制性标准。

工程监理单位在实施监理过程中发现存在安全事故隐患的，应当要求施工单位整改；情况严重的，应当要求施工单位暂时停止施工，并及时报告建设单位。施工单位拒不整改或者不停止施工的，工程监理单位应当及时向有关主管部门报告。

工程监理单位和监理工程师应当按照法律、法规和工程建设强制性标准实施监理，并对建设工程安全生产承担监理责任。

工程监理单位有下列行为之一的，责令限期改正；逾期未改正的，责令停业整顿，并处 10 万元以上、30 万元以下的罚款；情节严重的，降低资质等级，直至吊销资质证书；造成重大安全事故，构成犯罪的，对直接责任人员依照刑法有关规定追究刑事责任；造成损失的依法承担赔偿责任。

(1) 未对施工组织设计中的安全技术措施或者专项施工方案进行审查。

(2) 发现安全事故隐患未及时要求施工单位整改或者暂时停止施工。

(3) 施工单位拒不整改或者不停止施工，未及时向有关主管部门报告。

(4) 未依照法律、法规和工程建设强制性标准实施监理。

3. 承包单位的安全责任

承包单位的安全责任包括以下常见内容。

(1) 应当设立安全生产管理机构，配备专职安全生产管理人员。专职安全生产管理人员负责对安全生产进行现场监督检查。发现安全事故隐患应当及时向项目负责人和安全生产管理机构报告；对违章指挥、违章操作的应当立即制止。

(2) 垂直运输机械作业人员、安装拆卸工、爆破作业人员、起重信号工和登高架设作业人员等特种作业人员必须按照国家有关规定经过专门的安全作业培训，并取得特种作业操作资格证书后，方可上岗作业。

(3) 应当在施工组织设计中编制安全技术措施和施工现场临时用电方案，对下列达到一定规模的危险性较大的分部分项工程编制专项施工方案，并附具安全验算结果，经施工单位技术负责人、总监理工程师签字后实施，由专职安全生产管理人员进行现场监督。

① 基坑支护与降水工程。

② 土方开挖工程。

③ 模板工程。

④ 起重吊装工程。

⑤ 脚手架工程。

⑥ 拆除、爆破工程。

(4) 应当在施工现场入口处、施工起重机械上下处、临时用电处设手架；出入通道口、楼梯口、电梯井口、孔洞口、桥梁口应沿坑边设置防护措施；爆破物及有害危险气体和液体存放处等危险部位应设置明显的安全警示标志。安全警示标志必须符合国家标准。

(5) 应当将施工现场的办公、生活区与作业区分开设置，保持安全距离；办公、生活区的选址应当符合安全性要求。职工自饮水和休息场所等应当符合卫生标准。施工单位不得在尚未竣工的建筑物内设置员工集体宿舍。

(6) 在使用施工起重机械和整体提升脚手架、模板等自升设施前应当组织有关单位进行验收，也可以委托具有相应资质的检测机构进行验收；使用承租的机械设备和施工机具及配件的，施工总承包单位、分包单位、出租单位和安装单位应共同进行验收。验收合格方可使用。施工单位应当自施工起重机械和整体提升模板等自升式架设设施验收合格之日起 30 日内向建设行政主管部门或者其他有关部门登记。登记标志应当置于或者附着于该设备位置。

案例 5-15

安全责任无法分包

2005 年，铁道部某工程公司(以下简称铁道公司)在某大桥施工中与该公司职工罗某签订承包合同，约定由罗某承包大桥行车道板的架设安装工程。该合同还约定，施工中发生伤、亡、残事故，由罗某负责。合同签订后，罗某曾在开工前召集民工开会强调安全问题，要求民工在安放道板下的胶垫时必须使用铁钩，防止道板坠落伤人。没想到事故还是发生了，10 月 6 日下午，民工刘某在安放道板下的胶垫时未使用铁钩，直接用手放置。由于支撑道板的千斤顶滑落，重达 10 多吨的道板坠下并将刘某的左手砸伤。罗某立即送刘某到医院住院治疗，21 天后出院。其间医疗费、护理费、交通费、伙食费，以及出院后的治疗费用总计 5 308.91 元，已由罗某全部承担。但是经过医生诊断，刘某左手失去了劳动能力。之后，刘某多次要求铁道公司和罗某赔偿误工费等费用。但是都被他们以刘某违反安全操作规定造成工伤为由，拒绝赔偿。2006 年 3 月，无可奈何的刘某只得向法院提起诉讼。

判决结果：罗某和铁道公司都有过错。很明显，刘某在这起安全事故中是有责任的，但是铁道公司与罗某是否可以就此推脱赔偿责任呢？

法院在审理中认为：首先，根据《中华人民共和国宪法》和《中华人民共和国劳动法》的规定，罗某作为工程承包人和雇主，依法对雇员的劳动保护承担责任。采用人工安装桥梁行车道板本身具有较高的危险性，对此，罗某应采取相应的安全措施并临场加以监督和指导，但罗某仅口头强调，而疏于现场管理，以致刘某发生安全事故。虽然刘某在施工中也有违反安全操作规则的过失，但其并非铁道建设专业人员，违章情节较轻，故不能免除罗某应负的民事责任。

其次，法院在调查中发现：该大桥行车道板的架设安装工程无论从现场环境还是从施工单位的技术与设备看，都允许使用吊车直接起吊道板进行安装。铁道公司作为该大桥的施工企业，在有条件采用危险性较小的工作方法施工的情况下，为了降低费用而将该项工程发包给个人，采用人工安装，增加了劳动者的安全风险。铁道公司显然对这起事故负有责任。

再次，铁道公司与罗某签订的承包合同中约定“施工中发生伤、亡、残事故，由罗某负责”，实际上是将只有企业才有能力承担的安全风险推给能力有限的自然人承担，该条款损害了劳动者的合法权益，违反了《中华人民共和国宪法》和《中华人民共和国劳动法》的有关规定，因此，该约定属于无效条款。

据此，法院判决：罗某付给刘某医疗、误工、住院生活补助、护理、交通、伤残补助金、伤残就业补助金 18 679.56 元；铁道工程公司对上述费用承担连带责任。

在本案中可以看到，铁道公司在将一部分劳务分包出去的同时，企图将劳动安全责任也“分包”出去，但是本案的判决明确指出：铁道公司的这种行为是“将只有企业才有能力承担的安全风险推给能力有限的自然人承担”。这不仅对于罗某不公平，而且也是对劳动者的不负责任。《中华人民共和国宪法》和《中华人民共和国劳动法》明确规定，用人单位有义务给劳动者提供安全的工作环境，即使是如本案中铁道公司一样将劳务分包出去也要确保进行分包工作人员的安全，安全责任推不掉。

4. 安全事故的分级

1) 重大事故分级

国务院《生产安全事故报告和调查处理条例》第三条规定，根据生产安全事故(以下简称事故)造成的人员伤亡或者直接经济损失，事故一般分为以下等级：

(1) 特别重大事故，是指造成 30 人以上死亡，或者 100 人以上重伤(包括急性工业中毒，下同)，或者 1 亿元以上直接经济损失的事故。

(2) 重大事故，是指 10 人以上 30 人以下死亡，或者 50 人以上 100 人以下重伤，或者 5000 万元以上 1 亿元以下直接经济损失的事故。

(3) 较大事故，是指造成 3 人以上 10 人以下死亡，或者 10 人以上 50 人以下重伤，或者 1000 万元以上 5000 万元以下直接经济损失的事故。

(4) 一般事故，是指造成 3 人以下死亡，或者 10 人以下重伤，或者 1000 万元以下直接经济损失的事故。

本条所称“以上”包括本数，所称“以下”不包括本数。

2) 重大事故处理原则

发生重大伤亡及其他安全事故，承包商应按有关规定立即上报有关部门并通知工程师，同时按政府有关部门要求处理。发包方与承包方对事故责任有争议时，应按政府有关部门的认定处理。

5. 重大事故的报告

事故报告应当及时、准确、完整，任何单位和个人对事故不得迟报、漏报、谎报或者瞒报。

事故发生后，事故现场有关人员应当立即向本单位负责人报告；单位负责人接到报告后，应当于 1 小时内向事故发生地县级以上人民政府安全生产监督管理部门和负有安全生产监督管理职责的有关部门报告。

安全生产监督管理部门和负有安全生产监督管理职责的有关部门逐级上报事故情况，每级上报的时间不得超过 2 小时。

(1) 特别重大事故、重大事故逐级上报至国务院安全生产监督管理部门和负有安全生产监督管理职责的有关部门。

(2) 较大事故逐级上报至省、自治区、直辖市人民政府安全生产监督管理部门和负有安全生产监督管理职责的有关部门。

(3) 一般事故上报至设区的市级人民政府安全生产监督管理部门和负有安全生产监督管理职责的有关部门。

报告事故应当包括下列内容：

(1) 事故发生单位概况；

(2) 事故发生的时间、地点以及事故现场情况；

(3) 事故的简要经过；

(4) 事故已经造成或者可能造成的伤亡人数(包括下落不明的人数)和初步估计的直接经济损失；

(5) 已经采取的措施；

(6) 其他应当报告的情况。

事故报告后出现新情况的，应当及时补报。

6. 重大事故的调查

事故调查处理应当坚持实事求是、尊重科学的原则，及时、准确地查清事故经过、事故原因和事故损失，查明事故性质，认定事故责任，总结事故教训，提出整改措施，并对事故责任者依法追究责任。

特别重大事故由国务院或者国务院授权有关部门组织事故调查组进行调查。

重大事故、较大事故、一般事故分别由事故发生地省级人民政府、设区的市级人民政府、县级人民政府负责调查。省级人民政府、设区的市级人民政府、县级人民政府可以直接组织事故调查组进行调查，也可以授权或者委托有关部门组织事故调查组进行调查。

未造成人员伤亡的一般事故，县级人民政府也可以委托事故发生单位组织事故调查组进行调查。上级人民政府认为必要时，可以调查由下级人民政府负责调查的事故。事故调查组可以聘请有关专家参与调查。

事故调查报告应当包括下列内容：

(1) 事故发生单位概况；

(2) 事故发生经过和事故救援情况；

(3) 事故造成的人员伤亡和直接经济损失；

(4) 事故发生的原因和事故性质；

(5) 事故责任的认定以及对事故责任者的处理建议；

(6) 事故防范和整改措施。

5.3.5 建设工程施工合同的分包管理

建设工程施工涉及多专业协同工作，随着建设工程对专业技能要求的不断提高和建设市场对专业品牌的不断重视，越来越多的专业化施工队伍不断涌现，工程分包趋势逐渐加强。因而如何按照国家有关法律法规和施工合同合法对工程进行分包是影响工程建设质量的重要问题。

案例 5-16

工程分包过多，协调困难，既拖工期又被索赔

某研究单位科研楼工程，甲方经过了解后决定直接分包给不同性质的四个公司，分别与T公司签订了土建施工合同；与S公司签订了水电安装合同；与D公司签订了电梯安装合同；与B公司签订了室内装饰合同。在一个甲方四个乙方的工程中，四个合同协议都对甲方提出了一个相同的条款，即“甲方应协调现场其他施工单位为乙方创造如垂直运输等可利用条件。”合同执行后，发生了如下事件。

(1) 顶层结构楼板吊装后，T公司立刻拆除塔式起重机，改用卷扬机运材料做屋面及外装饰，D公司原计划由甲方协调使用塔式起重机将电梯机房设备吊上9层楼顶的设想落空后，提出用T公司的卷扬机运送，T公司提出卷扬机吨位不足，不能运送。最后，D公司只好为机房设备的吊装重新确定方案。

(2) 安装单位进入施工现场后，S公司按照协议条款，将设备的垂直运输方案定在使用新装电梯这一条件上。设备到电梯待运时，D公司提出不准使用的理由，一是虽能运行，仍在调试阶段，二是没有帮其他人运送设备的义务。按合同时间专程从远方进场安装科研设备的人员只好等到电梯验收后才开始工作。

(3) B装饰公司进场后，仍然遇到了大量材料进行垂直运输的难题。由于甲方没有协调好T、S、D、B三个承包单位的协作关系，他们互相之间又没有合同约束，最终引起了D公司和S公司的索赔要求，理由是“甲方没有能够按协议条款为乙方创造垂直运输条件，使乙方改变方案、推迟进度、增大了开支。”最终，整个工程的竣工期被迫推后50天。

【案例解析】

实际工作中，有些建设单位喜欢将工程进行分解分包，理由是能保证质量又能省钱，对建筑工程是一个技术复杂的系统工程认识不足，事后的结果往往事与愿违。当在同一个现场多个单位同时施工时，因施工的先后顺序，场地占用，水、电使用及现场交通等方面相互干扰、影响的问题是常见的。如果处理不当，会对整个工程产生严重后果。一般情况下，采取由总承包单位统一负责下的分包方法，这种索赔因素才可能避免。《招标投标法》中已明确指出，不得将工程肢解分包，规避招标。本案根据有关规定，虽然不一定判为肢解工程，但这种分包对工程建设和管理上的问题实在不值得提倡。从分包合同的条款方面看，即“甲方应协调现场其他施工单位为乙方创造如垂直运输等可利用条件。”建设单位所承担的协调工作只是乙方单方面的要求，而乙方却没有向别人提供可利用条件的义务。应属于签订合同需要总结经验的问题。

1. 《通用条款》对工程分包的约定

2004年4月1日起施行的《房屋建筑和市政基础设施工程施工分包管理办法》(以下简称《分包管理办法》)第九条规定：“专业工程分包除在施工总承包合同中有约定外，必须经建设单位认可。”

建设工程施工合同中，《通用条款》对工程分包有如下一些约定。

(1) 承包商按专用条款的约定分包所承包的部分工程，并与分包单位签订分包合同。未经业主同意，承包商不得将承包工程的任何部分进行分包。

(2) 承包商不得将其承包的全部工程转包给他人，也不得将其承包的全部工程肢解以后以分包的名义分别转包给他人。

(3) 工程分包不能解除承包商任何责任与义务。承包商应在分包场地派驻相应管理人员，保证本合同的履行。分包单位的任何违约行为或疏忽导致工程损害或给业主造成其他损失，承包商承担连带责任。

(4) 分包工程价款由承包商与分包单位结算。业主未经承包商同意不得以任何形式向分包单位支付各种工程款项。

2. 分包管理

建设工程施工分包主要进行两个方面的管理：一是工程是否可以分包，二是分包单位资质是否符合要求。

《建筑法》第二十八条规定："禁止承包单位将其承包的全部建筑工程转包给他人，禁止承包单位将其承包的全部建筑工程肢解以后以分包的名义分别转包给他人。"

《建筑法》第二十九条规定："建筑工程总承包单位可以将承包工程中的部分工程发包给具有相应资质条件的分包单位；但是，除总承包合同中约定的分包外，必须经建设单位认可。施工总承包的，建筑工程主体结构的施工必须由总承包单位自行完成。

建设工程总承包单位按照总承包合同的约定对建设单位负责；分包单位按照分包合同的约定对总承包单位负责。总承包单位和分包单位就分包工程对建设单位承担连带责任。

禁止总承包单位将工程分包给不具备相应资质条件的单位，禁止分包单位将其承包的工程再分包。

转包行为是违法行为。《分包管理办法》规定，不履行合同约定，将其承包的全部工程发包给他人，或者将其承包的全部工程肢解后以分包的名义分别发包给他人的，属于转包行为。分包工程发包人将工程分包，未在施工现场设立项目管理机构和派驻相应人员，并未对该工程的施工活动进行组织管理的，视同转包行为。

《建设工程监理规范》规定："分包工程开工前，专业监理工程师应审查承包单位报送的分包单位资格报审表和分包单位有关资质资料，符合有关规定后，由总监理工程师予以签认。

对分包单位资格应审核以下内容。

(1) 分包单位的营业执照、企业资质等级证书、特殊行业施工许可证、国外(境外)企业在国内承包工程许可证。

(2) 分包单位的业绩。

(3) 拟分包工程的内容和范围。

(4) 专职管理人员和特种作业人员的资格证、上岗证。

3. 劳务分包单位资质管理

建设工程施工合同劳务分包管理中，管理人员要熟悉分包人的具体资质与承接任务范围的规定。

案例 5-17

涉及分包合同的质量责任划分

2001 年 10 月，建筑商张某通过招标承建了某学校一教学楼，后经发包单位同意，张某又将该教学楼的一些附属工程分包给杨某，并就工程质量要求、交付时间等内容分别签订了承包、分包书面合同。

一年后，工程按期完成，但经工程质量监督单位检验，发现该教学楼附属工程存在严重的质量问题。发包单位便要求张某承担责任，张某却称该附属工程系经发包单位同意后分包给他人与自己无关为由推脱。发包单位于是又找到分包人杨某，杨某亦以种种理由拒绝承担责任。无奈，发包单位于 2003 年 3 月将总承包人张某、分包人杨某共同告至法庭，要求两被告对质量不合格的附属工程返工，并赔偿损失 1 万元。

法院经审理认为，建筑商张某与发包单位签订的建筑承包合同及张某与杨某签订的分包合同均为有效合同，承包人张某、分包人杨某均应按合同约定全面履行义务。现分包人杨某承建的该教学楼附属工程完工后，经检验发现存在严重的质量问题，实际上就是分包人杨某不按合同约定的质量要求施工的违约行为，故杨某应承担返工及赔偿损失的责任。同时总承包人张某应就整个中标项目向发包单位负责，这其中也包括要承担分包公司违约造成的连带责任。据此，法院依法判决该建筑工程总承包人张某对分包人杨某承建的有严重质量问题的附属工程返工重作，并赔偿发包人因此所受损失1万元，分包人杨某承担连带责任。

【案例解析】

《合同法》对建筑上的总包与分包双方要承担的责任其实有很详细的规定："总承包人或者勘察、设计、施工承包人经发包人同意，可以将自己承包的部分工作(主体工程除外)交由第三人完成。第三人就其完成的工作成果与总承包人或者勘察、设计、施工承包人向发包人承担连带责任……"。作为总承包商来说，并不能认为分包出去的工程已经分包出去就与自己无关，可以不管不问了。法律规定，总包方是要对分包工程的质量和完成情况负连带责任的。因此，总承包商在管理好自己的工程进度和质量的同时也要对分包工程严加监督，以免承担不必要的责任。

5.3.6 建设工程施工合同争议管理

1. 违约责任

1) 发包人违约

(1) 发包人的违约行为。发包人应当完成合同约定应由己方完成的义务。如果发包人不履行合同义务或不按合同约定履行义务，则应承担相应的民事责任。发包人的违约行为包括：①发包人不按时支付工程预付款；②发包人不按合同约定支付工程款；③发包人无正当理由不支付工程竣工结算价款；④发包人其他不履行合同义务或者不按合同约定履行义务的情况。

(2) 发包人承担违约责任的方式。

① 赔偿损失。赔偿损失是发包人承担违约责任的主要方式，其目的是补偿因违约给承包人造成的经济损失。

② 支付违约金。支付违约金的目的是补偿承包人的损失，双方也可在专用条款中约定违约金的数额或计算方法。

③ 顺延工期。对于因为发包人违约而延误的工期应当相应顺延。

④ 继续履行。承包人要求继续履行合同的，发包人应当在承担上述违约责任后继续履行施工合同。

2) 承包人违约

(1) 承包人的违约行为。承包人的违约行为包括：①因承包人原因不能按照协议书约定的竣工工期或者工程师同意顺延的工期竣工；②因承包人原因工程质量达不到协议书约定的质量标准；③其他承包商不履行合同义务或不按合同约定履行义务的情况。

(2) 承包人承担违约责任的方式如下。

① 赔偿损失。承发包双方应当在专用条款内约定承包人赔偿发包人损失的计算方法。

② 支付违约金。双方可以在专用条款内约定承包人应当支付违约金的数额或计算方法。

③ 采取补救措施。对于施工质量不符合要求的违约，发包人有权要求承包人采取返工、修理、更换等补救措施。

④ 继续履行。如果发包人要求继续履行合同的，承包人应当在承担上述违约责任后继续履行建设工程施工合同。

案例 5-18

工程变更后投资增加的合同纠纷

某施工队与某办事处2005年5月18日签订了一份建筑工程承包合同，工程项目为办事处建造8层楼的招待所，总造价207万元。后来由于设计变更，建筑面积扩大，装修标准提高，双方于2006年2月21日又签订了补充合同，将造价条款约定为“预计257万元……”。施工队按合同约定的时间完工，办事处前后共支付了工程进度款205万元，随后施工队正式办理了验收证书。双方将施工队的决算书报送建行审定，被告在送审的结算书上写明：“坚持按2005年5月18日合同，变更项目按规定结算，其他文件待后协商。”经建行审定，该工程最终造价为289万元，施工队要办事处按审定数字支付剩余的工程款，并承担从竣工日到支付日的未支付款项的利息作为违约金。办事处对审价结果有异议，并拒绝支付余下的工程款，施工队遂向人民法院起诉。

该案经法院一、二审，均以拖欠工程款为案由，判决办事处败诉，要办事处支付剩余款项的本金与利息。办事处不服，继续申诉。省高级人民法院认为该案确有不当之处，予以提审。省高级人民法院判决书中认为：该案按工程款拖欠纠纷为案由审理不当，因按第一份合同，办事处已支付完了工程款，不存在拖欠；至于工程设计修改后，造价增加，对增加部分双方有分歧，在最终数额未定之前，不能算办事处违约，只能算工程款结算纠纷；该案案由应定为工程款结算纠纷，是确认之诉，不是给付之诉，所以违约金不能从竣工之日起算，只能从法院确认之日起算。最后，省高级人民法院将违约金计算时间定为从法院确认造价之日到办事处支付之日，判决办事处在此基础上支付施工余款本息。

2. 合同争议的解决

1) 建设工程施工合同争议的解决

合同当事人在履行建设工程施工合同时发生争议可以和解或要求合同管理及其他有关主管部门调解，和解或调解不成的，双方可以在专用条款内约定以下方式解决争议。第一种解决方式：双方达成仲裁协议，向约定的仲裁委员会申请仲裁；第二种解决方式：向有管辖权的人民法院起诉。

2) 争议发生后允许停止履行合同的情况

发生争议后，在一般情况下双方都应继续履行合同，保持施工连续，保护好已完工程。只有出现下列情况时，当事人可停止履行施工合同。

(1) 单方违约导致合同确已无法履行，双方协议停止施工。

(2) 调解要求停止施工，且为双方接受。

(3) 仲裁机关要求停止施工。

(4) 法院要求停止施工。

案例 5-19

合同纠纷的调解

某建筑公司与某厂签订建筑承包合同，承包方为发包方承担6台400m^{3}煤气罐检查返修的任务，工期6个月，10月开工，合计工程费42万元。临近开工时，因煤气罐仍在运行，施工条件不具备，承包方同意发包方的提议将开工日期变更至次年7月动工。经发包方许可，承包方着手从本公司基地调集机械和人员如期进入施工现场，搭设脚手架，装配排残液管线。工程进展约两个月，发包方以竣工期无法保证和工程质量差为由，同承包商先是协商提前竣工期，继而洽谈解除合同问题，承包方未同意。接着，发包方正式发文："本公司决定解除合同，望予谅解和支持。"同时，限期让承包方拆除脚手架，迫使承包方无法施工，导致原合同无法履行。为此承包方向法院起诉，要求发包方赔偿其实际损失 24 万元。在法院审理中，被告方认为：施工方投入施工现场的人员少、素质差，不可能保证工程任务如期完成和保证工程质量。承包方认为：他们是根据工程进展有计划地调集和加强施工力量，足以保证工期按期完成；对方在工程完工前断言工程质量不可靠，缺乏根据。最后，法院认为：这份建设工程施工合同是双方协商一致同意签订的有效合同，某厂的行为是单方毁约行为，应负违约责任。考虑到此案实际情况，继续履行合同有困难，在法院主持下双方达成调解协议，承包合同尚未履行部分由发包方承担终止执行责任，由发包方赔偿承包方工程款、工程器材费和赔偿金等共 16 万元。

3．合同解除

建设工程施工合同订立后，当事人应当按照合同的约定履行。但是，在一定的条件下合同没有履行或者没有完全履行，当事人也可以解除合同。

1) 可以解除合同的情形

(1) 合同的协商解除。

(2) 发生不可抗力时合同的解除。

(3) 当事人违约时合同的解除。

2) 当事人一方主张解除合同的程序

一方主张解除合同的，应向对方发出解除合同的书面通知，并在发出通知前 7 天通知对方，通知到达对方时解除合同。对解除合同有异议的，按照解决合同争议程序处理。

合同解除后的善后处理。合同解除后，当事人双方约定的结算和清理条款仍然有效。承包人应当妥善做好已完工程和已购材料、设备的保护和移交工作，按照发包人要求，将自有机械设备和人员撤出施工场地。发包人应为承包人撤出提供必要条件，支付以上所发生的费用，并按合同约定支付已完工工程的价款。

本章小结

本章主要介绍了建设工程施工合同的概念和特点，《建设工程施工合同(示范文本)》，建设工程施工合同的当事人，以及建设工程施工合同的质量、投资、进度、安全、分包管理，合同纠纷的处理与防范措施。合同管理是直接为项目总目标和建筑企业的总目标服务的，当事人的合同管理主要包括签订管理、履行管理、档案管理。在进行合同管理时，当事人双方应依据通用条款，结合专用条款，逐条谈判，明确双方的权利和义务。双方对合同内容取得完全一致意见后即正式签订合同文件。建设工程施工合同对合同当事人双方具有法律约束力，双方必须在合同规定范围内履行合同义务，取得自身权益。

复习与思考

一、单项选择题

1．当工程内容明确、工期较短时，宜采用(　　)。

A．总价可调合同　　B．总价不可调合同

C．单价合同　　D．成本加酬金合同

2．设备安装工程具备单机无负荷试车条件的，应由(　　)组织试车。

A．业主　　B．设计单位　　C．施工单位　　D．设备供应单位

3．建设单位在(　　)合同中承担了项目的全部风险。

A．成本加酬金　　B．单价可调总价可调

C．总价合同　　D．总价不可调

4．按照《建设工程施工合同(示范文本)》的规定，承包人负责设计的图纸经工程师审查批准使用后，出现因设计责任的质量事故，该项损失应由(　　)负责。

A．发包人　　B．工程师

C．承包人　　D．承包人与工程师共同

二、多项选择题

1．施工合同当事人为(　　)。

A．发包人　　B．承包人　　C．监理单位

D．设计单位　　E．咨询单位

2．《建设工程施工合同(示范文本)》的附件包括(　　)等。

A．协议书　　B．通用条款

C．工程质量保修书　　D．专用条款

E．发包人供应材料设备一览表

3．下列关于工程变更的说法错误的是(　　)。

A．工程变更是在施工准备阶段出现了与签订合同不一致的情况需要进行的非实质性改动，属于正常的合同管理

B．不允许用变更指令的方式将承包范围内的工作变更给其他的承包商

C．应以变更指令的形式要求承包商使用超过他目前使用或计划使用的施工设备范围去形成新增工程

D．可以变更指令的方式改变原定的施工顺序或时间安排

E．工程师可以通过发布变更指令或要求承包商递交建议书的任一种方式提出变更

4．工程师对工程索赔的影响(　　)。

A．工程师受发包人委托进行工程项目管理

B．工程师有处理索赔问题的权力

C．在争议的仲裁和诉讼过程中作为见证人

D．工程师有权检查承包人的现场同期

E．尽量为承包人提供力所能及的帮助

5．甲与乙签订建设工程施工合同，由乙为甲承建新教学楼。经甲同意，乙将部分安装工程分包给丙。工程竣工后，除丙承担的安装工程验收不合格外，其他工程验收合格，甲拒绝支付全部工程款，因此引起争议。下列表述中正确的有(　　)。

A．乙、丙之间的分包合同有效

B．乙、丙应就安装工程的瑕疵向甲承担连带责任

C．甲有权拒绝支付全部工程款，应当就瑕疵部分行使权力

D．乙有权对该教学楼行使留置权

三、简答题

1．建设工程施工合同的概念是什么？建设工程施工合同的特点有哪些？建设工程施工合同的作用是什么？

2．承包商的合同管理工作有哪些？

3．施工阶段的合同管理工作有哪些？

4．合同管理的重点是什么？

第6章

其他建设工程合同管理

教学要求

能力目标	知识要点	权重
掌握勘察设计合同的主要内容	勘察设计合同的组成及构成要素	15%
掌握勘察设计合同的订立程序与履行要点	签约前的审查；合同订立的形式和程序；履行中发包人的责任，勘察、设计者的责任	15%
掌握监理合同的主要内容	监理合同的主要内容与特征	15%
掌握监理合同的订立程序与履行要点	监理合同的范围、订立过程、订立中的注意事项；委托人和监理人对监理合同履行的内容	15%
掌握物资采购合同的主要内容	材料采购合同的主要内容、大型设备采购合同的内容	15%
理解勘察设计合同、监理合同、物资采购合同的管理	勘察设计合同、监理合同、物资采购合同管理的要点	15%
了解勘察设计合同、监理合同、物资采购合同的主要特征	勘察设计合同、监理合同、物资采购合同的主要特征	10%

6.1 建设工程勘察设计合同

案例 6-1

合同条款缺陷导致的勘察设计合同纠纷

【背景】

甲房地产开发公司与乙勘察设计单位签订一份《某小区建设设计合同》，甲委托乙完成某小区建设的初步设计，约定设计期限为支付定金后 30 天，设计费按国家有关标准计算。另约定，如甲要求乙增加工作内容，其费用增加 10%，合同中没有对基础资料的提供进行约定。开始履行合同后，乙向甲索要设计任务书、选址报告和水、电等基础资料文件，甲答复除设计任务书之外，其余都没有。乙自行收集了相关资料，并于第 37 天交付设计文件。乙认为收集基础资料增加了工作内容，要求甲按增加后的数额支付设计费。甲认为合同中没有约定自己提供资料，不同意乙的要求，并要求乙承担逾期交付设计书的违约责任。乙遂诉至法院。法院认为，合同中未对基础资料的提供和期限予以约定，乙方逾期交付设计书属乙方过错，构成违约；另按国家规定，勘察、设计单位不能任意提高勘察设计费，有关增加设计费的条款认定无效，判定：甲按国家规定标准计算给付乙设计费；乙按合同约定向甲支付逾期违约金。

【案例解析】

本案的设计合同缺乏一个主要条款，即基础资料的提供。按照《合同法》第二百七十四条“勘察设计合同的内容包括提交有关基础资料和文件(包括概预算)的期限、质量要求、费用以及其他协作条件等条款。合同的主要条款是合同成立的前提，如果合同缺乏主要条款，则当事人无据可依，合同自身也就无效力可言，勘察、设计合同不仅要条款齐备，还要明确双方各自责任，以避免合同履行中的互相推诿，保障合同的顺利执行”。另外，按照《建设工程勘察设计合同条例》有关规定，设计合同中应明确约定由委托方提供基础资料，并对提供时间、进度和可靠性负责。本案因缺乏该约定，虽工作量增加，设计时间延长，乙方却没有向甲方追偿由此造成损失的依据，因而，其责任应自行承担，增加设计费的要求违背国家有关规定而不能成立，故法院判决乙按规定收取费用并承担违约责任。

【思考】

勘察设计合同的主要条款是哪些？

6.1.1 勘察设计合同概述

1. 勘察设计合同的概念

建设工程勘察合同(Construction Project Reconnaissance Contract)是指根据建设工程的要求，查明、分析、评价建设场地的地质地理环境特征和岩土工程条件，编制建设工程勘察文件的协议。建设工程设计合同(Construction Project Design Contract)是指根据建设工程的要求，对建设工程所需的技术、经济、资源、环境等条件进行综合分析、论证，编制建设工程设计文件的协议。为了保证工程项目的建设质量达到预期的投资目的，实施过程必须遵循项目建设的内在规律，即先勘察，后设计，再施工的程序。

在勘察设计合同中，发包人是建设单位或项目管理部门，承包人是勘察、设计单位。根据勘察、设计合同，承包人完成发包人委托的勘察、设计任务，发包人接受符合约定要求的勘察、设计成果，并支付报酬。发包人通过招标方式与选择的中标人就委托的勘察、设计任务签订合同。订立合同委托勘察、设计任务是发包人和承包人的自主市场行为，但必须遵守《合同法》、《建筑法》、《建设工程勘察设计管理条例》、《建设工程勘察设计市场管理规定》等法律、法规和规章要求。为了保证勘察、设计合同的内容完备、责任明确、风险责任分担合理，建设部及国家工商行政管理总局在2000年3月颁布了《建设工程勘察设计合同(示范文本)》和《建设工程设计合同(示范文本)》。

2.《建设工程勘察设计合同（示范文本）》

《建设工程勘察合同(示范文本)》有两个版本，具体如下。

(1)《建设工程勘察合同(一)》(GF—2000—0203)适用于为设计提供勘察工作的委托任务，包括岩土工程勘察、水文地质勘察、工程测量、工程物探等勘察。合同条款的主要内容包括以下几方面。

① 工程概况。

② 发包人应提供的资料。

③ 勘察成果的提交。

④ 勘察费用的支付。

⑤ 发包人、勘察人责任。

⑥ 违约责任。

⑦ 未尽事宜的约定。

⑧ 其他约定事项。

⑨ 合同争议的解决。

⑩ 合同生效。

(2)《建设工程勘察合同(二)》(GF—2000—0204)的委托工作内容仅涉及岩土工程，包括取得岩土工程的勘察资料，对项目的岩土工程进行设计、治理和监测工作。由于委托工作范围包括了岩土工程的设计、处理和监测，因此，合同条款的主要内容除了上述勘察合同应具备的条款外，还包括变更及工程费的调控、材料设备的供应、岩土工程报告文件、治理工程等的检查和验收等方面的约定条款。

3.《建设工程设计合同(示范文本)》

《建设工程设计合同(示范文本)》也有两个版本，具体如下。

(1)《建设工程设计合同(一)》(GF—2000—0209)适用于民用建设工程设计的合同，主要条款包括以下几方面的内容。

① 订立合同依据的文件。

② 委托设计任务的范围和内容。

③ 发包人应提供的有关资料和文件。

④ 设计人应交付的资料和文件。

⑤ 设计费的支付。

⑥ 双方责任。

⑦ 违约责任。

⑧ 其他。

(2)《建设工程设计合同(二)》(GF—2000—0210)适用于委托专业工程的设计。除了上述设计合同应包括的条款内容外，还增加了设计依据，合同文件的组成和优先次序，项目的投资要求、设计阶段和设计内容，保密，等等方面的条款约定。

6.1.2 勘察设计合同的主要内容

1. 建设工程勘察合同的主要内容

1) 建设工程勘察合同的组成

合同主要内容包括当事人双方确认的勘察工程概况(工程名称、建设地点、规模、特征、工程勘察任务委托文号和日期、工程勘察内容与技术要求、承接方式、预计勘察工作量等)；合同签订、生效时间；双方愿意履行约定的各项权利、义务的承诺。

勘察合同除“合同”外还包括在实施过程中经发包人与勘察人协商签订的补充协议及其他约定事项。补充协议与勘察合同具有同等效力。

2) 建设工程勘察合同的构成要素

(1) 勘察合同主体。发包人和勘察人构成了合同的主体，他们在合同当中具有平等的法律地位。发包人和勘察人经协商一致签订勘察合同，在履行合同过程中双方都依法享有权利和义务。

由于勘察合同是双方当事人协商一致后签订的，因此，无论发包人还是勘察人，未经双方的书面同意，均不能将所签订合同的议定权利和义务转让给第三人，而单方面变更合同主体。

(2) 勘察合同客体。勘察合同客体是一种行为，即勘察人针对具体建设工程的勘察任务所进行的勘察活动。它是勘察合同当事人的权利和义务所指向的对象。在法律关系中，当事人之间的权利和义务总是围绕着勘察活动而展开。

(3) 勘察合同内容如下。①针对工程勘察任务，当事人双方有关基础资料、勘察成果方面的权利、义务。②费用支付及其他。

工程勘察收费根据建设项目投资额的不同，分别实行政府指导价和市场调节价。建设项目总投资估算额500万元以上的工程勘察和工程设计收费实行政府指导价；建设项目总投资估算额500万元以下的工程勘察和工程设计收费实行市场调节价。

实行政府指导价的工程勘察收费，其基准价是依据2002年国家计划委员会与建设部共同发布的《工程勘察收费标准》计算，除另有规定者外，浮动幅度为上下20%。发包人和勘察人应当根据建设项目的实际情况在规定的浮动幅度内协商确定收费额。实行市场调节价的工程勘察收费，由发包人和勘察人协商确定收费额。

工程勘察费应当体现优质优价的原则。工程勘察收费实行政府指导价的，凡在工程勘察中采用新技术、新工艺、新设备、新材料，有利于提高建设项目经济效益、环境效益和社会效益的，发包人和勘察人可以在上浮25%的幅度内协商确定收费额。

2. 建设工程设计合同的主要内容

1) 建设工程设计合同的组成

建设工程设计合同的主要内容包括以下几个方面。

(1) 设计依据。包括发包人给设计人的委托书或设计中标文件、发包人提交的基础资料、设计人采用的主要技术标准。

(2) 合同文件优先次序。构成合同的文件应能互相说明，如果合同文件存在歧义或不一致，则根据如下优先次序来判断：合同书、中标函(文件)、发包人要求及委托书、投标书。

(3) 当事人双方确认的设计工程概况。包括工程名称、规模、阶段、投资及设计内容等。

(4) 合同签订、生效时间。

(5) 双方愿意履行约定的各项权利义务的承诺。

2) 建设工程设计合同主要构成要素

(1) 建设工程设计合同主体。发包人和设计人构成了合同的主体，他们在合同当中具有平等的法律地位。发包人和设计人经协商一致签订设计合同，在履行合同过程中双方都依法享有权利和义务。

由于设计合同是双方当事人协商一致后签订的，因此，无论发包人还是设计人，未经双方的书面同意，均不能将所签订合同的议定权利和义务转让给第三人，而单方面变更合同主体。

(2) 建设工程设计合同客体。设计合同客体也是一种行为，即设计人针对具体建设工程的设计任务所进行的设计活动。它是设计合同当事人的权利和义务所指向的对象，在法律关系中，当事人之间的权利和义务总是围绕着工程方案设计活动而展开的。

(3) 建设工程设计合同内容如下：①针对工程设计任务，当事人双方有关基础资料、设计成果方面的权利、义务；②收费及其他。

工程设计收费根据建设项目投资额的不同情况，分别实行政府指导价和市场调节价。建设项目总投资估算额 500 万元以上的工程设计收费实行政府指导价；建设项目总投资估算额 500 万元以下的工程设计收费实行市场调节价。

实行政府指导价的工程设计收费，其基准价根据 2002 年国家计划委员会和建设部共同颁布的《工程设计收费标准》计算，除另有规定者外，浮动幅度为上下 20%。发包人和设计人应当根据建设项目的实际情况在规定的浮动范围内协商确定收费额。实行市场调节价的工程设计收费，由发包人和设计人协商确定收费额。

特别提示

工程设计费应当体现优质优价的原则。工程设计收费实行政府指导价的，凡在工程设计中采用新技术、新工艺、新设备、新材料，有利于提高建设项目经济效益、环境效益和社会效益的，发包人和设计人可以在上浮 25%的幅度内协商确定收费额。

6.1.3 勘察设计合同的订立与履行

1. 勘察设计合同的订立

1) 签约前对当事人资格和资信的审查

在合同签订前对合同双方当事人的资格和资信进行审查，不仅是为了保证合同有效和法律保护，而且是保证合同得到有效实施的必不可少的工作。

(1) 资格审查。资格审查(Qualification Examination)主要审查承包人是否是按法律规定成立的法人组织，有无法人章程和营业执照，承担的勘察、设计任务是否在其证书批准内容的范围之内。同时，还要审查签订合同的有关人员是否是法定代表人或法定代表人的委托代理人，以及代理人的活动是否在代理权限范围内，等等。

(2) 资信审查。资信审查主要审查建设单位的生产经营状况和银行信用情况等。

(3) 履约能力审查。履约能力(Fulfilling Capability)审查主要是审查发包人建设资金的到位情况和支付能力。同时，通过审查承包人的勘察、设计许可证，了解其资质等级、业务范围，以此来确定承包人的专业能力。

2) 建设工程勘察设计合同订立的形式和程序

建设单位将建设工程勘察设计任务通过招标或设计方案竞赛的方式确定勘察设计单位后，要遵循工程建设的基本建设程序并与勘察设计单位签订勘察设计合同。

(1) 承包人审查工程项目的批准文件。承包人在接受委托勘察或设计任务前，必须对发包人所委托的工程项目的批准文件进行全面审查。这些文件是工程项目实施的前提条件。

拟委托勘察设计的工程项目必须具有上级机关批准的设计任务书和建设规划管理部门批准的用地范围许可文件。签订勘察合同时必须由建设单位、勘察设计单位或有关单位提出委托，经双方协商同意后签订。设计合同的签订除双方协商确定外，还必须具有上级部门批准的设计任务书。小型单项工程必须具有上级机关批准的设计文件。如果单独委托施工图设计任务，应同时具备经有关部门批准的初步设计文件方能签订。勘察设计合同应当采取书面形式，并参照国家推荐使用的示范文本，参照文本的条款，明确约定双方的权利义务。对文本条款以外的其他事项，当事人认为需要约定的，也应采用书面形式。对可能发生的问题，要约定解决办法和处理原则。双方协商同意的合同修改文件、补充协议均为合同文件的组成部分。

(2) 发包人提出勘察、设计的要求。主要包括勘察设计的期限(Term)、进度(Progress)、质量(Quality)等方面的要求。勘察工作有效期限以发包人下达的开工通知书或合同规定的时间为准，如遇特殊情况(设计变更、工作量变化、不可抗力影响以及非勘察人的原因造成的停、窝工等)时，工期应相应顺延。

(3) 承包人确定收费标准和进度。承包人根据发包人的勘察资料，研究并确定收费标准和金额，提出付费方法和进度。

(4) 合同双方当事人，就合同的各项条款协商并取得一致意见。

3) 勘察合同的订立

依据范本订立勘察合同时，双方通过协商，应根据工程项目的特点，在相应条款中明确以下几方面的具体内容。

(1)发包人应提供的勘察依据文件和资料如下。

① 提供本工程批准文件(复印件)以及用地(附红线范围)、施工、勘察许可等批件(复印件)。

② 提供工程勘察任务委托书、技术要求和工作范围的地形图、建筑总平面布置图。

③ 提供勘察工作范围已有的技术资料及工程所需的坐标与标高资料。

④ 提供勘察工作范围地下已有埋藏物的资料(如电力、通信电缆、各种管道设施、洞室等)及具体位置分布图。

⑤ 其他必要的相关资料。

(2) 委托任务的工作范围如下。

① 工程勘察任务(内容)可能包括自然条件观测、地形图测绘、资源探测、岩土工程勘

察、地震安全性评价、工程水文地质勘察、环境评价、模型试验等。

② 技术要求。

③ 预计的勘察工作量。

④ 勘察成果资料提交的份数。

(3) 合同工期。合同约定的勘察工作开始和终止时间。

(4) 勘察费用包括以下几部分。

① 勘察费用的预算金额。

② 勘察费用的支付程序和每次支付的百分比。

(5) 发包人应为勘察人提供的现场工作条件。

根据项目的具体情况，双方可以在合同中约定由发包人负责保证勘察工作顺利开展应提供的条件，具体内容可能包括以下几方面。

① 落实土地征用、青苗树木赔偿。

② 拆除地上地下障碍物。

③ 处理施工扰民及影响施工正常进行的有关问题。

④ 平整施工现场。

⑤ 修好通行道路、接通电源水源、挖好排水沟渠以及水上作业用船等。

(6) 违约责任如下。

① 承担违约责任的条件。

② 违约金的计算方法等。

(7) 合同争议的最终解决方式、约定仲裁委员会的名称。

4) 设计合同的订立

依据范本订立民用建筑设计合同时，双方通过协商，应根据工程项目的特点在相应条款内明确以下几方面的具体内容。

(1) 发包人应提供的文件和资料。

① 设计依据文件和资料如下。

(a) 经批准的项目可行性研究报告或项目建议书。

(b) 城市规划许可文件。

(c) 工程勘察资料等。

发包人应向设计人提交的有关资料和文件在合同内需约定资料和文件的名称、份数、时间和有关事宜。

② 项目设计要求如下。

(a) 工程的范围和规模。

(b) 限额设计的要求。

(c) 设计依据的标准。

(d) 法律、法规规定应满足的其他条件。

(2) 委托任务的工作范围如下。

① 设计范围。合同内应明确建设规模，详细列出分项工程的名称、层数和建筑面积。

② 建筑物的合理使用年限设计要求。

③ 委托的设计阶段和内容。可能包括方案设计、初步设计和施工图设计的全过程，也可以是其中的某几个阶段。

④ 设计深度要求。设计标准可以高于国家规范的强制性规定，发包人不得要求设计人违反国家有关标准进行设计。方案设计(Conceptual Design)文件应当满足编制初步设计文件和控制概算的需要；初步设计(Preliminary Design)文件应当满足编制施工招标文件、主要设备材料订货和编制施工图设计文件的需要；施工图设计文件应当满足设备材料采购、非标准设备制作和施工的需要，并注明建设工程合理的使用年限。具体内容要根据项目的特点在合同内进行约定。

⑤ 设计人配合施工工作的要求。该要求包括向发包人和施工承包人进行设计交底；处理有关设计问题；参加重要隐蔽工程部位验收和竣工验收；等等。

(3) 设计人交付设计资料的时间。合同双方应在合同内约定设计成果的交付时间和交付方式。

(4) 设计费用。合同双方不得违反国家有关最低收费标准的规定，不得任意压低勘察、设计费用。合同内除了写明双方约定的总设计费外，还需列明分阶段支付进度款的条件、占总设计费的百分比及金额。

(5) 发包人应为设计人提供的现场服务。可能包括施工现场的工作条件、生活条件及交通等方面的具体内容。

(6) 违约责任。需要约定的内容包括承担违约责任的条件和违约金的计算方法等。

(7) 合同争议的最终解决方式。明确约定解决合同争议的最终方式是采用仲裁或诉讼。采用仲裁时，需注明仲裁委员会的名称。

2．勘察设计合同的履行

合同成立后，当事人双方均需按照诚信原则和全面履行原则完成合同约定的本方义务。按照示范文本条款的规定，合同履行的工作应重点注意以下几方面的责任。

1) 勘察合同的履行

(1) 发包人的责任如下。

① 在勘察现场范围内，不属于委托勘察任务而又没有资料、图纸的地区(段)，发包人应负责查清地下埋藏物。若因未提供上述资料、图纸，或提供的资料图纸不可靠、地下埋藏物不清，致使勘察人在勘察工作过程中发生人身伤害或造成经济损失时，由发包人承担民事责任。

② 若勘察现场需要看守，特别是在有毒、有害等危险现场作业时，发包人应派人负责安全保卫工作，按国家有关规定，对从事危险作业的现场人员进行保健防护，并承担费用。

③ 工程勘察前，属于发包人负责提供的材料，应根据勘察人提出的工程用料计划，按时提供各种材料及其产品合格证明，并承担费用和运到现场，派人与勘察人的工作人员一起验收。

④ 勘察过程中的任何变更，经办理正式变更手续后，发包人应按实际发生的工作量支付勘察费。

⑤ 发包人为勘察人的工作人员提供必要的生产、生活条件，并承担费用；如不能提供时，应一次性付给勘察人临时设施费。

⑥ 发包人若要求在合同规定时间内提前完工(或提交勘察成果资料)时，发包应向勘察人支付按每提前一天计算的加班费。

⑦ 发包人应保护勘察人的投标书、勘察方案、报告书、文件、资料图纸、数据、特殊工艺(方法)、专利技术和合理化建议。未经勘察人同意，发包人不得复制、泄露、擅自修改、传达、向第三人转让或用于本合同外的项目。

(2) 勘察人的责任如下。

① 勘察人应按国家技术规范、标准、规程和发包人的任务委托书及技术要求进行工程勘察，按合同规定的时间提交质量合格的勘察成果资料，并对其负责。

② 由于勘察人提供的勘察成果资料质量不合格，勘察人应负责无偿给予补充完善，使其达到质量合格。若勘察人无力补充完善，需另外委托其他单位时，勘察人应承担全部勘察费用。因勘察质量造成重大经济损失或工程事故时，勘察人除应负法律责任和免收直接受损失部分的勘察费外，还应根据损失程度向发包人支付赔偿金。赔偿金由发包人、勘察人在合同内约定为实际损失的某一百分比。

③ 勘察过程中，根据工程的岩土工程条件(或工作现场地形地貌、地质和水文地质等)及技术规范(Technical Specification)要求，向发包人提出增减工作量或修改勘察的意见，并办理正式变更手续。

(3) 勘察合同的工期。

勘察人应在合同约定的时间内提交勘察成果资料，勘察工作有效期限以发包人下达的开工通知书或合同规定的时间为准。如遇到以下特殊情况时，可以相应地延长合同工期。

① 设计变更。

② 工作量变化。

③ 不可抗力影响。

④ 非勘察人的原因造成的停、窝工等。

(4) 勘察费用的支付。

① 收费标准及付费方式。合同中约定的勘察费用计价方式，可以采用以下方式中的一种。

(a) 按国家规定的现行收费标准取费。

(b) 预算包干。

(c) 中标价加签证。

(d) 实际完成工作量结算等。

② 勘察费用的支付。

(a) 合同签订后 3 天内，发包人应向勘察人支付预算勘察费的 20%作为定金。

(b) 勘察工作外业结束后，发包人向勘察人支付约定勘察费的某一百分比。对于勘察模大、工期长的大型勘察工程，还可以将这笔费用按实际完成的勘察进度分解，分阶段支付工程进度款。

(c) 提交勘察成果资料后 10 天内，发包人应一次付清全部工程费用。

(5) 违约责任。

① 发包人的违约责任如下。

由于发包人未给勘察人提供必要的工作生活条件而造成停、窝工或来回进出场，发包人应承担的责任包括以下几方面。

(a) 付给勘察人停、窝工费，金额按预算的平均工日产值计算。

(b) 工期按实际延误的工日顺延。

(c) 补偿勘察人来回的进出场费和调遣费。

② 合同履行期间，由于工程停建而终止合同或发包人要求解除合同时，勘察人行勘察工作的，不退还发包人已付定金；已进行勘察工作的，完成的工作量在50%时，发包人应向勘察人支付预算额50%的勘察费；完成的工作量超过50%时，则应向勘察人支付预算额100%的勘察费。

③ 发包人未按合同规定时间(日期)拨付勘察费，每超过1天，应按未支付勘察费的0.1%偿付逾期违约金。

④ 发包人不履行合同时，无权要求返还定金。

② 勘察人的违约责任如下。

(a) 由于勘察人的原因造成勘察成果资料质量不合格、不能满足技术要求时，其返工勘察费用由勘察人承担。交付的报告、成果、文件达不到合同约定条件的部分，发包人可要求承包人返工，承包人按发包人要求的时间返工，直到符合约定条件。返工后仍不能达到约定条件，承包人应承担违约责任，并根据因此造成的损失程度向发包人支付赔偿金，赔偿金额最高不超过返工项目的收费。

(b) 由于勘察人的原因未按合同规定时间(日期)提交勘察成果资料，每超过1天，应减收勘察费的0.1%。

(c) 勘察人不履行合同时，应双倍返还定金。

2) 设计合同的履行

(1) 合同的生效与设计期限。

① 合同生效。设计合同采用定金担保，即合同总价的20%为定金。设计合同经双方当事人签字盖章并在发包人向设计人支付定金后生效。发包人应在合同签字后的3日内支付该笔款项，设计人收到定金为设计开工的标志。如果发包人未能按时支付，设计人有权推迟开工时间，且交付设计文件的时间相应顺延。

② 设计期限。设计期限是判定设计人是否按期履行合同义务的标准，除了合同约定的交付设计文件(包括约定分次移交的设计文件)的时间外，还可能包括由于非设计人应承担责任和风险的原因，经过双方补充协议确定应顺延的时间之和，如设计过程中发生影响设计进展的不可抗力事件、非设计人原因的设计变更、发包人应承担责任的事件对设计进度的干扰等。

③ 合同终止。在合同正常履行的情况下，工程施工完成竣工验收工作，或委托设计的专业建设工程完成施工安装验收，设计人则为合同项目的服务结束。

(2) 发包人的责任如下。

① 提供设计依据资料。

(a) 按时提供设计依据文件和基础资料。

发包人应当按照合同约定时间，一次性或陆续向设计人提交设计的依据文件和相关资料，以保证设计工作的顺利进行。如果发包人提交上述资料及文件超过规定期限15天以内，设计人规定的交付设计文件时间相应顺延；交付上述资料及文件超过规定期限15天以上时，设计人有权重新确定提交设计文件的时间。进行专业工程设计时，如果设计文件中需选用国家标准图、部标准图及地方标准图，应由发包人负责解决。

(b) 对资料的正确性负责。尽管提供的某些资料不是发包人自己完成的，如作为设计依据的勘察资料和数据等，但就设计合同的当事人而言，发包人仍需对所提交的基础资料及文件的完整性、正确性以及时限负责。

② 提供必要的现场工作条件。由于设计人完成设计工作的主要地点不是施工现场，因此，发包人有义务为设计人在现场工作期间提供必要的工作、生活方便条件。发包人为设计人派驻现场的工作人员提供的方便条件可能涉及工作、生活、交通等方面的便利条件，以及必要的劳动保护装备。

③ 外部协调工作。设计的阶段成果(初步设计、技术设计、施工图设计)完成后，应由发包人组织鉴定和验收，并负责向发包人的上级或有管理资质的设计审批部门完成报批手续。

施工图设计完成后，发包人应将施工图报送建设行政主管部门，由建设行政主管部门委托的审查机构进行结构安全和强制性标准、规范执行情况等内容的审查。发包人和设计人必须共同保证施工图设计满足以下条件。

(a) 建筑物(包括地基基础、主体结构体系)的设计稳定、安全、可靠。

(b) 设计符合消防、节能、环保、抗震、卫生、人防等有关强制性标准、规范。

(c) 设计的施工图达到规定的设计深度。

(d) 不存在有可能损害公共利益的其他影响。

④ 其他相关工作。发包人委托引进项目的设计任务，从询价、对外谈判、国内外技术考察直至建成投产各个阶段，应吸收承担过有关设计任务的设计人员参加。出国费用除制装费外，其他费用由发包人支付。

发包人委托设计人承担合同约定委托范围之外的服务工作，需另行支付费用。

⑤ 保护设计人的知识产权。发包人应保护设计人的投标书、设计方案、文件、资料图纸、数据、计算软件和专利技术。未经设计人同意，发包人对设计人交付的设计资料及文件不得擅自修改、复制或向第三人转让或用于本合同外的项目。如发生以上情况，发包人应负法律责任，设计人有权向发包人提出索赔。

⑥ 遵循合理设计周期的规律。如果发包人因施工进度的需要或其他方面的考虑，要求设计人比合同规定时间提前交付设计文件时，须征得设计人的同意。设计的质量是工程发挥预期效益的基本保障，发包人不应严重背离合理设计周期的规律，强迫设计人不合理地缩短设计周期的时间。双方经过协商达成一致并签订提前交付设计文件的协议后，发包人应支付相应的赶工费。

(3) 设计人的责任如下。

① 保证设计质量。保证工程设计质量是设计人的基本责任。设计人应依据批准的可行性研究报告、勘察资料，在满足国家规定的设计规范、规程、技术标准的基础上，按合同规定的标准完成各阶段的设计任务，并对提交的设计文件质量负责。在投资限额内，鼓励设计人采用先进的设计思想和方案。但若设计文件中采用的新技术、新材料可能影响工程的质量或安全，而又没有国家标准时，应当由国家认可的检测机构进行试验、论证，并经国务院有关部门或省、直辖市、自治区有关部门组织的建设工程技术专家委员会审定后方可使用。

负责设计的建(构)筑物需注明设计的合理使用年限。设计文件中选用的材料、构配件、设备等，应当注明规格、型号、性能等技术指标，其质量要求必须符合国家规定的标准。

对于各设计阶段设计文件审查会提出的修改意见，设计人应负责修正和完善。

设计人交付设计资料及文件后，需按规定参加有关的设计审查，并根据审查结论负责对不超出原定范围的内容做必要的调整补充。

《建设工程质量管理条例》规定，设计单位未根据勘察成果文件进行工程设计，设计单位指定建筑材料、建筑构配件的生产厂家或供应商，设计单位未按照工程建设强制性标准进行设计的，均属于违反法律和法规的行为，要追究设计人的责任。

② 各设计阶段的工作任务如下。

(a) 初步设计。

ⓐ 总体设计。主要是大型工程。

ⓑ 方案设计。主要包括建筑设计、工艺设计、进行方案比选等工作。

ⓒ 编制初步设计文件。主要包括完善选定的方案；分专业设计并汇总；编制说明与概算，参加初步设计审查会议；修正初步设计。

(b) 技术设计。

ⓐ 提出技术设计计划。可能包括工艺流程试验研究；特殊设备的研制；大型建(构)筑物关键部位的试验、研究。

ⓑ 编制技术设计文件。

ⓒ 参加初步审查，并做必要的修正。

(c) 施工图设计。

ⓐ 建筑设计。

ⓑ 结构设计。

ⓒ 设备设计。

ⓓ 专业设计的协调。

ⓔ 编制施工图设计文件。

③ 对外商的设计资料进行审查。委托设计的工程中，如果有部分属于外商提供的设计，如大型设备采用外商供应的设备，则需要使用外商提供的制造图纸，设计人应负责对外商的设计资料进行审查，并负责该合同项目的设计联络工作。

④ 配合施工的义务如下。

(a) 设计交底。设计人在建设工程施工前，需向施工承包人和施工监理人说明建设工程勘察、设计意图，解释建设工程勘察、设计文件，以保证施工工艺达到预期的设计水平要求。

设计人按合同规定时限交付设计资料及文件后，本年内项目开始施工，负责向发包人及施工单位进行设计交底、处理有关设计问题和参加竣工验收。如果在1年内项目未开始施工，设计人仍应负责上述工作，但可按所需工作量向发包人适当收取咨询服务费，收费额由双方以补充协议商定。

(b) 解决施工中出现的设计问题。设计人有义务解决施工中出现的设计问题，如属于设计变更的范围，按照变更原因确定费用负担责任。

发包人要求设计人派专人留驻施工现场进行配合与解决有关问题时，双方应另行签订补充协议或技术咨询服务合同。

(c) 工程验收。为了保证建设工程的质量，设计人应按合同约定参加工程验收工作。这些约定的工作可能涉及重要部位的隐蔽工程验收、试车验收和竣工验收。

⑤ 保护发包人的知识产权。设计人应保护发包人的知识产权，不得向第三人泄露技术经济资料。如发生以上情况并给发包人造成经济损失，发包人有权向设计人索赔。

(4) 支付管理。

① 定金的支付。设计合同由于采用定金担保，因此合同内没有预付款。发包人应在合同签订后 3 天内支付设计费总额的 20%作为定金。在合同履行过程的中期支付中，定金不参与结算，双方的合同义务全部完成并进行合同结算时，定金可以抵作设计费或收回。

② 合同价格。在现行体制下，建设工程勘察、设计发包人与承包人应当执行国家有关建设工程勘察费、设计费的管理规定。签订合同时，双方商定合同的设计费收费依据和计算方法按照国家和地方有关规定执行。国家和地方没有规定的，由双方商定。

如果合同约定的费用为估算设计费，则双方在初步设计审批后，需按批准的初步设计概算核算设计费。工程建设期间如遇到概算调整，则设计费也应做相应调整。

③ 设计费的支付与结算。

(a) 支付管理原则如下。

ⓐ 设计人按合同约定提交相应报告、成果或阶段的设计文件后，发包人应及时支付约定的各阶段设计费(Design Fees)。

ⓑ 设计人提交最后一部分施工图的同时，发包人应结清全部设计费，不留尾款。

ⓒ 实际设计费按初步设计概算核定，多退少补。实际设计费与估算设计费出现差额时，双方需另行签订补充协议。

ⓓ 发包人委托设计人承担本合同内容之外的工作服务，另行支付费用。

(b) 按设计阶段支付费用的百分比。

ⓐ 合同签订后 3 天内，发包人支付设计费总额的 20%作为定金。此笔费用支付后，设计人可以自主使用。

ⓑ 设计人提交初步设引文件后 3 天内，发包人应支付设计费总额的 30%。

ⓒ 施工图阶段，当设计人按合同约定提交阶段性设计成果后，发包人应依据约定的支付条件、所完成的施工图工作量比例和时间，分期、分批向设计人支付剩余总设计费的 50%。施工图完成后，发包人结清设计费，不留尾款。

(5) 设计工作内容的变更。设计合同的变更通常指设计人承接工作范围和内容的改变。按照发生原因的不同，一般可能涉及以下几个方面的原因。

① 设计人的工作。设计人交付设计资料及文件后，按规定参加有关的设计审查，并根据审查结论对不超出原定范围的内容做必要的调整补充。

原定设计任务书或初步设计如有重大变更而需要重做或修改时，经设计任务书批准机关或初步设计批准机关同意，并经双方当事人协商后另订合同。发包人负责支付已经进行了的设计费用。

② 委托任务范围内的设计变更。为了维护设计文件的严肃性，经过批准的设计文件不应随意变更(Variations)。发包人、施工承包人、监理人均不得修改建设工程勘察、设计文件。如果发包人根据工程的实际需要指出确需修改建设工程勘察、设计文件时，应当首先报经原审批机关批准，然后由原建设工程勘察、设计单位修改。经过修改的设计文件仍需按设计管理程序经有关部门审批后使用。

如果修改的部分属于初步设计的内容(如总平面图、工艺流程、面积、建筑标准、定员、概算等)，须经设计的原批准单位批准；如果修改部分属于设计任务书的内容(如建筑规模、产品方案、建设地点及主要协作关系等)，则须经设计任务书的原批准单位批准；施工图设计的修改须经设计单位及其审查单位的同意。

③ 委托其他设计单位完成的变更。在某些特殊情况下，发包人需要委托其他设计单位完成设计变更工作，如变更增加的设计内容专业性特点较强，超过了设计人资质条件允许承接的工作范围；或施工期间发生的设计变更，设计人由于资源能力所限，不能在要求的时间内完成；等等原因。在此情况下，发包人经原建设工程设计人书面同意后，也可以委托其他具有相应资质的建设工程设计单位修改。修改单位对修改的勘察、设计文件承担相应责任，设计人不再对修改的部分负责。

④ 发包人原因的重大设计变更。发包人变更委托设计项目、规模、条件或因提交的资料错误，或对所提交资料做较大修改，以致造成设计人设计需返工时，双方除需另行协商签订补充协议(或另订合同)、重新明确有关条款外，发包人应按设计人所耗工作量向设计人增付设计费。

在未签合同前发包人已同意，设计人为发包人所做的各项设计工作，发包人应按收费标准支付相应的设计费。

发包人因故要求中途终止设计时，应及时书面通知承包人。已付的设计费不退，并根据该阶段的实际工作量增付并结清设计费，同时终止合同关系。

(6) 违约责任。

① 发包人的违约责任如下。

(a) 发包人延误支付。发包人应按合同规定的金额和时间向设计人支付设计费，每逾期支付1天，承担应支付金额0.2%的逾期违约金，且设计人提交设计文件的时间顺延。逾期30天以上时，设计人有权暂停履行下阶段工作，并书面通知发包人。

(b) 审批工作的延误。发包人的上级或设计审批部门对设计文件不审批或合同项目停、缓建，均视为发包人应承担的风险。设计人提交合同约定的设计文件和相关资料后，按照设计人已完成全部设计任务对待，发包人应按合同规定结清全部设计费。

(c) 因发包人原因要求解除合同。在合同履行期间，发包人要求终止或解除合同，设计人未开始设计工作的，不退还发包人已付的定金；已开始设计工作的，发包人应根据设计人已进行的实际工作量，不足一半时，按该阶段设计费的一半支付；超过一半时，按该阶段设计费的全部支付。

② 设计人的违约责任如下。

(a) 设计错误。

作为设计人的基本义务，应对设计资料及文件中出现的遗漏或错误负责修改或补充。由于设计人员错误造成工程质量事故损失，设计人除负责采取补救措施外，应免收直接受损失部分的设计费。损失严重的，还应根据损失的程度和设计人责任大小向发包人支付赔偿金。范本中要求设计人的赔偿责任按工程实际损失的百分比计算；当事人双方订立合同时，需在相关条款内具体约定百分比的数额。

(b) 设计人延误(Delay)完成设计任务。由于设计人自身的原因，延误了按合同规定交付的设计资料及设计文件的时间，每延误1天，应减收该项目应收设计费的0.2%。

(c) 因设计人的原因要求解除合同。合同生效后，设计人要求终止或解除合同应双倍返还定金。

③ 不可抗力事件的影响。由于不可抗力因素致使合同无法履行时，双方应及时协商解决。

6.1.4 勘察设计合同的管理

建设部和国家工商行政管理局为了加强工程勘测设计市场管理，规范市场行为，于2000年3月1日以建(2000)50号文发布《建设工程勘察设计合同管理办法》和《建设工程勘察合同(示范文本)》、《建设工程设计合同(示范文本)》，对建设工程勘察设计合同文件中的主要条款规定得清楚、明了，基本上满足了建设工程勘察设计合同的要求。

由于勘察合同与设计合同的管理工作基本相同，本节就对勘察与设计合同的管理合在一起进行论述。

1. 发包人对勘察设计合同的管理

此处的发包人指的是建设单位。发包人对勘察设计合同的管理是整个建设项目合同管理的一部分，它与施工合同的管理有一定的差异性，合同管理的重点也有所不同。下面从招投标阶段、合同签订阶段、合同履行阶段来展开。

1) 招投标阶段

勘察设计的招投标工作相对于施工项目招投标比较简单，发包人在招投标阶段就要在招标文件中的合同条款中对后续合同签订做好铺垫工作，明确一些重要的内容，如工作范围、成果要求、工期、付款方式、违约责任等。

2) 合同签订阶段

发包人要依据招标文件中的合同条款，在《建设工程勘察合同(示范文本)》、《建设工程设计合同(示范文本)》的基础上与中标人进行勘察设计合同的谈判工作，将关键性的条款写入合同文本中，同时注意对目前采用较多的“勘察设计跟踪服务模式”的质量提出监督性和约束性条款。

值得注意如果勘察、设计工作是发包人分别与两家不同单位签订合同，要注意勘察成果的提交与设计工作的开展之间的衔接性与协调性。

3) 合同履行阶段

勘察设计工作的实施过程中有许多不可预料因素，如不可预知的地质情况、上级主管部门的批复意见等，因此，发包人在勘察、设计合同在履行过程中要密切关注随时可能出现的变化，对工作内容进行调整。

按照合同的相关条款，及时支付承包人的工程款，以确保工期、保证质量。

2. 承包人对勘察设计同的管理

此处的承包人指的是持有建设行政主管部门颁发的工程勘察设计资质证书、工程勘察设计综合资质证书和工商行政管理部门核发的企业法人营业执照的工程勘察设计单位。

发包人的每一项生产经营活动的过程也就是一次勘察设计合同动态管理的过程，一般都要经过以下几个时段，即合同签订准备阶段、签订阶段、履行阶段和后续阶段。

1) 合同签订准备阶段

设立合同管理机构，建立完善、严密的合同管理制度，认真研究招标文件中的合同条款，做好合同谈判的准备工作。

2) 合同签订阶段

一般的勘察设计合同主要讨论标的是建设项目规模、工作阶段及所包含的专业内容、合同价格、履行期限、违约责任及争议解决的方式等基本项目。

另外，按照当前相关行政法规，建设部和工商局要求勘察设计企业使用统一的勘察设计合同标准文本，并允许双方当事人按商定的实际情况增加补充条款。

因此，发包人应与承包人协商一致的基础上，以格式文本为范本，来拟定合同文本，对工作范围及内容、合同价格、工期、质量标准等重要条款进行明确、准确的表述，避免出现易产生歧义和误解的词语。

在勘察设计合同生效后，还须经项目所在地建设行政主管部门审批、登记备案；有的合同根据当事人约定，还要进行公证。

3) 合同履行阶段

建立、完善合同登记工作，落实合同任务，合同一经签订，就应及时将其信息录入数据库，便于实施过程中的动态管理。

监督检查，保证合同实现。因为勘察设计企业的产品就是勘察报告和设计文件(即合同标的物)，它的生产过程与一般工业企业的实物产品有所不同，在勘察和设计过程中，因地下地质未知情况、发包人及相关审批部门因素而造成的变更时有发生，所以按期完成难度较大。因此，履行过程中需要发包人及时关注对工期的相关影响因素。

价款结算是合同履行中的重要一环，也是最后阶段。对于勘察设计企业而言，交付全部设计文件后即应结算(合同中另有约定的除外)。

4) 后续阶段

对于勘察设计企业而言，合同履行完毕并不等于与客户关系的完全终止，做好后期服务(特别是现场服务)尤为重要，这不仅是树立企业良好形象的绝佳契机，也是由于建筑行业产品是多行业密切合作的成果这一因素所决定的。

3. 勘察设计合同的索赔

建设工程勘察、设计合同一旦签订，合同双方要坚守合同，由于合同一方的责任使合同另一方的权益受到损害时，受损失方可向责任方提出赔偿要求，以补偿遭受的损失。

1) 发包人向承包人提出索赔

(1) 勘察、设计单位不能按合同要求完成勘察设计任务，致使发包人工程项目不能按开工造成损失时，可向承包人索赔。

(2) 勘察设计单位的勘察、设计成果不符合国家有关规定和合同的质量约定，出现偏差、疏漏等而导致发包人在工程项目施工或使用时造成损失，发包人可向承包人索赔。

(3) 因承包人完成的勘察设计任务深度不足，致使工程项目施工困难，发包人同样可以提出索赔。

(4) 因其他属承包人的责任造成发包人损失的，发包人同样可以提出索赔。

2) 承包人向发包人提出索赔

(1) 发包人不能按合同约定准时提交满足勘察设计要求的资料，致使承包人勘察设计人员无法开展勘察设计工作，承包人可向发包人提出合同价款和合同工期索赔。

(2) 发包人中途提出设计变更要求，承包人可向发包人提出合同价款和合同工期赔偿。

(3) 发包人不按合同约定支付勘察设计费用，承包人可提出合同违约金索赔。

(4) 因属发包人责任的其他原因造成承包人利益遭受损害的，承包人可申请合同价款赔偿。

案例 6-2

设计失误必须承担相应责任

【背景】

甲公司与乙勘察设计单位签订了一份勘察设计合同，合同约定乙单位为甲公司筹建中的商业大厦进行勘察、设计，按照国家颁布的收费标准支付勘察设计费；乙单位应按甲公司的设计标准、技术规范等提出勘察设计要求，进行测量和工程地质、水文地质等勘察设计工作，并在××××年 5 月 1 日前向甲公司提交勘察成果和设计文件。合同还约定了双方的违约责任、争议的解决方式。甲公司同时与丙建筑公司签订了建设工程承包合同，在合同中规定了开工日期。不料后来乙单位迟迟不能提交出勘察设计文件。丙建筑公司按建设工程承包合同的约定做好了开工准备，如期进驻施工场地。在甲公司的再三催促下，乙单位迟延 36 天提交勘察设计文件。此时，丙公司已窝工 18 天。在施工期间，丙公司又发现设计图纸中的多处错误，不得不停工等候甲公司请乙单位对设计图纸进行修改。丙公司由于窝工、停工要求甲公司赔偿损失，否则不再继续施工。甲公司将乙单位起诉到法院，要求乙单位赔偿损失。法院认定乙单位应承担违约责任。

【案例解析】

该案中乙单位不仅没有按照合同的约定提交勘察设计文件，致使甲公司的建设工期受到延误，造成丙公司的窝工，而且勘察设计的质量也不符合要求，致使承建单位丙公司因修改设计图纸而停工、窝工。根据《合同法》“勘察、设计的质量不符合要求或者未按照期限提交勘察、设计文件拖延工期，造成发包人损失的，勘察人、设计人应当继续完善勘察、设计，减收或者免收勘察、设计费并赔偿损失”。乙单位的上述违约行为已给甲公司造成损失，应负赔偿甲公司损失的责任。

6.2 建设工程监理合同

案例 6-3

监理合同双方权利义务的约定

【背景】

某房地产开发企业投资开发建设某住宅小区，与某工程咨询监理公司签订委托监理合同。在监理职责条款中，合同约定：“乙方(监理公司)负责甲方(房地产开发企业)小区工程设计阶段和施工阶段的监理业务。……房产开发企业应于监理业务结束之日起 5 日内支付最后 20%的监理费用。”小区工程竣工一周后，监理公司要求房产开发企业支付剩余 20%的监理费，房产开发企业以双方有口头约定，监理公司监理职责应履行至工程保修期满为由，拒绝支付，监理公司索款未果，诉至法院。法院判决双方口头商定的监理职责延至保修期满的内容不构成委托监理合同的内容，房产开发企业到期未支付最后一笔监理费，构成违约，应承担违约责任，支付监理公司剩余 20%监理费及延期付款利息。

【案例解析】

根据《合同法》第二百七十六条规定：“建设工程实行监理的，发包人应当与监理人采用书面形式订立委托监理合同。发包人与监理人的权利和义务以及法律责任，应当依照本法委托合同以及其他有关法律、行政法规的规定。本案房地产开发企业开发住宅小区，属于需要实行监理的建设工程，理应与监理人签订委托监理合同。本案例争议焦点在于确定监理公司监理义务范围。依书面合同约定，监理范围包括工程设计和施工两个阶段，而未包括工程的保修阶段；双方只是口头约定时还应包括保修阶段。依前述规定，委托监理合同应以书面形式订立，口头形式约定不构成委托监理合同内容部分。因此，该委托监理合同关于监理义务的约定，只能包括工程设计和施工两阶段，不应包括保修阶段，也就是说，监理公司已完全履行了合同义务，房产开发企业逾期支付监理费用，属于违约行为，故判决其承担违约责任，支付监理费及利息，无疑是正确的。

【问题】

建设工程监理合同主要内容是什么？订立合同可以采用什么形式？

《建筑法》第三十条规定："国家推行建筑工程监理制度。"第三十一条规定："实行监理的建筑工程，由建设单位委托具有相应资质条件的工程监理单位监理。建设单位与其委托的工程监理单位应当订立书面委托监理合同。"《合同法》第二百七十六条规定："建设工程实行监理的，发包人应当与监理人采用书面形式订立委托监理合同。发包人与监理人的权利和义务以及法律责任，应当依照本法委托合同以及其他有关法律、行政法规的规定。"

6.2.1 监理合同概述

1. 监理合同的概念

建设工程监理合同简称监理合同，是指委托人与监理人就委托的建设工程项目的监督管理为内容而签订的明确双方当事人权利和义务的协议。

2. 监理合同的示范文本

中华人民共和国住房和城乡建设部与国家工商行政管理总局参照国际广泛通行的由FIDIC编制的《客户/咨询工程师标准服务协议书》合同版本的结构形式和主要内容，颁布了《建设工程委托监理合同(示范文本)》(GF—2000—0202)(以下简称"监理范本")。示范文本由"建设工程委托监理合同"(以下简称"合同")、"建设工程委托监理合同标准条件"(以下简称"标准条件")和"建设工程委托监理合同专用条件"(以下简称"专用条件")3个文件组成。

6.2.2 《建设工程委托监理合同》的主要内容与特征

1. 主要内容

1) 建设工程委托监理合同

合同是一个总的协议，是纲领性的法律文件，其中明确了当事人双方确定的委托监理工程的概况(工程名称、地点、工程规模和总投资)；委托人向监理人支付报酬的期限和方式；合同签订、生效和完成时间；双方愿意履行约定的各项义务的表示。合同是一份标准的格式文件，经当事人双方在有限的空格内填写具体规定的内容并签字盖章后，即发生法律效力。

对委托人和监理人有约束力的合同，除双方签署的合同协议书(the Contract Agreement)外，还包括以下文件。

(1) 监理委托函或中标函(the Letter of Acceptance)。

(2) 建设工程委托监理合同标准条件(General Conditions)。

(3) 建设工程委托监理合同专用条件(Particular Conditions)。

(4) 在实施过程中双方共同签署的补充与修正文件。

2) 建设工程委托监理合同标准条件

建设工程委托监理合同标准条件的内容具有较强的通用性，条款涵盖了合同履行过程中双方的权利和义务以及标准化的管理程序。其中，不仅包括合同正常履行过程中合同双方的义务划分，还规定了遇到非正常情况下的处理原则和解决问题的程序。因此，委托监理合同的标准条件适用于各类建设工程项目监理。

监理合同示范文本的标准条件分为“词语定义、适用范围和法规”，“监理人义务”，“委托人义务”，“监理人权利”，“委托人权利”，“监理人责任”，“委托人责任”，“合同生改、变更与终止”，“监理报酬”，“其他”，“争议的解决”，共 11 个部分，有 49 项条款。

3) 建设工程委托监理合同的专用条件

由于标准条件适用于各种行业和专业项目的建设工程监理，因此其中的某些条款规定得比较笼统。对于具体实施的工程项目而言，还需要在签订监理合同时结合地域特点、专业特点和委托监理项目的工程特点，对标准条件中的某些条款进行补充、修正。

知识链接

所谓“补充”是指标准条件中的条款明确规定，在该条款确定的原则下，专用条件的条款中进一步明确其具体内容，使两个条件中相同序号的条款共同组成一条内容完备的条款。例如，标准条件中规定“建设工程委托监理合同适用的法律是国家法律、行政法规，以及专用条件中议定的部门规章或工程所在地的地方规定、地方章程”。就具体工程监理项目来说，则要求在专用条件的相同序号条款内写入履行本合同必须遵循的部门规章和地方规定的名称，作为双方都必须遵守的条件。

所谓“修改”是指标准条件中规定的程序方面的内容，如果双方认为不合适，可以协议修改。例如，标准条件中规定“委托人对监理人提交的支付通知书中的酬金或部分酬金项目提出异议，应在收到支付通知书 24 小时内向监理人发出异议的通知”。如果委托人认为这个时间太短，在与监理人协商达成一致意见后，可在专用条件的相同序号条款内另行写明具体的延长时间，如改为 48 小时。

2. 特征

监理合同是委托合同的一种，除具有委托合同的共同特点外，还具有以下特点。

(1) 监理合同的标的是劳务。因为监理合同的履行是通过监理工程师依据自己的知识、经验、技能等为业主所委托的建设工程项目实施监督和管理的，其标的是具体的服务。

(2) 监理合同是诺成、非要式合同。监理合同的成立必须以委托人的承诺为条件，其承诺与否决定着监理合同是否成立，并且监理合同自承诺之日起生效，无须以履行合同的行为或者物的交换作为委托合同的成立的条件。委托合同成立不须履行特定的形式，口头、书面等方式都可以，但委托完成仲裁、诉讼、登记等法律行为的事务须有书面形式的合同。

(3) 监理合同是双务合同，即合同成立后，委托人和监理人都要承担相应的义务。委托人有向监理人支付监理酬金等义务，监理人有向委托人报告委托事务、亲自处理委托事务等义务。

(4) 监理合同是有偿合同，因为监理人也是以营利为目的的企业，他通过自己的有偿服务取得相应的报酬。

(5) 监理合同的当事人双方应当是具有民事权利能力和民事权利行为能力的社会组织，个人在法律允许的范围内也可以成为合同当事人。当然，委托人必须是有国家批准的建设工程项目的社会组织或个人，监理人必须是合法成立的具有法人资格和相应资质的监理单位。

(6) 监理合同的签订必须符合工程项目建设程序，遵守国家和地方的有关法律、行政法规等。

6.2.3 监理合同订立及履行

1. 监理合同的订立

1) 监理合同的范围

监理合同的范围包括监理工程师为委托人提供服务的范围和工作量。委托人委托监理业务的范围可以非常广泛。从工程建设各阶段来说，可以包括项目前期立项咨询、设计阶段、实施阶段、保修阶段的全部监理工作或某一阶段的监理工作。在每一阶段内，又可以进行投资、质量、工期的三大控制及信息、合同两项管理。但就具体项目而言，要根据工程的特点、监理人的能力、建设不同阶段的监理任务等诸方面因素，将委托的监理任务详细地写入合同的专用条件之中。如进行工程技术咨询服务，按工作范围可确定为进行可行性研究，各种方案的成本效益分析，建筑设计标准、技术规范准备，提出质量保证措施，等等。

2) 监理合同的订立过程

首先，签约双方应对对方的基本情况有所了解，包括资质等级、营业资格、财务状况、工作业绩、社会信誉等。作为监理人还应根据自身状况和工程情况，考虑竞争该项目的可行性。其次，监理人在获得委托人的招标文件或与委托人草签协议之后，应立即对工程所需费用进行预算，提出报价，同时对招标文件中的合同文本进行分析、审查，为合同谈判和签约提供决策依据。无论何种方式招标中标，委托人和监理人都要就监理的主要条款进行谈判。谈判内容要具体，责任要明确，要有准确的文字记载。作为委托人，切忌以手中有工程的委托权，而不以平等的原则对待监理人。应当看到，监理工程师的良好服务将为委托人带来巨大的利益。作为监理人，应利用法律赋予的平等权利进行对等谈判，对重大问题不能迁就和无原则让步。经过谈判，双方就监理合同的各款达成一致，即可正式签订合同文件。

3) 监理合同订立的注意事项

(1) 严格按法定程序签署合同。

监理合同的签订意味着委托关系的形成，委托方与被委托方的关系都将受到合同的约束。因而签订合同必须是双方法定代表人或经其授权的代表签署并监督执行。在合同签署过程中，应检验代表对方签字人的授权委托书，避免合同失效或不必要的合同纠纷。

(2) 重视往来的函件。

在合同洽商过程中，双方通常会用一些函件来确认双方达成的某些口头协议或书面交往文件，后者构成招标文件和投标文件的组成部分。为了确认合同责任以及明确双方对项目的有关理解和意图以免将来产生分歧，签订合同时双方达成一致的部分应写入合同附录或专用条款内。

(3) 其他的注意事项。

在监理委托合同的签署过程中，双方都应认真注意，涉及合同的每一份文件都是双方在执行合同过程中对各自承担义务相互理解的基础。一旦出现争议，这些文件也是保护双方权利的法律基础。因此，一是要注意合同文字的简洁、清晰，每个措辞都应该经过双方充分讨论，以保证对工作范围、采取的工作方式方法以及双方对相互间的权利和义务的确切理解。如果没有经过双方充分的讨论合同，双方的理解会有偏差。二是对于一项时间要求特别紧迫的任务，在委托方选择了监理单位之后，在签订委托合同之前，双方可以通过使用意图性信件进行交流，监理单位对意图性信件的用词要认真审查，尽量使对方容易理解和接受，否则，就有可能在忙乱中致使合同谈判失败或者遭受其他意外的损失。三是监理单位在合同事务中，要充分利用有效的法律服务。监理委托合同的法律性很强，监理单位必须配备这方面的专家，这样在准备标准合同格式、检查其他人提供的合同文件及研究意图性信件时，才能避免出现失误。

2. 监理合同的履行

1) 委托人履行的内容

(1) 按监理合同规定行使权利。

监理合同中规定的委托人的权利主要有 3 个方面：对设计、施工单位的发包权；对工程规模、设计标准的认定权及设计变更的审批权；对监理人的监督管理权。

(2) 按监理合同规定履行义务。

监理合同内规定的应由委托人负责的工作，是使合同最终实现的基础，如外部关系的协调为监理工作提供外部条件，为监理人提供获取本工程使用的原材料、构配件、机械设备等生产厂家名录等，都是为监理人做好工作的先决条件。委托人必须严格按照监理合同的规定，履行应尽的义务，才有权要求监理人履行合同。

2) 监理人履行的内容

(1) 确立项目总监理工程师，成立项目监理机构。

每一个拟监理的工程项目，监理人都应根据工程项目规模、性质、委托人对监理的要求，委派称职的人员担任项目的总监理工程师，代表监理人全面负责该项目的监理工作。总监理工程师对内应对监理人负责，对外应向委托人负责。

在总监理工程师的具体领导下，组建项目的监理机构，并根据签订的监理委托合同制订监理规划和具体的实施计划，并开展监理工作。

一般情况下，监理人在承接项目监理业务时，在参与项目监理的投标、拟订监理方案(大纲)，以及与委托人商签监理委托合同时，即应选派人员主持该项工作。在监理任务确定并签订监理委托合同后，该主持人即可作为项目的总监理工程师。这样，项目的总监理工程师在承接任务阶段就早期介入，从而更能了解委托人的建设意图和对监理工作的要求，并与后续工作能更好地衔接。

(2) 制订项目监理规划。

工程项目的监理规划是开展项目监理活动的纲领性文件，根据委托人委托监理的要求，在详细占有监理项目有关资料的基础上，结合监理的具体条件编制的开展监理工作的指导性文件。其内容包括工程概况、监理范围和目标、监理主要措施、监理组织、项目监理工作制度等。

(3) 制订各专业监理工作计划。

在监理规划的指导下，为具体指导投资控制、质量控制、进度控制的进行，还需要结合工程项目实际情况，制订相应的实施性计划或细则。

(4) 规范化的开展监理工作。

根据制订的监理工作计划和运行制度，规范化地开展监理工作。

6.2.4 监理合同的管理

监理合同的管理主要体现在档案管理和合同变更两方面。

1. 委托人的档案管理

在全部工程项目竣工后，委托人应将全部合同文件，包括完整的工程竣工资料加以系统整理，按照我国《档案法》及有关规定，建档保管。为了保证监理合同档案的完整性，委托人对合同文件及履行与监理人之间进行的签证、记录协议、补充合同备忘录、函件、电报、电传等都应系统地认真整理，妥善保管。

2. 监理人的监理工作总结归档

监理工作总结包括 3 部分内容：第一部分是向委托人提交监理工作总结。其内容主要包括监理委托合同履行情况概述；监理任务或监理目标完成情况评价；由委托人提供的供监理活动使用的办公用房、车辆、试验设施等清单；表明监理工作终结的说明；等等。第二部分是监理单位内部的监理工作总结。其内容主要包括监理工作的经验，可以是采用某种监理技术、方法的经验，也可以是采用某种经济措施、组织措施的经验；签订监理委托合同方面的经验；如何处理好与委托人、承包单位关系的经验；等等。第三部分是监理工作中存在的问题及改进的建议，以指导今后的监理工作，并向政府有关部门提出政策建议，不断提高中国工程建设监理的水平。

在全部监理工作完成后，监理人应注意做好监理合同的归档工作。监理合同归档资料应包括监理合同(含与合同有关的在履行中与委托人之间进行的签证、补充合同备忘录、函件、电报等)、监理大纲、监理规划、在监理工作中的程序性文件(包括监理会议纪要、监理日记等)。

3. 监理合同的变更

监理合同的变更主要体现在合同责任期和监理工作的内容变更两方面。

1) 合同责任期的变更

签约时注明的合同有效期并不一定就是监理人的全部合同责任期，如果在监理过程中因工程建设进度推迟或延误而超过约定的日期，监理合同并不能到期终止。当由于委托人和承包人的原因使监理工作受到阻碍或延误，则监理人应当将此情况与可能产生的影响及时通知委托人，完成监理业务的时间相应延长。

2) 监理工作内容的变更

监理合同内约定的正常监理服务工作，监理人应尽职尽责地完成。合同履行期间由于发生某些客观或人为事件而导致一方或双方不能正常履行其应尽职责时，委托人和监理人都有权提出变更合同的要求。合同变更的后果一般都会导致合同有效期的延长或提前终止，以及增加监理方的附加工作或额外工作。

案例 6-4

监理单位的权限问题

【背景】

某水电站工程项目在施工过程中，由于建设单位在运行中的生产设备对承包商施工造成了很大的影响，施工单位遂根据合同条款向建设单位提出索赔。其中在向监理单位提出索赔报告后，监理单位也对其进行了审核，并将最终索赔金额确定下来。工程结算时，建设单位认为监理单位未得到其授权，因此，对此索赔不认可。

【案例解析】

(1) 建设单位与监理单位在订立的委托合同中并未对监理权限进行过约定，没有写明监理方相应的权限，建设单位在工程项目实际进行过程中，也未向监理单位和施工单位发过任何相关函件。按照《中华人民共和国建筑法》第三十三条："实施建筑工程监理前，建设单位应当将委托的工程监理单位、监理内容和监理权限，书面通知被监理的建筑施工企业。"

(2) 在与承包商的施工合同中，专用条款只说明了监理单位为某监理公司，通用条款中，也未对监理单位的权限进行明确。按照《建设工程施工合同(示范文本)》通用条款关于索赔程序的规定，施工单位提出索赔，必须在索赔事件发生后 28 天内向业主发出索赔意向通知书，28 天后发出索赔报告和有关资料，由监理单位审核后报建设单位认可。

本案例争议的实质是监理单位与建设单位合同权利约定上的超越权限，如果在监理委托合同中没有明确，监理只有审核分包商资质的决策权，除此之外再无决策权(合同中另外约定的权利除外)，因此，监理单位对索赔的认可缺乏合同依据。

6.3 建设工程物资采购合同管理

案例 6-5

建设工程设备采购合同履行问题

【背景】

在某商场项目实施过程中，承包商购买了合同要求的德国某品牌的 8 部电梯，安装到工程中。但电梯设备到货安装之后进行测试时，业主发现设备与合同有出入，存在问题，业主以不符合合同规定为由，不同意接受该产品，要求承包商重新购买。双方出现争执。

承包商认为，该产品是从业主提供的招标书名单中的厂家购买的，符合合同规定。业主认为，合同规定电梯必须是从供货商名单中的厂家购买，而且必须是德国原产地。虽然承包商购买的产品的牌子与合同相符，但其产地是中国，不是德国，因此不符合合同规定，予以拒收，并要求承包商重新订购。

承包商认为，所采购的产品是从供货商名单中的厂家购买，由于采购周期与施工计划的要求，才从该厂家的中国公司购买的，而且大部分部件是德国总部产的，也可以认为该产品是德国原产地。因此符合合同要求，重新采购根本不现实，也不能满足施工需求。若业主坚持重新订购，须按变更命令指示。

【案例解析】

在此商场项目工程实施过程中，承包合同限定和约束了承包商采购设备材料的供货商名单，要求承包商必须从这些名单中选择供货商。由于从德国采购电梯设备的周期很长，若延误，就会极大地影响施工。本案例中承包商从中国采购电梯，正是出于工期考虑，纠纷正是承包商没有遵循严格的采购规定引起的。

承包商应遵循合同设备采购要求，按照合同条款的约定及设计和有关标准的要求采购工程需要的设备和材料，并提供产品合格证明，对其质量负责。同时，承包商应在设备到货前24小时通知监理工程师清点验收。

若需要对设备采购要求更改，应提前向业主申请，说明详细原因和更改对项目带来的好处，得到业主书面批准，并将批准作为监理工程师对设备进行验收的依据。如果设备或材料的实际质量与产品合格证明不符，监理工程师应要求承包商对其采购的材料在使用前进行检验或试验，不合格的不得使用，检验或试验费由承包商承担；对采购设备与设计标准要求不符的问题，监理工程师应要求承包商在规定的时间内将设备运出施工现场，重新采购符合要求的产品，并承担由此发生的费用，由此延误的工期不予顺延。

因此，承包商必须承担重新采购8台德国电梯设备并承担由此造成的一切损失。

【思考】

对于合同明确约定由承包商采购设备的，承包商在质量控制方面应当注意什么？

6.3.1 物资采购合同概述

1. 建设工程物资采购合同的概念

建设工程物资采购合同(Contract for Construction Material Procurement)是指平等主体的自然人、法人、其他组织之间，为实现建设工程物资买卖，设立、变更、终止相互权利义务关系的协议。建设工程物资采购合同属于买卖合同(Sales Contract)，具有买卖合同的一般特点。

(1) 出卖人与买受人订立买卖合同，是以转移财产所有权为目的的。

(2) 买卖合同的买受人取得财产所有权，必须支付相应的价款；出卖人转移财产所有权，必须以买受人支付价款为对价。

(3) 买卖合同是双务、有偿合同。所谓双务有偿是指合同双方互负一定义务，出卖人应该保质、保量，按期交付合同订购的物资、设备，买受人应当按合同约定的条件接收货物(Goods)并及时支付货款(Payment for Goods)。

(4) 买卖合同是诺成合同。除了法律有特殊规定的情况外，当事人之间意思表示一致，买卖合同即可成立，并不以实物的交付为合同成立的条件。

2. 建设工程物资采购合同的特点

建设工程物资采购合同与项目的建设密切相关，其特点主要表现为以下几点。

1) 建设工程物资采购合同的当事人

建设工程物资采购合同的买受人即采购人(Purchaser)，可以是发包人，也可以是承包人，依据施工合同的承包方式来确定。永久工程的大型设备(Large Equipment)一般情况下由发包人采购。施工中使用的建筑材料采购责任，按照施工合同专用条款的约定执行。通常分为发包人负责采购供应、承包人负责采购和总承包。

采购合同的出卖人即供货人(Supplier)，可以是生产厂家，也可以是从事物质流转业务的供应商。

2) 物资采购合同的标的

建设工程物资采购合同的标的品种繁多，供货条件差异较大。

3) 物资采购合同的内容

建设物资采购合同视标的的特点、合同涉及的条款繁简程度差异较大。建筑材料采购合同的条款一般限于物资交货阶段，主要涉及交接程序、检验方式和质量要求、合同价款的支付等。大型设备的采购，除了交货阶段的工作外，往往还需包括设备生产阶段、设备安装调试阶段、设备试运行阶段、设备性能达标检验和保修等方面的条款约定。

4) 货物供应的时间

建设物资采购供应合同与施工进度密切相关，出卖人必须严格按照合同约定的交付订购货物。延误交货将导致工程施工的停工待料，不能使建设项目及时发挥效益。提前交货通常买受人也不同意接受，一方面货物将占用施工现场有限的场地影响施工，另一方面增加了买受人的仓储保管费用。如出卖人提前将500 t水泥发运到施工现场，而买受人仓库已满，只好露天存放，为了防潮则需要投入很多物资进行维护保管。

6.3.2 材料采购合同管理

1. 材料采购合同的主要内容

按照《合同法》的分类，材料采购合同属于买卖合同。国内物资购销合同的示范文本规定，合同条款应包括以下几方面的内容。

(1) 产品名称、商标、型号、生产厂家、订购数量、合同金额、供货时间及每次供应的数量。

(2) 质量要求的技术标准、供货方对质量负责的条件和期限。

(3) 交(提)货地点、方式。

(4) 运输方式及到站、港和费用的负担责任。

(5) 合理损耗及计算方法。

(6) 包装标准、包装物的供应与回收。

(7) 验收标准、方法及提出异议的期限。

(8) 随机备品、配件工具数量及供应办法。

(9) 结算方式及期限。

(10) 如需提供担保，应另立合同担保书作为合同附件。

(11) 违约责任。

(12) 解决合同争议的方法。

(13) 其他约定事项。

2. 产品的交付

1) 产品的交付方式

订购物资或产品的供应方式，可以分为采购方到合同约定地点自提货物和供货方负责将货物送达指定地点两大类，而供货方送货又可细分为将货物负责送抵现场或委托运输部门代运两种形式。为了明确货物的运输责任，应在相应条款内写明所采用的交(提)货方式、交(接)货物的地点、接货单位(或接货人)的名称。

2) 交(提)货期限

货物的交(提)货期限，是指货物交接的具体时间要求。它不仅关系到合同是否按期履行，还可能会出现货物意外灭失或损坏时的责任承担问题。合同内应对交(提)货期限写明月份或更具体的时间(如旬、日)。如果合同内规定分批交货时，还需注明各批次交货的时间，以便明确责任。

合同履行过程中，判定是否按期交货或提货，依照约定的交(提)货方式的不同，可能有以下几种情况。

(1) 供货方送货到现场的交货日期，以采购方接收货物时在货单上签收的日期为准。

(2) 供货方负责代运货物，以发货时承运部门签发货单上的戳记日期为准。合同内约定采用代运方式时，供货方必须根据合同规定的交货期、数量、到站、接货人等，按期编制运输作业计划，办理托运、装车(船)、查验等发货手续，并将货运单、合格证等交寄对方，以便采购方在指定车站或码头接货。如果因单证不齐导致采购方无法接货，由此造成的站场存储费和运输罚款等额外支出费用应由供货方承担。

(3) 采购方自提产品，以供货方通知提货的日期为准。但供货方的提货通知中，应给对方合理预留必要的途中时间。采购方如果不能按时提货，应承担逾期提货的违约责任。当供货方早于合同约定日期发出提货通知时，采购方可根据施工的实际需要和仓储保管能力，决定是否按通知的时间提前提货。他有权拒绝提前提货，也可以按通知时间提货后仍按合同规定的交货时间付款。

实际交(提)货日期早于或迟于合同规定的期限，都应视为提前或逾期交提货，并由有关方承担相应责任。

3. 交货检验

1) 验收依据

按照合同的约定，供货方交付产品时，可以作为双方验收依据的资料包括以下几部分。

(1) 双方签订的采购合同。

(2) 供货方提供的发货单、计量单、装箱单及其他有关凭证。

(3) 合同内约定的质量标准。应写明执行的标准代号、标准名称。

(4) 产品合格证、检验单。

(5) 图纸、样品或其他技术证明文件。

(6) 双方当事人共同封存的样品。

2) 交货数量检验

(1) 供货方代运货物的到货检验。由供货方代运的货物，采购方在站场提货地点应与运输部门共同验货，以便发现灭失、短少、损坏等情况时，能及时分清责任。采购方接收后，运输部门不再负责。属于交运前出现的问题，由供货方负责；属于运输过程中发生的问题，由运输部门负责。

(2) 现场交货的到货检验。

① 数量验收的方法。

(a) 衡量法。即根据各种物资不同的计量单位进行检尺、检斤，以衡量其长度、面积、体积、重量是否与合同约定一致。如胶管衡量其长度；钢板衡量其面积；木材衡量其体积；钢筋衡量其重量；等等。

(b) 理论换算法。如管材等各种定尺、倍尺的金属材料，量测其直径和壁厚后，再按理论公式换算验收。换算依据为国家规定标准或合同约定的换算标准。

(c) 查点法。采购定量包装的计件物资时只要查点到货数量即可。包装内的产品数量或重量应与装箱单所标明的一致，否则应由厂家或封装单位负责。

② 交货数量的允许增减范围。

合同履行过程中，经常会发生发货数量与实际验收数量不符，或实际交货数量与约定的交货数量不符的情况。其原因可能是供货方的责任，也可能是运输部门的责任，或运输过程中的合理损耗。前两种情况要追究有关方的责任，第三种情况则应控制在合理的范围之内。有关行政主管部门对通用的物资和材料规定了货物交接过程中允许的合理的磅差和尾差界限，如果合同约定供应的货物无规定可循，也应在条款内约定合理的差额以免交接验收时发生合同争议。交付货物的数量在合理的尾差和磅差内，不按多交或少交对待，双方互不退补。超过界限范围时，按合同约定的方法计算多交或少交部分的数量。

合同内对磅差和尾差规定出合理的界限范围，既可以划清责任，还可以为供货方合理组织发运提供灵活变通的条件。如果超过合理范围，则按实际交货数量计算。不足部分由供货方补齐或退回不足部分的货款；采购方同意接受的多交付部分时，则进一步支付溢出数量货物的货款。但在计算多交或少交数量时，应按订购数量与实际交货数量比较，均不再考虑合理磅差和尾差因素。

3) 交货质量检验

(1) 质量责任。无论采用何种交接方式，采购方均应在合同规定的由供货方对质量负责的条件和期限内，对交付产品进行验收和试验。某些必须安装运转后才能发现内在质量缺陷的设备，应于合同内规定缺陷责任期或保修期。在此期限内，凡检测不合格的物资或设备，均由供货方负责。如果采购方在规定时间内未提出质量异议，或因其使用、保管、保养不善而造成质量下降，供货方不再负责。

(2) 质量要求和技术标准。产品质量应满足规定用途的特性指标，因此合同内必须约定产品应达到的质量标准。约定质量标准的一般原则如下。

① 按颁布的国家标准执行。

② 无国家标准而有部颁标准的产品，按部颁标准执行。

③ 没有国家标准和部颁标准作为依据时，可按企业标准执行。

④ 没有上述标准，或虽有上述某一标准但采购方有特殊要求时，按双方在合同中规定的技术条件、样品或补充的技术要求执行。

(3) 验收方法。合同内应具体写明检验的内容和手段以及检测应达到的质量标准。对于抽样检查的产品，还应约定抽检的比例和取样的方法以及双方共同认可的检测单位。质量验收的方法如下。

① 经验鉴别法。即通过目测、手触或以常用的检测工具量测后，判定质量是否符合要求。

② 物理试验。根据对产品的性能检验目的，可以进行拉伸试验、压缩试验、冲击试验、金相实验及硬度试验等。

③ 化学实验。即抽出一部分样品进行定性分析或定量分析的化学试验，以确定其内在质量。

(4) 对产品提出异议的时间和办法。合同内应具体写明采购方对不合格产品提出异议的时间和拒付货款的条件。采购方提出的书面异议中，应说明检验情况，出具检验证明和对不符合规定产品提出具体的处理意见。凡因采购方使用、保管、保养不善原因导致的质量下降，供货方不承担责任。在接到购方的书面异议通知后，供货方应在 10 天内(或合同商定的时间内)负责处理，否则视为默认采购方提出的异议和处理意见。

如果当事人双方对产品的质量检测、试验结果发生争议，应按《标准化法》的规定请标准化管理部门的质量监督检验机构进行仲裁检验。

4. 合同的变更或解除

合同履行过程中，如需变更合同内容或解除合同，都必须依据《中华人民共和国合同法》的有关规定执行。一方当事人要求变更或解除合同时，在未达成新的协议前，原合同仍然有效。要求变更或解除合同一方应及时将自己的意图通知对方，对方也应在接到书面通知后的 15 天或合同约定的时间内予以答复，逾期不答复的视为默认。

物资采购合同变更的内容可能涉及订购数量的增减、包装物标准的改变、交货时间和地点的变更等方面。采购人对合同内约定的订购数量不得少要或不要，否则要承担中途退货的责任。只有当供货方不能按期交付货物，或交付的货物存在严重质量问题而影响工程使用时，采购方认为继续履行合同已成为不必要，才可以拒收货物，甚至解除合同关系。如果采购方要求变更到货地点或接货人，应在合同规定的交货期限届满前 40 天通知供货方，以便供货方修改发运计划和组织运输工具。如果迟于上述规定期限，双方应当立即协商处理。如果已不可能变更或变更后会发生额外费用支出，其后果均应由采购方负责。

5. 支付结算管理

1) 货款结算

(1) 支付货款的条件。合同内需明确是验单付款还是验货后付款，然后再约定结算方式和结算时间。验单付款是指委托供货方代运的货物，供货方把货物交付承运部门并将运输单证寄给采购方，采购方在收到单证后合同约定的期限内即应支付的结算方式。尤其对分批交货的物资，每批交付后应在多少天内支付货款也应明确注明。

(2) 结算支付的方式。结算方式可以是现金支付、转账结算或异地托收承付。现金结算只适用于成交货物数量少，且金额小的购销合同；转账结算适用于同城市或同地区内的结算；托收承付适用于合同双方不在同一城市的结算方式。

2) 拒付货款

采购方拒付货款，应当按照中国人民银行结算办法的拒付规定办理。采用托收承付结算时，如果采购方的拒付手续超过承付期，银行不予受理。采购方对拒付货款的产品必须负责接收，并妥善保管不准动用。如果发现动用，由银行代供货方扣收货款，并按逾期付款对待。

采购方有权部分或全部拒付货款的情况大致包括以下几种。

(1) 交付货物的数量少于合同约定，拒付少交部分的贷款。

(2) 拒付质量不符合合同要求部分货物的货款。

(3) 供货方交付的货物多于合同规定的数量且采购方不同意接收部分的货物，在承付期内可以拒付。

6.3.3 大型设备采购合同管理

1. 大型设备采购合同的主要内容

大型设备采购合同指采购方(通常为业主，也可能是承包人)与供货方(大多为生产厂家，也可能是供货商)为提供工程项目所需的大型复杂设备而签订的合同。大型设备采购合同的标的物可能是非标准产品，需要专门加工制作；也可能虽为标准产品，但技术复杂在市场上的需求量较小，一般没有现货供应，待双方签订合同后由供货方专门进行加工制作，因此属于承揽合同的范畴。一个较为完备的大型设备采购合同，通常由合同条款和附件组成。

1) 合同条款的主要内容

当事人双方在合同内根据具体订购设备的特点和要求，约定以下几方面的内容：合同中的词语定义；合同标的；供货范围；合同价格；付款；交货和运输；包装与标记；服务；质量监造与检验；安装、调试、试运和验收；保证与索赔；保险；税费；分包与外购；合同的变更、修改、中止和终止；不可抗力；合同争议的解决；其他。

2) 主要附件

为了对合同中某些约定条款涉及内容较多部分做出更为详细的说明，还需要编制一些附件作为合同的一个组成部分。附件通常可能包括技术规范；供货范围；技术资料的内容和交付安排；交货进度；监造、检验和性能验收试验；价格表；技术服务的内容；分包和外购计划；大部件说明表；等等。

2. 大型设备制造监理

设备制造监理实践中也称为设备监造(Equipment Supervision)，指采购方委托监造单位对供货方提供合同设备的制造、施工和过程进行监督和协调。但质量监造除去供货方对合同设备质量应负的责任。

1) 设备的监造方式

监理对设备制造过程的监造实行现场见证和文件见证。

(1) 现场见证的形式包括以下几种。

① 以巡视的方式监督生产制造过程，检查使用的原材料、元件质量是否合格，制造操作工艺是否符合技术规范的要求等。

② 接到供货方的通知后，参加合同内规定的中间检查试验和出厂前的检查试验。

③ 在认为必要时，有权要求进行合同内没有规定的检验，如对某一部分的焊接质量有疑问，可以对该部分进行无损探伤试验。

(2) 文件见证指对所进行的检查或检验认为质量达到合同规定的标准后，在检查或试验记录上签署认可意见，以及就制造过程中有关问题发给供货方的相关文件。

2) 对制造质量的监督

(1) 监督检验的内容。采购方和供货方应在合同内约定设备监造的内容，监理依据合同的规定进行检查和试验。具体内容可能包括监造的部套(以订购范围确定)；每套的建造内容；监造方式(可以是现场见证、文件见证或停工待检之一)；检验的数量；等等。

(2) 检查和试验的范围如下。

① 原材料和元器件的进厂检验。

② 部件的加工检验和实验。

③ 出厂前预组装检验。

④ 包装检验。

(3) 制造质量责任如下。

① 监理在监造中对发现的设备和材料质量问题，或不符合规定标准的包装，有权提出改正意见并暂不予以签字时，供货方需采取相应的改进措施保证交货质量。无论监理是否要求和是否知道，供货方均有义务主动、及时地向其提供设备制造过程中出现的较大的质量缺陷和问题，不得隐瞒，在监理不知道的情况下供货方不得擅自处理。

② 监造代表发现重大问题要求停工检验时，供货方应当遵照执行。

③ 无论监理是否参与监造与出厂检验，或者参加了监造与检验并签署了监造与检验报告，均不能被视为免除供方对设备质量应负的责任。

3) 设备监理工作应注意的事项

(1) 制造现场的监造检验和见证，尽量结合供货方工厂实际生产过程进行，不应影响正常的生产进度(不包括发现重大问题时的停工检验)。

(2) 监理应按时参加合同规定的检查和实验。若监理不能按供货方通知时间及时到场，供货方工厂的试验工作可以正常进行，试验结果有效。但是监理有权事后了解、查阅、复制检查试验报告和结果(转为文件见证)。若供货方未及时通知监造代表而单独检验，监理不承认该检验结果，供货方应在监理在场的情况下进行该项试验。

(3) 供货方供应的所有合同设备、部件(包括分包与外购部分)，在生产过程中都需要进行严格的检验和试验，出厂前还需进行部套或整机总装试验。所有检验、试验和总装(装配)必须有正式的记录文件。只有以上所有工作完成后才能出厂发运。这些正式记录文件和合格证明提交给监理，作为技术资料的一部分存档。此外，供货方还应在文件中提供合格证和质量证明。

4) 对生产进度的监督

(1) 对供货方在合同设备开始投料制造前提交的整套设备的生产计划进行审查并签字认可。

(2) 每个月末供货方均应提供月报表，说明本月包括制造工艺过程和检验记录在内的实际生产进度，以及下一月的生产、检验计划。中间检验报告需说明检验的时间、地点、过程、试验记录，以及不一致性原因分析和改进措施。监理审查同意后，作为对制造进度控制和与其他合同及外部关系进行协调的依据。

3．大型设备的交货

1) 交货的准备工作

(1) 供货方应在发运前合同约定的时间内向采购方发出通知，以便对方做好接货准备工作。

(2) 供货方向承运部门办理申请发运设备所需的运输工具计划，负责合同设备从供货方到现场交货地点的运输。

(3) 供货方在每批货物备妥及装运车辆(船)发出 24 小时内，应以电报或传真方式将该批货物的如下内容通知采购方：合同号；机组号；货物备妥发运日期；货物名称及编号和价格；货物总毛重；货物总体积；总包装件数；交运车站(码头)的名称、车号(船号)和运单号；重量超过 20t 或尺寸超过 9m×3m×3m 的每件特大型货物的名称、重量、体积和件数，以及对每件该类设备(部件)还必须标明重心和吊点位置，并附有草图。

(4) 采购方应在接到发运通知后做好现场接货的准备工作，并按时到运输部门提货。

(5) 如果由于采购方原因要求供货方推迟设备发货，应及时通知对方，并承担推迟期间的仓储费和必要的保养费。

2) 到货检验工作

(1) 检验程序。

① 货物到达目的地后，采购方向供货方发出到货检验通知，邀请对方派代表共同进行检验。

② 货物清点。双方代表共同根据运单和装箱单对货物的包装、外观和件数进行清点。如果发现任何不符之处，经过双方代表确认属于供货方责任后，由供货方处理解决。

③ 开箱检验。货物运到现场后，采购方应尽快与供货方共同进行开箱检验，如果采购方未通知供货方而自行开箱或每一批设备到达现场后在合同规定的时间内不开箱，产生的后果由采购方承担。双方共同检验货物的数量、规格和质量，检验结果和记录对双方有效，并作为采购方向供货方提出索赔的证据。

(2) 损害、缺陷、缺少的责任。

① 现场检验时，如发现设备由于供货方原因(包括运输)有任何损坏、缺陷、短少或不符合合同中规定的质量标准和规范，应做好记录，并由双方代表签字，各执一份，作为采购方向供货方提出修理或更换索赔的依据。如果供货方要求采购方修理损坏的设备，所有修理设备的费用应由供货方承担。

② 由于采购方原因，发现损坏或短缺，供货方在接到采购方通知后，应尽快提供或替换相应的部件，但费用由采购方自负。

③ 供货方如对采购方提出修理、更换、索赔的要求有异议，应在接到采购方书面通知后合同约定的时间内提出，否则上述要求即告成立。如有异议，供货方应在接到通知后派代表赴现场同采购方代表共同复验。

④ 双方代表在共同检验中对检验记录不能取得一致意见时，可由双方委托的权威第三方检验机构进行裁定检验。检验结果对双方都有约束力，检验费用由责任方负担。

⑤ 供货方在接到采购方提出的索赔后，应按合同约定的时间尽快修理、更换或补发短缺部分，由此产生的制造、修理和运费及保险费均应由责任方负担。

4. 大型设备的安装验收

大型设备的安装验收包括启动试车、性能验收和最终验收 3 个步骤。

1) 启动试车

安装调试完毕后，双方共同参加启动试车的检验工作。试车分成无负荷空运和带负荷试运行两个步骤进行，且每一阶段均应按技术规范要求的程序维持一定的持续时间，以检验设备的质量。试验合格后，双方在验收文件上签字，正式移交采购方进行生产运行。若检验不合格，且属于设备质量原因，则由供货方负责修理、更换并承担全部费用；如果是由于工程施工质量问题，则由供货方负责拆除后纠正缺陷。无论何种原因试车不合格，经过修理或更换设备后应再次进行试车试验，直到满足合同规定的试车质量要求为止。

2) 性能验收

性能验收又称为性能指标达标考核。启动试车只是检验设备安装完毕后是否能够顺利安全运行，但各项具体的技术性能指标是否达到供货方在合同内承诺的保证值还无法判定，因此合同中均要约定设备移交试生产稳定运行多少个月后进行性能测试。由于合同规定的性能验收时间采购方已正式投产运行，这项验收试验由采购方负责，供货方也应参加。

试验大纲由采购方准备，与供货方讨论后确定。试验现场和所需的人力、物力由供货方提供。供货方应提供试验所需的测点、一次性元件和装设的试验仪表，以及做好技术配合和人员配合工作。

性能验收试验完毕，每套合同设备都达到合同规定的各项性能保证值指标后，采购方与供货方共同会签合同设备初步验收证书。

如果合同设备经过性能测试检验表明未能达到合同约定的一项或多项保证指标，可以根据缺陷或技术指标试验值与供货方在合同内的承诺值偏差程度，按下列原则区别对待。

(1) 在不影响合同设备安全、可靠运行的条件下，如有个别微小缺陷，供货方在双方商定的时间内免费修理，采购方则可同意签署初步验收证书。

(2) 如果第一次性能验收试验达不到合同规定的一项或多项性能保证值，则双方应共同分析原因，澄清责任，由责任一方采取措施，并在第一次验收试验结束后合同约定的时间内进行第二次验收试验。如能顺利通过，则签署初步验收证书。

(3) 在第二次性能验收试验后，如仍有一项或多项指标未能达到合同规定的性能保证值，按责任的原因分别对待。

① 属于采购方原因，合同设备应被认为初步验收通过，共同签署初步验收证书。此后供货方仍有义务与采购方一起采取措施，使合同设备性能达到保证值。

② 属于供货方原因，则应按照合同约定的违约金计算方法赔偿采购方的损失。

(4) 在合同设备稳定运行规定的时间后，如果由于采购方原因造成性能验收试验的延误且超过规定的期限，采购方也应签署设备初步验收证书，并视为初步验收合格。

初步验收证书只是证明供货方所提供的合同设备性能和参数截至出具初步验收证明时可以按合同要求予以接受，但不能视为供货方对合同设备中存在的可能引起合同设备损坏的潜在缺陷所应负责任解除的证据。所谓潜在缺陷指设备的隐患在正常情况下不能在制造过程中被发现，供货方应承担纠正缺陷责任。供货方的质量缺陷责任期时间应保证到合同规定的保证期终止后或到第一次大修时。当发现这这类潜在缺陷时，供货方应按照本合同的规定进行修理或调换。

3) 最终验收

(1) 合同内应约定具体的设备保证期限。保证期从签发初步验收证书之日起开始计算。

(2) 在保证期内的任何时候，如果由于供货方责任而需要进行的检查、试验、再试验、修理或调换，当供货方提出请求时，采购方应做好安排进行配合以便进行上述工作。供货方应负担修理或调换的费用，并按实际修理或更换使设备停运所延误的时间将保证期限做相应延长。

(3) 如果供货方委托采购方施工人员进行加工、修理、更换设备，或由于供供货方设计图纸错误以及因供货方技术服务人员的指导错误造成返工，供货方应承担因此所发生合理费用的责任。

(4) 合同保证期满后，采购方在合同规定时间内应向供货方出具合同设备最终验收证书。条件是此前供货方已完成采购方保证期满前提出的各项合理索赔要求，设备的运行质量符合合同的约定。供货方对采购方人员的非正常维修和误操作，以及正常磨损造成的损失不承担责任。

(5) 每套合同设备最后一批交货到达现场之日起，如果因采购方原因在合同约定的时间内未能进行试运行和性能验收试验，期满后即视为通过最终验收。此后采购方应与供货方共同会签合同设备的最终验收证书。

5．大型设备采购合同的价格支付

1) 大型设备采购合同的价格

设备采购合同通常采用固定总价合同，在合同交货期内为不变价格。合同价内包括合同设备(含备品备件、专用工具)、技术资料、技术服务等费用，还包括合同设备的税费、运杂费、保险费等与合同有关的其他费用。

2) 大型设备采购合同的付款

合同生效后，供货方应提交金额按照约定的合同设备价格百分比数的不可撤销的履约保函，作为采购方支付合同款的先决条件。

大型设备采购合同的支付程序如下。

(1) 合同设备款的支付。订购的合同设备价格分 3 次支付。

① 设备制造前供货方提交履约保函和金额为合同设备价格 10%的商业发票后，采购方支付合同设备价格的 10%作为预付款。

② 供货方按交货顺序在规定的时间内将每批设备(部组件)运到交货地点，并将该批设备的商业发票、清单、质量检验合格证明、货运提单提供给采购方，支付该批设备价格的 80%。

③ 剩余合同设备价格的 10%作为设备保证金，待每套设备保证期满没有问题，采购方签发设备最终验收证书后支付。

(2) 技术服务费的支付。合同约定的技术服务费分两次支付。

① 第一批设备交货后，采购方支付给供货方该套合同设备技术服务费的 30%。

② 每套合同设备通过该套机组性能验收试验，初步验收证书签署后，采购方支付该套合同设备技术服务费的 70%。

(3) 运杂费的支付。运杂费在设备交货时由供货方分批向采购方结算，结算总额为合同规定的运杂费。

案例 6-6

工业设备采购制造安装质量控制及争议

【背景】

某工业工程项目，业主委托丙设计单位负责主要设备的设计工作；业主与甲制造公司签订了设备采购合同，由甲制造公司进行主要设备生产制造；业主与乙安装制造公司签订安装承包合同，由乙安装制造公司进行施工安装及钢结构制造；业主与监理公司签订监理合同，委托监理公司进行设备采购制造、安装监理。

驻甲制造公司的设备监理工程师在审查设计图纸时，发现部分设备的设计内容不符合有关技术规范要求，遂向总监理工程师汇报，总监理工程师确认后便向丙设计单位书面提出设计修改方案。在得到丙设计单位口头同意后，总监理工程师通知甲制造公司遵照口头修改意见执行。

甲制造公司在制造某设备时，设备监理工程师多次出现同一质量问题，监理工程师发出多次监理通知单，要求甲制造公司加强管理，更换制造设备和技术加工人员，尽管设备制造按期完成，但业主对设备质量有意见。同时，甲制造公司在外购制造设备所用钢材时，发现合同规定的某部件所选钢材无法在市场上采购到，于是甲制造公司以高质量钢材替代合同规定的钢材。

驻安装现场的设备监理工程师在审查该工程钢结构支架系统时，发现乙安装制造公司未按合同规定对钢结构焊缝进行超声波探伤检验。设备监理工程师随机选择了多个部位进行超声波检查，发现焊缝质量均未达到合同要求。监理机构向业主汇报后，要求乙安装制造公司进行整改。乙安装制造公司回函称，按照国家有关技术标准不必进行超声波检查，不同意整改。在结算时，业主与甲制造公司和乙安装制造公司产生争议，对甲制造公司超出合同价格的高质量钢材不予认可，对乙安装制造公司的钢结构质量不予认可，要求两家公司按合同质量完成项目，然后按合同价格重新报结算资料。

【问题】

(1) 监理公司对设计问题的处理有何不妥之处？为什么？

(2) 甲制造公司以高质钢材替代合同规定钢材的要求合理吗？为什么？

(3) 监理公司对甲制造公司和乙安装制造公司出现的制造、安装质量问题处理正确吗？为什么？

【案例解析】

(1) 监理公司无权对设计进行修改或变更，总监理工程师不能向丙设计单位书面提出设计修改方案。监理公司发现设计问题后，经总监理工程确认，须致函设计单位，并报送业主，由设计单位提出书面设计修改方案，由业主批准，总监审核后方可下发制造单位执行。

(2) 甲制造公司发现设计所选钢材无法在市场上采购，甲制造公司应当向监理提出书面的材料变更要求，监理审核后，送设计审定，报业主批准，然后由监理下发制造单位执行。

(3) 监理公司发现乙安装制造公司未按合同规定对钢结构焊缝进行超声波探伤检验时，监理工程师有权要求施工单位(乙安装制造公司)进行相应的检测，监理工程师应致函乙安装制造公司，要求乙公司整改，直至验收合格。如乙公司不同意整改，可建议业主罚款或扣留相应部分的工程款，另请安装单位进行整改，所发生的全部整改费用，由乙安装制造公司承担。对甲制造公司多次出现同一质量问题，除要求甲制造公司更换制造设备、更换加工人员外，如果调查确实甲制造公司无法按质量完成合格设备生产，可建议业主另行更换合格的设备制造公司。

案例 6-7

建设工程合同中设计施工中双方的权利义务问题

【背景】

某厂新建一个车间，分别与市设计院和市建某公司签订设计合同和施工合同。工程竣工后厂房北侧墙壁发生裂缝，为此某厂向法院起诉市建某公司。经勘验裂缝是由于地基不均匀沉降引起的，结论是结构设计图纸所依据的地质资料不准。于是，某厂又诉讼市设计院。市设计院答辩，设计院是根据某厂提供的地质资料设计的，不应承担事故责任。经法院查证，某厂提供的地质资料不是新建车间的地质资料，而是与该车间相邻的某厂的地质资料，事故前设计院也不知道该情况。

【问题和争议】

(1) 事故的责任者是谁？

(2) 某厂所发生的诉讼费应由谁承担？

【案例解析】

(1) 设计合同的主体是某厂和市设计院，施工合同的主体是某厂和市建某公司。根据案情，由于设计图纸所依据的资料不准，使地基不均匀沉降，最终导致墙壁裂缝事故。所以，事故所涉及的是设计合同中的责权关系，而与施工合同无关，即市建某公司没有责任。在设计合同中，提供准确的资料是委托方的义务之一，而且要对“资料的可靠性负责”(《条例》第八条)，所以，委托方提供假地质资料是事故的根源，委托方是事故的责任者之一。市设计院接受对方提供的资料进行设计，似乎没有过错，但是直到事故发生前设计院仍不知道资料虚假，说明在整个设计过程中，设计院并未对地质资料进行认真的审查，使假资料滥竽充数，导致事故；否则，有可能防患于未然。所以，设计院也是责任者之一。由此可知，在此事故中，委托方(某厂)为直接责任者、主要责任者，承担方(设计院)为间接责任者、次要责任者。

(2) 根据上述结论，某厂发生的诉讼费主要应由某厂负担，市设计院也应承担一小部分。

案例 6-8

【背景】

某公共事业单位建设行政办公楼和公共体育馆，希望对主要材料(钢材、混凝土、装饰材料等)、设备(电子、电力和电梯等)的采购价进行控制以降低项目造价和成本，因此，未经公开招标就通过直接与供货商签订供货合同采购材料、设备。

【问题】

此项目法人的材料、设备采购是否必须通过公开招标的形式来进行？招标人招标采购可否和供货商签订合同？

【案例解析】

我国七部委于2005年1月18日颁布了《工程建设项目货物招标投标办法》，其中对项目的材料招标已经做了详细的规定，对规范建筑材料市场起到了重大作用。依据该办法，采购主体如下。

(1) 工程建设项目法人直接为招标的工程项目供应材料和工程设备，项目的承包商进行项目的实施。在这样的情况下，招标人(项目法人)作为采购主体。

(2) 工程项目法人和总承包项目的中标人共同组织项目的货物招标。

上述两种招标主体对整个项目的大宗货物进行直接采购，其方式应该按法规公开招标或邀请招标。不适于公开招标的经相关部门批准后可采用邀请招标。提交件的投标人少于3个的，招标人应当依法重新招标。重新招标后投标人仍少于3个的招标的工程建设项目，报有关行政监督部门备案后可以不再进行招标，或者对两家合标人进行开标和评标。

但是，上述办法对工程建设项目承包人(不是总承包项目的承包人)采购项目需要的货物未具体规定，而且这种方式应是大多数的。在工程项目中大型机电设备启闭机、闸门、发电机组等)由于制造周期长，为保证总工期，招标人先行采购制造，此大部分货物都由承包人自行采购，这样的采购也是有竞争的。因为投标人编制投标文件应对项目需用的货物进行市场调查和询价，选择优质价低的货物，也因此达到有优势中标，否则就不可能中标。如果招标人是一个明智的管理者，就要避免直接给承包人提供货物，并在供货的数量和质量上划清责任界线。也就是说，给承包人的货物用到工程上去，出现质量问题和不能满足进度要求都是招标人的责任。有经验的承包人会希望这样做，不承担量和进度责任的承包人就太轻松了。招标人不去直接谈判，而是投标人在投标过程中与供货商谈判，并使自己的投标有竞争力。

由项目法人招标选定货物供货商，再由承包人与供货商签订供货合同，这样的做法是值得商榷的。因为这样的做法有许多弊端，这等于是项目法人把供货商强加于承包人的。如果承包人是一个有经验的、成熟的施工企业，在合同实施过程，供货商不能按计划规定提供足够符合质量的货物时，将由项目法人负责。

本章小结

本章对建设工程相关合同进行介绍，包括建设工程勘察设计合同，建设工程监理合同，建设工程物资采购合同和设备采购合同，对这些合同的主要内容与特征，合同的订立与履行进行分析，在合同中如何明确合同双方的合同权利与责任，从而使合同内容完备、责任明确、风险责任分担合理，保证建设工程项目合同的履行和顺利实施。

复习与思考

一、选择题

1. 下列发包人和承包人应当共同遵守的法律规定有(　　)。
   A. 执行国家规定的建设工程勘察、设计程序
   B. 应当签订建设工程勘察、设计合同
   C. 执行国家有关建设工程勘察费、设计费的管理规定
   D. 必须在资质等级和业务范围内发包、承包建设工程的勘察、设计业务
2. 审查工程价款是建设工程哪个监理合同的内容？(　　)
   A. 建设前期监理合同
   B. 设计监理合同
   C. 招标监理合同
   D. 施工监理合同
3. 建设工程项目的全过程管理，按照合同内容进行分类有(　　)。
   A. 建设前期监理合同
   B. 设计监理合同
   C. 招标监理合同
   D. 施工监理合同
4. 根据《建筑工程施工图设计文件审查暂行办法》，施工图审查的主要内容包括(　　)。
   A. 建筑物的稳定性与安全性
   B. 是否符合消防、节能、环保、抗震、卫生、人防等有关强制性标准、规范的规定
   C. 是否达到规定的施工图设计深度的要求
   D. 是否损害公共利益
5. 建设工程勘察设计合同发包方应向承包方提供(　　)。
   A. 勘察范围图
   B. 建筑平面布置图
   C. 勘察技术要求及附图
   D. 经批准的资源、燃料、水电、运输等方面的协议文件

6．关于建筑材料采购验收后确定交(提)货日期计算提出异议期限，下列表述不正确的有(　　)。

A．凡供方自备运输工具送货的，以需方收货戳记的日期为准

B．凡委托运输部门运送、送货或代运的产品的交货日期，以需方收货戳记的日期为准

C．合同规定需方自提的货物，以需方收货戳记的日期为准

D．合同规定需方自提的货物，以实际交、提货的日期为准

二、简答题

1．建设工程勘察的对象是工程项目地形、地质及水文等状况，那么，岩土工程中的勘测、设计、处理、监测活动是否也属于工程勘察范畴，为什么？

2．根据《建筑法》的规定，工程监理单位可以转让工程监理业务吗？

3．建设工程项目的监理人在委托人的授权下，是否可对任何合同规定的承包人义务提出变更？为什么？

4．建设单位、施工单位、监理单位能否对建设工程勘察、设计文件进行修改？为什么？

5．建设工程项目业主应在什么情况下才能对项目成套设备进行接收？

第 7 章

国际工程合同条件

教学要求

能力目标	知识要点	权重
掌握国际工程承包项目及合同概念	国际工程合同的分类、特点	10%
掌握 FIDIC 合同条件构成	FIDIC 系列标准合同条件、文本结构	15%
了解 FIDIC 合同条件(1999 年版)4 本合同条件适用范围及差别	FIDIC 合同条件(1999 年版)4 本合同条件红皮书、黄皮书、银皮书、绿皮书、白皮书、桔皮书和各版本应用及其演变	20%
了解国际通用合同条件的基本应用情况	FIDIC 合同条件；英国 JCT 合同、ICE 合同、NEC 合同；美国 AIA 系列合同；欧洲发展基金会 EDF 的应用范围、特点	15%
了解国际工程项目管理模式及其变化发展	国际工程项目管理如 DBB、PMC、EPC、BOT 等模式的特征、应用	15%
掌握的 FIDIC 土木施工合同主要内容和合同管理要点	FIDIC 合同条件(1999 年版)重要合同条件的术语、定义	25%

引例

在某国际工程项目施工中，业主通过工程师向承包商颁发了一份图纸，图纸上有工程师的批准及签字。但这份图纸的部分内容与本工程的技术规范(Technical Specifications)要求不一致，待实施到一半后工程师发现这个问题，要求承包商返工并按技术规范施工。承包商就返工问题向工程师提出索赔要求，但被工程师否定。

承包商提出了质疑：经过工程师批准颁发的图纸，如果与合同技术规范内容不同或冲突，它能否作为工程师已批准的有约束力的工程变更？

【案例分析】

按照 FIDIC 合同条件：

(1) 在国际工程中通常技术规范是优先于图纸的，承包商有责任遵守合同技术规范。

(2) 如果双方一致同意，工程变更的图纸是有约束力的。但达成一致同意不仅包括图纸上的批准意见，而且工程师应有变更的意图，即工程师在签发图纸时必须明确知道工程已经变更，而且承包商也清楚知道。如果工程师不知道工程已经变更(仅发布了图纸)，则无论出于何种理由，他没有修改的意向，这个对图纸的批准没有合同变更的效力。

(3) 承包商在收到与技术规范不同的或有明显错误的图纸后，(作为有经验的承包商)有责任在施工前须将问题呈交给工程师。如果工程师书面肯定图纸变更，则就形成有约束力的工程变更。而此案例是承包商没有向工程师核实，则不能构成有约束力的工程变更。

鉴于以上理由，承包商没有索赔理由。

【思考】

国际工程合同与国内工程合同有何不同？如何理解国际工程合同文件的优先解释顺序？

国际工程合同管理是搞好国际工程承包项目的关键，国际工程工程承包项目管理包括进度管理、质量管理和成本管理，它们均是以国际工程合同要求和规定为依据的。因此，中国承包商必须培养一批高水平的合同专家，认真研究国际工程合同，做好国际工程合同管理工作，以满足在日益对外开放的国内市场和走向国际市场实施国际工程项目时的需要。系统学习和掌握国际先进项目管理理论、方法和工具，是项目管理的必经之路，工程项目管理学习和借鉴国际工程管理经验和惯例成为捷径，也是提升工程项目管理水平的重要举措。

7.1 国际工程合同概述

7.1.1 国际工程合同的特点

国际工程是项目参与者来自不止一个国家，并且按照国际上通用的工程管理模式进行管理的工程。国际工程合同是指国际工程的参与主体之间为了实现在某个工程项目中的特定目的而签订的确定相互权利和义务的协议。由于国际工程是跨国的经济活动，因而国际工程合同远比一般国内的合同复杂。

与国内工程合同相比，国际工程合同具有如下一些特点。

(1) 国际工程合同是国际工程项目参与主体参与合同订立的法律行为，合同关系必须是双方(或多方)当事人的法律行为，而不能是单方面的法律行为。在国际工程参与主体订立合同的过程中，国际工程合同为合同双方规定了权利与义务。这种权利义务的相互关系并不是一种道义上的关系，而是一种法律关系。双方签订的合同要受到有关缔约方国家的法律或国际惯例的制约、保护与监督。合同一经签字，双方必须履行合同规定的条款。违约一方要承担由此而造成的损失。

(2) 国际工程合同从前期准备(指编制招标文件)、招投标、谈判、修改、签订到实施，都是国际工程中十分重要的环节，只有订立一个好的合同，才能保证项目的顺利实施，很多国际工程项目就是因为合同没有订好而导致失败。合同订没订好并不是对某一方来说的，如果合同的订立偏向于业主，必然影响承包商的利益，严重的时候会导致承包商亏损倒闭，最终损害业主的利益。所以订立好的合同必须是以利益均衡为基础的。

(3) 国际工程合同是一种非法律性惯例。国际惯例与合同条款之间存在解释与被解释，补充与被补充之间的关系。国际惯例可明示或默示地约束合同当事人，可以解释或补充合同条款之不足。合同条款可以明示地排除国际惯例的适用：合同条款可以明示地接受，或修改排除一项国际惯例；二者发生矛盾时，以合同条款为准。

(4) 国际工程合同的政治、经济因素风险，合同管理各具特点。国际工程项目由于处于不同的国家和地区、不同的工程类型、不同的资金条件、不同的合同模式、不同的业主和咨询工程师、不同的承包商和供应商，每个项目都是不相同的，每个项目的合同管理也就各具特点。研究国际工程合同管理时，既要研究各国际工程项目合同的共性，更要认真研究其特性。

(5) 国际工程合同制定时间长，实施时间更长。一个国际工程合同实施期短则1～2年，长则20～30年(如BOT、PPP项目)，因而合同中的任一方都必须十分重视合同的订立和实施，依靠合同来保护自己的权益。实施一个国际工程项目除主合同外，还可能需要签订多个合同，如融资贷款合同、各类货物采购合同、分包合同、劳务合同、联营体合同、技术转让合同、设备租赁合同等其他合同均是围绕主合同，为主合同服务的，但每一个合同的订立和管理都会影响主合同的实施。

(6) 国际工程合同文件内容全面并具有完善的合同范本。国际工程咨询和承包在国际上都有上百年历史，经过不断总结经验，在国际上已经有了一批内容全面并比较完善的合同范本，如FIDIC合同条件、ICE合同条件、NEC合同条件、AIA合同条件等。这些国际工程承包合同示范文本内容全面，包括合同协议书、投标书、中标函、合同条件、技术规范、图纸、工程量表等多个文件。这些范本还在不断地修订和完善，可供人们使用、学习和借鉴。编制合同文件时，各部分的论述都应力求详尽具体，这样在实施中就可以减少矛盾和争论。

7.1.2 国际工程合同的文本结构

(1) 国际通用合同的文本结构通常分为通用条件(General Conditions)和专用条件(Particular Conditions)。通用合同条件是针对某一类项目所设计的对应类型项目的公共合同条件平台，可适用于国际上许多国家或地区的各类土木工程建设项目合同条件中。

(2) 专用条件是相对于通用条件而言的，它是根据准备实施的具体工程项目的专业特点，工程项目所在地政治、经济、法律、自然条件等地域特点等以及业主的不同要求，对通用合同条件进行相应的补充完善、修改或取代其中的某些内容，或增补通用条件中没有规定的条款。国际工程通用条件和专用条件的各条款序号相对应，共同构成对某一问题的责任约定。

一般情况下，国际土木工程项目的招标及施工合同通用条件大都是采用 FIDIC 合同的有关内容，专用条件则根据工程项目所在国的法律和规章制度来编写。通用条件具有广泛的应用性，而专用条件针对具体一个国家的某一特定工程项目，针对性较强，因此在法律地位上，专用条件一般也高于通用条件。

国际工程承包合同的拟定，一般是参照国际通用合同文件范本。国际工程通用合同条件范本的这种结构，使某一具体工程建设项目合同的编写，可直接从合同范本中摘抄所需要的通用条款，其优点如下。

① 国际通用合同文件范本作为国际惯例，被国际工程实践广泛认可和采用，直接引用可减少合同编写的工作量。

② 通用条件一般经过实践的长期检验，措辞严谨，表述周密，条理清楚，能有效避免自己编写时可能产生的遗漏或不完善等问题。

③ 国际通用合同文件范本的通用条件作为一种国际惯例，强调风险责任分担，对合同双方都是公平、合理的，直接引用尤其可提高承包商的投标信心。

特别提示

国际工程合同编写过程中，多数直接引用国际通用合同文本中的内容，专用条件的编写是在引用通用条件的基础上，根据具体工程的特点，针对通用条件中的不同条款进行选择、补充和修改，使由这两部分相同序号组成的条款内容的具体情况更为完备。

④ 标准化的文件格式。

除了通用条件和专用条件以外，国际工程承包合同文件还包括有标准化的投标书、附录和协议书的格式文件。例如，FIDIC 编制的标准化合同文本、投标书附件列出了附录、协议书的格式文件，投标人只需要填写投标报价并签字后，即可与其他材料一起构成有法律效力的投标文件。

7.1.3 国际工程合同的分类

1. 按国际工程承包的内容分类

(1) 工程总承包合同通常称为工程承包合同或承包合同，是指就某一工程项目的建设、完成和维修等全部工作，由该项目的业主和承建该项目的承包商之间所签订的合同。这是国际工程承包业务中最重要的合同。

(2) 工程分包合同是指在承包商与业主之间签订了工程承包合同之后，承包商和分包商之间就某一分包业务签订的合同，如劳务分包合同。

(3) 联合承包合同指两个或两个以上合伙人之间，以承包人的名义为共同承担某一工程项目的建设、完成和维修等全部工作而签订的合同。

(4) 转包合同是承包商和业主就某一工程项目的建设、完成和维修签订了工程承包合同之后，由于种种原因，承包商将该工程项目的建设、完成和维修等工作转包给另一个承包商而签订的合同。

(5) 管理承包合同是项目管理承包商代表业主对工程项目进行全过程、全方位的项目管理而签订的合同。

2. 按承包方式通常分类

(1) 统包合同也称为“一揽子承包”，即通常所谈的“交钥匙”。采取这种方式，建设单位只要提出使用要求或产品要求和竣工期限，承包商即可对项目建议书、可行性研究、勘察设计、设备询价与选购、安装、材料订货、工程施工、职工培训直到竣工投产实行全面的总承包，并负责对各项分包任务进行综合管理、协调和监督工作。这种承包方式主要适用于各种大中型建设项目。统包合同涉及面广，内容繁多，且持续时间长，对于承包商来说常常风险较大。

(2) 阶段承包合同。顾名思义，阶段承包即将一项工程分成若干阶段，分别进行承发包。凡国际上的大型工程多数采用分阶段进行，有时分为一期工程、二期工程等。同一家承包商可以同时投标承包全部工程或其中的若干阶段或若干期工程，但合同通常按阶段工程缔结。

(3) 专项承包合同。也称为专业分包合同。专项承包指承发包工程项目中的某一专项工程。专项承包合同常常是由专业承包公司直接同业主缔约，属于业主指定的分包商。但是，总包商有时也出于技术或节省费用原因而将这类专业工程分包或转包给一些专业承包商，与专业分包承包商直接签订合同。业主在批准总包商的分包要求后， 一般不与专业分包商直接发生关系。

3. 按合同规定的计价方式分类

(1) 总价合同(Lump Sum Contract)。所谓总价合同是指业主付给承包商的款额在合同中是一个规定的金额，即总价。总价合同有以下 4 种不同的形式。

① 固定总价合同(Fixed Lump Sum)。固定总价合同是按商定的总价承包工程，它的特点是以图纸和工程说明书为依据，明确承包内容和计算报价，并一次包死。在合同执行过程中，除非业主要求变更原定的承包内容，承包商一般不能要求变更报价。合同价格基本不变，按项目完成的形象进度支付项目价款。

② 调值总价合同(Escalation Lump Price)。

③ 固定工程量总价合同(Lump Sum on Firm Bill of Quantities)。

④ 管理费总价合同(Management Fee Lump Sum)。

(2) 单价合同(Unit Rate Contract)。单价合同按合同规定的计量方法核定的承包商实际完成量乘以该项目的单价，作为支付的项目价款，在合同执行过程中项目单价基本不变。在国际工程承包中，单价合同应用较为广泛，如 FIDIC 土木工程合同就是以单价合同为主的。工程单价合同有以下两种不同的形式。

① 估计工程量单价合同(Bill of Approximate Quantities Contract)。

② 纯单价合同(Straight Unit Rate Contract)。

(3) 费用加酬金合同(Cost Plus Fee Contract)。按实际投入加上间接费(临时设施、管理费、税金、保险、财务费、利润等)和奖金，支付项目价款。当工程内容及其技术经济指标尚未全面确定，而由于工期要求紧等种种原因，工程又必须向外发包时，采用成本补偿合同的形式比较合适。

案例 7-1

【背景】

某国际工程业主采用邀请招标方式进行项目招标，在招标文件中要求如下。

(1) 项目工期为 18 个月。

(2) 采用固定总价合同报价。

(3) 规定合同无调价条款。

某承包商投标报总价 487 万美元，遵照招标要求的项目工期 18 个月，但在投标书中承包商使用保留条款，要求取消固定价格条款，采用浮动价格。业主在收到投标书后发函指出：①经审核发现投标书中有计算错误，总价中多算了 18 万美元，业主要求在合同总价中减去这个差额，将报价改为 469 万(即 487-18 万)美元。②坚持采用固定总价价格。

承包商回函答复如下。

(1) 如果业主坚持固定合同价格条款，则承包商在原报价的基础上需再增加 20 万美元。

(2) 既然为固定总价合同，则总价优先，计算错误 18 万美元不应从总价中减去，则合同总价应为 507 万(即 487 万 + 20 万)美元。然而，业主在未同承包商谈判的情况下便发出中标函，在签订合同中也没有对双方有争议的问题进行谈判和澄清。工程开始后，在工程实施过程中由于业主工程变更，合同工程量又增加了 80 万美元。工程最终结算时，业主坚持按照修正后的总价 469 万美元加上变更增加的工程量结算，即最终结算合同总价为 549 万美元。而承包商则要求按总价款 587 万(即 487 万 + 20 万 + 80 万)美元进行结算。业主和承包商争执不下，最终经中间人调解，业主不得不接受承包商的结算要求。

【案例解析】

(1) 对承包商保留条款，业主可以在招标文件明确，或在合同条件中规定不接受任何保留条款，则承包商保留说明无效。否则业主应在定标前与承包商就投标书中的保留条款进行具体商谈，也未在合同中做出确认或否认，故引起合同执行过程中的争执。

(2) 对单价合同，业主可以对投标书中报价单的数字计算错误进行修正，而且在招标文件中规定业主的修正权，并要求承包商对修正后的价格的认可。但对固定总价合同，一般不能修正，因为总价优先，按国际惯例是业主确认总价。

(3) 当双方对合同的范围和条款的理解明显存在不一致时，业主应在中标函发出前进行澄清，而不能留在中标后商谈。在中标函发出前进行商谈，一般承包商为了中标比较容易接受业主的要求；如果先发出中标函，再谈修改方案或合同条件，承包商要价就会较高，业主十分被动。在本例中，业主急于启动项目而签订合同，未与承包商在签订合同前进行认真的澄清和合同谈判就实施项目，因此造成了项目完成后结算被动的局面。

【思考】

国际工程项目中的总价合同和单价合同如何区分？

7.2 国际工程通用合同条件

7.2.1 FIDIC 合同条件

FIDIC(Fédération Internationale Des Ingénieurs Conseils 国际咨询工程师联合会)是国际最具权威性的咨询工程师组织，于 1913 年由欧洲 5 国独立的咨询工程师协会在比利时根特成立。总部设在瑞士洛桑，下设4个地区成员协会：亚洲及太平洋地区成员协会(ASPAC)、欧洲共同体成员(CEDIC)、亚非洲成员协会集团(CAMA)，北欧成员协会集团(RINORD)。FIDIC下设许多专业委员会，如业主咨询工程师关系委员会(CCRC)；合同委员会(CC)；执行委员会(EC)；风险管理委员会(RMC)；仲裁/调解/裁决审查委员会(ARB/MED/ADJ RC)；环境委员会(ENVC)；质量管理委员会(QMC)；二十一世纪工作组(Task Force 21)。该组织在每个国家或地区只吸收一个独立的咨询工程师协会作为团体会员，目前已发展到60多个会员国，是国际上最具有权威性的咨询工程师组织，该联合会是被世界银行和其他国际金融组织认可的国际咨询服务机构，中国在1996年正式加入该组织。

FIDIC专业委员会编制的FIDIC合同是国际公认的标准化合同，除FIDIC成员国外，一些国际性金融机构(如世界银行、亚洲开发银行、非洲开发银行等)也都要求在其贷款建设的土木工程项目实施过程中，使用以FIDIC文本为基础编制的合同条件。特别是世界银行将其采纳作为贷款项目的基本条件，对FIDIC合同的推广应用起了重要作用。FIDIC合同条件基本上属于英美普通法(惯例法)体系。

1. FIDIC系列标准合同条件及演变介绍

(1) 业主与承包商合同协议书，即《土木工程施工合同条件》(Conditions of Contract for Construction for Building and Engineering Works Designed by the Employer)：由于该标准合同的封面为红色，很快以“红皮书”而闻名世界。该“红皮书”有1957、1969、1977、1987、1999年版本共5个版本，最新版1999新“红皮书”与前几个版本在结构、内容方面有较大的不同。

2004—2005年，FIDIC专业委员会针对各个开发银行使用新“红皮书”通用条款和专用条款的附加条款进行了标准化的修改，发布了《土木工程施工合同条件》多边开发银行(Multilateral Development Banks)协调版，2006年对通用条款做了进一步的修改，发布多边开发银行协调版第二版。

(2) 业主与电气/机械承包商之间的缔约，即《FIDIC电气与机械工程合同条件》(Conditions of Contract for Plant and Designed-Build for E1ectrical and Mechanical Plant and Building and Engineering Works Designed by the Contractor)，因其封面呈黄色而得名“黄皮书”，1963年出了第一版“黄皮书”，1977年、1987年出两个新版本，最新的“黄皮书”版本是1999年的永久设备和设计—建造合同条件(Conditions Contract for Plant and Design-Build)。

(3) EPC交钥匙项目合同条件(Conditions of Contract for EPC/Turnkey Projects)，简称“银皮书”，为“交钥匙”项目而提供的《EPC合同条件》，是1999年出现的新合同版本格式。

《EPC交钥匙项目合同条件》特别适宜于PFI(Private Finance Initiate)，或PPP(Public/Private Partnership)，或BOT(Built Operate Transfer)及其他特许经营合同的项目。包括发电厂或工厂、基础设施项目(如公路、铁路、桥、水或污水处理石、水坝等)或类似项目，业主提供资金并希望以固定价格的交钥匙方式来履行项目，有时EPC项目的完成包括所有设施、调试和设备。

(4) 设计—建造与交钥匙合同条件(Conditions of Contract for Design-Build and Turn key)，FIDIC于1995年出版了《设计—建造与交钥匙合同条件》，简称“桔皮书”，主要应用与国际招标的工程设计和施工中，本合同条件的应用指南也于1996年出版。

(5) 业主与咨询工程师合同协议书，即《FIDIC/咨询工程师服务协议书标准条件》

(Conditions of the Client/Consultant Model Services Agreement)可用于投资前研究、可行性研究、设计及施工管理、项目管理。这种协议书及合同条件同样适用于国内协议，因其封面呈银白色而被称为“白皮书”，有1979、1990、1998三个版本，最近版本是1998年版，它将此前3个相互独立又相互补充的范本IGRA-1979-D&S、IGRA-1979-PI、IGRA-1980-PM合为一体。

(6) 业主与承包商之间的《简明合同格式》(Short Form of Contract)，简称“绿皮书”，适应于投资额较小的项目，也是1999年出现的新合同版本格式。

(7) 总承包商与分包商与分包商之间缔约合同范本(Conditions of Subcontract for Work of Civil Engineering Construction)《FIDIC土木工程施工分包合同条件》，该合同条件推荐与《土木工程施工合同条件》(1987年第四版)配套使用，1992年再次修订后重印，分包合同条件稍加修改后同样适用于分包商由业主指定的情况。

上述合同条件中，“红皮书”的影响尤甚，素有“土木工程合同的圣经”之誉。

(8) 设计—建造—运营合同DBO(Design, Build and Operate)简称“金皮书”，适用于承包商设计建造/安装运营的项目，诸如BOT/PPP项目，于2008年出版，本合同条件的应用指南也于2011年出版。

2. FIDIC(1999年版)合同条件简介

1)《土木工程施工合同条件》(新红皮书)

该合同条件特别适合于传统的“设计—招标—建造”(Design-Bid-Construction)建设履行方式。适用于建设项目规模大、复杂程度高、业主提供设计的项目。新红皮书基本继承了原红皮书的“风险分担”的原则，即业主愿意承担比较大的风险。因此，业主希望提供几乎全部设计(可能不包括施工图、结构补强等)；雇用工程师管理合同，管理施工以及签证支付；希望在工程施工的全过程中持续得到全部信息，并能做变更等；希望支付根据工程量清单或通过审批的工作总价。而承包商仅根据业主提供的图纸资料进行施工。当然，承包商有时要根据要求承担结构、机械和电气部分的设计工作。

2)《设备和设计—建造合同条件》(新黄皮书)

《设备和设计—建造合同条件》特别适合于“设计—建造”(Design-Construction)建设履行方式。该合同范本适用于建设项目规模大、复杂程度高、承包商提供设计、业主愿意将部分风险转移给承包商的情况。《设备和设计—建造合同条件》与《建造合同条件》相比，最大区别在于前者业主不再将合同的绝大部分风险由自己承担，而将一定风险转移至承包商。新黄皮书的规定使承包商要承担更多的风险，如将“工程所在国之外发生的叛乱、革命、暴动政变、内战、离子辐射、放射性污染等”在原黄皮书中由业主承担的风险改由承包商来承担，当然因为设计工作是由承包商来提供的，设计方面的风险自然也由承包商承担。业主对承包商的支付采用以总价为基础的合同方式，且关于期中支付和费用变更的方式均有详细规定。

3)《EPC交钥匙项目合同条件》(银皮书)

《EPC交钥匙项目合同条件》是一种现代新型的建设履行方式。该合同范本适用于建设项目规模大、复杂程度高、承包商提供设计、承包商承担绝大部分风险的情况。与其他3个合同范本的最大区别在于，EPC合同明确划分了业主与承包商的风险，特别是承包商要独自承担发生最为频繁的“外部自然力”这一风险，在《EPC交钥匙项目合同条件》下业主只承担很小的工程项目风险，而将绝大部分风险转移给承包商，由承包商承担项目实施过程中的风险，对工期和费用索赔管理极为严格，以避免追加费用和延长工期；由于业主承担的风险已大大减少，他就没有必要专门聘请工程师来代表他对工程进行全面细致的管理，EPC 合同中规定，业主或委派业主代表直接对项目进行管理，人选的更迭不须经承包商同意，业主或业主代表对设计的管理比黄皮书宽松；因为 EPC 项目投资方(特别是私人投资的商业项目)的业主在投资前关心的是工程的最终价格和最终工期，以便他们能够准确的预测在该项目上投资的经济可行性。

4)《简明格式合同》(绿皮书)

FIDIC 编委会编写绿皮书的宗旨在于使该合同范本适用于投资规模相对较小的民用和土木工程，如造价在 500 000 美元以下以及工期在 6 个月以下；工程相对简单，不需专业分包合同；重复性工作；施工周期短的项目。本合同格式的最大特点就是简单，合同条件中的一些定义被删除了而另一些被重新解释；专用条件部分只有题目没有内容，仅当业主认为有必要时才加入内容；没有提供履约保函的建议格式；同时，文件的协议书中提供了一种简单的“报价和接受”的方法以简化工作程序。

承包商根据业主或业主代表提供的图纸进行施工。当然，简明格式合同也适用于部分或全部由承包商设计的土木电气、机械和建筑设计的项目。类似银皮书关于管理模式的条款，“工程师”一词也没有出现在合同条件里。这是因为在相对直接和简单的项目中，工程师的存在没有必要性。当然，如果业主愿意，他仍然可以任命工程师。

鉴于绿皮书短小、简单、易于被用户掌握，编委会强烈希望绿皮书能够被非英语系国家翻译成其母语，从而广泛地应用。此外，对发展中国家、不发达国家和在世界范围内邀请招标的项目，绿皮书也被推荐使用。

3．FIDIC(1999 年版)4 本合同条件的简单对比

1) FIDIC (1999 年版)4 本合同条件主题条款对比(表 7-1)

表 7-1　FIDIC(1999 年版) 4 本合同条件主题条款对比

主条款序号	新红皮书	新黄皮书	银皮书	绿皮书
1	一般规定	一般规定	一般规定	(1) 一般规定
2	业主	业主	业主	(2) 业主
3	工程师	工程师	业主的管理	(3) 业主代表
4	承包商	承包商	承包商	(4) 承包商
5	指定的分包商	设计	设计	(5) 由承包商设计
6	职员和劳工	职员和劳工	职员和劳工	(6) 业主的责任
7	生产设备、材料和工艺	生产设备、材料和工艺	生产设备、材料和工艺	
8	开工、延误和暂停	开工、延误和暂停	开工、延误和暂停	
9	竣工试验	竣工试验	竣工试验	(7) 竣工时间
10	业主的接收	业主的接收	业主的接收	(8) 接收
11	缺陷责任	缺陷责任	缺陷责任	(9) 修补缺陷
12	测量和估价	竣工后试验	竣工后试验	
13	变更和调整	变更和调整	变更和调整	(10) 变更和索赔
14	合同价格和付款	合同价格和付款	合同价格和付款	(11) 合同价格和付款

续表

主条款序号	新红皮书	新黄皮书	银皮书	绿皮书
15	由业主终止	由业主终止	由业主终止	(12) 违约
16	由承包商暂停和终止	由承包商暂停和终止	由承包商暂停和终止	
17	风险与职责	风险与职责	风险与职责	(13) 风险与职责
18	保险	保险	保险	(14) 保险
19	不可抗力	不可抗力	不可抗力	
20	索赔、争端和仲裁	索赔、争端和仲裁	索赔、争端和仲裁	(15) 争端的解决

2) 风险的分担(表 7-2)

表 7-2 风险的分担

合同类型	风险分担	
	业主承担的风险	承包商承担的风险
新红皮书	政治风险、社会风险、经济风险、法律风险、外界风险以及不可抗力出现时承包商的直接损失	业主承担的风险之外的风险
新黄皮书	与新红皮书基本一致，但不包括设计风险	业主承担的风险之外的风险，并包括与设计有关的风险
银皮书	承包商承担的风险之外的风险	经济风险、外界风险、设计风险及“业主的要求”说明的风险
绿皮书	与红皮书基本相似	与红皮书基本相似

3) 价格方式(表 7-3)

表 7-3 价格方式

合同类型	价格方式
新红皮书	单价合同，可调价
新黄皮书	总价合同，可调价，并可部分采用单价合同
银皮书	总价合同，一般情况下不可调价
绿皮书	没有规定，较灵活

如前所述，新编 FIDIC(1999 版)4 种格式，根据不同性质的项目工程应当选择相应的 FIDIC 合同形式。

4. FIDIC 合同条件的应用情况

1) 国际金融组织贷款和一些国际项目直接采用

在世界各地，凡世界银行、亚洲开发银行、非洲开发银行贷款的工程项目以及一些国家和地区的工程招标文件中，大部分全部采用 FIDIC 合同条件。在中国，凡世界银行贷款项目，在执行世行有关合同原则的基础上，执行我国财政部在世界银行批准和指导下编制的有关合同条件。

2) 合同管理中对比分析使用

许多国家在学习、借鉴 FIDIC 合同条件的基础上，编制了一系列适合本国国情的标准合同条件。这些合同条件的项目和内容与 FIDIC 合同条件大同小异，主要差异体现在处理问题的程序规定上以及风险分担规定上。FIDIC 合同条件的各项程序是相当严谨的，处理业主和承包商风险、权利及义务也比较公正。因此，业主、咨询工程师、承包商通常都会将 FIDIC 合同条件作为一把尺子，与工作中遇到的其他合同条件相对比，进行合同分析和风险研究，制定相应的合同管理措施，防止合同管理上出现漏洞。

3) 在合同谈判中使用

FIDIC 合同条件的国际性、通用性和权威性使合同双方在谈判中可以以“国际惯例”为理由要求对方对其合同条款的不合理、不完善之处做出修改或补充，以维护双方的合法权益。这种方式在国际工程项目合同谈判中普遍使用。

4) 部分选择使用

即使不全部采用 FIDIC 合同条件，在编制招标文件、分包合同条件时，仍可以部分选择其中的某些条款、某些规定、某些程序甚至某些思路，使所编制的文件更完善、更严谨。在项目实施过程中，也可以借鉴 FIDIC 合同条件的思路和程序来解决和处理有关问题。

7.2.2 英国 JCT 合同

英国皇家建筑师学会(RIBA)1902 年编制出版的《建筑合同标准格式》(香港译“建筑标准合约”)是世界上第一部房屋工程标准合同，在英联邦地区有很大影响。该合同后来以 1931 年成立的“联合合同审理委员会”(JCT)名义发行，因此一般称为 JCT 合同。

JCT 合同有带工程量清单、不带工程量清单、带近似工程量清单、承包商设计、总包、分包、管理承包等版本，最新版本为 2005 年的 JCT05。JCT 合同的标准合同内容齐全，具体分成 9 个类别。

(1) 标准建筑合同的不同形式(如地方政府或私人投资、带工程量清单、不带工程量清单、带近似的工程量清单 5 种形式)。

(2) 承包商带设计的合同。

(3) 固定总价合同。

(4) 总包标准合同。

(5) 中型工程合同。

(6) 小型工程合同。

(7) 管理承包合同。

(8) 单价合同。

(9) 分包合同标准文本。

JCT 合同主要适用于房屋建筑工程项目，其特点如对建筑师的授权比 ICE 合同条件要少，主要是因为房屋建筑工程项目的建造周期短，相对一些大型土木工程项目风险小，所以对建筑师授予临时决策权较少；JCT 合同适合于采用总价合同承包的计价方式，也适用于“交钥匙”承包合同形式。在工程施工过程中若工程量增减过大，或工程变更较多，可在工程竣工前后相应地调整总合同价款。JCT 合同实行建筑师和测量师的“双监理”，例如建筑师审批工期索赔，工料测量师审批经济索赔。

7.2.3 ICE 合同

ICE(The Institution Of Civil Engineers，英国土木工程师学会)是设于英国的国际性组织，拥有会员 8 万多名，其中 1/5 在英国以外的 140 多个国家和地区。该学会已有 180 年的历史，已成为世界公认的学术中心、资质评定组织及专业代表机构。ICE 在土木工程建设合同方面具有高度的权威性，它编制的土木工程合同条件在土木工程具有广泛的应用。ICE 合同为英国土木工程师学会和土木工程承包商联合会颁布的。它主要在英国和英联邦国家的土木工程中广泛使用。该文本历史悠久，特别适用于大型的复杂的工程。ICE 合同只设工程师而不设测量师，参与编制的有英国土木工程承包商协会(CECA)和英国咨询工程师协会(ACE)。1991 年 1 月第六版的《ICE 合同条件(土木工程施工)》共计 71 条 109 款，此外，IEC 合同条件的最后也附有投标书格式、投标书格式附件、协议书格式、履约保证等文件。目前最新的 ICE 合约条件为 1999 年第七版，第七版与第六版在结构上的微小差异主要体现在相关条款的合并、增添与修改等方面，以促使整个文件的结构更合理，逻辑性更好，阅读性更强为目的。与第六版相比，第七版在责任分担方面做了一些修改，主要包括以下 3 个方面：一是对分包实施了更严格的规定，减弱了承包商在分包方面的权利；二是要求承包商在现场考察时调查清楚工程的“水文条件”，增大了承包商的风险责任；三是增大了业主在提供现场方面的责任。第七版明确规定，监理工程师给予承包商的任何同意或批准，不减少承包商的责任。

7.2.4 NEC 合同

鉴于传统模式的 ICE 合同条件存在的易引起争议和索赔的缺点，ICE 吸收了 ICE 及 JCT 等诸多施工合同条件的优点，制定了 NEC(New Engineering Contract)施工合同条件。NEC 主张从对立转向合作以实现合同目标，不设工程师但增加了争端裁定制度，引入了里程碑付款方式，开创了以简洁语言撰写标准工程合同的先例，这些做法在国际上有很大的影响。NEC 是组装式合同，在英国和部分英联邦国家被广泛应用。

1991 年 NEC 发行试用版，1993 年发行 NEC1，1995 年发行 NEC2，2005 年发行的 NEC3 合同家族达 23 种。

NEC 合同的具体内容如下。

(1) 工程施工合同是用于业主和承包商之间的主合同。

(2) 工程施工分包合同是用于承包商和分包商之间的合同。

(3) 专业服务合同是用于业主与项目管理人、监理人、设计人、工料测量师、律师等之间的合同。

(4) 裁判者合同是用于指定裁判者解决纠纷与争议的合同。

7.2.5 美国 AIA 系列合同条件

AIA (The American Institute of Architects，美国建筑师学会)作为建筑师的专业社团已经有近 140 年的历史，成员总数达 56 000 多名，遍布美国及全世界。AIA 出版的系列合同文件在美国建筑业界及国际工程承包界特别在美洲地区具有较高的权威性，应用广泛。

AIA 合同包括一共可分成 6 个系列，其中前 3 个系列为标准合同文件，具体如下。

A 系列：用于业主与承包商的标准合同文件，包括《业主与承包商协议书标准格式》、《业主与设计/建造商协议书标准格式》、《工程承包通用合同条件》等。

B 系列：用于业主与建筑师之间的标准合同文件，包括《业主与建筑师协议书标准格式》、《业主与建筑师协议书简要格式》、《设计建造商与建筑师协议书标准格式》。

C 系列：用于建筑师与专业咨询人员之间的标准合同文件，包括《建筑师与专业咨询机构协议书标准格式》、《建筑师与专业咨询机构协议书简要格式》。

D 系列：建筑师行业内部使用的文件。

F 系列：财务管理报表。

G 系列：建筑师企业及项目管理中使用的文件。

AIA 合同文件主要用于私营的房屋建筑工程，并专门编制用于小型项目的合同条件。其计价方式主要有总价、成本补偿及最高限定价格法。AIA 系列合同文件的核心是“一般条件”(A201)。采用不同的工程项目管理模式及不同的计价方式时，只需选用不同的“协议书格式”与“一般条件”即可。如 AIA 文件 A101 与 A201 一同使用，构成完整的法律性文件，适用于大部分以固定总价方式支付的工程项目。再如 AIA 文件 A111 和 A201 一同使用，构成了完整的法律性文件，适用于大部分以成本补偿方式支付的工程项目。1987 年版的 AIA 文件 A201《施工合同通用条件》共计 14 条 68 款，主要内容包括业主、承包商的权利与义务；建筑师与建筑师的合同管理；索赔与争议的解决；工程变更；工期；工程款的支付；保险与保函；工程检查与更正其他条款。

7.2.6 EDF 合同条件

欧洲发展基金会制定的 EDF 合同条件应用范围相对窄，主要用于 ACP(非洲、加勒比海与太平洋国家)及 EDF 贷款的工程项目。在编制新版 EDF 合同条件时，FIDIC 合同条件 1987 年第 4 版被选做基础。

EDF 合同的主要内容包括以下几方面。

(1) 工程、供货和服务合同的通用规则。

(2) 工程合同通用条件。

(3) 供货合同通用条件。

(4) 服务合同通用条件。

(5) 调解与仲裁程序规则。

EDF 合同的法律依据是法国的法律以及行政管理法规，属于大陆法规的合同条款。它的一个主要特点是设在接受 EDF 贷款的国家中的 EDF 驻当地代表往往会在 EDF 贷款工程项目的业主与承包方之间发生争执或冲突时进行介入，从而使 EDF 的非正式调解纠纷的作用事实上成为这类合同的一个内容。这样，EDF 的非正式调解纠纷的作用事实上已成为这类合同的一个内容。结果对不属于 EDF 贷款范围的工程项目，就不能使用 EDF 合同条件。在英国加入欧洲共同体后，如何处理英、法两国对施工承包合同的不同做法，也是一个难题。这些情况都限制了 EDF 合同条件的应用。

7.2.7 PPC2000 合同

PPC2000《项目合作伙伴关系合同标准格式》(Standard Form of Project Partnering Contract)是 2000 年英国咨询建筑师协会(Association of Consultant Architects，ACA)出版的世界上第一个多方工程合同，当事人包括业主、承包商、分包商、供应商、裁决人、设计师、咨询师等。由于形成了一个有共同目标的项目团队，有利于群策群力，减少冲突，以达最佳项目效果。项目之初就开始风险管理一直到竣工，例如承包商、分包商要参与设计阶段的工作，以防止设计失误或不合理而造成损失。PPC2000 有许多新概念，例如核心组可做出决议。

PPC2000 是英国政府施工特别工作组 1998 年报告《反思施工》(Rethinking Construction)导致的成果，并事先在一系列住宅、办公楼、学校等试验项目中获得成功，被誉为“现代化施工合同”、“合作伙伴的全胜技和现代最佳实践”。此外还有 SPC2000《项目合作伙伴关系专家合同标准格式》，用于加入专业分包商等项目伙伴。2005 年 ACA 出版了 TPC2005《定期合作伙伴关系合同标准格式》，用于定期工程和服务的采购。PPC2000 已于 2003 年进行修订，它显示了设计—建造等项目总承包合同的革新趋势。

7.3 国际工程项目管理模式

案例 7-2

EPC 供货商延误交货导致的合同违约

【背景】

某承包商按 EPC 合同条件总承包某国建材公司 3000T/D 水泥厂项目，该项目包括承包商设计、采购和安装水泥生产全套设备，并进行试车和生产培训。承包商与业主在合同中约定，承包商提前完工奖励一万美元一天，误期罚款也是一万美元一天。

承包商向供货商 B 公司水泥生产设备，交货期为 10～12 个月，分批交货。订单条件规定，如果供货商延误交货，每延误一周，需缴纳相应货款额 1%的延期交货违约金，最高限额为相应货款总额的 10%。

但由于 B 公司执行其他订单等原因，到期不能交货。在承包商多次派人员催促，B 公司最终实际交货时间与订单交货时间相比延误 4 个多月，导致 EPC 承包商的项目整体移交延误两个月。

由于 B 公司设备交货时间延误，严重影响了 EPC 承包商工程进度，承包商不得不加大设备和人员投入以抢工期，由此增加了大量的抢工费用，同时在 B 公司催交催运设备过程中，也增加了额外的大笔费用，而且，业主按照合同对 EPC 承包商罚款 60 万美元。

EPC 承包商向 B 公司提起索赔，要求供货商不但按照订单中关于延期交货违约金的规定，而且必须对由于延误带来的对整个项目延误的损失负责。但是 B 公司只同意向承包商缴纳 45 万美元的延期违约金，而拒绝其他赔偿。

【案例解析】

承包商与业主签订的是 EPC 总承包合同，合同内容包括了水泥生产线的设计、采购和全套设备安装，并进行试车和生产培训。供货商 B 公司的合同履行情况(延误交货)直接影响承包商的整个工程的进度和移交，并使得承包商付出更多的赶工费，并承受了违约罚款等后果损失。

供货商 B 公司在履行货物买卖合同中，由于延误交货而违约，应当承担违约责任。但是，由于订单条件规定最高责任为延误部分货物总价款的 10%，因此，承包商向供货商课罚 45 万美元违约金。承包商无权再索取额外的赔偿，其他损失则只能自己承担。因此，国际工程项目管理中，由于分包商和供货商延误会对总承包商带来一系列连锁反应，造成误期违约，并导致灾难性的后果。国际工程项目中货物采购的选择标准与普通的国际贸易不完全相同，不但需要强调价格要求，而且对交货期、质量有更严格要求。对于分包商和供货货商的信誉与能力调查清楚，严格审查，并能通过合同约束，如加大违约赔偿的限额和间接损失的索赔。

【思考】

总承包商在与业主签订合同和对分包商合同应当如何考虑?

7.3.1 国际工程项目管理变化趋势

21世纪以来，全球建筑市场的投资者主体结构正在发生剧烈的变化，承包和发包方式也发生很大变革，从承包项目转向投资或带资承包，并将主要投资业务集中在项目运作等利润丰厚的高端产业链。国际工程承包的范围已超出过去单纯的工程施工和安装，延伸到投资规划、工程设计、国际咨询、国际融资、采购、技术贸易、劳务合作、人员培训、指导使用、项目运营维护等涉及项目全过程、全方位服务的诸多领域，工程承包逐步成为货物贸易、技术贸易和服务贸易的综合载体。高端的带资承包或特许融资项目、咨询、建设、运营与技术承包等新兴承包方式发展迅速。目前，国际上知名大型承包商营业额的约65%以上来源于PMC、EPC、BOT、PPP、PFI、DB等模式的项目。美国《工程新闻纪录》(ENR)将国际工程承包市场分为房屋建筑、制造、能源、水利、排污/垃圾处理、工业/石化、交通、有害废物处理和电信十大行业市场。其中，房屋建筑、工业/石化及交通等三大行业始终居于金字塔的顶端部位，以年均80%的市场份额牢牢占据着建筑业优势行业的地位。在国际工程承包市场居于金字塔上端20%的行业，掌握着约80%的市场和收益，而居于金字塔中部和底部的80%的行业却只掌握约20%的市场和收益。

随着我国加入 WTO 和经济建设的快速发展，我国承包商不断进入了国际工程承包高端业务领域，工程总承包从化工、石化行业逐步推广到冶金、电力、纺织、铁道、机械、电子、石油天然气、建材、市政、兵器、轻工、地铁等行业，特别是以 EPC、BOT、DB总承包模式等项目取得了较好的成效，工程总承包项目数额有了明显的增加，带动了我国制造设备的大量出口，并且取得了不错的效益，为我国承包商带来了丰厚的利润成果。2009年，我国有 54 家企业进入 10 年 ENR225 国际承包商榜单，数量仅次于欧洲。

总之，国际工程项目管理模式的发展变化必然导致国际工程合同与招投标方式的变更与发展。当然，任何国际工程项目管理模式都有其优势和劣势，对于大而复杂的项目，建设各参与方，尤其是业主方和承包商，了解并正确选择工程项目管理模式将是工程项目预定目标能否实现的关键。在对工程项目管理模式进行选择时，既要考虑各种模式的特征，同时还要依据工程项目自身和各参与方的特点综合考虑。

7.3.2 国际工程项目管理模式简介

1. 设计—招标—建造(Design-Bid-Build，DBB)传统项目管理模式

DBB模式是最传统的国际工程项目管理模式，也是在国际上比较通用且应用最早的工程项目发包模式之一，世行、亚行贷款项目及以国际咨询工程师联合会(FIDIC)合同条件为依据的项目多采用这种模式，由业主委托建筑师或咨询工程师进行前期的各项工作(如进行机会研究、可行性研究等)，待项目评估立项后再进行设计。在设计阶段编制施工招标文件，随后通过招标选择承包商；而有关单项工程的分包和设备、材料的采购一般都由承包商与分包商和供应商单独订立合同并组织实施。传统模式的优点是：管理方法较成熟，各方对有关程序都很熟悉；业主对设计要求可控制；可自由选择监理人员监理工程；可采用各方均熟悉的标准合同文本。有利于合同管理、风险管理和减少投资。传统模式的缺点是：项目要经过规划、设计、施工 3 个环节之后才移交给业主，项目周期较长；业主管理费

较高，前期投入较高；变更时容易引起较多的索赔。DBB 项目模式如图 7.1 所示。

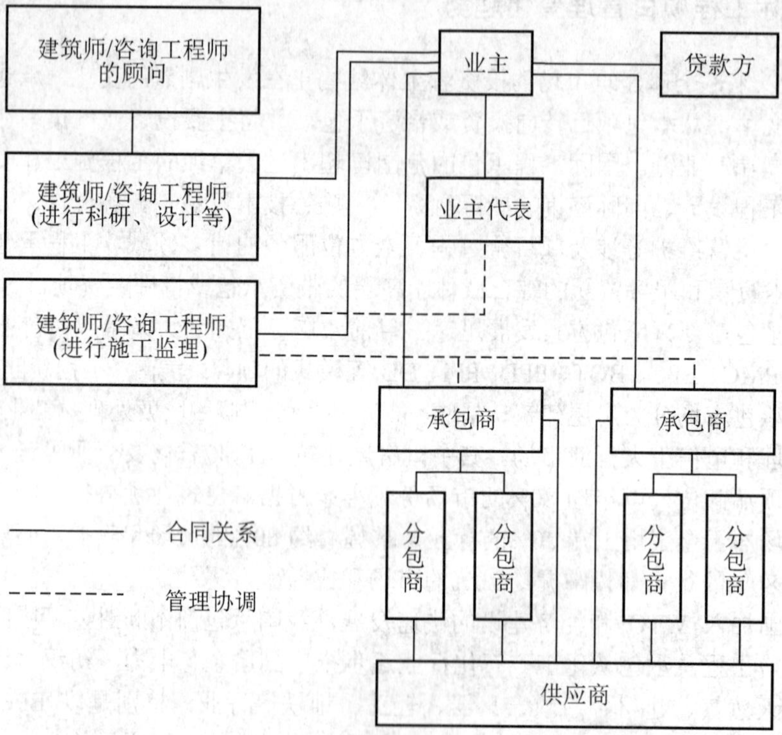

2．设计—建造(Design-Build，DB)项目管理模式

DB 模式在国际上也称为交钥匙模式(Turn-Key-Operate)或一揽子工程(Package Deal)，是指在项目原则确定后的项目初始阶段，业主邀请几家有资格的承包商进行议标，根据项目确定的原则选定唯一的实体负责项目的设计与施工，设计—建造承包商不但对设计阶段的成本负责，而且可用竞争性招标的方式选择分包商或使用本公司的专业人员自行完成工程，包括设计和施工等。在这种方式下，业主首先选择一家专业咨询机构代替业主研究、拟订拟建项目的基本要求，授权一个具有足够专业知识和管理能力的人作为业主代表，与设计—建造承包商联系。DB 模式的优点：业主和承包商密切合作，完成项目规划直至验收，减少了协调的时间和费用；承包商可在参与初期将其材料、施工方法、结构、价格和市场等知识和经验融入设计中；有利于控制成本，降低造价。DB 模式的缺点：业主对最终设计和细节控制能力较低；承包商的设计对工程经济性有很大影响，在 DB 模式下承包商承担了更大的风险；建筑质量控制主要取决于业主招标时功能描述书定义的质量，而且总承包商的水平对设计质量有较大影响；交付方式操作复杂，竞争性较小。一些国家在 DB 模式的基础上又发展了类似的模式 DDB 如(开发—设计—建设)、DBFM(设计—建设—设施经营)等模式。DB 项目模式如图 7.2 所示。

3．建造—运营—移交(Build-Operate-Transfer，BOT)项目管理模式

BOT 模式，是 20 世纪 80 年代在国外兴起的一种将政府基础设施建设项目依靠私人资本的一种融资、建造的项目管理方式，或者说是基础设施国有项目民营化。政府开放本国

基础设施建设和运营市场，授权项目公司负责筹资和组织建设，负责项目的融资、设计、建造、经营及偿还贷款，特许协议期满后，再无偿移交给政府。BOT 模式的最大特点是由于获得政府的许可和支持，有时可得到优惠政策，拓宽了融资渠道。BOT 模式项目发起人必须具备很强的经济实力(大财团)，资格预审及招投标程序复杂。BOT 模式项目主要优点：可以减少政府主权借债和还本付息的责任；可以将公营机构的风险转移到私营承包商，避免公营机构承担项目的全部风险；可以吸引国外投资，以支持国内基础设施的建设，解决了发展中国家缺乏建设资金的问题；BOT 项目通常都由外国的公司来承包，这会给项目所在国带来先进的技术和管理经验，既给本国的承包商带来较多的发展机会，也促进了国际经济的融合。BOT 模式项目缺点：在特许权期限内，政府将失去对项目所有权和经营权的控制；参与方多，结构复杂，项目前期过长且融资成本高；可能导致大量的税收流失；可能造成设施的掠夺性经营；在项目完成后，会有大量的外汇流出；项目风险分摊不对称；等等。政府虽然转移了建设、融资等风险，却承担了更多的其他责任与风险，如利率、汇率风险等。各国在 BOT 模式的基础上，又发展了许多类似的模式，如 BOOT(建设—拥有—运营—移交)、BOO(建设—拥有—经营)、BLT(设计—租赁—移交)、BT(建设—移交)、TOT(移交—运营—移交)、DOT(开发—运营—移交)、ROO(更新—拥有—运营)等。BOT 项目模式如图 7.3 所示。

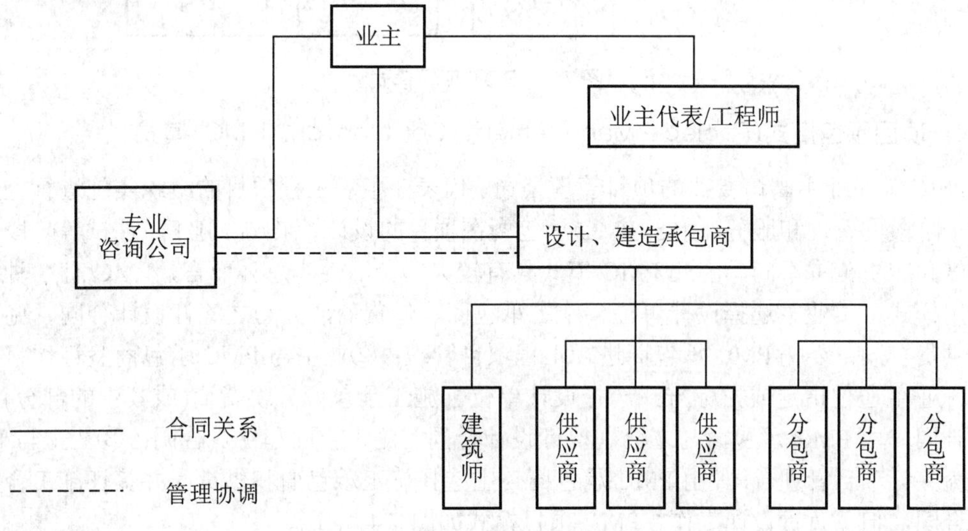

图 7.2 DB 项目模式

BOT 模式一出现就引起了国际金融界的广泛重视，被认为是代表国际项目融资发展趋势的一种新型结构。BOT 模式主要用于机场、隧道、发电厂、港口、收费公路、电信、供水和污水处理等一些投资较大、建设周期长和可以运营获利的基础设施项目。迄今为止，在发达国家和地区已进行的 BOT 项目中，比较著名的有横贯英法的英吉利海峡海底隧道工程、香港东区海底隧道项目、澳大利亚悉尼港海底隧道工程等。在许多发展中国家如中国、马来西亚、菲律宾、巴基斯坦、泰国等发展中国家都有成功运用 BOT 模式的项目。如中国广东深圳的沙角火力发电厂 B 厂、马来西亚的南北高速公路及菲律宾那法塔斯(Novotas)一号发电站等都是成功的案例。

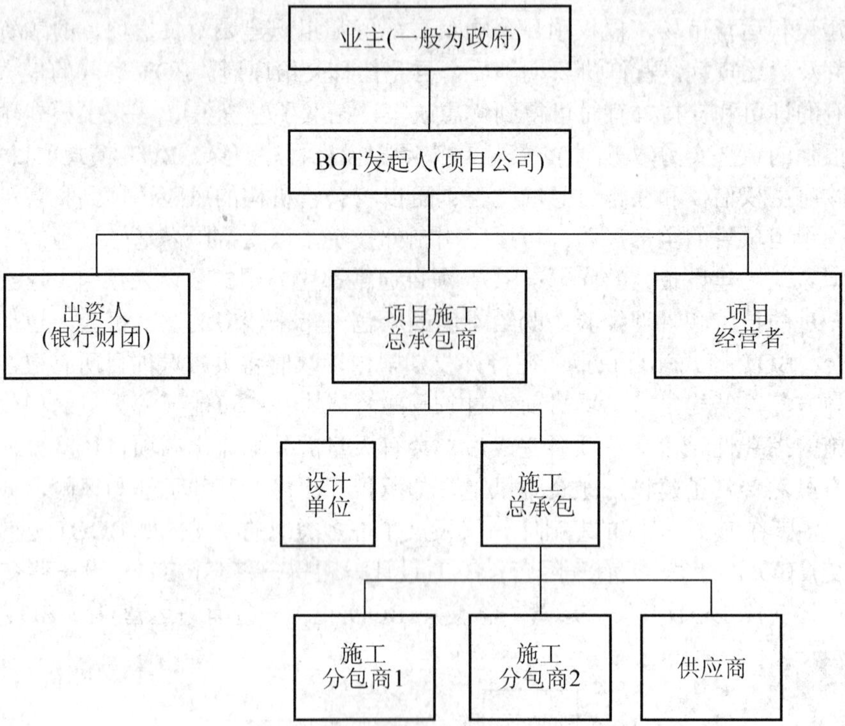

图 7.3　BOT 项目模式

4．项目承包模式(Project Management Contractor，PMC)模式

PMC 就是业主聘请专业的项目管理公司，代表业主对工程项目的组织实施进行全过程或若干阶段的管理和服务。由于 PMC 承包商在项目的设计、采购、施工、调试等阶段的参与程度和职责范围不同，因此 PMC 模式具有较大的灵活性。总体而言，PMC 有 3 种基本的应用模式：①业主选择设计单位、施工承包商、供货商，并与之签订设计合同、施工合同和供货合同，委托 PMC 承包商进行工程项目管理；②业主与 PMC 承包商签订项目管理合同，业主通过指定或招标方式选择设计单位、施工承包商、供货商(或其中的部分)，但不签合同，由 PMC 承包商与之分别签订设计合同、施工合同和供货合同；③业主与 PMC 承包商签订项目管理合同，由 PMC 承包商自主选择施工承包商和供货商并签订施工合同和供货合同，但不负责设计工作。PMC 项目模式如图 7.4 所示。

PMC 是由一批对项目建设各个环节具有丰富经验的专门人才组成的，它具有对项目从立项到竣工投产进行统筹安排和综合管理的能力，能有效地弥补业主项目管理知识与经验的不足。PMC 作为业主的代表或业主的延伸，帮助业主在项目前期策划、可行性研究、项目定义、计划、融资方案以及设计、采购、施工、试运行等整个实施过程中有效的控制工程质量、进度和费用，保证项目的成功实施，达到项目寿命期技术和经济指标最优化。

PMC 模式通常用于国际性大型项目，包括相当复杂的工艺技术；业主是由多个大公司组成的联合体，并且有些情况下有政府的参与；业主自身的资产负债能力无法为项目提供融资担保；项目投资通常需要从商业银行和出口信贷机构取得国际贷款，需要通过 PMC 取得国际贷款机构的信用，获取国际贷款。

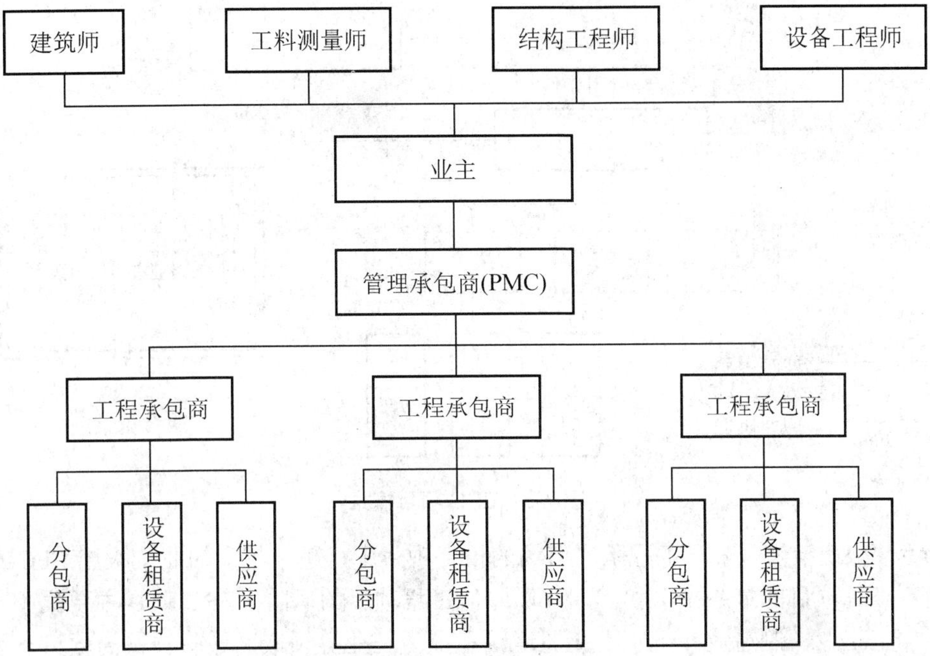

图 7.4 PMC 项目模式

5. 设计—采购—建造(Engineering-Procurement-Construction，EPC)项目管理模式

模式 EPC 工程总承包模式是一个总承包商或承包商联合体按照合同约定对整个工程项目的设计、设备和材料采购、施工安装、协助运行服务(调试)等工作进行全方位管理的总承包。其中 Engineering 不仅包括具体的设计工作，而且可能包括整个建设工程内容的总体策划以及整个建设工程实施组织管理的策划和具体工作。通常情况下业主不提供具体的施工图纸，只是根据项目的内容和最终使用要求进行招标，总承包商中标签订合同后需要对项目的设计、采购和施工全面负责，项目通过试运行达到业主要求后才能被视为合格。总承包商按照合同约定对项目的质量、工期、安全和造价等各项目绩效指标向业主全面负责。如果调试阶段承包商仍然负主要责任，EPC 模式就是 Turnkey 模式。EPC 合同条件的基本出发点是业主参与工程管理工作很少，一般采用总价合同。一般不聘请独立的工程师来管理工程，而是自己或委派业主代表来管理工程；承包商承担设计风险、自然力风险、不可预见的困难等大部分风险。EPC 项目模式如图 7.5 所示。

EPC 工程总承包以高速度、低成本地建造高层建筑和大型工业项目而成为国际上建设工程领域广泛运用的总承包方式之一。EPC 工程总承包改变了传统的“业主－工程师－承包商”三方模式，工程师以业主代表的身份出现不仅使“业主和承包商”两个利益主体的关系更加明晰而简单，而且突出了 EPC 承包商的责任主体地位。EPC 工程总承包的优势在于发挥了设计的主导作用，通过整体优化项目的实施方案实施设计、施工各个阶段的合理交叉与充分协调，特别是利用工程总承包企业的项目管理和技术创新优势达到节省投资、缩短工期和提高质量的建设目标。

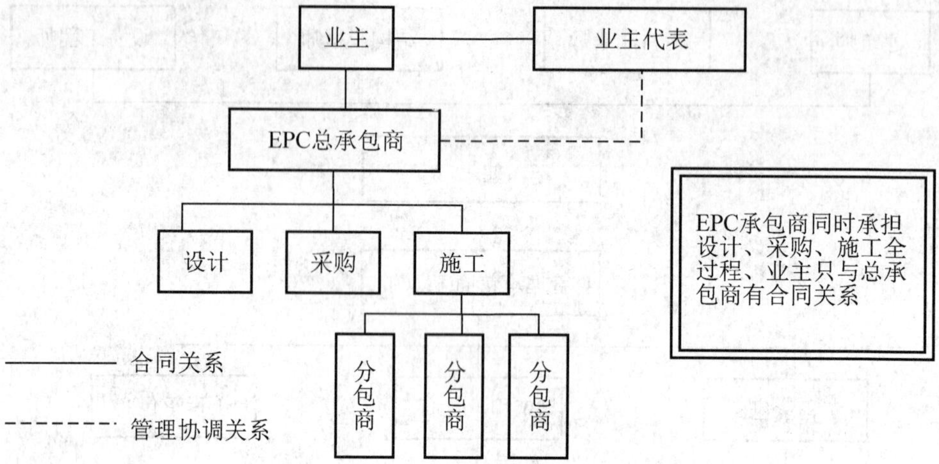

图 7-5 EPC 项目模式

20 世纪 80 年代以来，工程承包市场的投资项目中，越来越多的业主采用 EPC 总承包模式确定工程项目的最终投资和工期，以降低工程项目的风险。EPC 项目主要集中在石油化工、加工工业、制造业、供水、交通运输和电力工业等领域，这些领域的项目一般以设计为主导，具有技术较复杂、投资数额巨大、管理难度大等特点，采用 EPC 总承包模式不仅涉及工程设计公司和施工企业的经营战略变革，同时也成为这种承包企业在竞争日益剧烈的国际工程承包市场中保持竞争优势的必然选择，代表了现代工程项目管理的主流。

国际上大型项目的总承包比例占到了 80%。而对于投资规模大、技术含量高、风险相对大的大型项目，如石油、化工、电力等采用 EPC 模式几乎达到了 100%。中国国家体育场(鸟巢)、水立方、央视大楼和国家大剧院、环球金融中心工程等项目，这些设计先进的工程都是工程总承包 EPC 项目的成功典范。

6. 建设—管理(Construction-Management，CM)模式

CM 模式全称为 Fast-Track-Construction Management(快速路径项目管理)。20 世纪 80 年代以来，在国外广泛流行。CM 模式采用快速路径法进行施工时，从开始阶段就雇用具有施工经验的 CM 单位参与建设工程实施过程中，以便为设计人员提供施工方面的建议且随后负责管理施工过程。这种模式改变了过去那种设计完成后才进行招标的传统模式，采取分阶段发包，由业主、CM 单位和设计单位组成一个联合小组，共同负责组织和管理工程的规划、设计和施工，CM 单位负责工程的监督、协调及管理工作，在施工阶段定期与承包商会晤，对成本、质量和进度进行监督，并预测和监控成本和进度的变化。CM 模式的最大优点就是可以缩短工程从规划、设计到竣工的周期，节约建设投资，减少投资风险，可以比较早地取得收益。然而，CM 经理以及其所在单位的资质和信誉的要求都比较高，分项招标导致承包费可能较高，CM 模式一般采用“成本加酬金”合同，对合同范本要求比较高。CM 项目模式如图 7.6 所示。

CM 模式在美国、加拿大、欧洲和澳大利亚等许多国家的大型建筑项目管理上被广泛应用，比较有代表性的是美国的世界贸易中心和英国诺丁安地平线工厂。20 世纪 90 年代 CM 模式进入中国之后，得到了一定程度上的应用，如上海证券大厦、南京市江苏电网调

度中心、上海岳阳大酒店、深圳国际会议中心、广东汤浅新力蓄电池有限公司新车间工程等均采用了 CM 模式。

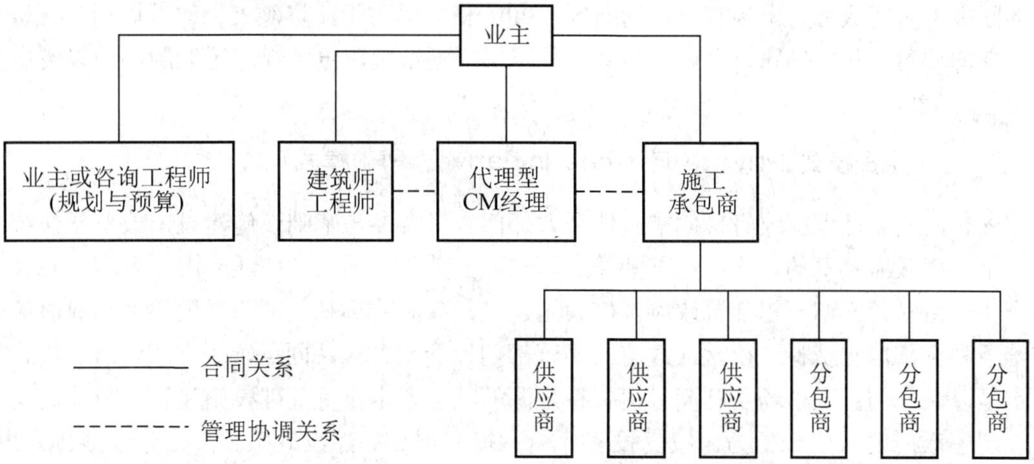

图 7.6 CM 项目模式

7. 管理承包(Management-Contracting，MC)模式

MC 模式中，业主选择一个外部的 MC 管理公司来管理项目的设计和建设。MC 公司自己不从事任何项目的建设，而是把整个项目划分成合理的工作包，然后将工作包分发给分包商，这些分包商在国外又被称作工作包分包商。在这种组织形式中，业主与咨询工程师、MC 公司产生直接的合同关系，咨询工程师与 MC 公司之间是协调关系，而 MC 公司与工作包分包商之间是直接的合同关系。MC 公司通常在项目的早期就被任命，并且协助项目设计做大量的工作。另外，MC 公司要向业主提出最大工程费用保证(Guaranteed Maximum Price，GMP)。如果最后结算超过 GMP，则由 MC 公司赔偿，如果低于大工程费用保证(GMP)，则节约的投资归业主所有，但 MC 公司由于承担了保证施工成本的风险，因而能够得到额外的收入。MC 项目管理模式的主要优点是由于项目设计和施工的搭接节省了大量的时间，MC 公司的介入所提供的管理经验提高了决策的可执行性。当然，一旦 MC 公司不能胜任工作，业主要解聘 MC 公司就相当困难，对于业主目标的实现十分不利；同时，MC 公司已向业主提供 GMP，所以要涉及业主和 MC 公司两方的利益，这样就降低了决策的效率，业主对项目的控制力已经明显减弱。

8. 公共部门与私人企业合作(Public Private Partnerships，PPP)融资模式

PPP 模式是一种以各参与方的“双赢”或“多赢”为合作理念的现代融资模式，是指政府部门通过政府采购，与中标单位组成的特殊目的项目公司并签订特许权协议，并由该项目公司负责筹资、建设与经营。这种模式的优点：公共部门和私人企业在初始阶段就共同参与论证，有利于尽早确定项目融资可行性，缩短前期工作周期，节省政府投资；可以在项目初期实现风险分配，同时由于政府分担一部分风险，使风险分配更合理，减少了承建商与投资商风险，从而降低了融资难度；参与项目融资的私人企业在项目前期就参与进来，有利于私人企业一开始就引入先进技术和管理经验；公共部门和私人企业共同参与建设和运营，双方可以形成互利的长期目标，更好地为社会和公众提供服务。PPP 模式的缺

点：对于政府来说，如何确定合作公司给政府增加了难度，而且在合作中要负有一定的责任，增加了政府的风险负担；组织形式比较复杂，增加了管理上协调的难度；如何设定项目的回报率可能成为一个颇有争议的问题。PPP 模式适用于投资额大、建设周期长、资金回报慢的项目，包括铁路、公路、桥梁、隧道等交通部门，电力煤气等能源部门以及电信网络等通信事业等。

9. 私人融资模式(Private Finance Initiative，PFI)模式

PFI 模式即是指由政府采取措施使私人部门有机会参与基础设施建设，改变了传统方式中全部由政府负责的方式。在某些发达国家，尤其是英国，被广泛应用。政府与私人部门合作，由私营部门承担部分政府基础设施建设，政府购买私营部门提供的产品或服务，或给予私营部门收费特许权，或政府与私营部门以合伙方式共同运营等方式。PFI 模式的优点是以潜在的巨大市场及利润吸引各种来源的社会资本投资基础设施建设，吸收民间资本，缓解政府财政资金压力，改变投资环境；提高项目的建设效率和降低建设成本。PFI 模式能够充分利用民营企业在管理、技术和知识等方面的优势，既提高了基础设施建设的效率，同时也节约了建设成本，使社会资源的配置更优化；政府部门和私人部门可适当分配风险，分散了基础设施项目的投资风险。PFI 模式缺点是项目信用等级和相关法律制度的不完善，使政府部门确定私人合作公司存在较大难度；项目的经营收益分派、政府补贴等要与私人协商，可能存在利益纠纷；项目前期费用较高。

PFI 适用于学校、医院、监狱等公共基础项目，在英国还被用于国防训练项目、政府部门的设备改造项目、政府的公共住房开发项目、城市的重建项目等。

10. 资产担保证券化或资产证券化(Asset-Backed Security，ABS)项目融资模式

ABS 模式是指以目标项目所拥有的资产为基础，以该项目资产的未来收益为保证，通过在国际资本市场发行高档债券等金融产品来筹集资金，并投资新项目的一种证券化的项目融资方式。其实质是将基于基础设施或资产的现金流收入与原始权益人完全剥离，过户给特设信托机构(Special Purpose Vehicle，SPV)，SPV 通过金融担保、保险及超额抵押等方式取得较高的信用评级，然后以债券的方式发售给资本市场的投资者，融取项目建设所需资金，并以设施的未来收入流作为投资者收益的保证，不需要以发行者自身的信用做债券的偿还担保。ABS 融资方式适合于在国际证券市场上大规模筹集资金，它通过证券市场发行债券筹集资金，分散了投资风险，反映了证券化融资的发展方向，是目前国际上基础设施项目融资的重要方式。该模式适合于投资规模大、周期长、资金回报慢的城市基础设施项目，如电信、电力、供水、排污、环保、大型工业项目、资源开发型项目等领域的基本建设、维护、更新改造扩建等。我国苏州工业园区、珠海高速公路和我国海外船舶公司就是利用这种方式为基础设施筹资的。

11. 伙伴协作(Partnering)模式

Partnering 模式是在两个或两个以上的组织之间为了获取特定的商业利益，最大化地利用各组织的资源而做出的一种长期承诺。这种关系建立在信任、追求共同目标和理解各组

织的期望和价值观的基础之上。期望获取的利益包括提高工作效率、降低成本、增加创新机遇和不断提高产品和服务的质量。

Partnering 模式并不仅仅是业主与施工单位双方之间的协议，而需要建设工程参与各方共同签署，包括业主、总包商、分包商、设计单位、咨询单位、主要的材料设备供应单位等。Partnering 模式的主要特点就是参建各方在相互信任、资源共享的基础上达成一种短期或长期的协议，建立了项目的共同目标，它使得项目参与各方以项目整体利益为目标，弱化了项目参与各方的利益冲突，及时沟通以避免争议和诉讼的产生，共同解决建设工程实施过程中出现的问题，共同分担工程风险和有关费用，以保证参与各方目标和利益的实现。Partnering 模式优点是能够优化总目标，提高了工作效率，提高了各方的利润，达成双赢或多赢。缺点是间接成本较多，包括研讨会成本、Partnering 促进人的费用、会议地点租借费、交通费等直接成本。Partnering 模式在日本、美国、英国及香港地区都有所应用，调研成果表明，在 500 万美元以下的小项目中，Partnering 优势不明显，但在 500 万至 4 000 万美元的项目中，Partnering 均优于非 Partnering 项目。

12. 国际工程项目管理其他模式

(1) PM(Project Management)项目管理模式是指项目业主聘请一家工程公司或咨询公司代表业主进行整个项目过程的管理，该公司在项目中被称作项目管理承包商 (Project Management Contractor，PMC)。由于这种模式提供的项目管理服务通常包括项目前期的咨询以及实施期间的管理服务，它虽然与 PMC 模式类似，但不是由项目管理公司与承包商订立合同，只是管理协调关系。这种模式服务的范围可能更广，因而也可以叫做项目管理一体化模式。

项目总控(Project Controlling, PC)模式是在项目管理(Project Management)基础上结合企业控制论(Controlling)发展起来的一种运用现代信息技术为大型建设工程业主方的最高决策者提供战略性、宏观性和总体性咨询服务的新型组织模式。PC 模式以现代信息技术为手段，对大型建设工程信息进行收集、加工和传输，通过对项目实施全过程所有环节调查分析，为项目的管理层决策提出切实可行的实施方案，围绕项目目标投资、进度和质量进行综合系统规划，以使项目的实施形成一种可靠安全的目标控制机制。

(2) 设计—管理(Design-Management，DM)模式通常由同一个实体向业主提供设计和施工管理服务的工程项目管理模式，它有两种运作形式。

① 业主与设计—管理公司和施工总承包商分别签订合同，由设计—管理公司负责设计并对项目实施进行管理，如图 7.7(a)所示。

② 业主只与设计—管理公司签订合同(类似于 DB 模式)，再由该公司分别与各个单独分包商分别签订分包合同，由他们负责施工和供货，如图 7.7(b)所示。

(3) 更替型合同(Novation Contract，NC)模式是一种新的项目管理模式，也可看作 DBB 和 DB 的巧妙结合。业主在项目实施初期委托一工程公司进行项目的初步设计，当这部分工作完成到一定程度(30%～80%)时业主招标选择承包商，承包商与业主签约时，除施工外，还要承担未完成的设计工作，并规定承包商必须与原工程公司签定设计合同，完成剩余部分的设计，再按合同要求完成项目。

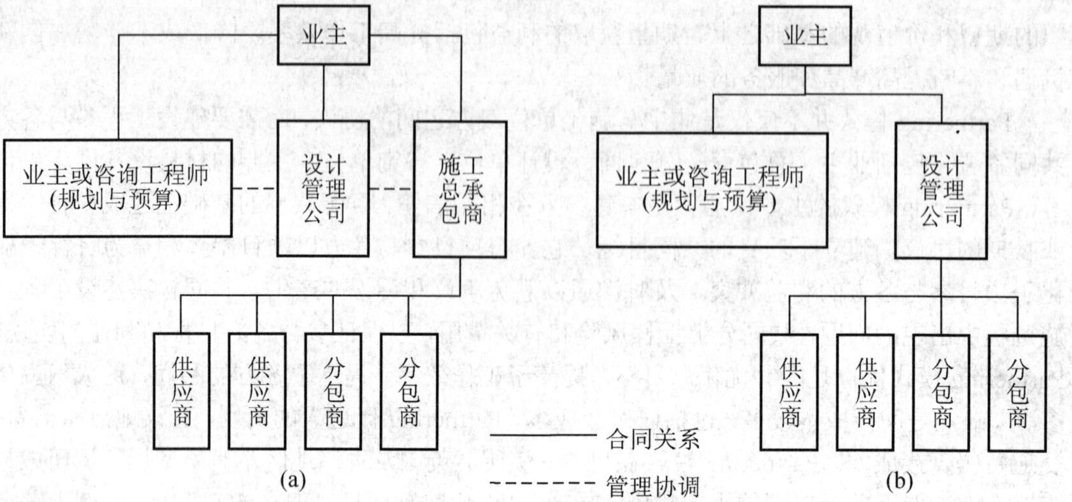

图 7.7 DM 项目模式

7.4 FIDIC 合同条件介绍

FIDIC 合同条件是国际工程招投标、承包、合同执行、监理和咨询等行业最为广泛使用的合同文件。FIDIC 合同条件集发达国家建筑业百年经验，并把工程技术、法律、经济、和管理等有机地结合起来，能够合理平衡合同当事人之间的要求和利益，尤其能公平地分配合同当事人的风险和责任。FIDIC 合同条件不是法律，也不是法规，但它是一种国际惯例。目前，FIDIC 合同条件不仅为 FIDIC 成员国采用，而且为国际性金融机构(如世界银行、亚洲开发银行、非洲开发银行等)要求在其贷款建设的土木工程项目实施中使用。FIDIC 合同条件在传统上主要适用于国际工程施工。FIDIC 土木施工合同条件适用于一般的土木工程，其中包括工业与民用建筑工程、疏浚工程、土壤改善工程、道桥工程、水利工程、港口工程等(以下简称 FIDIC 合同条件)。

7.4.1 FIDIC 合同条件的特点

(1) 国际性、权威性、通用性。FIDIC 合同条件的国际性和权威性从其出台的过程以及它多年被应用于国际工程所证实。其通用性表现在只要是土木工程，包括房屋工程、桥隧工程、公路工程等均通用；另一方面，它不仅用于国际工程，也可以应用于国内工程，FIDIC 合同条件第四版删去了文件标题中的“国际”一词，使 FIDIC 合同条件不但适用于国际性招标的工程施工，而且同样适用于国内合同。如交通部编制的《公路工程施工合同条件》、铁道部编制的《铁路工程施工合同条件》、建设部的《建设工程施工合同》就是等效采用 FIDIC 合同条件而出台的。

(2) 权利和义务明确、职责分明、趋于完善。FIDIC 合同条件文件不仅对工程的规模、范围、标准以及费用的结算办法都规定得十分明确，而且对工程管理过程中的许多细节都做了明确的规定，同时对业主、承包商、工程师等各方权责规定得十分明确，从而减少执行过程中的误解和纠纷。如业主和工程师是委托与被委托的关系，业主必须通过工程师来传达自己的命令，但是业主不能干预工程师的正常工作，可以向监理单位提出更换不称职的监理人员。工程师和承包商之间没有任何合同关系，双方是监理与被监理的关系，承包商所进行的工作都必须通过工程师的批准，严格遵照工程师的指示。但是承包商可以通过法律手段来保护自己的合法权益。FIDIC 合同条件所确定的各方之间的关系可保证工程按照合同顺利进行。

(3) 文字严密、逻辑性强、内容广泛具体、可操作性强。FIDIC 合同各个条件之间既有相互制约的关系，又有互相补充的关系，从而构成了一个完整的合同体系。如 FIDIC 合同条件 1.5 款就明确规定了文件的优先次序。

(4) 法律制度完善。FIDIC 合同条件中形成了一套完整的具有法律特征的管理制度体系，如工程保险制度、合同担保制度、质量责任制度、价款支付制度、施工监理制度等，使合同顺利履行具备了制度上的保证。

(5) 合同条件具有唯一性。FIDIC 合同条件是承包商和工程师各自工作的唯一依据。双方在签订合同之后，就只能以此合同作为办事依据。合同当事人除按工程性质或状况选择相应的 FIDIC 格式合同外，另应对所适用该合同形式的通用条款、专用条款进行修改、确认与补充，如法律适用，争端(DAB)与仲裁(管辖)等做出选择与约定。

7.4.2 FIDIC 合同条件下的建设项目工作程序

《土木工程施工合同条件》是 FIDIC 最早编制的合同文本，也是其他几个合同条件的基础。土木工程施工合同条件的主要特点表现为：条款中责任的约定以招标选择承包商为前提；合同履行过程中建立以工程师为核心的管理模式；以单价合同为基础(也允许部分工作以总价合同承包)。在 FIDIC 合同条件下，建设项目的工作大致按以下程序进行。

(1) 进行项目立项，筹措资金。

(2) 通过工程监理招标选择工程师，签订工程监理委托合同。

(3) 通过竞争性勘察设计招标确定或直接委托勘察设计单位对工程项目进行勘察设计，也可委任工程师对此进行监理。

(4) 通过竞争性招标，确定承包商。

(5) 业主与承包商签订施工承包合同，作为 FIDIC 合同文件的组成部分。

(6) 承包商按合同的要求提供履约担保、预付款保函，办理保险等事项，并取得业主的批准。

(7) 业主支付预付款。在国际工程中，一般情况下，业主在合同签订后、施工前支付给承包商一定数额的资金(无息)，以供承包商进行施工人员的组织、材料设备的购置及进入现场、完成临时工程等准备工作作为预付工程款。预付款的有关事项，如数量、支付时间和方式、支付条件、扣还方式等应在专用合同条件或投标书附件中明确。预付款一般为合同价款的 10%～15%。

(8) 承包商提交工程师所需的施工组织设计、施工技术方案、施工进度计划和现金流量估算。

(9) 准备工作就绪后，由工程师下达开工令，业主同时移交工地占有权给承包商。

(10) 承包商根据合同的要求进行施工，而工程师则进行日常的监理工作。这一阶段是承包商与工程师的主要工作阶段，也是 FIDIC 合同条件要规范的主要内容。

(11) 根据承包商的申请，工程师进行竣工检验。若工程合格，颁发接收证书，业主归还部分保留金。

(12) 承包商提交竣工报表，工程师签发支付证书。

(13) 在缺陷通知期内，承包商应完成剩余工作并修补工程缺陷。

(14) 缺陷通知期满后，经工程师检验，证明承包商已根据合同履行了施工、竣工以及修补所有的工程缺陷的义务，工程质量达到了工程师满意的程度，则由工程师颁发履约证书，业主应归还履约保证金及剩余保留金。

(15) 承包商提交最终报表，工程师签发最终支付证书，业主与承包商结清余款。随后，业主与承包商的权利、义务关系即告终结。

FIDIC 合同条件的结构组成。FIDIC《土木工程施工合同条件》(1999 年版)合同条件结构共 20 条 247 款。标题为一般规定；业主；工程师；承包商；指定分包商；员工；生产设备、材料和工艺；开工、延误和暂停；竣工试验；业主的接收；缺陷责任；测量和估价；变更和调整；合同价款和付款；由业主终止；由承包商暂停和终止；风险和责任；保险；不可抗力；索赔、争端和仲裁。

FIDIC《土木工程施工合同条件》属于单价合同，但也有某些子项包干价格。业主负责工程项目的设计工作，承包商按照业主提供的设计进行施工，但也可能负责小量的施工图设计，比如由承包商设计的土木、机械、电气和构筑物的某些部分。业主往往仅提供概念设计图纸、技术规范和概算工程量清单，并要求承包商据此报价。工程款按实际完成工程量乘以单价进行结算。一般情况下，单价可随各类物价的波动而调整。承包商应根据自身的投标经验预测各种节点的做国际工程承包管理法和材料要求，并逐项填报单价作为项目实施的基础。

7.4.3 FIDIC 施工合同条件重要术语和定义

1. FIDIC 合同及合同文件

1) 中标函或中标通知书(Letter of Award)

中标函是由业主签署的正式接受投标函的文件，即业主在投标书有效期结束前向中标的承包商发出的中标通知书。中标通知书应在正文或附录中列入以下内容。

(1) 完整的合同文件清单，包括以被接受的投标书，双方对投标书修改的确认。这些修改包括纠正计算错误，修改或删除某些保留条件。

(2) 合同价(Contract Price)。明确项目名称、中标标价、工期、质量等事项。

(3) 涉及履约保证的递交以及正式协议书的签字、盖章生效等问题。在中标通知书之前，业主先写一封意向书，表明业主接受中标者投标书的授标意愿，但又附加限制条件。授标意向书(Letter of Intend)一般对业主无约束力。

中标意向书不是合同文件，对业主没有约束力，不能盲目根据中标意向书中的要求做工作。

2) 协议书(Agreement)

协议书是专门用来使合同文件正规化的书面文件。根据法律规定，协议书不是为形成合同文件所必需的。但是，在大型工程项目施工合同中，签订协议书是一种惯例。协议书实际上是合同文件的浓缩。它列出合同各组成部分的名称，简述合同的重要内容，如工程内容、完工时间、误期赔偿及付款办法等；同时，也可以包括某些类似于合同条款补充和扩展的条文。合同协议书有业主和承包商的签字，有对合同文件组成的约定，是使合同文件对业主和承包商产生约束力的法律形式和手续。

3) 投标书

投标书是由承包商填写的、提交给业主的对其具有法律约束力的文件。其主要内容是工程报价，同时保证按合同条件、规范、图纸、工程量表、其他资料表、所附的附录及补充文件的要求，实施并完成招标工程并修补其任何缺陷。保证中标后，在规定的开工日期开工，并在规定的竣工日期内完成合同中规定的全部工作。

4) 通用合同条件

通用合同条件是针对某一类项目所设计的，是对应土木工程类型项目的公共合同平台，无论是工业民用建筑，还是电力工程，或是公路、铁路交通等各类项目，均可适用。

5) 专用合同条件

专用合同条件是根据项目的具体特点和业主的不同要求，对通用合同条件的补充、修改和具体化。这部分内容若与专用合同条件冲突，应以专用合同条件为准。这部分的效力高于通用合同条件。

6) 规范

规范包括强制性标准和一般性规范。指对工程范围、特征、功能和质量的要求以及对施工方法、技术要求的说明，对承包商提供的材料的质量和工艺标准、样品和试验、施工顺序和时间安排等做出明确规定。一般技术规范还包括计量、支付方法的规定。

规范是招标文件中的重要组成部分。编写规范时可引用某一通用外国规范，但一定要结合本工程的具体环境和要求来选用，同时还包括按照合同根据具体工程的要求对选用规范的补充和修改内容。

7) 图纸

图纸是指合同中规定的工程图纸、标准图集，也包括在工程实施过程中对图纸进行的修改和补充。这些修改补充的图纸均须经工程师签字后正式下达才能作为施工及结算的依据。另外，招标时提供的地质钻孔柱状图、探坑展示图等地质、水文图纸也是投标人的参考资料。

8) 其他文件

合同文件包括在合同履行的过程中，当事人双方补充的一些协议如会议纪要等资料，包括工程量表、数据、表册、费率或价格表等。标价的工程量表是由招标人和投标人共同完成的。作为招标文件的工程量表中有工程的每一类目或分项工程的名称、估计数量以及计量单位，要留出单价和合价的空格，这些空格由投标人填写。投标人填入单价和合价后的工程量表称为标价的工程量表，是投标文件的重要组成部分。

2. FIDIC 合同条件下合同文件的组成及优先次序

在 FIDIC 合同条件下，合同文件除合同条件外，还包括其他对业主、承包商都有约束力的文件，如中标函、投标书、各种规范、施工图纸和标准图集、资料表和构成合同组成部分的其他文件。构成合同的这些文件应该是互相补充、互相说明的，但是在实施中情况在不断发生变化，可能受到诸多外界因素影响，这些文件有时会产生冲突或含义不清。此时，由工程师进行解释，其解释应根据合同文件的内容按以下顺序进行：合同协议书；中标函；投标书；专用合同条件；通用合同条件；各种规范；施工图纸及标准图集；资料表和构成合同组成部分的其他文件。

FIDIC 合同文件优先解释顺序是一个要注意的问题。当合同文件出现相互矛盾不可避免，承包商可应运用优先解释顺序避免损失。

案例 7-3

【背景】

某国际工程项目在工程量清单中规定应使用白水泥进行卫生间的瓷砖勾缝，但在技术规范中写明这项工作使用普通硅酸盐水泥。业主要求承包商使用白水泥，而承包商认为技术规范优于工程量清单，应按普通硅酸盐水泥施工，最后工程师裁决，承包商可使用普通硅酸盐水泥。若业主要求用白水泥，则工程师须发出变更指令，并给承包商追加费用。

【问题】

国际工程项目如何对待前后不一致的合同文件？

3．投标相关文件

1) 投标函

投标函指的是投标人的报价函，其格式一般由业主方在招标文件中拟订好，由投标人填写，作为其正式报价函，它是投标书的核心部分之一。

2) 投标书

投标书是指投标者投标时提交给招标人的且构成合同文件的全部文件的总标。它主要包括有投标函，填写的各类表格及文件，如工程量表、计日工表、投标保证函等以及其他的技术文件，如施工方法、方案、进度计划安排、人员安排、设备清单、分包计划等。

3) 投标函附录

这个文件是附在投标函后面并构成投标函一部分的一个附录，它将合同条件中的核心内容简单列出，并给出在合同中相应的条款号。这个附录中的大部分内容业主在招标时已规定，少部分由投标人填写，因而对业主规定的相关内容，数据承包人应仔细研究。

4．合同各方及人员

1) 业主

指在投标函附录中称为业主的当事人以及其财产所有权的合法继承人(这里也可以理解为业主或发包人)。

2) 承包商

指为业主接受的在投标函中称为承包商的当事人，以及其财产所有权的合法继承人。

3) 工程师

指由业主任命的并在投标函附录中指名的为实施合同担任工程师的人员，或者在实施中业主替换工程师由其重新任命并通知承包商的人员。

4) 业主人员

根据定义，业主人员主要包括工程师、工程师的助理人员、工程师和业主的雇员，包括职员和工作人员，工程师和业主通知承包商为业主方工作的那些人员。

由定义可以知道，新 FIDIC 施工合同条件明确将工程师列为业主的人员，从而改变和淡化了工程师这一角色的“独立性”和“公正无偏”的性质，这也是与以前 FIDIC 施工合同条件各版本不同的地方之一。这种变化是与实际紧密结合的。

5) 承包商人员

指承包商的代表和承包商现场聘用的所有人员。这里所有人员包括一般职员如技术人员、管理人员、财务人员等，工人、承包商和一般分包商的人员，其他人员如大型设备厂家来安装或协助的人员。

这样明确规定承包商的人员，有利于在合同履行过程中划清责任，即这些人员若在现场出现了非业主承担责任或风险的事件受到影响，则由承包商承担相关责任。

5. 日期、工期和合同履行中相关的概念

1) 合同工期

合同工期是所签合同内注明的完成全部工程或分部移交工程的时间，加上合同履行过程中因非承包商应负责原因导致变更和索赔事件发生后，经工程师批准顺延工期之和。合同内约定的工期指承包商在投标书附录中承诺的竣工时间。合同工期的日历天数作为衡量承包商是否按合同约定期限履行施工义务的标准。

2) 施工期

从工程师按合同约定发布的“开工令”中指明的应开工之日起，至工程移交证书注明的竣工日止的日历天数为承包商的施工期。用施工期与合同工期比较来判定承包商的施工是提前竣工，还是延误竣工。

3) 缺陷责任期

缺陷责任期即国内施工合同文本所指的工程保修期，是自工程移交证书中写明的竣工日开始，至工程师颁发解除缺陷责任证书为止的日历天数。尽管工程移交前进行了竣工检验，但工程移交证书只是证明承包商的施工工艺达到了合同规定的标准，设置缺陷责任期的目的是为了考验工程在动态运行条件下是否达到了合同中技术规范的要求。因此，从开工之日起至颁发解除缺陷责任证书日止，承包商要对工程的施工质量负责。合同工程的缺陷责任期及分阶段移交工程的缺陷责任期，应在专用条件内具体约定。次要部位工程通常为半年；主要工程及设备大多为一年；某些重要设备也可以约定为一年半。

4) 合同有效期

自合同签字日至承包商提交给业主的结清单生效日止，施工承包合同对业主和承包商均具有法律约束力。颁发履约证书只是表示承包商的施工义务终止，合同约定的权利义务并未完全结束，还剩有管理和结算等手续。结清单生效指业主已按工程师签发的最终支付证书中的金额付款，并退还承包商的履约保函。结清单一经生效，承包商在合同内拥有的索赔权力自行终止。

6. 价款与支付相关的概念

1) 中标合同金额

指中标函中所认可的工程施工、竣工和修补任何缺陷所需的费用。这实质上是中标的承包商的投标价格。此时成为双方签合同时的可接受价款。在合同履行中，此金额会发生变化。

合同履行过程中，可能由于业主的要求或失误发生变更或索赔事件后，导致承包商增加了施工成本，合同相应条款都规定应对承包商受到的实际损害给予补偿。

2) 承包商的质量责任

FIDIC 条件中对承包商工程质量的规定是十分严格的，承包商在履约证书颁发前对工程质量自始至终完全负责。承包商要承担一切费用和工期损失责任；质量问题将会增加保函被没收的风险，更重要的是一旦发生质量问题需要拆除重做，承包商的成本将会大幅增加。因此承包商必须严格执行合同质量规定。

3) 承包商延误工期或提前竣工

当承包商提前竣工，他可能获得提前竣工奖，当承包商延误工期将受到罚款。

4) 暂定金

指包含在中标合同价中业主的一笔备用资金，由工程师来控制使用，承包商不一定能得到。

以上几个方面的因素都会影响承包商最终得到的合同价款，因而中标的合同价款是会发生变化的。

5) 费用

指承包商在场内外发生的(或将发生的)所有合理开支，包括管理费和类似支出，但不包括利润。

6) 暂列金额

它是合同中明文规定的一项业主备用资金，一般情况下包括在合同价款中，当出现下列情况时，可以动用暂列金，并由工程师来控制使用。

(1) 工程实施过程中可能发生业主方负责的应急费/不可预见费(Contingency Costs)，如计日工涉及的费用。

(2) 在招标时，对工程的某些部分，业主方还不可能确定到使投标者能够报出固定单价的深度。

(3) 在招标时，业主方还不能决定某项工作是否包含在合同中。

(4) 对于某项作业，业主方希望以指定分包商的方式来实施。

7) 保留金

合同中约定在每月进度款扣取的用于保证承包商在合同履行过程中恰当履约的一笔金额，其数目大小由双方约定。若承包商认真履约，则这笔保留金应返还。其作用类似于我国规定的质保金，但保留金作用大一些，它不仅用于承包商担保保修义务，而且担保在合同履行中恰当履约。

8) 期中支付证书

由承包商按合同规定申请期中付款要求，经工程师审核验收的向承包人期中付款的凭证，这些证书都是临时性的，其作用类似于国内进度付款证书。

9) 最终付款证书

工程通过了缺陷通知期，工程师签发了履约证书后，由承包商提交的最终付款申请(即结清单)。经工程师审核的向承包商签发最后支付的凭证。在此证书中包括承包人完成工程应得的所有款项，以及扣除期中支付款项后最后应由业主支付的款额。

7. 保证金与银行保函

保证金可以是现金抵押，也可以由银行、保险公司或担保公司出具保函。常见的是由银行开出保函。根据担保的责任和功用不同，常见的有投标保函、履约保函、预付款保函、工程保留金保函。新版 FIDIC 条件增加了业主的支付保函。

1) 投标保函

通常为投标报价总金额的 2.5%，有效期一般为 90 天，最长的可达 180 天。有些业主不是要求按报价比例，而是按一笔固定金额支付的。

投标保函的作用是投标有效期内如果承包商撤标或中标后不和业主签订合同，或不递交履约保函，则业主可没收投标保函。

定标后，业主将归还未中标者的投标保函或投标保证金。中标者递交履约保函替换投标保函。承包商应及时向银行办理注销手续并解冻其定期存款或抵押金。

2) 履约保函

通常为合同额的 10%，为了防止承包商中途毁约，有效期到保修期完毕。履约保函是无条件保函，无条件保函是“见索即付”的，就是不需要理由，只要向银行要求支付，银行就必须无条件支付，这对承包商来说有很大风险。

3) 预付款保函

预付款担保金额与预付款等额，当约定有预付款时条款才有效，在业主扣完预付款后失效。专用条款中应写明担保金额随预付款的逐步扣还而递减。承包商应定期就递减值获得业主确认并正式通知担保银行，同时办理相应的减额手续。

4) 保留金保函

保留金从每月工程进度款中扣除(一般为进度款的 10%)，到达合同总价的约定百分比(通常为 5%)为止，作为制约承包商修补工程缺陷的手段，有效期到保修期完毕。颁发工程移交证书时退还一半，保修期结束退还另一半。可以在专用条款中约定用维修期保函代替保修期的一半保留金。

5) 业主提供的支付保函

为了预防业主由于资金困难或中途毁约，由银行开具的业主向承包商提供支付保证的保函。

8. 指定分包商

1) 概念

指定分包商是由业主(或工程师)指定、选定，完成某项特定工作内容并与承包商签订分包合同的特殊分包商。合同条款规定，业主有权将部分工程项目的施工任务或涉及提供材料、设备、服务等工作内容发包给指定分包商实施。

2) 设置指定分包商的原因

合同内规定有承担施工任务的指定分包商，大多因业主在招标阶段划分合同时，考虑到某些部分施工的工作内容有较强的专业技术要求，一般承包单位不具备相应的能力，但如果以一个单独的合同对待又限于现场的施工条件或合同管理的复杂性，工程师无法合理地进行协调管理，为避免各独立合同之间的干扰，则将这部分工作发包给指定分包商实施。

由于指定分包商是与承包商签订分包合同，因而在合同关系和管理关系方面与一般分包商处于同等地位，并对其施工过程中的监督、协调工作纳入承包商的管理之中。

7.4.4 FIDIC 合同条件主要合同条款

本节从以下几个方面对 FIDIC 合同条件合同条件主要条款进行简要的简介。

1．延误

第 1.9 款工程师延误图纸或指示给承包商造成延误和增加费用，承包商可以要求补偿工期和经济损失。以前的版本中，经济损失的补偿只有费用。注意“费用”在 FIDIC 条件的词语定义中只包括成本，不包括利润。新红皮书中包括合理利润的索赔，但有些延误却仍然未包括利润补偿。

当合同双方中的任何一方有违约行为，非违约方有权提出终止合同。在新红皮书中第 16 条专门提出了“由承包商暂停和终止”的专项条款。如果业主延误支付工程款时，承包商有权暂停施工，甚至有权终止合同。

2．业主的索赔

索赔是合同双方都享有的合同权利。承包商有权按合同规定向业主提出索赔，业主也有权就承包商的违约向承包商索赔。后一种索赔习惯上被称作“反索赔”(Counter Claims)。在新红皮书第 2.5 款中明确提出了“业主的索赔”专项条款，以维护业主的利益。

第 2.5 款规定业主向承包商索赔时应发出通知，通知应在业主了解引起索赔的事项或情况后尽快发出，并未规定一个期限。而承包商向业主索赔却有一个 28 天的期限，这个条款显然对业主有利。

对于业主索赔条款，承包商必须熟悉，这样才能避免被业主索赔。在第 7.5 款业主拒收不合格材料或工艺中规定了如果拒收和再次试验使业主增加了费用，承包商应支付该费用给业主。第 8.6 款规定工程进度拖延时承包商应修订进度计划，如果这些修订方法使业主增加费用，承包商应向业主支付这些费用。

3．工程师

FIDIC 施工合同条件业主、承包商、工程师之间的关系为三角关系，业主与承包商和工程师之间有合同关系，而承包商与工程师之间没有合同关系。在管理方式上由业主委派监理工程师管理合同，监督工程的进度、质量、签发支付证书、接收证书和履约证书以及处理合同管理中的有关事项。工程师在项目施工过程中为业主控制投资、进度和质量。

但工程师无权解除任一方根据合同规定的任何义务。比如承包商的质量义务，即使经工程师检查合格，如果后来发现仍有质量问题，一切责任仍由承包商承担。工期也不能顺延。

工程师可以委派助手。包括驻地工程师(Resident Engineer)和检查员(Inspector)，检查员的工作就是检查质量，而驻地工程师可以受工程师委托行使工程师的权力并发布各种指示。除非业主和承包商同意，工程师不应将重要事项的确定权委托助手。比如做出索赔处理决定、签发各种证书。

工程师的指示应是书面的。对于口头指示，新红皮书在确认的时间上做了较大变动。第四版中承包商对工程师口头指示的确认是在 7 天之内，新红皮书改成了两个工作日内。给出指示后的两个工作日内承包商提交书面确认，工程师在收到书面确认后两个工作日内确认或拒绝。实际工程中因承包商没及时书面确认工程师口头指示而导致损失的事很多，承包商必须十分重视。

4．不可预见的物质条件

指承包商在现场施工时遇到的自然物质条件、人为的及其他物质障碍和污染物，包括地下和水文条件，但不包括气候条件。

造成工期延误和增加费用时，承包商可以索赔。

新红皮书中规定，如果工程师在审查时发现以前对承包商有利的物质条件使承包商成本减少，要从索赔额中扣除，但不应造成合同价格减少。

关于气候条件，FIDIC 条件中的处理方法是：一般气候条件，属于承包商风险，不能索赔工期和费用损失；异常不利的气候条件，承包商可以索赔工期，但不能索赔费用；如果导致自然灾害，则属于不可抗力，属于业主风险，可以索赔工期和费用(指损坏修复费用，但不包括延误损失费用，见第 19 款不可抗力)。

案例 7-4

【背景】

某国际工程项目，承包商按招标书中业主提供的地质勘察报告做了施工方案，并以此进行了投标报价，开标后业主向承包商发出了中标函。由于该承包商在项目附近有另外的工程施工经验，在投标前的现场考察后按经验判断业主提供的地质报告不准确，实际地质条件可能复杂得多。所以在中标后做详细的施工组织设计时，承包商变更了基础施工方案，但因此需增加设备和材料费用，承包商未将修改的施工方案报给工程师与业主。开工后现场开挖完全证实了承包商的判断，基础完成后承包商向业主提出了两种方案费用差别的索赔，但被业主否决，业主的理由如下。

(1) 按合同规定，承包商须对业主提供的水文地质资料的理解负责。

(2) 承包商对地质勘察报告的理解作出的施工方案变更调整是承包商应负的责任，承包商应保证施工方案的可用性、安全、稳定和效率，不能得到赔偿。尽管承包商的这种预见性为业主节约了大量的工期和费用，因为如果承包商不采取变更措施，施工中出现了与招标文件不一样的地质情况时，工程师必然要求承包商变换方案，业主要承担工期延误及与它相关的费用赔偿、原方案费用和新方案的费用，低效率损失，等等，但是承包商的索赔依然没有成功。

【案例解析】

按照国际惯例，地质条件的非常规变化是一个有经验的承包商无法预见的。承包商在变更施工方案前必须在现场进行开挖后，将地质条件的情况变化与勘察报告进行对比，拿出地质条件复杂的证据，向工程师和业主提交报告，建议进行不可预见的地质情况变更施工方案，则工程师或业主必须慎重地根据现场地质情况做出答复，无论业主同意或不同意变更方案，对承包商的索赔地位都十分有利。由于承包商行为不当，没有按照国际工程相关程序和国际惯例进行施工方案变更，故使自己处于一个非常不利的地位，工程索赔相当困难。

【思考】

国际工程承包项目在投标和管理中如何处理遇到的不可预见的复杂地质情况？

5. 进度控制

在FIDIC通用第8条中指明进度计划不是合同文件(在NEC合同中是作为合同文件的)。承包商在投标时应呈交一份进度计划，包括施工组织。中标签订合同后，合同规定承包商应在规定的期限内呈交一份进度计划，并获得工程师批准。这份进度计划应更详细、更具操作性。承包商应对进度计划负全部责任，虽然经工程师批准，但不解除承包商对进度计划缺陷的责任。但是递交进度计划对承包商十分重要，经批准后的进度计划可以作为索赔依据，通过实际工期和进度计划的比较，就可以找出工期拖延的天数。由于工程师不批准进度计划，对自己没有损害，受损害的只是承包商的利益，因此，无须催促承包商提交进度计划，甚至故意拖延批准，却允许承包商施工，导致承包商在工期索赔时无据可依。所以承包商必须主动提交并催促工程师批准。

在第 8.4 款中列出了工期可以顺延的原因：①变更或合同中某项工作量的显著变化；②根据其他条款规定可以顺延的原因；③异常不利的气候条件；④流行病或政府行为；⑤业主或其他承包商引起的延误。

注意：只有当这些原因可能造成总工期延误时，才能索赔工期。因此承包商必须能证明延误的确对总工期产生了影响，而不只是局部延误。如果有网络图，事情就变得非常简单，只需把延误的工作代入网络图，就可以知道是否对总工期产生了影响。

案例 7-5

【背景】

某承包商按合同提交了进度计划，并同时标出工程师应在各道工序施工前提供相关图纸的时间。但在施工过程中工程师没能满足出图时间表，因而造成整个工期拖延。承包商由此向工程师提交了工期和费用索赔报告。

【案例解析】

按照 FIDIC 合同条件，工程师有义务按时提供图纸。由于承包商已对图纸需求早有计划图表和明确书面提示，应该赔偿承包商停工待图的全部经济损失并顺延合同工期。

当然，如果工程师强制性的改变工程内容，或施工顺序或时间，(如可能因为与其他承包商发生工序或时间冲突)，则构成变更指令，或由于业主原因导致工程拖延，对承包商造成的工期和费用损失可以进行索赔补偿，但对承包商的进度计划提出修改意见，却不构成变更指令。如果变更指令下达后，承包商难以取得变更所需的物资，必须及时提出，如果确实为了获得这些物资需要增加比正常情况下更多的费用，可以要求补偿。

【思考】

承包商在什么条件下可以申请工期及费用索赔？

6．超过 84 天以上的暂停(第 8.11 款)

如果因为非承包商原因，工程师下达暂停施工令超过 84 天以上，承包商可以要求工程师允许继续施工。如在提出这一要求后 28 天内工程师没有许可，承包商可以通知工程师将受暂停影响的部分视为根据变更规定的删减项目。如果暂停影响整个工程，承包商可以根据合同规定发出终止合同的通知。

7．测量和估价(第 12 款)

1) 测量

就是工程量计量(Measure)。工程师要求测量工程量时，应向承包商代表发出通知，承包商如果不到场参加测量，工程师的测量记录有效。

如果是按图纸或记录进行计量，工程师应要求承包商共同核查，达成一致后在记录上签字。如果承包商不同意记录，必须在被要求检查记录后 14 天内提出异议。14 天内不提出异议通知，将视为认可记录。

测量方法必须在合同中写明。国际上工程量计算规则普遍采用英国的《建筑工程量计算原则(国际通用)SMM》、《建筑工程量标准计算方法》。承包商在报价时就应弄清规则，在以单项为计价单元进行计算的工程量中包括哪些具体内容。未经同意，承包商超出图纸范围的工程量是不予计量的。承包商不能随便增加图纸中没有的工程量，否则是得不到付款的。

2) 估价

单价合同中的工程量为估算工程量，结算时用实际计量的工程量乘单价结算。实际工程量与清单中的工程量有时会发生很大差异。如果由于增加或变更导致在工程量清单没有相关的单价，则确定单价的原则是：①合同中已有的，按合同中的费率或价格；②类似的，应取类似工作的费率或价格；③没有的，采用新的费率或价格。

3) 变更(第 13.1 款和 13.2 款)

工程师可通过发布指示或要求承包商提交建议书的方式提出变更。承包商应遵守并执行每项变更，除非承包商立即向工程师说明承包商难以取得变更所需的货物。

变更范围如下。

(1) 合同中包括的任何工作内容的数量的改变(但此类改变不一定构成变更)。

(2) 任何工作内容的质量或其他特性的改变。

(3) 任何部分工程的标高、位置和尺寸的改变。

(4) 任何工作的删减，但要交他人实施的工作除外。

(5) 永久工程所需的任何附加工作、生产设备、材料或服务，包括任何有关的竣工试验、钻孔和其他试验和勘探工作。

(6) 实施工程的顺序或时间安排的改变。

不经批准，承包商不能对永久工程做任何改变。并非所有工程师的变更指示都应执行。比如新增与合同无关的额外工程，承包商可以先谈价格，如果不满意就可以拒绝做这部分工程。又如删减的工作交其他承包商完成时，可以要求这部分工程所包含的管理费和利润。比如，承包商根据原合同安排了施工设备，但变更工程需要调用原先承包商没有计划的设备，这时承包商发生的费用可能大大超过正常情况下完成这部分工程所需费用，这时就可以要求补偿。

特别提示

新红皮书在变更部分又增加了一个对承包商来说可以增加收入机会的条款，就是 13.2 款价值工程。承包商可以随时向工程师提交书面建议，包括加快竣工、降低业主工程施工、维护或运行费用、提高业主的竣工工程的效率或价值等。如果建议使得合同价值减少，可以和业主分享一半好处：(工程本身价值减少额-合同价值减少额)/2；如果是负数就没有这项。

8. 风险调整条款

FIDIC 条件是可调价合同，对于有些风险调整在通用条件中就已明确规定。对于一些直接能根据合同条款就可以得到补偿的条款，工程师一般很容易批准。因此承包商必须熟悉这些条款。

1) 因法律改变的调整(第 13.7 款)

对于基准日期后工程所在国的法律有改变，影响工期和费用时可以要求补偿。基准日是指投标截止日期前 28 天，比如在项目施工过程中发生税率的调整。

2) 因成本改变的调整(第 13.8 款)

新红皮书通用条件增加了调价公式，是按价格指数进行调整的：

$$调整系数\ p_n = a + b\frac{L_n}{L_o} + c\frac{E_n}{E_o} + d\frac{M_n}{M_o} + \ldots$$

式中：a 为不调整部分；分母为基准日指数。a 为固定值，指合同中不参与调价部分如利润、管理费、税金等，一般取 0.15～0.35；b、c、d…为主要材料占造价比例，且 $a+b+c+\cdots+k=1$；L_0、E_0、M_0 为投标截止前一个月物价指数；L_n、E_n、M_n 为当地工人、施工设备、燃料、沥青、水泥、预应力钢筋、建筑钢筋、木材、海运及其他调整项目的调价时价格指数；调整后的合同价为：

$$P=P_0 \cdot P_n$$

式中：P_0 为签约时的原始价。

3) 关于汇率变动

汇率变动是否可以调整，需要双方约定。承包商应充分搞清汇率条款对承包商的风险影响。有时这种影响是致命的。

汇率通常有以下约定方法。

(1) 约定给承包商的全部或部分付款为某种外币，如以美元报价，以美元支付。

(2) 约定整个合同期内始终以投标截止日期前第 28 天承包商报价所依据的投标汇率为不变汇率按约定的百分比支付某种外币。

(3) 约定按支付日当天中央银行公布的汇率为标准进行换算，如以美元报价，以当地币支付，支付时按当天国家中央银行公布的汇率为标准。

不管何种约定，汇率的风险都是存在的，承包商必须预测汇率变动趋势。

案例 7-6

【背景】

某国际工程项目，以某国当地币报价，当地币支付，后当地币从报价时的 1 美元:15 当地币狂跌到 1 美元:21 当地币，项目先期投入大量的美元启动资金，项目后期结算款收回当地币，致使该项目由原先的可盈利项目变成了巨额亏损项目。

【问题】

国际工程项目如何降低或避免汇率风险?

9. 期中付款(第 14.6 款)

程序是：承包商月末提交月报表，工程师在收到报表后 28 天内签发期中付款证书，业主在工程师收到报表后 56 天内支付。

通用条件规定，工程师可在任何一次付款证书中对以前任何付款证书做出应有的改正或修改。所以承包商不能以为得到了期中支付就不会再变了。

业主付款延误，承包商有权得到利息。新红皮书中第 14.8 款明确了利息以高出支付货币所在国中央银行公布的贴现率 3 个百分点的年利率进行计算，并应用同一种货币支付。这对承包商是有利的。

10. 由业主终止(第 15.2 款)

中途终止合同是一件严重的事情，对双方来说可能都会有很大损失。所以承包商应尽力避免自身原因而被对方终止合同。

如果承包商有下列行为，业主有权终止合同。

(1) 有严重违约行为。

(2) 未经许可将整个工程分包或将合同转让他人。

(3) 破产或无力偿债。

(4) 行贿。

此时，承包商将赔偿业主一切损失，该得的款项也要等到业主完成工程后才能清算。

另一种情况是业主自己的原因要求终止合同(第 15.5 款)。此时承包商可得到一切损失的补偿。包括已完工程价格、已订购的材料设备(业主支付后归业主所有)、临时工程和承包商设备的撤离人员的撤离及其他合理发生的费用，但通常不包括未完工程利润损失。

案例 7-7

【背景】

某国际工程项目由于承包商原因工程拖延严重，业主为了尽快完成工程，把室外工程交给其他承包商完成，并向该承包商反索赔一切相关费用以及管理费和利润，导致项目严重亏损。

【思考】

国际工程项目在什么情况下会被业主终止合同？

11．由承包商暂停和终止(第 16 条)

1) 承包商暂停工作的权利(第 16.1 款)

如果工程师未能按规定颁发期中付款证书，或业主未能按时付款，承包商可在不少于 21 天前通知业主，暂停工作或放慢工作速度。直到收到为止，此时不影响利息的索赔。同时也可索赔工期和费用及合理利润，而在第四版中没有合理利润的索赔。

2) 由承包商终止(第 16.2 款)

出现下列情况，承包商有权终止合同。

(1) 发出暂停工作通知 42 天内，仍未收到合理证明。

(2) 工程师未能在收到报表后 56 天内发出付款证书。

(3) 付款到期后 42 天内仍未收到付款。

(4) 业主未能履行合同义务。

(5) 暂停施工 84 天以上影响了整个工程。

(6) 业主破产或无力偿债。

承包商可通知业主，14 天后终止合同。最后两项可发出通知立即终止合同。

3) 终止时的付款(第 16.4 款)

当合同双方中的任何一方有违约行为，非违约方有权提出终止合同。如果业主延误支付工程款时，承包商有权暂停施工，甚至有权终止合同。业主终止合同包括了承包商的一切损失，也包括利润损失。所谓利润损失是指未完工程的利润损失。

12．业主的风险(第 17.3、17.4 款)

内容包括以下几方面。

(1) 战争、敌对行动(不论宣战与否)、入侵、外敌行动。

(2) 工程所在国内的叛乱、恐怖主义、革命、暴动、军事政变或篡夺政权，或内战。

(3) 承包商人员及承包商和分包商的其他雇员以外的人员在工程所在国内的暴乱、骚乱或混乱。

(4) 工程所在国内的战争军火、爆炸物资、电离辐射或放射性引起的污染，但可能由承包商使用此类军火、炸药、辐射或放射性引起的除外。

(5) 由音速或超音速飞行的飞机或飞行装置所产生的压力波。

(6) 除合同规定以外业主使用或占有的永久工程的任何部分。

(7) 由业主人员或业主对其负责的其他人员所做的工程任何部分的设计。

(8) 不可预见的或不能合理预期的任何自然力的作用，且当有经验的承包商已采取适宜的预防措施。

特别提示

业主风险导致工期和费用损失，承包商可以得到补偿。新红皮书中规定(6)和(7)项还应包括合理利润，而第四版中没有合理利润的索赔。

13. 不可抗力(第19条)

不可抗力包括但不限于下列各种异常事件或情况。

(1) 战争、敌对行动、入侵、外敌行为。

(2) 叛乱、恐怖主义、革命、暴动、军事政变等。

(3) 承包商人员以外的人员的骚动、喧闹、混乱、罢工或停工。

(4) 战争军火、爆炸物资、电离辐射或放射性污染。

(5) 自然灾害，如地震、飓风、台风或火山活动。

即业主风险中除上述(5)、(8)、(7)项的其他几项。不可抗力还包括其他不能预见、不能避免、不能克服的情况，如政府行为、法律规定等。

需要注意的是，(1)～(4)项发生时遭受延误和增加费用可以补偿。(5)项却没有列入费用可以补偿的范围。可以看出，(5)项是不能补偿延误损失的。但从业主风险条款中可以看出，(5)项导致的损坏修复可以补偿，应包括承包商施工机械损坏修复的补偿。

不可抗力持续84天以上，或累计超过140天，任何一方可以发出通知终止合同。此时承包商可以得到所有的损失补偿，但不包括未完工程利润。注意，这点与第16.2款业主原因承包商终止合同(可以索赔未完工程利润)是不同的。

案例 7-8

【背景】

某国际工程项目，工程合同价2.4亿美元，合同工期为两年，工程施工到第四个月时，由于爆发国内战争，工程受影响被迫停工。当时工程款已付2 080万美元，第五个月份支付期到后承包商发出通知，30天后再不支付将暂停施工，继续施工30天，到第七个月30天满后仍没支付，于是暂停施工。暂停施工一个月后仍没付，承包商根据合同发出终止通知，解除了合同。承包商提出索赔，并开始编制索赔报告、索赔完成工程量、已完工程开办费，合同终结前的误期、设备和临时设施的拆迁费用、履约保函手续费、人员遣散费、分包合同的解除费，以及总部管理费、风险费利息损失、预计利润等各项索赔费用，索赔金额为1 500万美元。谈判未成，承包商提出国际仲裁，仲裁机构最后裁定业主向承包商赔偿1 000万美元。

【思考】

承包商在遭遇不可抗力时该采取什么行动？

14. 保险

保险是转移风险的重要措施。承包商必须按合同规定投保。

1) 保险种类

(1) 工程(包括工程设备、材料)。

(2) 承包商设备。

(3) 第三者人身伤害和财产损害。

(4) 承包商人员(附加包括业主和工程师，但业主和工程师自己行为或疏忽引起的损失和索赔除外)。

业主风险一般不保，但后3项在可能的情况下应保。

通用条件中规定由承包商投保。除非在专用条件中另有约定。事实上承包商把保险费计入成本，最终还是由业主支付。因此，由谁投保只影响报价计算。保险费率一般不超过合同金额的0.8%。

也可以投保建筑工程一切险，但建筑工程一切险是财产险，要附加第三者责任险，另加承包商人员伤亡险。

按规定投保后，不能从保险公司收回的损失按合同中的责任各自承担。但如果承包商未按规定投保，要由承包商赔付投保时可以获得赔付的款项。如果是分包，一般由总包商投保，也可以由分包商自己投保。

15. 承包商的索赔程序(第20.1款)

1) 承包商的索赔

承包商在察觉或应已察觉索赔事件后28天内发出索赔通知。

如果承包商未能在上述28天期限内发出索赔通知，则竣工时间不得延长，承包商无权获得追加付款，而业主应免除有关该索赔的全部责任。

如果承包商未能达到本款或有关任何索赔的其他条款的要求，除非该索赔根据本款第二段的规定被拒绝，对给予任何延长期和追加付款，应考虑承包商此项未达到要求对索赔的彻底调查造成的阻碍或影响的程度。在新红皮书中对承包商索赔要求明确了回答的限期："工程师在收到索赔报告或对过去索赔的任何进一步说明后42天内……做出回应，表示批准或不批准并附具意见。……在上述期限内对索赔的原则做出回应。"在工程师同意的其他期限内，承包商向工程师提交详细索赔报告。

2) 工程师决定的效力

新红皮书中规定工程师可以对双方的争议公正地做出决定，当任何一方不满意工程师的决定时可以提交争端裁决委员会(DAB)，但未规定必须多长时间之内提交。因此可以认为新红皮书中工程师的决定没有最终决定效力。只要任何一方不满意，就可以交由DAB裁决。而在第四版中，工程师做出决定后70天之内双方未发出要求仲裁的通知，则工程师的决定即为最终决定。

案例7-9

【背景】

某国国际工程项目，按国际惯例采用FIDIC合同条件签订合同。在项目施工建设中，承包商发现高程错误后通知工程师，工程师书面发出暂时停工指令。事件发生15天后，承包商根据重新放线复查的结果，用正式函件通知工程师，声明对此事要求索赔，并在事件发生后第35天承包商再次提交了索赔的论证资料和索赔款数。业主认为是承包商施工责任，并且认为承包商第二次提交的索赔论证报告超过了28天的时效，不给予索赔。

【问题】

承包商索赔是否正当？

【案例解析】

事件的实质问题在于出现高程错误的原因。

(1) 承包商进场后，应当在整个项目实施过程中对高程控制点承担保护工作及保存有关高程的定位资料。如果是因为高程控制点保护不善而出现高程错误，则应由承包商承担纠正差错的费用。

(2) 如果高程控制点无问题，则复核承包商施工放线的方法、仪器和精度，因此是承包商测量仪器误差而导致的差错，由承包商负责。

(3) 如果是由于业主提供的高程控制点有问题，或者是工程师提供图纸或资料的差错，则承包商有权提出索赔，业主应当给予工期和费用的补偿。

【思考】

工程师审理索赔事件的程序和内容是什么？

3) 争端裁决委员会(DAB)(第20.2、20.3、20.4款)

DAB由双方联合任命，可由1人或3人组成。如由3人组成，各方推荐一名并报对方认可，第三人与这些成员协商确定，第三人为主席。

DAB的报酬由业主和承包商每方负担一半。

如果双方间发生合同争端，包括对工程师决定的争端，任一方可以将该争端以书面形式提交给DAB。

DAB应在收到委托后84天内，或各方认可的其他期限内做出决定。

如果任一方对DAB的决定不满意，可在收到该决定通知后28天内向另一方发出不满通知。28天内未提出不满通知，则DAB的决定为最终决定，对双方都有约束力。

如果DAB未能在收到委托后84天内做出决定，也可在期满后28天内向另一方发出不满通知。

4) 友好解决(第20.5款)

仲裁前，双方还应争取友好协商解决。仲裁将在发出不满通知后的56天后进行。56天的时间就是让双方继续友好协商解决争议。

5) 仲裁(第20.6款)

FIDIC条件中规定，除非另有协议，仲裁应根据国际商会仲裁规则进行，由3位仲裁人员负责解决。国际商会(ICC)总部设在巴黎。

双方也可约定，根据联合国贸易法委员会仲裁规则(UNCITRAL)进行。这也是国际通用的，但需要双方约定。

仲裁是一裁终局的。仲裁费用一般是双方自理的。也可能是由败诉方负担，需要事先了解清楚。

可能的情况下，我国的对外承包商应尽量在仲裁条款中写明在中国境内解决，按照我国国际经济贸易仲裁委员会的仲裁规则和程序进行，这样办理比较方便，而且我国的仲裁也有国际信誉，对外资在华投资项目如世界银行贷款项目等更应如此。合同争端解决流程如图7.9所示。

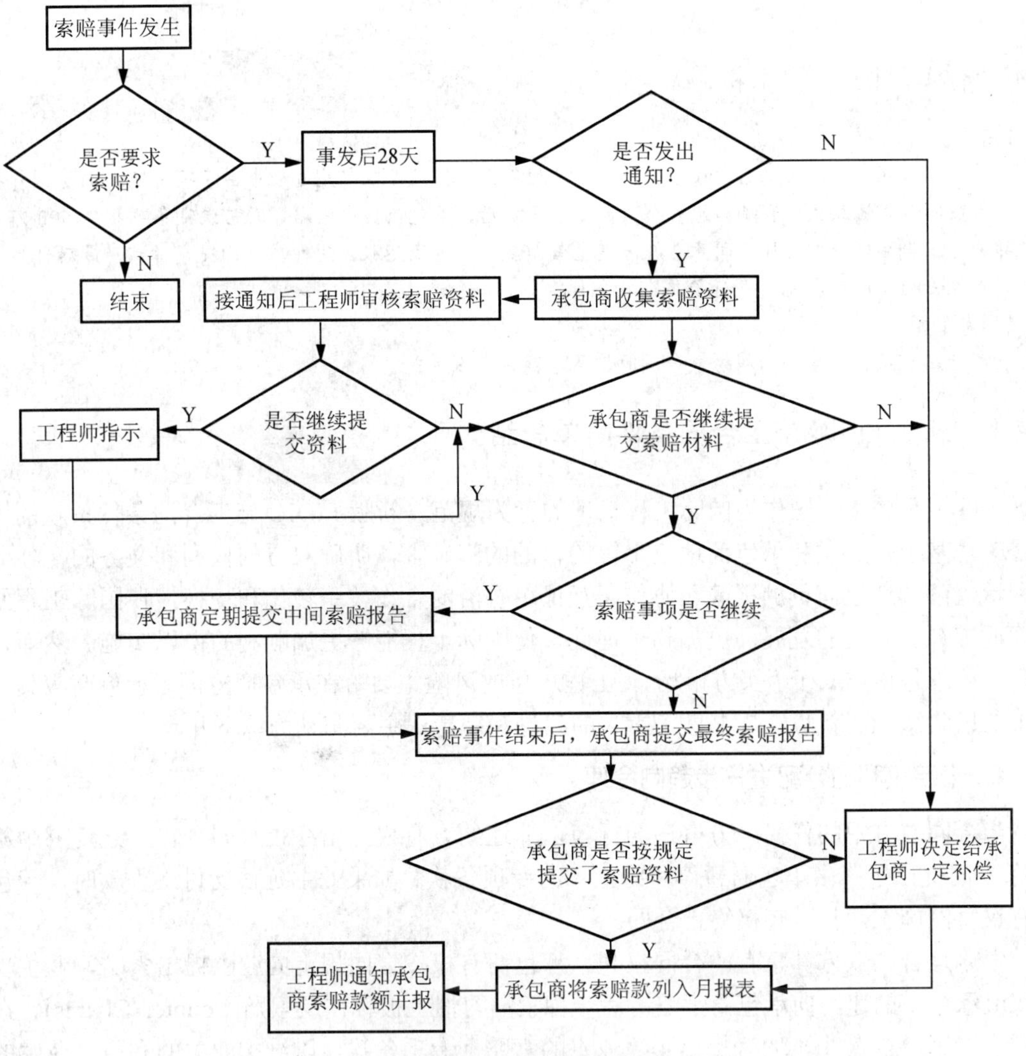

图7.8 承包商的索赔程序

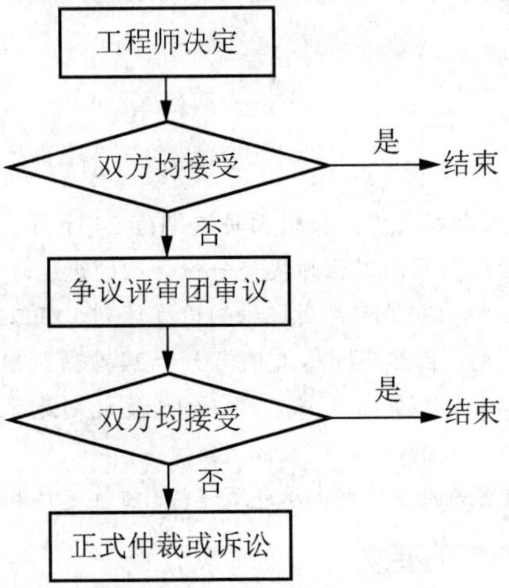

图7.9 合同争端解决流程图

案例 7-10

【背景】

某国际工程项目合同额为 3 200 万美元，工期两年。工程项目在实施过程中由于项目所在国受到贸易制裁，造成项目燃油缺供，影响施工 6 个月。发生争端后，承包商提出索赔，索赔误期各项损失 500 万美元，并索赔工期顺延，工程师只同意 200 万美元索赔款。承包商不服，向仲裁机构提交仲裁，最后仲裁机构裁定业主支付 400 万美元，并延长工期 6 个月。

【思考】

在国际工程项目发生合同纠纷或争端时，承包商该怎么办？

7.4.5 新版 FIDIC 施工合同条件简单总结

国际工程施工合同作为国际工程管理的行为规范，新版 FIDIC 施工合同条件条款的大量修改是基于使业主和承包商地位平等的目的的基础上，明确双方的权利和义务的，使业主和承包商的地位向更加平等、协作、互谅、融洽的合作关系转化和变换，使国际工程的管理适应社会时代的发展，更加趋于理性，使国际工程能够更加顺利的得以实施。然而，国际工程承包市场属于“买方市场”，工程承包的风险主要落在承包商方面，承包商应具备清晰的风险意识。新版红皮书做了重大的改进和完善，主要归纳为以下几点。

1. 索赔权利的分配进一步趋向合理

当合同双方中的任何一方有违约行为，非违约方有权提出终止合同。在新红皮书中第 16 条专门提出了“由承包商暂停和终止”的专项条款。如果业主延误支付工程款时，承包商有权暂停施工，甚至有权终止合同。

索赔是合同双方都享有的合同权利。承包商有权按合同规定向业主提出索赔，业主也有权就承包商的违约向承包商索赔。后一种索赔习惯上被称作反索赔(Counter Claims)。在新红皮书第 2.5 款中，明确提出了“业主的索赔”专项条款，以维护业主的利益。业主的索赔权不但是可索赔款项(含费用和利润)，还可以索赔工期(延长缺陷通知期)。

案例 7-11

【背景】

在某国际工程项目中，业主在招标文件中提出项目工期为 24 个月。承包商在投标书中，承包商做出的进度计划也是 24 个月。中标后承包商向工程师提交一份详细的进度计划，说明 18 个月即可竣工，并论述了 18 个月工期的可行性。工程师批准了承包商详细的进度计划。在工程实施中由于业主原因(设计图纸拖延等)造成工程停工，影响了工期，虽然实际总工期仍小于 24 个月，但承包商仍成功地进行了工期和与工期相关的费用索赔，因为工程师批准的 18 个月工期详细进度计划是有约束力的。

【思考】

FIDIC 国际工程承包项目如何甄别业主违约和承包商违约？业主违约和承包商违约各有什么样的后果？

2. 对业主方提出了更严格的要求

(1) 支付：为了避免承包商遭遇工程款支付没有保证的风险，在承包商要求时，业主应及时提供业主的资金安排证据(第 2.4 款)，承包商有权要求业主通报工程资金落实的情况。如果承包商没有在按照第 14.7 款付款规定的时间收到付款，承包商应有权就未付款额按月计算付利，并收取延误期的融资费用(Financing Charges)……此融资费用应以高出支付货币所在国中央银行的贴现率 3%的年利率进行计算，并应用同种货币支付(第 14.8 款)。如果要求承包商垫资，须在专用条款第 14 条中专门订立一条款，并向承包商提交支付保函。而“业主应在收到承包商的任何要求 28 天内，提出其已做并将维持的资金安排的合理说明，……能够按照第 14 条的规定支付合同价格”。这样的规定在红皮书第 4 版中是没有的。以前诸版的红皮书“通用条件”中只是原则性地规定要对拖期支付进行计息，却从未在通用条件中对此事做出如此明确的具体规定，这对合同的顺利实施大有裨益。

(2) 如果业主方要替换工程师或进一步限制工程师的职权时，须经承包商同意(第 3.1、3.4 款)。

(3) 凡未按合同要求办理，以下情况均构成违约：①未及时提供资金证明(新增加的)；②(工程师)未及时颁发支付证书(新增加的)；③未及时付款；④未履行合同义务；⑤未及时签订合同协议或擅自转让合同(新增加的)；⑥在暂停时间过长时，未及时允许复工；⑦业主破产也构成违约(第 16.1 款、16.2 款)。

3．对承包商提出了更严格的要求

(1) 对工程的质量、进度、安全、测量放线结果、环境及设计(如有时)负全部责任(第 4.3 款、4.8 款、4.9 款、4.18 款)。

(2) 在以下情况下，履约保证金可被没收：未及时延长履约保证的有效期；未向业主支付业主应得的索赔款；未按要求及时修补缺陷；由于承包商的原因使业主提出终止合同(第 4.2 款)。

(3) 每月初向工程师提交月进度报告，否则不予支付(第 4.21 款，第 14.3 款)。

(4) 如不按规定期限提交索赔通知，则丧失索赔的权利(第 20.1 款)。

(5) 如果工程质量不好，业主可以拒收工程，并从承包商处收回全部工程款及索取相应补偿；减扣合同价格之后接收工程；延长缺陷通知期(最多延长 2 年)(第 9.4 款、11.3 款、11.4 款)。

4．对新费率的调整确定设立了标准

在单价合同中，单价或费率是工程款额大小的决定因素。确定新的、较高的单价是承包商增加收入的来源，也是业主增加工程投资的根源，因此为合同双方密切关注，经常成为合同争端的焦点。因此，在标准合同条件中明确规定确定新单价或费率的条件，实属必需。新红皮书很好地解决了这一问题，它在第 12.3 款的估价(Evaluation)中对确定新费率或单价(A new rate or price)做出了这样的规定：

“在以下情况下，宜对有关工作内容采用新的费率或价格：①该项工作测出的数量变化超过工程量表或其他资料表中所列数量的 10%以上；②此数量变化与该项工作上述规定的费率的乘积，超过中标合同金额的 0.1%；③此数量变化直接改变该项工作的单位成本(cost per unit quantity)超过 1%；④合同中没有规定该项工作为‘固定费率项目’……”。

在同时满足以上诸条件的情况下，就应该确定一个新单价。第 12.3 款中对此还做了其他的详细规定，这对合同的顺利实施提供了基础。而以在往诸版红皮书中，并没有规定可以对原有项目的单价可以调整。在工程变更方面，新版红皮书取消了第 4 版的第 52.3 条(变更费用超过 15%)的规定。这一条在第 3 版中的限额是 10%。实践经验证明，第 3、4 版中的这一规定极少应用，而且在具体应用时经常是不易操作的。新版的有关规定对承包商比较有利。

案例 7-12

【背景】

某国际工程项目工程量表上土方工程为 $200m^3$，承包商对图纸核算和现场勘察后，以不平衡价格报以高价，实际工程量超过 $2\,000m^3$，按新版 FIDIC 合同条件，可以对合同中的土方工程单价进行调整。

【思考】

承包商在项目实施过程中发现工程量差别大时怎么办?

5．对变更和调整提出了规则

新红皮书第 13 款“变更与调整”(Variations and Adjustments)提出了很重要的规定，在这里不仅对变更的程序，还对因法律改变和成本改变的调整(第 13.3、13.7 和 13.8 款条)做出了具体规定，还提出了有关变更的新论点——价值工程(第 13.2 款，Value Engineering)。

工程师在下达工程变更指令(Variation Order)时，应尽快地明确有关工期是否延长及费率如何变更的问题，不能像以前那样久拖不决。

价值工程的提出在 FIDIC 以往各版合同条件中是首次。这反映出对承包商合理化建议的重视，无疑对项目的质量、成本和工期有正面的良好作用，亦对项目合同双方的协作有积极意义。第 13.2 款说：“承包商可随时向工程师提交书面建议，提出他认为采纳后将 (I)加快竣工，(II)降低业主工程施工、维护或运行的费用，(III)提高业主竣工工程的效率或价值，或(IV)给业主带来其他利益的建议。”

“假如此项改变导致该部分的合同价值减少，工程师应按照第 3.5 款(确定，Determinations)的规定，商定或确定应包括在合同价格内的费用。此项费用应为业主纯收益的 50%”。也就是说，承包商的合理化建议如被采纳，其所创造的经济效益由业主和承包商均等分配。这一原则规定，在国际工程合同条件标准文本中是空前的。

6．对质量保证提出了更高的要求

国际工程的承包施工发展趋势，是采用新科研成果、新施工技术，以及对生产设备和施工的质量提出很高的要求。在新红皮书第 4.9 款条中专门提出质量保证(Quality Assurance)问题，规定：“承包商应建立质量保证体系，以证实符合合同要求。该体系应符合合同的详细规定。工程师有权对体系的任何方面进行审查。”

对于生产设备和材料的质量要求，在第 7 款(生产设备、材料和工艺)中做出了明确的规定。第 7.5 款规定：“如果检查、检验、测量或试验的结果，发现任何生产设备、材料或工艺有缺陷，或不符合合同要求，工程师可以通知承包商，说明理由，拒收上述生产设备、材料或工艺。承包商应立即修复缺陷，并保证上述被拒收的项目符合合同规定。”

一般情况下，一个项目的质量标准和技术要求在作为合同文件组成部分的技术规范(Technical Specifications)中都有具体的规定。承包商应仔细研究此技术规程，保证编标报价工作能够比较准确，能够符合合同文件对质量的要求。国际工程承包商应建立起自己健全

的质量保证体系，得到质量保证体系检验机构的检查认证，ISO 系列标准的认证书已成为承包商资格审查的必备文件。

7．对工程师的作用重新做了界定

如工程师受业主的任命，在形式上属于业主人员，工程师就合同的履行向业主承担责任，并且未经业主事先同意，不得改变其组成或法律地位。工程师可以书面任命助理，将他一部分的任务和权利委托给助理，不再提工程师的独立性。将要求工程师做决定时的公正性(Impartial)改为公平性(Fair)(第 3.5 款)。工程师对工程项目从事监理的职责要求处理问题更及时(如第 1.3 款、3.4 款、20.1 款等)。工程师有权对体系进行任何方面的审查。如果工程和其部分未通过竣工试验，工程师有权拒收；由于业主的原因妨碍承包商进行竣工检验已达 14 天以上，则认为业主已在竣工检验本应完成日接受了工程或区段，工程师应颁发相应的接收证书。

8．为解决合同争端建立专门的组织

新版红皮书第 20 条对“索赔、争端和仲裁”中着重于通过工程师的调解予以友好解决，如友好解决无效，则可提交仲裁(Arbitration)。这种介于“友好解决”和“仲裁”之间的争议调解组织，在一些项目的合同争端解决中取得争议双方的赞同，把合同争议解决于友好协商的范畴内，避免走向法律裁决。

世界银行在采用 FIDIC 第 4 版的《通用条件》(General Conditions)过程中，对解决合同争端提出了组建争端评审委员会(Disputes Review Board, DRB)的办法，并取得了很好的效果。新红皮书采纳了世界银行推荐采用的争端评审委员会(DRB)做法，改名为争端评判委员会(Dispute Adjudication Board, DAB)，DAB 提出的解决争端的“决定”(Decision)都不具备法律效力，争端双方或其中的任一方均可在规定的时间(28 天)内，拒绝接受其“决定”，而要求进一步地将争端提交“仲裁”(Arbitration)来解决。而仲裁庭的裁决则具有法律效力，对争端双方均有制约力。如果任一方拒绝执行仲裁庭的裁决，则可由另一方申请法院强制执行，或按照《联合国承认和执行外国仲裁裁决公约》(简称《纽约公约》)的规定，使国际仲裁的裁决覆盖全世界所有的该公约的签约国，《纽约公约》的签约国在 1995 年末已达 95 个国家或地区，我国已于 1997 年签署该公约。

综上所述，新版红皮书《土木施工合同条件》比以前版本的红皮书(《土木工程施工合同条件》)的确有了很大的改进，更能适应国际工程承包市场发展的需要。国际工程实施中，为了保证交易的顺利进行，多数国家或地区政府、社会团体以及某些国际组织制定有标准的招投标程序、招标(合同)文件、工程量计算规则和仲裁条理等。

世界上通行两大法律体系，即大陆法与普通法体系。大陆法系又叫罗马法系，是成文法，普通法是惯例法，以前发生过的案例和判例全体就是法律。FIDIC 合同条件所参照的蓝本是英国的 ICE 合同条件，故属于普通法体系范畴。普通法通行于英、美、加拿大等英语语种及英联邦国家。由于国际上的土木工程项目的招标及施工合同条件通用部分用 FIDIC 的文件，而专用条件往往按照工程项目所在国的法律和规章制度制定，所以在解释和执行合同中难免有矛盾和不协调的地方。因此，承包商在投标及签订合同时，对合同条件的两个部分都要认真仔细研究，以利于执行合同并保护自己的合法权益。FIDIC 合同条件一般适合于采用英国法律体制和做法的国家，或至少是对此比较熟悉的国家，否则，

FIDIC 合同专用条件双方可选用工程所在国的法律作为合同的适用法律，为此，在条款解释方面会遇到因不同法律体系或两国法律不同所造成的困难。

20 世纪 90 年代开始，我国相继实行了招标投标制、建设监理制、合同管理制和项目法人责任制等工程项目管理制度，基本上是参照采用了国际上传统的项目管理模式，最典型的体现就是《建设工程施工合同(示范文本)》，采用 FIDIC 框架一致的通用条款与专用条款，并采用工程师，而 2008 年开始实施的《建设工程工程量清单计价规范》更是对旧的量价合一的造价体系的告别。随着我国企业参与国际工程承发包市场的不断深入，越来越多的建设项目，特别是项目业主为外商的建设项目中，开始选择适用 FIDIC 合同文本。因此，系统学习和掌握 FIDIC 的各种合同条件，不仅有助于提高我国工程项目的管理水平，而且有助于我国在项目管理的模式上与国际规则和惯例接轨。

案例 7-13

国际工程项目管理中的合同纠纷与争端

【背景】

某国际工程项目由两个位于同一城市的办公大楼组成，总包商通过投标与业主签订总价合同，该总包商将土建工程施工分包给两家分包商，部分安装工程由业主指定分包。在合同执行中，由于业主因为出现资金筹措困难，一个大楼在基础完成后无法按计划进行，故该大楼暂时不能继续施工。业主指令总包商停工，并要求总包商按照合同关于“停工”条款的规定遣返相关施工人员和施工设备机具。总包商接到业主指令后即致函业主，表示遵守业主指令，并遣返不需要的施工人员和施工设备机具，同时表示，因此而发生的费用要求业主补偿。

由于施工人员和施工设备机具主要是分包商提供的，但总包商在处理完与业主之间的关系后，没有要求分包商及时遣返现场施工人员和施工设备机具。由于停工时间长，而分包商方面没有及时遣返设备和人员。

项目复工后，由于工程进度比计划迟缓，总包商多次向分包商致函要求加快进度，分包商以业主指定分包商不能跟上进度和无法对其控制进行回复。总包商为了按照合同工期完成工程，总包商在几番无奈之下于工程后期将完成另外一个大楼的分包商加入工程进行部分收尾工程施工以加快进度，保证了复工后的合同工期。项目结束后，分包商向总包商提起索赔。由于停工期间造成设备和人员窝工等发生的费用，总包商则将分包商全部人员和设备窝工损失索赔要求转给业主，向业主提起索赔；同时向分包商进行反索赔和误期罚款，缘由是分包商总包商为了保证合同工期，加入另外一家分包商，因此增加了额外的成本和费用。

因此，项目结算工作变得异常的复杂，业主、总包商与分包商之间发生纠纷。业主认为总包商应当按照合同规定遣返设备和人员，并且，总包商在接到业主停工指令后随即致函业主，表示遣返人员和设备，因此拒绝总包商提起的人员和设备窝工索赔请求，并认为只能给予遣返人员和设备的动迁费用。而分包商总包商认为分包合同规定分包商应遵守总包合同相关规定，即如果业主指令停工，分包商应当自觉遣返设备和人员，总包商不承担分包商人员和设备窝工损失责任。分包商认为业主向总包商下达停工指令后，总包商并没有要求分包商遣返人员和设备，而且，总包商根据总包合同规定要求分包商准备业主可能随时指令复工的要求，因此，分包商无法遣返人员和设备，总包商应当赔偿人员和设备窝工损失。

总包商与业主之间，由于停工的原因在于业主，因此，业主应当对总包商由于停工遭受的损失承担补偿责任。总包商认为分包商提起索赔的起因在于业主指令停工，因此把分包商提起的全部人员和设备窝工损失赔偿请求转嫁给业主。

总包商与分包商之间，由于承包商没有遣返人员和设备，实际没有发生这笔费用，故分包商无权索赔；同时，由于分包商工程进度迟缓，分包商不能保证合同工期而必须承担责任，总包商为此调入另外的分包商产生的一切额外成本和费用应当由分包商承担；分包商则抗诉由于业主指定分包商误期和无法对其控制导致的工期延误，损失应当由业主指定分包商承担，对停工期间造成设备和人员窝工等费用应当由总包商补偿。

【案例解析】

(1) 业主方面：根据合同规定，业主有权要求承包商停工，承包商应当根据合同规定及时遣返不必要的人员和施工设备机具，而且，总包商在信函中也明确表示将遣返人员和设备。至于在停工期间，承包商没有遣返设备和人员造成的窝工责任不在于业主，而在承包商。尽管根据合同规定业主应当补偿承包商因遣返人员和设备等合理费用，但由于承包商没有遣返人员和设备，实际没有发生这笔费用。因此，业主可以拒绝承包商遣返相关施工人员和施工设备机具的索赔，但对停工期间造成设备和人员窝工等发生的费用应当进行相应补偿，但不是全部赔偿。

(2) 总包商方面：按照国际工程合同，如果承包商因暂停工作以及复工导致费用损失和工期延误，他可以按索赔程序通知工程师，提出索赔；而工程师在收到承包商的通知之后必须按合同答复是否给予承包商费用和工期的补偿的决定；但如果是承包商自身原因，如承包商的设计、工艺、材料等有缺陷造成，则承包商没有权利就补救由此带来的后果获得费用和工期补偿。总包商对业主进行索赔后应当对分包商进行相应赔偿。

(3) 总包商与分包商之间：在总包商与分包商关系中，一方面，根据分包合同规定分包商有责任执行总包合同的要求，即在业主指令停工期间，应当要求分包商按照总包合同规定及时遣返人员和设备，避免不必要的窝工。总包商在分包商是否遣返设备和人员问题上负有责任，但总包商出于自身利益考虑要求分包商准备业主随时指令复工的指令，而分包商在停工期间也没有就停工问题对总包商提起异议和要求，因此，总包商和分包商在遣返设备和人员问题上都有一定的责任。

(4) 分包商与指定分包商之间：由于工期误期，分包商与指定分包商都负有责任，但责任大小无法界定。如果确实是指定分包商的责任，分包商应当在工程实施过程对指定分包商进行工作协调，对无法协调和指定分包商工作迟误造成的工期延误按进度进行跟踪控制，向总包商致函报告进度受影响程度并提供相应的证据，由总包商和业主对指定分包商加强协调、管理和控制，并解脱自己的责任。当然，如果是分包商自身管理问题，自然不能解脱工程误期的责任，只能承担总包商为了加快进度而采取的各种措施和由此导致的增加成本和费用。

然而，在实际情况下，分包商往往管理水平较低，又处于弱势地位，尤其是在低端市场竞争中的分包商，总包商利用优势地位，在签订合同过程中把总承包合同中对承包商的限制都转移到分包合同中；同时在总承包合同加入不合理条款，把责任和失误强加给分包商，把额外收益和利用截留，故常常发生纠纷。

【思考】

国际工程投标和项目管理中，如何进行合同管理以避免或减少合同纠纷与争端？

本章小结

本章重点介绍了国际工程合同的分类、特点，国际通用合同的文本结构，FIDIC 系列标准合同条件及演变介绍，FIDIC 1999 年新版 4 本合同条件的对比，FIDIC 合同条件的应用情况等。

同时，对英国 JCT 合同、ICE 合同、NEC 合同，美国 AIA 系列合同条件，欧洲发展基金会制定的 EDF 合同条件进行了简要介绍，也对国际工程项目管理最新变化发展趋势与目前国际通行的项目管理模式 PMC、EPC、BOT、PPP、PFI、DB 进行了简要介绍。

作为主要内容介绍的 FIDIC 土木施工合同条件，是国际工程招投标、承包、合同执行、监理和咨询等行业最为广泛使用的合同文件。系统学习和掌握 FIDIC 合同条件和国际先进的项目管理理论、方法和工具，是项目管理的必由之路，学习和借鉴国际工程管理经验和 FIDIC 合同国际惯例是项目管理的捷径。

复习与思考

一、多项选择题

1．国际工程的特点是(　　)。

A．合同主体的国际性

B．货币和支付方式的多样性

C．国际政治、经济影响因素的权重明显增大

D．规范标准庞杂，差异较大

2．较适用于工厂建设之类的开发项目的 FIDIC 条文是(　　)。

A．新红皮书　　B．新黄皮书

C．银皮书　　D．简明合同格式

3．无论哪一个国家使用 FIDIC 合同，合同的法律基础是一致的。(　　)

A．正确　　B．不正确

4．FIDIC 合同指定的业主(在合同中称为 Employer，或 Owner，或 Client，有时被译为雇主)是指(　　)。

A．合同当事人的受让人　　B．合同当事人的合法继承人

C．工程师　　D．合同当事人

5．国际工程项目管理的核心工作是(　　)。

A．进度管理　　B．成本管理　　C．质量管理　　D．合同管理

6．国际工程实施阶段的中心工作是(　　)。

A．成本管理　　B．质量管理　　C．计划管理　　D．合同管理

二、简答题

1．简述 FIDIC 合同条件及适用范围。

2．FIDIC 在 1999 年出台了哪几个合同条件？简述其特点和适用范围。

3．简述 FIDIC 合同中雇主和承包商的主要权利和义务。

4．FIDIC 施工合同条件中质量、进度及支付管理的内容有哪些？

5．FIDIC 施工合同条件中规定的争议解决的方式有哪几种？

6．什么叫不可抗力？合同中规定的不可抗力的内容有哪些？其风险如何承担？

第 8 章 国际工程招投标

教学要求

能力目标	知识要点	权重
了解国际工程招标和投标的方式	国际工程主要招标类型、特点，主要招标方式	20%
理解国际工程工程量清单(Bill of Quantities)及计算规则(SMM7)及应用	国际工程通用建筑工程量计算原则，工料测量师(Quantity Surveyor)制度，建筑工程量标准计量规则 SMM7	25%
掌握国际工程招标及标准招标文件	国际工程招标文件、招标程序	25%
掌握国际工程投标的程序及报价策略	国际工程投标准备、报价程序、报价策略	30%

引例

东南亚某国家商场国际工程项目投标和合同管理失败实例

某国际工程商场项目在某东南亚国家，位于该国首都，我国某承包商击败众多竞争者后以最低标价中标，该国际工程商场项目签订的合同采用 FIDIC《土木工程施工合同条件》(1999 年版)的通用条件，业主根据该项目的竞争市场状况和项目具体情况拟订了非常具有针对性的专用条件，由于该承包商缺乏熟悉 FIDIC 合同条件和国际工程项目管理经验的专业人才，在签订合同过程中没有认真对项目合同专用条件进行研究和分析，仓促决策，在投标、签订合同和施工管理中缺乏对项目的风险预见性，对合同条件中施工风险(成本超支、工期延误、质量不合格)、合同风险(不公平条款)未予以充分重视，在合同谈判中及合同签订上出现不少失误，最终导致了该承包商在项目实施过程中的失控，不仅造成项目巨大的经济损失，而且导致了在该国市场的信誉损失。

【案例分析】

分析该项目在投标及管合同理失误主要有以下几个方面。

(1) 投标时对国际工程的复杂性缺乏认识，对标书、合同研究不透。

该国际工程商场项目业主招标文件并没有提供详细的施工设计图，许多施工设计图和深化设计(Shop Drawings)由承包商承担，我国的这个承包商对项目地质条件、技术标准等情况不明确，而且不清楚当地施工的习惯做法、环境条件，加上投标时对施工风险估计不足，报价很低。国际工程投标报价内容包括各单项工程直接费及其他各项费用，根据国际惯例，工程所发生的各项费用，除招标文件允许明列的少数项目(如临设费、施工机械费等)外，应分摊折算在各单项工程单价内，不单独明列。该承包商对标书、图纸研究不透，投标中产生一些大的漏项，故后果相当严重。例如，该国自然气候季节性异常，常常受自然环境、气候等因素的限制，每年将近有 4 个月的雨季无法施工，按签约的合同工期是不可能完成项目的。其实该承包商在投标前应要求业主对一些对造价、质量和工期的问题澄清，以获得正确的理解，否则承包商可能处于不利的地位。

【思考】 国际工程在购买标书和投标时应该重点研究的内容什么？

(2) 签订合同时不仅急于求成接受低价授标，而且接受了大量不平等合同条款。

由于该承包商为了打开市场，急于求成和得标心切，以最低标价中标后签订合同时，与业主的合同谈判非常被动和艰难，接受了大量不平等合同条款。包括合同存在单方面的约束性，不平衡的责权利条款，合同条件含糊或合同中大量隐含风险。

例如，FIDIC《土木工程施工合同条件》按国际惯例为单价合同，业主应该提供完整的施工图纸和工程量清单，因为设计不准确或工程量变更的风险应由业主承担。然而该项目业主提供的施工图不完整，工程项目范围有模糊的部分，该项目合同最后签订为不可调价总价合同，更为艰险的是合同中规定了对不明确的工程项目范围和工程量变更的增加了许多限制性条款，如规定了工程项目中任何与业主提供图纸不符的工程量和材料的变化均不构成工程变更，除非由业主给予指令，并且规定了对业主直接分包或指定分包商必须提供各种施工服务，而且承包商对分包商不能收取任何服务管理费，包括施工用水电费等。因此，该项目签约时的错误就注定了项目的艰难。

【思考】 在国际工程投标时对合同形式的判断和注意内容是什么？

(3) 缺乏国际工程项目管理经验，风险管理失控。

如前面所述，该承包商该商场项目以最低标价中标，在签订合同过程时仓促决策，在项目施工过程中，项目管理人员缺乏国际工程管理经验，在合同管理上缺乏风险预见性。与此形成鲜明对比的是，该商场项目业主聘请了经验丰富的工程咨询公司和法律专家起草合同条件，合同质量较高，其中既隐含许多不利于承包商的风险责任条款，又有业主的反索赔的条款，在该商场项目的技术标准、质量要求、合同期限以及检验、评定验收和支付工程款的合同条件中，有大量不平等合同条款，在项目实施过程中一直占据主动地位。

【思考】国际工程合同条件的签订和审核应该关注什么？

例如，该合同竟然将合同签订日认定为开工日，承包商的准备时间和项目启动时间都没有，但完不成工程的合同工期误期罚款则相当高；又例如该合同是按照明确划分的形象进度分阶段性付款，只有完成到规定的形象阶段才能申请付款。该项目在实施过程中，受气候影响，雨季项目进度根本上不去；受项目深化设计以及业主和监理工程师工作效率低或发出错误指令的影响，进度更加滞后；工程师对质量验收认可引起了质量问题的争执，对分包商管理缺乏有效的措施；等等均问题重重，导致产生了严重的进度问题，结果是项目阶段性进度款收取相当困难，合同价格本来就很低，项目管理人员缺乏国际经验和风险管理和应对措施，无法对工程变更进行索赔和对分包商进度等影响工程的种种因素进行索赔，再加上资金周转困难，项目的失败自然是不可避免的。

【思考】对于国际工程招标，在投标时如何对国际工程承包项目的合同工期、质量和进度进行控制？

8.1 国际工程招标方式

国际工程承包市场是随着一国的建筑市场的发展而形成的。一般来说，国际工程是泛指一个工程项目从咨询、投资、招投标、承包(含分包)到设备采购、培训、监理等一系列过程。本节所表述的国际工程主要是指从招投标至项目承包实施的范畴，而且项目的参与者不止来自一个国家，并且是按照国际上通用的工程项目管理模式进行管理的工程。

因此，了解国际招标投标运作方式，掌握参加国际招标投标技术对于我国承包商参与国际工程领域的竞争具有重要的意义。

8.1.1 国际工程主要招标类型介绍

国际工程招标可以归纳为 4 种类型：国际竞争性招标，也称为国际公开招标；国际有限招标；两阶段招标；议标，也称为邀请协商。

1. 国际竞争性招标

国际竞争性招标是目前世界上最普遍采用的国际工程成交方式。国际竞争性招标是指在国际范围内，采用公平竞争方式，决标时按事先规定的原则，对所有具备要求资格的投标商一视同仁，根据其投标报价，如工期要求，可兑换外汇比例，投标人的人力、财力和物力及其拟用于工程的设备等因素进行判标、决标。国际竞争性招标的另一个特点是公开选标，较其他方式更能使投标人感觉公平。尽管在评标、选标工作中不能完全排除种种不光明正大行为，但比起其他方式，国际竞争性招标影响大、涉及面广，当事人不得不有所收敛，等等原因，而显得比较公平合理。

国际竞争性招标的适用范围如下。

1) 按资金来源划分

根据工程项目的全部或部分资金来源，实行国际竞争性招标主要有以下情况。

(1) 由世界银行及其附属组织国际开发协会和国际金融公司提供优惠贷款的工程项目。

(2) 由联合国多边援助机构如国际工发组织和地区性金融机构如亚洲开发银行提供援助性贷款的工程项目。

(3) 由国际财团或多家金融机构投资的工程项目。

(4) 两国或两国以上合资的工程项目。

2) 按工程性质划分

按照工程的性质，国际竞争性招标主要适用于以下情况。

(1) 大型土木工程，如水坝、电站、高速公路等。

(2) 施工难度大，发包国在技术或人力方面均无实施能力的工程，如工业综合设施、大型工程等。

(3) 跨越国境的国际工程如非洲公路，连接欧亚两大洲的陆上贸易通道。

(4) 超级现代规模的工程海底隧道、海下工程等。

2. 国际有限招标

国际有限招标是一种有限竞争招标。较之国际竞争性招标，它有其局限性，即投标人选有一定的限制，不是任何对发包项目有兴趣的承包商都有资格参加投标。国际有限招标包括两种方式。

1) 一般限制性招标

这种招标虽然也是在世界范围内的，但对投标人选有一定的限制。其具体做法与国际竞争性招标颇为近似，只是在判标时更强调投标人的资信。采用一般限制性招标方式也必须在国内外主要报刊上刊登广告，只是必须注明是有限招标和对投标人选的限制范围。

2) 特邀招标

特邀招标即特别邀请性招标。采用这种方式时，一般不在报刊上刊登广告，而是根据招标人自己积累的经验资料或由咨询公司提供的承包商名单，由招标人在征得世界银行或其他项目资助机构的同意后对某些承包商发出邀请。这种招标方式的优点是经过选择的投标商在经验、技术和信誉方面都比较可靠，基本上能保证招标的质量和进度。

国际有限招标是国际竞争性招标的一种修改方式，通常适用于以下情况。

(1) 工程量不大，投标商数目有限或有其他不宜进行国际竞争性招标的项目，如对工程有特殊要求等。

(2) 某些大而复杂的且专业性很强的工程项目，如石油化工项目。因为可能的投标者很少，准备招标的成本很高。为了节省时间，又能节省费用，还能取得较好的报价，招标可以限制在少数几家合格企业的范围内，以使每家企业都有争取合同的较好机会。

(3) 由于工程性质特殊，要求有专门经验的技术队伍和熟练的技工以及专用的技术设备，只有少数承包商能够胜任。

(4) 由于工期紧迫或保密要求或其他原因不宜公开招标。

(5) 工程规模太大，中小型公司不能胜任，只好邀请若干家大公司投标。

(6) 工程项目招标通知发出后无人投标，或投标商数目不足法定人数(至少 3 家)，招标人可再邀请少数公司投标。

3. 两阶段招标

两阶段招标(Two Stage Bidding)实质上是一种无限竞争与有限竞争相结合，即国际竞争性招标与国际有限招标相结合的招标方式，这种方式也称为两阶段竞争性招标。对一些设计与建造总承包和交钥匙工程及某些大型复杂工程，投标人准备完整的技术资料比较难。先邀请投标人根据概念设计或性能要求提交不带报价的技术建议书(Technical Proposal)，经业主仔细评审后，选择技术进、符合要求的方案，再适当要求统一改进。

第一阶段按公开招标方式进行招标 ，经过开标评价之后，凡同意改进技术，接受新方案的投标人方可参加第二阶段投标，提交最终技术建议书和报价。

4．议标

议标也称为邀请协商，是一种非竞争性招标。议标的习惯做法是由发包人物色一家或数家承包商直接进行合同谈判，最后无任何约束地将合同授予其中的一家，无须优先将合同授予报价最优惠者。在国际上大型承包公司中，议标常常是获取巨额合同的主要手段。综观近10年来ENR全球最大的225家国际承包商中名列前10名的承包公司在国际工程承包市场的成交情况，他们每年的成交额约占世界总发包额的40%，而且他们的合同约有90%是通过议标取得的，由此可见议标在国际承包工程中所占的重要地位。

8.1.2 国际工程招标的特点

国际工程招标作为一种综合性的、较高级的交易方式，与传统的贸易方式相比，有着非常鲜明的特征。

1．国际工程招标的交易行为具有组织性

国际招标有固定的招标组织人，有固定的投标、开标、询标场所，招标进行的时间也按照招标人预定的日程按期举行。同时，招标经过近两百年的发展过程，具有相对固定的操作程序和交易条件。招标的决策也是整个评标委员会的群体决策过程。

2．国际工程招标的竞争过程具有公开、公平、公正和择优的特征

国际工程招标采用在全球范围内公开发布招标公告，公开邀请投标人，公开招标条件，公开宣布投标人的报价、工期等手段以保证其公正性，使得合格的投标者之间机会均等。

开标过程公开而程序严密，评标过程则由综合了买方、招标人和专家的评标委员会力量，依据“公正、科学、择优”的原则对投标人进行综合评价，并从中选定中标人。国际工程招标公正性和择优性是招标这种交易方式在世界各国工程承包领域被广泛推行的主要原因之一。

3．国际工程招标具有一次性报价的特征

国际工程招标是诸多投标人在同一时间一次性报价，其投标文件递交后，一般不得撤回或修改。所以，投标人报价后能否成交完全取决于投标质量，在整个招标过程中，投标人没有讨价还价的权利，这样就迫使投标人对报价的确定比一般贸易更谨慎和准确。而且，招标人因此就在交易中占据了主动地位。投标人在竞标过程中与招标人就某些条件进行商谈，其商谈的项目、范围和时间等都取决于招标人。

4．国际工程招标的目标是追求多目标条件下的系统最优化

国际工程招标的根本目的不仅仅是简单地追求最低价，招标的工程往往具有资本、技

术、劳务和成套设备相结合的综合属性，因此，招标成功的评价过程不仅限于交易达成，而且还在于资源是否实现有效配置，以及资源配置的效率和效益是否达到最佳统一，具体表现为时间、资金、劳动的节约。各要素组合最佳指的是工期短、成本低、质量优，并获得寿命周期效益最佳。

8.1.3 国际工程主要招标方式简述

国际工程采购(Procurement of Works)是指业主通过招标或其他方式选择一家或数家合格的承包商来完成工程项目的全过程。也就是包括编制招标文件、进行招标评标、谈判和签订合同，在项目实施期间进行合同管理等内容。世界各地区招标的主要方式可以归纳为4 种，即世界银行招投标方式、英联邦地区招投标方式、法语地区招投标方式、独联体地区招投标方式。

1. 世界银行招投标方式

1) 世界银行招标简介

世界银行又称为国际复兴开发银行，属于联合国专门机构，至今已拥有 184 个会员国。中国现在是其会员国之一。世界银行作为一个权威性的国际多边援助机构，具有雄厚的资本和丰富的组织工程承发包的经验。世界银行已积累了 60 多年的投资与工程招投标经验，世界银行招标采购文件是国际上最通用的、传统管理模式的文件，是高水平的国际工程合同管理文件，也是典型的、权威性的文件，被众多国际多边援助机构尤其是国际工业发展组织和许多金融机构以及一些国家的政府援助机构视为标准模式。世界银行规定的招标方式适用于所有由世界银行参与投资或贷款的项目、世界银行贷款项目的工程采购、货物采购及咨询服务。

世界银行推行的招标方式主要突出 3 个基本特点。

(1) 项目实施必须强调经济性和效益。

(2) 对所有会员国的所有合格企业给予同等的竞争机会。

(3) 通过在招标和签署合同时采取优惠措施鼓励借款国发展本国制造商和承包商(评标时，借款国的承包商享有 7.5%的优惠)。

世界银行推行的国际竞争性招标要求业主方面公正地表述拟建工程的技术要求，以保证不同国家的合格承包商能够广泛地参与投标。世界银行作为标的工程的资助者，从项目的选择直至整个实施过程都有权参与意见。在许多关键问题上，如授标条件、采用的招标方式，遵循的工程管理条款，等等，都享有决定性发言权。

凡按世界银行规定的方式进行国际竞争性招标的工程，必须以国际咨询工程师联合会(FIDI/C)制定的条款为管理项目的指导原则，而且承发包双方还要执行由世界银行颁发的 3 个文件，具体如下。

(1) 世界银行采购指南。

(2) 国际土木工程建筑合同条款。

(3) 世界银行监理指南。

2) 亚洲银行招标方式

亚洲银行招标基本参照世界银行的招标方式，但亚洲银行对总承包工程项目的招标程序也有许多具体要求。亚洲银行 1999 年推出的亚行总承包招标文件中对各种总承包项目的招标程序都有详细论述。对于招标程序大致可分为 3 种。

(1) 单阶段投标。单阶段投标是指投标者一次性提交含有技术建议书和商务建议书的投标文件。在公开唱标时，每一个标书的投标报价和替代方案等细节内容全部公开和记录。标书经评审后由亚行授标，原则上合同授予经评审的最低价响应标，单阶段投标适用于土建内容较多的项目。

(2) 双信封招标(Two-Envelope Bidding Procedure)。双信封投标双信封投标是指投标人将商务标和技术标装在两个信封里同时提交。适用于技术先进、施工工艺复杂的项目，要求承包商提交最合理的施工方案或提出替代的技术方案，即所谓的技术标与财务标分开。评标时评标委员会先打开技术标进行评审，审查技术方面是否符合招标要求，只有技术标合格的投标方才可参加下一步的评审；不合格者，其价格建议书将原封退回。如果招标机构要求补充和修改技术标，应与投标人共同讨论，随后投标人被允许修改或调整技术标以满足招标机构的要求。经调整后的技术标通过评审后，开始进行商务标的评审，最后亚行将合同授予经评审后的最低价响应标。

双信封投标适用于需要做替代方案(如机械、设备安装工程或工业厂房工程等)的技术标。一般情况下业主希望有经验的承包商投标此类项目，但是由于通常不要求对设备和机械方案进行资格预审，因此在标书中往往包含资格后审。

(3) 两阶段投标。两阶段投标与双信封投标有类似之处，最主要的区别是投标人首先要求提交的只有技术标书，而商务标则随后提交。投标人与招标机构共同讨论和澄清技术问题后，经评审通过的技术标将获得亚行的批准着手进行商务标的编制工作。编制的基础和依据是经过调整和补充修改的技术标书。

两阶段投标适用于招标机构不确定应该采用哪一种技术规范，如设计与建造总承包和交钥匙工程及某些大型复杂工程，这种情况往往是市场上刚刚出现可供选择的新技术；同时也适用于招标机构已获得多个市场选择，但是会有两个以上同等性能的技术方案供其选择。

美国 ASCE 协会对于工程总承包项目的招标也推荐使用两阶段竞争性评标过程，总承包队伍必须是使用经修订的资质评审标准(Qualifications-Based Selection Criteria，QBSC)选择确定的。业主必须提供充足的设计和工艺信息，这可以用于识别总承包商的能力，并在整个工程实施过程中评价和管理业主的要求。总承包商与业主之间签订的合同必须说明合同参与各方之间的最直接的沟通方式。在复杂的工程项目上，业主应该对拟选的中标人在编写技术建议书过程中给予物质补偿。

2. 英联邦地区招投标方式

英联邦地区大部分英联邦成员国属于发展中国家。这些国家的大型工程通常向世界银行或国际多边援助机构寻求贷款或援助。因此，他们在承发包工程时首先必须遵循援助机构的要求，也就是说要按如世界银行的例行做法发包工程，但是他们始终保留英联邦地区的付统特色，即以改良的方式实行国际竞争性招标。英国土木工程师协会(ICE)合同条件常设委员会认为，国际竞争性招标浪费时间和资金，效力低下，常常以无结果而告终，导致很多承包商白白浪费钱财和人力。相比之下，选择性招标即国际有限招标则在各方面都能产生最高效率和经济效益。因此英联邦地区所实行的主要招标方式是国际有限招标。

英联邦地区国际有限招标通常采取以下步骤。

(1) 对承包商进行资格预审，以编制一份有资格接受投标邀请书的公司名单。被邀请参加预审的公司应提交其适用该类工程所在地区周围环境的有关经验的详情，尤其是承包商的财务 状况、技术和组织能力及一般经验和履行合同的记录。

(2) 招标部门保留一份常备的经批准的承包商名单。这份常备名单并非一成不变，根据实践中对新老承包商的了解加深，不断更新。这样可使业主在拟定委托项目时心中有数。

(3) 规定预选投标者的数目。一般情况下，被邀请的投标者数目为 4～8 家。项目的规模越大，邀请的投标者越少。在投标竞争中始终强调完全公平的原则。

(4) 初步调查。在发出标书之前，先对其保留的名单上的拟邀请的承包商进行调查。一旦发现某家承包商无意投标，立即换上名单中的另一家代替，以保证所要求的投标者的数目。 英国土木工程师协会认为承包商谢绝邀请是负责任的表现。在初步调查过程中，招标单位应对工程进行详细介绍，使可能的投标人能够估量工程的规模和造价概算。所提供的信息应包括场地位置、工程性质、预期开工日、指出主要工程量，并提供所有的具体特征的细节。

3. 法语地区招标方式

同世界大部分地区的招标做法有所不同，法语地区的招标有两种区别较大的方式：拍卖式和询价式招标。

1) 拍卖式招标(Adjudication)

拍卖式招标的最大特点是以报价作为判标的唯一标准，其基本原则是自动判标，即在投标人的报价低于招标人规定的标底价的条件下，报价最低者得标。当然得标人必须具备前提条件，就是在开标前业已取得投标资格。这种做法与商品销售中的减价拍卖颇为相似，即招标人以最低价向投标人买取工程。只是工程拍卖比商品拍卖要复杂得多。

拍卖式招标必须公开宣布各家投标商的报价。如果至少有一家报价低于标底，必须宣布受标；若报价全部超过受标极限，即超过标底的 20%，招标单位有权宣布废标。在废标情况下，招标单位可对原招标条件做某些修改，再重新招标。

2) 询价式招标(Appel Offers)

询价式招标是法语地区国家工程发包单位招揽承包商参加竞争以委托实施工程的另一种方式，也是法语地区的工程承发包的主要方式，法语地区的询价式招标与世界银行所推行的竞争性招标要求做法大体相似。

询价式招标可以是公开询价式招标，也可以在有限范围内进行，即有限询价式招标；可以采取竞赛形式，即带设计竞赛形式，也可以采取非竞赛形式。

不管是公开询价式还是有限询价式招标，其开标方式都是秘密的，这也是法语地区招标与众不同之处。

4. 独联体地区招投标方式

独联体地区国家长期实行高度集中的计划管理体制，加之其建设资金的严重匮乏，其招标做法与其他地区差别甚大。除了极少数国家重点工程或个别有外来资金援助的工程采取国际公开招标或有限招标外，绝大多数工程都是采取谈判招标即议标做法。所委托工程很少采用交钥匙办法，大多数是采取劳务承包，少数工程采取包工包料，个别工程采取设计施工即 DB 模式。独联体各国发包工程通常是由各种对外经济联合公司出面与外国承包商签约，外国承包商可以完成单项工程，包括提供必要的设备、商品和劳务，一般不能承揽整个工程。

独联体各国对外标工程通常由拥有对外经营权的企业或公司根据其需要和支付手段决定选择国际合作伙伴，通过谈判，达成委托实施工程的意向书，进而签订承包合同。随着全球经济一体化的发展，独联体国家对外工程承发包也逐渐参照国际通行做法，各国开始委托国际承包商实施工程。

总之，国际竞争性招标是世界银行最为推行的招标方式，也是使目前世界上招标能实现 3E 原则，即效率(Efficiency)、经济(Economy)、公平(Equity)的方式。采用这种方式，业主可以在国际市场上找到最有利于自己的承包商，无论在价格和质量方面，还是工期及施工技术方面都可以得到满足。凡按世界银行规定的方式进行国际竞争性招标的工程，都必须以国际咨询工程师联合会(FIDIC)制定的条款为管理项目的指导原则，而且承发包双方还要执行世界银行颁发的 3 个文件，即世界银行采购指南、国际土木工程建筑合同条款、世界银行监理指南。

8.2 国际工程通用建筑工程量计算原则

8.2.1 工料测量师制度和 FIDIC 合同条件

目前国际上计算建筑工程量，包括大多数应用 FIDIC 合同条件的国际工程，一般情况下都由工料测量师根据招标文件要求编制工程量清单，采用与英国的建筑工程项目成本管理相似的做法。

项目工程成本管理在英国、英联邦国家及英国以前的殖民地国家或有关地区一直被称为工料测量(Quantity Surveying)，如澳大利亚、新加坡、马来西亚和中国香港地区等。英国的工料测量可以追溯到 16 世纪，至今已有 400 多年的历史。

现代的工料测量大约开始于 18 世纪，随着设计和施工的相分离、设计和施工各自形成一支独立的专业后，由施工后测量转变为施工之前进行工料测量，即由专业的工料测量师负责工料的测量工作。1946 年启用英国皇家特许测量师学会(Royal Institute of Chartered Surveyors, RICS)名称，1965 年皇家特许测量师协会 RICS 形成了全英统一的建筑工程工程量标准计算规则(Standard Method of Measurement of Building Works, SMM)和工料测量体系，使工程成本管理工作形成了一个科学化、规范化的颇有影响的独立专业。目前全国有 22 所大学设立工料测量相关专业。

在英国和英联邦国家，工料测量师在工程成本管理方面发挥着核心作用。对于大多数业主而言，并没有建筑方面的专门知识，因而他们必须委托专业的工料测量师为他们提供工程成本和合同等方面的咨询服务。工料测量师活动包括的内容非常广泛，大致如下：预算咨询、可行性研究、成本计划和控制、通货膨胀趋势预测；对施工合同的选择进行咨询，选择承包商；建筑采购，招标文件的编制；投标书的分析与评价，标后谈判，合同文件的准备；在工程进行中的项目中期付款，变更审定，定期成本控制，财务报表，变更成本估计；已竣工工程的估价，决算，合同索赔的保护。

国际上招投标和项目成本管理普遍采用英国的工料测量师制度，尽管在某些国家和地区有所变化，但是都参照工料测量师制作而向业主提供广泛的服务模式，在项目全过程或施工阶段起着广泛的管理和协调的作用。

8.2.2 国际通用的建筑工程量标准计量规则

国际通用的建筑工程量标准计量规则由英国皇家特许测量师学会(RICS)编制，即通称SMM(Standard Method of Measurement of Building Works)体系，自1922年已经形成了一个科学化、规范化的颇有影响的建筑工程量标准计量规则。SMM从1922年第1版问世，经1927年第2版、1935年第3版、1948年第4版、1963年第5版、1979年第6版，直到1988年7月1日修订成第7版，并于1991年、1994年、2001年、2002年和2004年多次修订。SMM7以崭新的面貌引进了许多新的工程分类和吸纳了一批新的工程科技进步成果，自1988年7月1日正式颁布后，被英联邦体制下的上百个国家和国际上广泛接受和使用，一些WTO成员方在SMM7基础上编制本地区的规则，以适应国际经济全球化和知识经济时代的浪潮。

1. 英国皇家特许测量师学会编制的SMM7有以下几个特性。

1) SMM7体系的市场化

世界上大多数国家几乎都采用这种工程计价模式，该模式的基础是：工程量计算规则统一化；工程量计算方法标准化；工程造价的确定市场化，其量价分离、公平竞争的平台，给市场化和规范化带来便利条件和更大空间，推动各国建筑工程市场化的进程，避免参与国际化竞争的各方陷入市场误区，作为国际上认可通行的技术标准规则，已产生了极大的SMM效应，这是SMM7体系的一个独特之处。

2) SMM7的国际性

英国RICS体系下的SMM7是建筑工程量标准计算规则和原理，由于它集中了具有丰富经验的国际国内的工程专家、雇主委员会、建造者协会、行业协会等方方面面的权威性代表，又经历了几十年工程实践的考验，大大超出了英国人制订时的预料，得到了世界各国同行的认可，世界银行、FIDIC和国际金融组织等均已采用。

3) SMM7的先进性

其先进性就是科学性，截止到目前，在国际工程领域，尚未有一个技术标准占有如此长时间的国际市场，有这么强盛的生命力，该标准能始终保持世界领先地位的根本原因在于其规则的严谨、规定的公平、条款的合理、结构的完美、操作的实用，确实达到了“海纳百川，有容乃大”的高水平，SMM7已成为建筑工程计价方法的先进模式的代表。

4) SMM7的一体化

SMM7多年来被世界同仁所青睐的一个重要因素即其在适用范围上的宽泛性，事实充分表明发包人在招标时要用它，承建人在投标报价时也用它，咨询公司在合同管理时也要用它，特别在支付合同款时，业主、承建商和咨询商视SMM7中的工程量表为法律准绳。

5) SMM7的周期性

SMM体系的构想自1909年算起至今有100多年的历史，如1922年出版第一版以来亦有 80 多年了，随着世界经济和国际合作以及工程建设的飞跃发展，SMM 不断演绎，检测校修，总结提高，基本上每隔 6～9 年就精修再版，应该说这是符合并反映了国际工程承包发展的客观规律。

2．国际工程工程量清单及计算规则

1) 国际工程工程量清单或工程量表(Bill of Quantities, BOQ)简介

BOQ 中文译作工程量清单或工程量表，有的标书里称为 Price Schedules(价格表)。在合同中工程量清单通常是独立的部分，它是投标报价时计算标价的主要基础，也是承包商通过工料测量师或工程师与业主核算工程款的重要依据。工程量清单在结构形式上通常分作若干个子项，一般分项按工序划分，以便分类查找。

工程量清单的主要作用是为竞标提供一个平等的报价基础。它提供了精确的工程量和质量要求，让每一个参与投标的承包商各自报价。工程量清单通常被认为是合同文本的一部分。传统上，合同条款、图纸及技术规范应与工程量清单同时由发包人提供，清单中的任何错误都允许在今后修改。因而在报价时承包商不必对工程量进行复核，这样可以减少投标的准备时间。工程量清单的作用如下。

(1) 工程量清单为承包商提供估价的依据。工程量清单系统地提供了完成工程的所有工程量、人工、材料、机械以及对工程项目的说明。在工程量清单的开办费部分说明了工程所用的合同形式以及其他影响报价的因素。在分部工程概要中，描述了所用材料的质量和施工质量要求。工程量部分中按不同部分集中了所有的工程量。在清单的最后有一个汇总，承包商投标后分部工程的总值在这里汇总，并得出最后的工程造价。

(2) 工程量清单为单价调整和变更的依据。通常根据合同条件，工程量清单中提供的分项工程的工程量都可用做单价计算变更的依据，如施工过程中建筑师(工程师)变更了设计使工程量和质量要求与工程量清单产生了差异，工料测量师可在承包商中标单价的基础上进行调整。

(3) 工程量清单是业主期中付款的基础。工程量清单为业主的期中付款提供了便利。已经完工部分的工程造价可以从工程量清单中计算并纳入期中付款中。

工程量清单也是竣工决算的基础，决算是在中标工程量清单的基础上，根据工程实施过程中的变更、期中付款等计算出工程总价。

(4) 工程量清单为承包商进行项目管理提供依据。对于承包商而言，工程量清单除了具有估价的作用，还有以下作用：①编制材料采购计划；②安排资源计划；③在施工过程中进行成本控制；④数据收集。

2) 工程量清单的内容构成

工程量清单一般由下述部分构成。

(1) 开办费(Preliminary)。主要包括一些开办费中的费用项目和一些基本规则。业主方面的：投标/分包/供应的费用；文件管理；项目管理费用；质量标准、控制的费用；现场保安费用；特殊限制、施工方法的限制、施工程序的限制、时间要求的限制费用；设备、临时设施、配件的费用；已完工程的操作、维护费用。

承包商方面的：现场管理及雇员的费用；现场住宿；现场设备、设施；机械设备；临时工程。

(2) 分部工程概要(Preambles)。在每一个分部工程或每一个工种项目开始前，有一个分部工程概要，包括对人工、材料的要求和质量检查的具体内容。

(3) 工程量部分(Measured Work)。工程量部分在工程量清单中占的比重最大，它把整个工程的分项工程的工程量都集中在一起。分部工程的分类有以下几种。

① 按功能分类。分项工程按功能分类组成不同的分部工程，无论何种形式的建筑，把其具有相同功能的部分组成在一起。这样的分类使工程量清单和图纸可以很快的对照起来，但也可能使某些项目重复计算，其对单价计算不很方便。

② 按施工顺序分类。按施工顺序分类的工程量清单是由英国建筑研究委员会开发的，其方法是按实际施工的方式来编制的。其缺点是编制时间和费用太多。

③ 按工种分类。采用按工种分类方法，一个工程可以由不同的人同时计算，每人都有一套图纸和施工计划。其优点为可以大大减少核对人员；工程量计算人员集中在一个工种上，对该工种较为熟悉，不必被其他工种内容打扰；一旦某个分部工程计算完毕，可以立即打印，这样可以节省文件编辑时间。

(4) 暂定金额和主要成本(Provisional Sum and Prime Cost)。

① 暂定金额。根据 SMM7 的规定，工程量清单应完整、精确地描述工程项目的质量和数量。如果设计尚未全部完成，不能精确地描述某些分部工程，应给出项目名称，以暂定金额编入工程量清单。在 SMM7 中有两种形式的暂定金额：可限定的和不可限定的。可限定的暂定金额是指项目工作的性质和数量都是可以确定的，但现实还不能精确地计算工程量，承包商报价时必须考虑项目管理费。不可限定的暂定金额是指工作的内容范围不明确，承包商报价时不仅包括成本，还有合理的管理费和利润。

② 不可预见费(Contingency)。有时在一些难以预测的工程中，如地质情况较为复杂的工程，不可预见费可以作为暂定金额编入工程量清单中，也可以单独列入工程量清单中。在 SMM7 中没有提及这笔费用，但在实际工程运作当中却经常使用。

③ 主要成本。在工程中如业主指定分包商或指定供货商提供材料时，他们的投标中标价应以主要成本的形式编入工程量清单中。如分包商为政府机构，如国家电力局、煤气公司等，该工程款应以暂定金额表示。由于分包工程款内容范围与工程使用的合同形式有关，所以 SMM7 未对其范围做规定。

(5) 汇总(Collections and Summary)。为了便于投标者整理报价的内容，比较简单的方法是在工程量清单的每一页的最后做一个累加，然后在每一分部的最后做一个汇总。在工程量清单的最后把前面各个分部的名称和金额都集中在一起，最后得到项目投标价。

3) 工程量清单的编制构成

按照 SMM7 的计算原理和规则进行的工程量计算将建筑工程划分为地下结构工程、钢结构工程、混凝土工程、门窗工程、楼梯工程、屋面工程、粉刷工程等分部工程，就每个部分分别列明具体的计算方法和程序。工程量清单根据图纸编制，清单的每一项中都对要实施的工程写出简要文字说明，并注上相应的工程量。

4) 国际工程工程量的计算与划分

(1) 开办费及总则(Preliminaries/General Conditions)。

(2) 完整的建筑工程(Complete Buildings)。

(3) 拆除、改建和翻建工程(Demolition/Alteration/Renovation)。内容包括拆除结构物，区域改建，支撑、修复、改造混凝土、砖、砌块、石头，对已存在墙的化学处理，对金属工程的修复、更改，对木制工程的修复、更改，真菌、甲虫根除器，等等。

(4) 地面工作(Groundwork)。主要包括基础工程的计算规则。其分为地质调查；地基处理；现场排水；土石方开挖和回填土；钻孔灌注桩；预制混凝土桩；钢板桩；地下连续墙；基础加固。

(5) 现浇混凝土和大型预制混凝土构件(In Situ Concrete/Large Precast Concrete)。内容包括混凝土工程；集中搅拌泵送混凝土；混凝土模板；钢筋工程；混凝土设计接缝；预应力钢筋；大型预制混凝土构件等。

(6) 砖石工程(Masonry)。本部分为砖石工程的计算规则，分为砖石墙身，砖石墙身附件，预制混凝土窗台、过梁、压顶等。

(7) 结构、主体金属工程及木制工程(Strucutre/Carcassing metal/Timber)。包括金属结构框架，铝合金框架，独立金属结构，预制木制构件，等等。

(8) 幕墙、屋面工程(Cladding/ Covering)。内容包括幕墙玻璃，结构连接件，水泥板幕墙，金属板幕墙，预制混凝土板幕墙。泥瓦、混凝土屋面等。

(9) 防水工程(Water Proofing)。内容包括沥青防水层，沥青屋面、隔热层、防水涂料面层，沥青卷材屋面，等等。

(10) 衬板、护墙板和干筑隔墙板工程(Linings/Sheathing/Drypartitioning)。内容包括石膏板干衬板，硬板地面、护墙板、衬砌、挡面板工程，檩下、栏杆板内部衬砌，木地板地面、护墙板、衬砌、挡面板工程，木窄条地面、衬砌，可拆隔墙，石膏板固定型隔墙板、内墙及衬砌，骨架板材小室隔墙板，混凝土、水磨石隔墙，悬挂式顶棚，架高活动地板。

(11) 门窗及楼梯工程、(Windows/Doors/Stairs)。内容包括木制窗扇、天窗；木制门、钢制门、卷帘门；木制楼梯、扶手；钢制楼梯、扶手；一般玻璃、铅条玻璃等。

(12) 饰面工程(Surface Finishes)。内容包括水泥、混凝土、花岗石面层；大理石面块、地毯、墙纸、油漆、抹灰等。

(13) 家具、设备工程(Furniture/Equipment)。内容包括一般器具、家具和设备；厨房设备；卫生洁具等。

(14) 建筑杂项(Building Fabric Sundries)。内容包括各种绝缘隔声材料；门窗贴脸，踢脚线、五金零件；设备的沟槽、地坑；设备的预留孔、支撑和盖子等。

(15) 人行道、绿化、围墙及现场装置工程(Paving/Planting/Fencing/Site furniture)。内容包括石块、混凝土、砖砌人行道、三合土、水泥道路基础；围墙；各种道路；机械设备；等等。

(16) 处理系统(Disposal Systems)。内容包括雨水管，天沟，地下排水管道，污水处理系统，泵，中央真空处理，夯具、浸渍机，焚化设备，等等。

(17) 管道工程(Piped Supply Systems)。内容包括冷热水的供应，浇灌水，喷泉，游泳池压缩空气，医疗、实验用气，真空，消防管道，喷淋系统，等等。

(18) 机械供热、冷却及制冷工程(Mechanical heating/Cooling/Refrigeration Systems)。内容包括油锅炉，煤锅炉，热泵，蒸汽，加热制冷机械，等等。

(19) 通风与空调工程(Ventilation/Air conditioning systems)。内容包括厕所、厨房、停车场通风系统，烟控，低速空调，通风管道，盘管风机，终端热泵空调，独立式空调机，窗、墙悬挂式空调机气屏等。

(20) 电气动力、照明系统(Electrical supply/Power Lighting Systems)。内容包括发电设

备，高压供电、配电、公共设施供应，低压电供应、公共设施供应，低压配电，一般照明、低压电，附加低压电供应，直流电供应，应急灯、路灯，电气地下供热，一般照明、动力(小规模)等。

(21) 通信、保安及控制系统(Communications/Security/Control Systems)。内容包括通信、公共地址、扩音系统、无线电、电视、中央通信电视、幻灯、广告展示、钟表、数据传输、接口控制、安全探测与报警、火灾探测和报警、接地保护避雷系统、电磁屏蔽、中央控制等。

(22) 运输系统(Transport Systems)。内容包括电梯、自动扶梯、井架和塔式起重机，机械传输、风动传输等。

(23) 机电服务安装(Mechanical and Electrical Services Measurement)。内容包括管线、泵、水箱、热交换器、存储油罐、加热器、清洁及化学处理、空气管线及附属设施、空气控制机、风扇、空气过滤、消声器、终端绝缘、机械安装调试、减振装置、机械控制、电线管和电缆槽、高低压电缆和电线、母线槽、电缆支撑、高压电开关设备、低压电开关设备和配电箱、接触器与点火装置、灯具、电气附属设施、接地系统、电气调试、杂项等。

5) 工程量的计算原则

(1) 工程量应以安装就位后的净值为准，且每一笔数字至少应量至最接近于 10mm 的零数，此原则不应用于项目说明中的尺寸。

(2) 除有其他规定外，以面积计算的项目，小于 $1m^2$ 的空洞不予扣除。

(3) 最小扣除的空洞指该计量面积内的边缘之内的空洞为限；对位于被计量面积边缘上的这些空洞，不论其尺寸大小，均须扣除。

(4) 对小型建筑物或构筑物可另行单独规定计量规则。

FIDIC 土木施工合同条件的最大特点是单价合同，每个单项工程的单价是固定的，它强调量价分离，即工程量清单(BOQ)中的工程数量与单价分开。工程量表中的工程量是估算工程量，工程数量根据完成工程量按实际结算的，工程量清单所提供的工程数量会随咨询工程师的设计和测算深度的不同而异，与实际施工发生的情况存有差距。承包商必须熟悉和准确理解合同工程量清单中的工程内容，清楚自己的报价范围和相关的责任，否则就难以确定业主安排的工作任务是否属于合同内容。

FIDIC 合同在《投标须知》中都会明文规定，合同单价的地位高于一切。如果工程量清单中的单价与总价发生矛盾，应以单价为准；如果单价数字与英文文字矛盾，应以英文文字为准；如果合价与单价乘以工程数量的积不一致时，以所填报的单价为准。对于没有填报单价或价格的工程内容，业主在合同实施过程中将不予支付，并认为该项工程内容的单价或价格已包含在工程量清单的其他工程内容单价或价格中。

8.3 国际工程招标

8.3.1 国际工程招标文件介绍

国际工程招标文件是提供给投标者的投标依据，招标文件应向投标者介绍与项目有关内容的实施要求，包括项目基本情况、工期要求、工程及设备质量要求，以及工程实施业主方如何对项目的投资、质量和工期进行管理。

招标文件还是签订合同的基础，尽管在招标过程中业主方可能会对招标文件的内容和要求提出补充和修改意见，在投标和谈判中，承包商也会对招标文件提出修改要求，但招标文件是业主对工程项目的要求，据之签订的合同则是在整个项目实施中最重要的文件。

对承包商而言，招标文件是业主工程项目的蓝图，掌握招标文件的内容是成功投标、实施项目的关键。招标文件体现业主对项目的技术经济要求，对项目实施管理的要求，是将来据之签订合同的项目责任、义务和权利规定的基础文件。

1. 世界银行贷款项目工程采购标准招标文件简介

世界银行工程采购标准招标文件(Standard Bidding Documents, SBDW)最新版本为2006年5月编制(2007年4月和2010年8月两次修订)。工程采购标准招标文件主要包括13部分内容：投标邀请书，投标人须知，招标资料，合同通用条件，合同专用条件，技术规范，投标书，投标书附录和投标保函格式，工程量表，协议书格式，履约保函格式，银行保函格式，图纸，说明性注解，资格后审，争端解决程序。我国财政部根据1995年的SBDW改编出版了适用于我国境内世行贷款项目招标文件范本(Model Bidding Documents，MBD)。

世行编制的工程采购的SBDW有以下规定和特点。

(1) SBDW在全部或部分世行贷款额超过1千万美元的项目中必须强制性使用。

(2) SBDW中的“投标人须知”和合同条件第一部分“通用合同条件”对任何工程都是不变的，如要修改，可放在“招标资料”和“专用合同条款”中。使用本文件的所有较重要的工程均应进行资格预审，否则，经世行预先同意，可在评标时进行资格后审(Post Qualification)。

对超过5千万美元的合同(包括不可预见费)需强制采用三人争端审议委员会(DRB)的方法，而不宜由工程师来充当准司法(Quasi-Judicial)的角色。低于3 000万美元的项目的争端处理办法由业主自行选择，可选择3人DRB，或一位争端审议专家(DRE)，或提交工程师做决定，但工程师必须独立于业主之外。

(3) 对适用于单价合同的招标文件如欲将之用于总价合同，必须对支付方法、调价方法、工程量表、进度表等重新改编。

总之，世界银行所推行的招标方式具有较好的实用性和合理性，是目前国际上运用最为广泛的惯例。世界银行使用标准格式的(招标)合同文件能够合理地平衡合同双方之间的要求和利益，尤其能公平地在合同双方之间分配风险和责任。在大多数情况下，合同双方都赞成遵守明确规定的义务，这样做，可在很大程度上避免不认真履行合同、增加成本，以及由于合同双方缺乏应有的信任而引起的争议。采用本程序能使招标费用大大降低，并能确保所有投标者得到公平同等的机会，使他们按照合理的条件提交投标书。本程序反映的是良好的现行惯例，适用于大多数国际工程项目，但由于项目的规模和复杂程度不同，加之有时业主或金融机构确定的程序提出了某些限制性的特殊条件，因此，可对招标程序做出修改，以满足某些相应的具体要求。因此，本章的国际工程招标投标以世界银行所推行的招标方式的方式为参照进行介绍。

(4) 世界银行标准招标文件优点如下。

① 通过多次使用同样的标准格式的(招标)合同文件，投标人能够熟悉并掌握合同，因而不仅有利于顺利地签订合同，而且很有可能降低投标人的报价。投标人不必因为自己不

熟悉合同条件而担心签订合同后可能会发生的风险，导致在报价时为防备他们担心的风险而列入很多的不可预见费。

② 使用标准格式的(招标)合同文件可以节省许多时间。

③ 使用标准格式的(招标)合同文件还有利于培养合同管理人员。

如果不是这样，而是让承包商经常不断地使用各种不同类型的合同条件，则他们就花费很大精力去培养合同管理人才。

④ 使用标准格式的(招标)合同文件一般都有解决争议的条款，包括仲裁条款，因此有利于解决争议。

⑤ 使用标准格式的(招标)合同文件有利于业主评标。

2. 国际工程招标文件的构成

通常招标文件主要包括以下内容。

(1)“招标公告”。一般包括举办招标机构的名称；项目资金来源；工程项目概况，购买招标文件的地点，日期和价格；接受投标书的最后日期和地点；开标日期和地点；投标保证书或保证金；投标商的合格投标国籍；等等。

(2)“投标邀请函”。重复招标公告的内容，使投标人根据所提供的基本资料来决定是否要参加投标。

(3)“投标人须知”。提供编制具有响应性的投标所需的信息和介绍评标程序。

(4)“投标资料表”。包含使投标人更适用投标的详细信息。

(5)“通用合同条款”。确立适用土建工程合同的标准合同条件，即 FIDIC 合同条件。

(6)“专用合同条款”。“项目专用合同条款”和“投标书附录”对通用合同条款和标准专用合同条款中的相应条款加以修改、补充或给出数据，适用于合同的具体情况。

(7)“技术规范”。对工程给予确切的定义与要求，确立投标人应满足的技术标准。

(8)“投标函格式”。指明投标人中标后应承担的合同责任。

(9)“投标保证金格式”。是使投标有效的金融担保拟定的格式。

(10)“工程量清单”。指明工程项目的种类细目和数量。

(11)“合同协议书格式”。是业主与承包商双方签署的法律性标准化格式文件。

(12)“履约保证金格式”。是使合同有效的金融担保拟定格式，由中标的投标人提交。

(13)“预付款银行保函格式”。是使中标人得到预付款的金融担保拟定的格式，由中标人提交。预付款银行保函的目的是在承包商违约时对业主的损失进行补偿。

(14)“图纸”。业主提供投标人编制投标书所需的图纸、计算书、技术资料及信息。

(15)“技术规范”。即按工程类型和合同方式的情况用文字说明工程技术内容的特点和要求，对机器、设备、材料、施工、安装的做法规定其技术要求。

8.3.2 国际工程招标程序

国际上已基本形成了相对固定的招标投标程序，按以下步骤进行，即发布招标公告或招标邀请书；对投标者的资格预审；投标者得到招标文件；现场踏勘和参加标前会议；递交投标文件；开标、评标、授标；合同谈判和签订合同。各步骤依次连接就是整个投标的全过程。

国际工程招标程序与国内工程招标投标程序无多大区别。由于国际工程涉及的主体多，在招标各阶段的具体工作内容会有所不同。FIDIC 招标程序提供了一个完整、系统的国际工程项目招程序，具有实用性、灵活性。FIDIC 招标程序还附有 3 个附录：项目执行模式、承包商的资格预审标准格式和投标保证的格式。

1. 发布招标公告

1) 招标公告的内容

根据招标方式的不同，公开招标以广告形式公开发表，而邀请招标则以邀请函方式发给拟邀请的投标承包商。主要包括以下内容：招标项目所在国家及公司名称、地址；招标工程项目名称；招标范围简要说明；资金来源(如世界银行贷款、政府预算资金)；招标有关信息(工程说明、工程所在地以及工程规模等)；工程完工时限；发售招标或资格预审文件的时间、地点和费用；报送标书时间、地点和投标截止期限；投标保证金金额；对投标人的资格要求等。公告时间一般不少于 90 天。多数情况下，按照国际惯例，从招标通告发布之日算起，应让投标人至少有 45～60 天(在特殊情况下有 180 天时间)来准备投标和递交标书。

2) 招标公告的发布途径

招标公告主要通过招标广告和招标通知两种途径进行发布。国际竞争性招标发布招标公告通常有以下渠道：官方公报；官方通告牌；本国报纸(用本国语言及外国语言发行)；外国报纸；技术性期刊；行业刊物如世界银行的《商业发展论坛报》、亚洲开发银行的《项目机会》；致大使馆通知书；向有关国际商业公司、商务机构、贸易使团等发通知书。世界各国或地区的招标采购消息一般刊登在该国或地区的主要报刊上，如《中东经济文摘》、《非洲经济发展月刊》，如香港的国际招标信息发布在《香港政府公报》，加拿大发布在《加拿大公报》，西班牙发布在《国家官方日报》，而中国一般发表于《人民日报》。招标通知在刊登国际招标广告的同时，招标机构还向各国使馆或驻招标国的外国机构发出招标通知。

2. 资格预审

对于某些大型或复杂的项目，招标的第一个重要步骤就是对投标者进行资格预审。业主发布工程招标资格预审公告之后，对该工程感兴趣的承包商会购买资格预审文件，并按规定填写内容，按要求日期报送业主；业主在对送交资格预审文件的所有承包商进行认真审核后，通知那些业主认为有能力实施本工程项目的承包商前来购买招标文件。

业主资格预审的目的是了解投标者过去履行类似合同的情况，人员、设备、施工或制造设施方面的能力，财务状况，以确定有资格的投标者，淘汰不合格的投标者，减少评标阶段的工作时间和评审费用。对于国际招标项目进行资格预审很有必要，因为它能使业主和工程师提前确定随后被邀请投标的投标者的能力。资格预审同样对承包商有利，因为如果通过了资格预审，就意味着知道了竞争对手。

3. 发售招标文件

经资格预审确定合格申请人后，招标机构会通知合格申请人，通常以书信方式发出投标邀请，通知获得投标资格的申请人及时购买招标文件，同时在报纸上公布这一通知。投标邀请通知将购买招标文件的日期、时间、地点和每份招标文件的售价，以及接受投标书的日期(即截止投标日期)、时间、送交地点、提交正、副本的份数告知合格申请人。招标文件可以用邮寄的方式发出，假如投标人编制标书的时间比较紧，为了节省时间，也可以让投标人或其驻本国的代理人前来购买。

4．标前会议

对于较大规模的工程招标，通常在报送投标报价前由招标机构召开一次标前会议，以便向所有潜在的投标人澄清他们提出的各种问题，标前会日期和时间在“投标人须知”中写明，一般在标前会议期间还组织投标人到拟建工地参观和考察，投标人也可以在该会议后到现场专门考察当地建设条件，以便正确做出投标报价。一般来说，投标人应当在规定的标前会议日期之前将问题用书面形式寄送招标构，然后招标机构将其汇总起来研究提出统一的解答。公开招标的规则通常规定招标机构不向任何投标人单独回答其提出的问题，只能统一解答。如不参加，可要求招标机构将会议记录寄过来。

5．开标

招标机构在预先规定的时间将各投标人的投标文件正式启封揭晓，这就是开标。

1) 公开开标

许多国家的法规规定，一切政府部门的招标或一定金额以上的一切采购，都必须公开开标。许多国际金融机构，特别是世界银行，也规定开标应公开进行。公开开标就是允许所有投标人或其代表出席开标会议，招标人将装着投标书的封套在到场的投标人或其代表面前当众揭开。

2) 秘密开标

这种开标是由招标人和咨询工程师以及招标机构的审评人员参加，招标人的特邀人员如政府和有关当局的代表也可出席开标。其他人一概不得介入，由于投标价格一旦公开，相互竞争的投标人会施加压力，因而业主也许不可能对投标做冷静和周密的评定。另外，对于政府承包合同，公开开标会使相互勾结的人左右标价，而秘密开标可以使得这种串通行为难以形成。

开标以后，任何投标人都不得更改投标内容，尤其是标价和其中的重要内容，但可以被允许对他的投标做一般性的说明和疑点的澄清。对招标人来说，也可以要求投标人对其投标文件的某些含糊不清之处予以说明，但不允许要求投标人修改其标价或实质性的内容。

6．评标

评标，即招标有关部门对投标书的交易条件、技术条件及法律条件进行评审、比较，并选出最佳投标人的活动。招标委员会或招标评审小组在对所有标书进行各方面评审之后，编写一份评审结论报告——评标报告。该报告作为评审结论，对推荐标书提出推荐意见和建议，并说明其授予合同的具体理由，供业主做授标决定时参考。被推荐的投标人应当是所有标书中最合理、最经济和风险最小的。

7．决标

在国际招标与投标中，中标人必须由业主来确定。做出授标决定后，业主将向中标的投标人发出授标意向信。授标意向信比较简明扼要，通常只写明请该投标人应在某时、某地点商签合同。如果投标价格是不容再磋商的，则可写上授标的价格。授标意向书是有约束力的契约，业主对由此产生的财务后果负有责任。因此意向书必须准确地表达其意图。

如果在投标有效期内仍不能做出授标的决定，招标机构通常可以通知有希望中标的几名投标人，请他们延长投标保函的有效期。这时，投标人则可保留因延期决标而调整合同价格的权利，如果有投标人不愿延长保函有效期，那么，其投标书就被视为自动失效。

案例 8-1

【背景】

某承包商根据中标意向书的要求预先订制了预制桩，后来业主由于资金筹划问题搁置项目，并未向该承包商发出中标书，并拒绝支付预制桩的价款。

【思考】国际工程项目的中标函和授标意向书有何区别？

8.4 国际工程投标

国际工程投标包括投标前的准备和投标实施工作。

8.4.1 国际工程投标准备

1. 收集投标项目信息

可以通过以下途径收集项目信息：国际金融机构的出版物，如世界银行的《商业发展论坛报》、亚洲开发银行的《项目机会》；公开发行的国际性刊物，如《中东经济文摘》、《非洲经济发展月刊》刊登的招标邀请公告；通过驻外使馆、驻外机构、外经贸部、公司驻外机构、国外驻我国机构获取招标信息；国际信息网络获取信息。

2. 选择招标信息

从上述国际工程项目招标信息中，选择符合本企业的项目进行跟踪，初步决定是否准备投标，再对项目进行进一步调查研究。跟踪项目或初步确定投标项目的过程是一项重要的经营决策过程。

3. 投标前的基本情况调查

投标前的准备十分重要。它直接影响投标的中标率大小。凡具有国际投标竞争能力的承包商都特别重视投标前准备工作的实施。参加国际投标往往要耗费大量的金钱和时间，而这些代价均由投标人来承担。故投标前，首先要做好可行性研究。

(1) 评估政治风险、经济风险和自然风险，了解工程所在国的政治、经济、地理和法律等基本国情。

(2) 了解工程业主的资金来源和支付的可靠性。如系政府工程项目，应了解其资金供应是否已列入国家已批准的预算计划，如果是吸收外资或国际金融组织贷款，应了解外汇贷款比重及国内配套使用的资金是否已落实。如果是私营工程项目，对业主的支付能力更应详细调查，还应对其信誉和资金来源背景进行了解。

(3) 了解潜在竞争对手的基本情况。首先，通过招标人了解有多少家公司获得本工程的投标资格，了解可能参与投标竞争的公司的有关情况，包括技术特长、管理水平、经营状况、竞争能力等，过去几年他们承包工程的业绩、他们在本国、外国和当地已完成和正在施工的项目状况。如果获得投标资格并拟参加投标的公司甚多，则可选择几家过去中标率较高的公司进行重点调查和分析，应当了解其突出的优势和明显的弱点。承包商如果在竞争中做到知己知彼，尽可能制定合适的投标策略，发挥自己的优势而取胜。

(4) 解工程项目的具体技术要求。要详细了解该工程的性质、规模、工程现场条件、工期、准备期，特别是技术和设备的先进程度，承包公司本身的技术力量能否胜任承包项目的技术要求等。摘录每种须进行国外询价的材料设备，编出细目表，说明规格、型号、技术数据、技术标准，并估算出需要量以便及时向外询价，等等。总的来说，需要通过多种因素的权衡分析，结合自身的优势和劣势，结合工程项目的要求综合分析各种有利和不利的条件，再做出全面充分的判断。

2. 投标前的基本准备工作

投标人正式参加投标竞争之前，需要进行一系列的准备工作。投标准备工作主要包括以下内容：在招标人所在国注册、选聘代理人和筹措资金。

1) 在招标人所在国注册

承包人到国外承包工程项目，必须按照工程所在国规定办理注册手续，取得合法地位。有些国家规定，履行注册手续是取得投标资格的前提条件。

2) 选聘代理人

在国际工程承包中，代理人实际上是为外国承包公司提供综合性服务的咨询机构或个人，有些国家规定，投标的外国公司必须使用东道国的代理人，如中东国家，否则不让投标，而有的国家明确规定不准使用代理人。在国际工程承包项目中，承包商代理人的工作直接影响其项目的成败。

3) 选择合作伙伴

有些国家要求外国承包商在本地投标时，要尽量与本地承包商合作，承包商最好是先从以前的合作者中选择两三家公司进行询价，可以采取联营体合作，也可以在中标前后选择分包。选择联营体合作伙伴是为了在激烈的竞争中获胜，一些公司相互联合组成临时性的、长期性的联合组织，以发挥企业的特长，增强竞争能力。

4) 成立投标小组

投标小组由经验丰富、有组织协调能力、善于分析形势和有决策能力的人员担任领导，要有熟悉各专业施工技术和现场组织管理的工程师，还要有熟悉工程量核算和价格编制的工程估算师。此外，还要有精通投标文件及合同的人员，最好是工程技术人员和估价师能使用该语言工作，还要有一位专职翻译，以保证投标文件的质量。

5) 资金筹措

国际工程承包除在技术、质量和价格基础上的竞争之外，逐渐扩展到了资金筹措能力方面的竞争。承包商的资金筹措能力已成为国际市场竞争的关键点。由于国际工程竞争的日益加剧和工程付款条件的日益苛刻，造成国际工程市场上资金问题显得更为突出和严重。承包商的资金筹措能力既关系到市场占有率，又直接影响企业的经济效益水平。

6) 雇用外籍人员

投标期和承包工程期间雇用外籍人员，可获得良好的经营效益，需雇聘的外籍业务人员有以下几类。

(1) 代理人。代理人或熟悉工程市场，在承包和投标业务中有所专长，或可为有关业务疏通渠道，提供重要信息。

(2) 工料测量师或工料估算师。他们具有丰富的土建工程、经营管理方面的专业知识和经验，对于土建工程的成本、价格、财务、合同及有关法律法规都很熟悉，可为承包商、业主或政府部门提供工程概算咨询及工程管理咨询。

(3) 工程技术人员。有的国家规定必须雇用当地的工程技术人员。由于他们熟悉当地工程市场商情、当地工程惯例、有关法律法令、投标中的基本单价和劳务市场情况，若使用得当，可起到本国技术人员难以承担的作用。

(4) 法律顾问。各国法律、法令条文繁杂，非当地律师难以掌握。承包商应根据当地形势聘请法律顾问兼职，以免无意触犯当地法律法规，并在出现纠纷时协助承包商解决问题。

8.4.2 国际工程投标报价程序

1. 申请投标资格

1) 参加资格预审申请书

有意参加国际投标的承包商，在获取有关资格预审的信息后，应及时向招标机构购买资格预审文件。在了解预审文件基本内容后，可着手填写资格预审申请书。按照惯例，资格预审申请书格式由招标机构拟定，并作为资格预审文件的组成部分提供给投标申请人。

2) 联合体的资格预审申请

联合体又称为联营体，指由两个以上公司联合组成的投标人。在国际招标与投标中，联合体通常是被采用的投标组织形式。通过联合体投标可以起到筹措资金、增强投标实力的作用。

案例 8-2

投标文件格式不符合招标文件要求

【背景】

某国际公司参加世行贷款城市污水项目的竞标，在招标文件中明确规定，投标商必须在其完成的投标文件上逐页小签。该公司在完成投标文件后，只在投标报价信上由该司法人代表人签署，其他投标文件重要组成部分，如工程量表 BOQ 分项报价表、技术参数表等均未小签。评标结果，该公司标书未被通过商务审查，原因之一就是投标文件无逐页小签。

【思考】国际工程合同文件及投标要求有些什么内容？

2. 参加标前会议和现场考察

施工现场考察是投标者必须经过的投标程序，按照国际惯例，投标者提出的报价一般被认为是在现场考察的基础上编制报价的。一旦报价单提出之后，投标者就无权因为现场考察不周、情况了解不细或其他因素而提出修改投标、调整报价或提出补偿等要求。

现场考察既是投标者的权利，又是他的责任。因此，投标者在报价以前必须认真地进行施工现场考察，全面地、仔细地调查了解工地及其周围的政治、经济、地理等情况。现场考察时一定要注意以下内容。

(1) 现场的地理位置、地形、地貌、地质、水文、气候等自然条件。

(2) 环境对施工的限制。

(3) 其他施工条件，例如，现场进场道路、场内外交通运输条件，供电、供排水条件，雇用当地工人有无限制条件，等等。

(4) 材料、机械到场的价格，办公及员工住房房源的情况。

现场考察结束后，招标方一般会安排标前会议，针对招标文件中出现的差异和不清楚的地方，回答投标人提出的问题。投标人应积极参加此会议，利用这个机会获得必要的信息。

3. 对招标文件中所有实质性要求和条件做出响应

投标申请人接到招标人的资格预审合格通知后即可按招标人规定的时间向招标机构购买招标文件。由于国际工程项目一般金额高、工艺复杂，其标书也就篇幅巨大且内容广泛，承包人要全面消化标书内容，除了需要组织得力的设计、施工、估价专业人员对招标文件进行全面分析解读，还要将标书中碰到的各类问题整理为书面文件并寄到招标文件中指定的地址，要求招标方在标前会议上予以解释或澄清。投标前需要仔细研究下面几个方面的内容。

(1) 熟悉合同条件，吃透招标文件。

(2) 对材料、设备和施工技术要求。包括采用哪国的施工验收规范，特殊的施工要求，特殊材料的技术要求，有关选择材料设备代用的规定，须进行国外询价的材料设备的规格、型号、技术标准、需要量等。

(3) 工程范围和报价的要求。包括明确合同种类是属于总价合同、单价合同或成本加酬金合同，或是“交钥匙”、“统包”合同；招标项目可能对不同的工程内容采用不同的计价方法；国际文件中的工程量表的编制体系和方法；对永久性工程之外的项目的报价要求；非土建类的工程是否必须由工程业主指定承包商进行分包；对材料、设备和工资在施工期限内涨价及当地货币贬值有无补偿的规定；等等。

(4) 标前会议是工程业主对承包人提供一次答疑的机会，如对工程内容范围不清的问题，应当提请说明；对招标文件中图纸和技术说明相互矛盾之处，也应提请说明；对含糊不清的合同条件，应请求解释。标前答疑将作为招标文件的一部分并具有法律约束作用。总之，应将工程量清单与投标人须知、合同条件、技术规范、图纸等认真核对，以保证在投标报价中不错报、不漏报。

案例 8-3

【背景】

某国际工程水电站项目引水隧洞施工，下雨时山体裂缝导致工地淹没，导致工期延误和设备、材料受损严重，承包商认为山体裂缝为不可预见的自然条件，是一个有经验的承包商无法预见的，尽管承包商在投标前对现场进行过周密考察，由此向业主提出工期和费用索赔，虽然索赔费用很高，而且工期索赔时间较长，但工程师最终同意了承包商的索赔。

【思考】国际工程项目投标前现场考察如何分析和应对可以预计见或不可预见的物质条件？

4. 办理投标保函

认真研究关于保函的要求，关于保险要求和付款条件，关于物价调整条款，关于税收和违约金的规定条款，等等。

1) 国际投标中的保函种类

(1) 银行保函。在招标与投标中，银行保函又有多种形式，其中主要有投标保函、履约保函、预付款保函，保留金保函、维修保函等。投标保函须在投标人投标时向招标人递交，其他保函则由中标者向招标人递交。

(2) 保险公司(或担保公司)的担保书。担保书与银行保函的条件基本相同，但其承保金额应在有关部门对该保险公司规定的限额内。

2) 银行保函及其作用

银行保函是银行受申请人的请求，向受益人开具的用来担保申请人正常履行合同义务的独立的书面保证文件。如果保函申请人正常履行其义务，银行就不需向受益方履行经济赔偿责任；如果保函申请人未能履行某项义务，银行则承担向受益人进行经济赔偿的责任。保函申请人(投标人以及承包人)向受益人(业主)递交银行保函，实质上就是交给受益人一笔在特定条件下可向银行索取的备用抵押金。这种担保形式可以对受益人起到可靠的保障作用。

3) 投标保函的担保责任和内容

按照招标与投标国际惯例，投标人在向招标人递交投标书时，应同时提交由银行开立的投标保函或投标押金。许多国家的有关法律也都明确规定，没有随标书提交投标保函或投标押金的，该标书将不被接受；提交投标担保的形式(即提交投标保函还是提交投标押金)，可由投标人选择。在大多数情况下，投标人都是委托银行开具投标保函作为担保。投标保函的主要担保责任如下。

(1) 投标人在投标有效期内不得撤回标书以及投标保函本身。

(2) 投标人被通知中标后必须按通知书规定的时间前往招标人所在国签约。

(3) 在签约后的一定时间内，投标人必须提供履约保函。

如果投标人违反上述任何一条规定，受益人(招标人)就有权没收投标保函，并向银行索赔其担保金额。如果投标人没有违背上述规定，或者没有中标，招标人就应及时将投标保函退给投标人，并相应地解除银行的担保责任。

案例 8-4

【背景】

国际工程投标对于投标保函格式要求严格，投标商在向银行申请开列时，不得更改。在招标文件附件中投标保函格式样本必须完全按照上述投标保函格式开具银行保函。某中国建筑承包商在世界银行贷款项目投标时，某中国银行按以前的项目通用格式开具了银行保函，虽然其他条件均符合要求，然而格式有更改，最后导致了废标。

【思考】国际工程承包项目相关的保函有几种？如何注意保函的要求？

5．投标报价的确定

1) 工程量核算和计算

国际工程招标人一般情况下都提供工程量，但由于工程承包合同或设计程度的不同，工程量清单的精确度往往不高，不仔细核算工程量就进行投标报价将使投标人承受巨大的风险。也有少数情况下，由于工程紧急或其他原因，招标人仅提供招标图纸而不提供工程量，这种情况下，投标人需要用当地惯例或国际通用惯例计算工程量并进行报价。根据不同的承包合同形式，对于工程量核算或计算的要求也存在差异。核算工程量，这不仅是为了便于计算投标价格，而且是今后在实施工程中核对每项工程量的依据，同时也是安排施工进度计划、选定施工方案的重要依据。当发现工程量清单中的工程量与实际工程量有较大差异时，应向招标人提出质疑。应当注意合同属于单价合同、总价合同还是成本加酬金合同等，对于不同的合同类型，承包商的责任和风险是不一样的，应根据具体情况分别核算报价。

(1) 固定总价合同。固定总价合同按单项工程价格承包，多数报价表中只列出单项工程名称，而不规定计价所用的各工程的工程量。有的固定总价合同标书列出了单项工程的分部分项工程量，但只为业主审标参考之用。即使是这种情况，由于单项工程总价是固定的，投标人也须自己计算工程量，以免标书工程量不准确而造成经济损失。因此投标人必须自己详细计算工程量。

(2) 固定单价合同。固定单价合同报价表中都列出工程量，但工程款将按实际工程量支付。报价表中的工程量只供计算总标价及业主审查总标价之用，因此该工程量只需相对准确即可，工程量的计算者并不刻意追求其精确度。对于单价合同，投标人不必全面复核工程量。不过为了采用不平衡报价，仍须重点复核一些重要项目的工程量。

(3) 劳务承包合同。对于以承包工程量结算的劳务承包合同，承包者应详细计算工程量。发包人以虚假的工程量行骗的现象曾经发生过，承包人应有所警惕。

(4) 特殊情况下会有标书中设计内容不全，在这种情况下，或者投标人自己进行初步设计并计算工程量，或者连同招标文件中各种技术要求及有关图纸交给相关专业公司进行分包报价。在对招标人提供的工程量清单的校核中，如果发现有项目遗漏或计算差错，投标人不能在招标文件中直接修改，以免影响招标人评标的统一标准。投标人仍应按招标文件的要求填报自己的报价，而另在投标致函中适当予以说明。如有必要，也可以另附一份工程量改正后的相应报价的清单。通常工程量核算(无论是招标人提供还是投标人自己计算)都应按照与《建筑工程量计算原则(国际通用)》和《建筑工程量标准计算方法(SMM7)》这两个内容基本上一致的文件进行。

2) 制订施工方案

施工方案与工程成本和投标报价是密切相关的，在国际工程招标中，招标人往往要求业主在投标报价的同时就要报送施工方案和进度计划，并根据这些资料评价投标人是否已经采取了充分的和合理的措施，保证按期完成工程施工任务。编制施工方案时要比较细致地研究技术规范要求，现场考察时应对施工条件要充分了解。制定施工方案要服从工期要求、技术可能性、保证质量、降低成本等方面的综合考虑。

(1) 根据分类汇总的工程数量和工程进度计划中该类工程的施工周期，合同技术规范要求以及施工条件和其他情况选择和确定每项工程的施工方法对各种不同施工方法应当从保证完成计划目标、保证工程质量、节约设备费用、降低劳动成本等多方面综合比较，选定最适用的、经济的施工方案。

(2) 根据上述各类工程的施工方法，选择相应的机具设备，并计算所需数量和使用周期；研究确定是采购新设备，或调进现有设备，或在当地租赁设备。

(3) 研究确定哪些工程由自己组织施工，哪些分包，提出寻求分包的条件设想，以便询价。

(4) 用概略指标估算直接生产劳务数量，考虑其来源及进场时间安排。如果当地有限制外籍劳务的规定，则应提出当地劳务的工种分配。另外，从所需直接劳务的数量，可参照自己的经验，估算所需间接劳务和管理人员的数量，并可估算生活性临时设施的数量和标准等。

(5) 用概略指标估算主要和大宗的建筑材料的需用量，考虑其来源和分批进场的时间安排，从而可以估算现场用于存储、加工的临时设施(例如仓库、露天堆放场、加工场地或工棚等)。

(6) 根据现场设备、高峰人数和一切生产和生活方面的需要，估算现场用水、用电量，确定临时供电和供排水设施。

(7) 考虑外部和内部材料供应的运输方式，估计运输和交通车辆的需要和来源。

(8) 考虑其他临时工程的需要和建设方案。例如进厂道路、预制件场地、停车场地等。

(9) 提出某些特殊条件下保证正常施工的措施，例如排除或降低地下水以保证地面以下工程施工的措施；冬季、雨季施工措施；等等。

(10) 其他必需的临时设施安排。例如现场保卫设施，包括临时围墙或围篱、警卫设施、夜间照明等；现场临时通信联络设施等。

3) 询价

投标人通过询价，了解并确定承包工程所需的相关价格，以核算成本。询价是报价的基础，正确的报价是建立在全面而精确的询价基础之上的，而询价中的丝毫误差都可能导致报价的失败或蒙受损失。

国际工程投标的询价指投标人为购买某种商品或服务，向提供人发出有关交易价格的询问。在询价过程中需要注意的事项主要有以下几方面：首先要认真选择询价对象。投标人询价一方面为了确定投标报价，另一方面，也为寻找最为有利的物资。这样，询价也就成为买主货比三家的手段。再就是询价要明确、详细。投标人通过询价单详细说明所需货物的质量、性能、规格。询价单不明确，对方发回的报价就不真实，还要慎重对待低价。询价发出后，卖主发回报价。对其中的低报价，投标人不能一概接受。有些报价虽然表现为较低的价格金额，但卖主可能在该批供货的其他交易条件上进行弥补，或者在供货质量方面降低标准。

接到卖方报价后，投标人要对其进行各项条件的全面审查，只有价格低，同时其他交易条件也优惠的报价才可接受。总地来说，投标人在询价时，要尽可能地将有关询价物资的细节和要求明确在询价单中。同时，对于发回的定义不清、条件含混的报价，一定要鉴别和分析。不符合要求时，应要求对方解释或重新报价。

4) 报价项目单价表的编制

在国际工程承揽过程中，投标报价与工程承接的成败息息相关，而单位成本的分析和计算又是其中决定性的环节。《建筑工程量计算原则(国际通用)》的“总则”部分中明确规定，除非另有规定，工程单价中应包括人工及其有关费用、材料货物及其一切有关费用、机械设备的提供、临时工程、开办费、管理费及利润。

根据上述原则和国外工程的实践可见，国际工程单位工程成本的计算和国内通常的计算方法是有很多不同之处的。由于国际上是根据工程量完成的多少来支付工程款的，我国传统定额计价模式中的直接费、间接费、取费标准等概念和现在推行的工程量清单计价模式的综合单价(是一种不完全单价，没有包括措施项目费和其他措施项目费)不同。按照有关国际惯例，编制报价项目单价表的基本步骤分为以下几步。

(1) 划分报价项目和分摊费用项目。报价项目是指工程量清单中所列项目，它随招标工程内容及招标文件规定的计算方法而异，须按文件要求划分。通常包括平整场地、土方工程、混凝土工程、钢筋工程等。分摊费用作为报价项目的价格组成因素已包含在每项单价之内、而不在工程量清单上出现。分摊费用的内容很多，如投标费用、保函手续费、保险费、税金、当地法律顾问以及会计师或审计师聘用费、管理人员费、行政办公费、生活设施费、交通车辆使用费、劳动保护用品费、办公人员差旅费、广告宣传和交际费、贷款利息、临时设施费、机械和工具使用费、其他杂项费用以及计划利润等。有些国际招标项目的报价单中列有“开办费”，对此，应从招标文件的说明中搞清楚列入这一项目的具体内容，然后逐项报价。

(2) 计算基础单价。基础单价是计算投标报价的重要因素，通常只要以基础单价乘以工程中各项目的需要量就可以得出该项目的价格。例如工资=单位工程的用工量(以工日计算)×工资单价。计算基础单价主要有以下几项。

首先是工日基价。工日基价是指每个工作日的平均工资，应按投标方本国工人和当地雇用工人分别确定。工人工资一般由下列费用组成：出国工人出国期间的费用项目划分相当繁琐，其组成内容一般有国内工资水平、服装费、差旅费、国外零用费、人身保险费、伙食费、奖金、加班工资、职工福利费、卧具费、探亲及出国前后调遣工资等。对于工期较长的投标工程，还应考虑工资上涨因素进行估计调整。此外，如招标文件或当地法令规定，雇主须支付个人所得税、社会安全税等个人应纳税金，则也应计入工资单价之内。

然后是材料、半成品和设备基价。这部分基价应按当地采购、国内供应和第三国采购分别计算。当地采购是指在工程所在国就地采购的器材，其预算价格应为施工现场交货价格。通常按下式计算：预算价格＝市场批发价+运杂费。国内供应是指国内供应的器材，其预算价格应为到岸价格及卸货口岸在施工现场仓库运杂费之和，具体内容包括器材原价、物资供应部门管理费、国内运杂费(即器材由供货人仓库运抵出口港上船所发生的包装、运输、装卸、仓储和装船的全部费用)、海运及保险费(即货物从出口港启运，到达卸货口岸的海运费用和保险费，应根据远洋运输公司和中国人民保险公司的有关规定计算)、当地运杂费(即器材从卸货口岸运抵施工现场仓库所发生的运输、装卸及其他杂项费用，应根据当地运价和运距及有关规定计算)等。从第三国采购的器材，其预算价格应为到岸价格加当地运杂费及关税(如果有的话)之和。如果同一种器材来自不同的供应来源，则应按各自所占比重计算加权平均价格，作为预算价格。

最后是对施工机械使用费基价的询价。施工机械使用费由基本折旧费、运杂费、安装拆卸费、燃料动力费、机上人工费、维修保养费以及保险费等组成。在国际承包工程投标报价中，机械使用费有3种表现形式，即在“开办费”项下列入一笔机械费总数，或在每一单位(或单项)工程的报价单内列出一笔机械费，或在分部分项工程单价内包括机械费，但在报价单中不单独出现。至于具体如何处理，则应视招标文件对报价项目的要求而有所不同。

(3) 国际工程投标报价中各项待摊费用的构成。承包国外工程所发生的各项费用，除了投标文件允许明列的少量项目(如临建、施工机械费等)之外，一般应包括在折算单价内，不单独列项，这是国际上的习惯做法。在编制内部报价时，应将所有费用逐项算出，作为工程项目的第二部分汇总。现将各项待摊费的内容和计算方法分述如下。

① 投标费用。指在投标期间开支的费用，一般包括购置招标文件费、投标期间国内外差旅费、编制标书费、礼品费4项。其费用一般按工程费1%～3%计算。

② 保险费。承包工程可按财产保险、人身保险、责任保险和保证4类划分。按照标书对保险的要求，以及投保的内容、险级、费率标准、保险额度，允许投保公司计算其费用。

在财产保险中可保工程险、施工机械险、设备缺陷索赔险；人身保险中一般只保人身意外险，必要时可保疾病险，责任保险可保第三者责任险，至于保证保险，按招标文件的规定，承包商是通过银行向业主出具保函来解决的。

③ 税金。税金的计算必须在投标作价阶段，认真调查研究，按照标书规定，搞清纳税范围、内容、税率和计算基础，据以计算标价。在国际工程中可能发生的税金项目分列如下：合同税、所得税、销售营业税、产业税、社会福利税、社会安全税、养路及车辆牌照税、地方政府开征的特种税、印花税及其他税等。尚有其他几种税，宜列入其他项目内容较好，如关税、转口税、过境税等可列入设备及器材价格内。所得税一项，当地工人工资的所得税已包括在工资内，可不再另外计算。

④ 保函手续费。国际承包工程，规定出具保函的银行必须是业主指定的银行。这样就需要由中国银行先向业主指定银行出具保函，然后由业主指定的银行按中国银行出具的保函金额，向业主出具保函，以达到招标文件要求。

⑤ 业务费。主要包括业主工程师费、代理人佣金、国内营业费、法律顾问金、业主人员培训费。

⑥ 工程辅助设施费。主要包括工程移交前维护修理费、竣工整理费用、试运转费等，其中试运转费是指工程在移交业主以前，按设计规定的工程质量标准，进行整个车间、全厂性联动的无负荷和有负荷试车的费用。试运转费内容包括原料、燃料、油料的动力消耗的费用，低值易耗品及其他物品的费用开支。

⑦ 临时设施工程费。临时设施工程费应单独列项，一般国外工程临时设施工程费约占总造价的1%～2%之间，临建的报价应按施工组织设计和施工总平面布置图中面积进行计算。

⑧ 施工机械费。这里所指的施工机械是招标书中允许为完成承包工程必须购置新的施工机械所产生的费用。对施工完毕后残值回收，用转让方式或运回国内，要视具体情况而定。

⑨ 贷款利息。国外承包工程，通常签订合同后即可拿到一笔预付款，一般约为总造价

的10%～15%，往往是造价越大，预付款的比例就越小。这笔款项通常用于采购施工机械、备料和现场准备。施工期间所需的周转资金，往往要靠银行贷款来解决，因为在国际上贷款利率是很高，所以，利息支出是经营管理费中不可忽略的因素。

⑩ 其他间接费。在计算间接费时，应考虑以下几个问题：首先由于国外工程造价通常比国内高1.5～2 倍，甚至更高，所以间接费的总值虽比国内大，但百分比应比国内小。再就是机械化程度愈高，管理费用就下降。反之，管理费就会随之增高。还可以通过分析国外的资料，得出间接费用标准。一般情况下，建筑安装一起承包施工，其间接费可按照建筑安装工程费的8%～10%考虑，承包土建工程则间接费可提高至10%～12%。间接费用计算，应根据本工程实际情况进行计算，不应以百分比计算。报价书中应附有详细计算书，并按摊销办法摊销到单项工程去。

⑪ 意外与风险费。国外的意外风险费即预备费和风险费。在报价中列多少意外风险费用比较合适，应根据项目情况考虑。其中也包括投标勘察设计费。勘察设计费作为一项独立费用单独列入投标书，特别在交钥匙或总承包工程时，应对外收费，要注意因地、因事制宜，以适应国外市场竞争的需求。一般来说，国际设计收费一般约为工程造价的 8%～10%。中国对外承包工程设计收费可按4%～6%考虑，一般都按4%计算。

⑫ 物价上涨调整费。如果标书规定要求按固定价格报价时，就必须考虑由于物价上涨而需增加的费用。如果标书规定，允许按实际情况调整或政府公布指数调整，则此费用可以不列。物价上涨费的大小，应该根据承包地区历年的价格指数，或按政府公布指数，结合国际市场动态和承包工程期限的长短分类做出预测估算。

⑬ 利润。由于国际承包工程竞争市场越来越激烈，利润率变化较大，为了使标价有一定的竞争能力，特别是对一些尚未参加过施工的工程地区，为了考虑先有立足之地，应采用保本原则，逐步开辟市场。对一些施工复杂、风险度较大的项目或者投标者很少，大家都不愿意承担的项目，则利润可以稍高。因此，利润多少，需要谨慎考虑。打入国际市场，应本着薄利保本原则，就会有一定的竞争能力，根据以往经验，利润率以合同价的5%～10%为宜。要注意，如果当地政府有规定利润必须缴纳所得税，则应在计算利润时加入。

在单价确定的基础上，可进一步编制工料分析表和单价汇总表，并最终确定投标报价。

6. 投标书编制和递送

1) 编制标书

投标书的编制是一项系统、复杂的工作，涉及多专业，多工种，如技术、经济、外语、财务、材料、质量、安全等，各专业要统一协调，相互包容。投标人在做出投标报价决策之后，就应按照招标文件的要求正确编制标书，即投标人须知规定的投标人必须提交的全部文件。

2) 标书的内容

(1) 投标书及其附件。投标致函实际上就是投标人的正式报价信。它的内容是：表明投标人完全愿意按招标文件中的规定承担工程施工、建成移交和维修等任务，总报价金额，开工日期和整个施工期限等，并表明本投标书连同业主的书面接受通知具有约束力。投标致函后面通常有附件。附件主要有两种：一种是说明些重要数据，如履约担保金额、第三方保险最低金额、开工期限、竣工时间等；另一种是投标报价汇总表、工程计划进度表、要求支付不同货币的比例及汇率等。

(2) 标有价格的工程量表以及投标保函。通常要求投标人在招标文件所附的工程量表原件上填上单价和总价，每页均有小计，最后有汇总价。必须按规定格式填写，认真校核，并签字确认。

(3) 原招标文件中的技术说明、图纸和合同条件。投标人须在这些文件上签字以表示投标人已阅读过，并表明承认这些文件，然后一并交回。

(4) 业主要求的其他文件。业主可能要求递交的文件有施工方案、特殊材料的样本等。

(5) 有关投标资格及资格情况材料。有些国际工程招标项目进行资格后审，招标人通常要求投标人在递交投标文件时，递交投标和承包的资格审查文件。这些文件的范围和内容按招标文件的规定排列。

除了上述规定的投标书外，投标人还可以写一封更为详细的致函，对自己的投标报价做必要的说明。写好这份另外增加的投标致函是十分重要的，一般除了重复上述规定格式中的内容外，还可以说明以下问题。

(1) 降价的决定。说明编完报价单后，考虑到同业主友好和长远合作的诚意，决定按报价单的汇总价格无条件地降低多少金额，即总价降到多少金额(应用大写和阿拉伯码两种写法)，并愿意以这一降低后的价格签订合同。

(2) 说明由于做了上述降低，与投标书同时递交的银行保函有效金额相应降低多少，并写明有效金额数。

(3) 如果发现招标文件中有某些错误，又不便在原标书上修改的，可以说明如何调整修改，及其对报价的影响。

(4) 宣传自己的优势，说明自己的能力和经验，使业主感到满意。如果打算提供给业主某些优惠的利益，例如支付条件、贷款等优惠，则可以专门列出。

(5) 表明愿意在评标时，同业主或咨询公司进行充分讨论，使报价更为合理。

总之，这份额外的投标致函应当有力地吸引业主咨询公司和评标委员会对投标人的兴趣和信赖。

除上述基本保证外，标书还包括商务和技术两部分内容。

3) 编制投标书注意事项

标书编制应该注意以下几方面事项。

首先，投标文件的每一填写空白都必须填写，否则被视为放弃意见，如重要的数字栏不填写就有可能作为废标处理，而且填报投标文件的数字应当反复校对，要求正确无误，无论单价、总价、合计、分部合计、大写数字、外文均应仔细核实，否则，按照错误数字结算的工程款或利润会使承包人蒙受不应有的损失。其次，投标文件要注意密封好，避免字迹涂改或模糊不清等。最后，还应注意附上投标保证书(保证金)，并使得保证书的保证时间要与规定的相符。

总之，编制投标文件要仔细认真，不要因为细节的疏忽和技术上的缺陷而使投标书失效。

案例 8-5

不是法人代表人签署文件，且文件签署人无授权书

【背景】

某国际工程公司申请参加亚行贷款南亚某国水电站项目的国际工程投标，该公司投标人员按招标资格预审申请文件要求完成了资格审查文件，由于该公司法定代表人出国考察，未能在资格预审文件上签署，但在该投标人提供的英译本营业执照复印件(经公证)中明确显示该公司的法定代表人是该公司董事长。项目资格预审结果，该公司未能通过审查，原因之一就是不是法定代表人签署文件，且文件签署人无授权书。

【问题】国际工程合同文件的授权签署在什么文件中进行确认？

4) 投标书的递送

首先是投标书的密封与标志，投标人应将投标书正本和每份副本分别密封在内层包封和外层包封中，并在包封上正确标明“正本”或“副本”；在内层和外层信封上部应标明负责开标的机构地址，标明招标编号，标明招标工程名称，标明在投标截止日期之前不得开标。其次，注意如外层未按规定密封并加写标志，应作为废标退回投标人。最后，投标人应在投标截止日期前将标书递交给业主。对于迟到的投标书，业主在投标截止日期以后收到的任何标书都将原封退回投标人。投标人在投标后可以在投标截止日期前以书面形式通知业主关于修改或撤回投标书的要求。修改或撤回标书按标书密封和标志要求发送。

8.4.3 投标报价策略及报价技巧

在世界多极化和全球经济一体化的国际大背景条件下，国际工程承包市场竞争日趋激烈。国际承包工程具有规模大、投资大、周期长、合同条件苛刻及潜伏风险较大等特点。在竞争日趋激烈的国际承包工程市场投标，风险与利润是同在的。如何进行投标，控制投标风险，恰当选择利润率及报价水平，以及投标报价策略和投标技巧的恰当运用，是投标成败竞争的关键因素，也是国际工程承包的一项重要课题。

投标的重中之重是投标报价，它直接关系到投标的成功与否，同时也关系着中标项目的利润如何。报价是业主选择中标者的主要标准，也是业主和投标者签订合同的依据。报价是工程投标的核心，报价过高，会失去中标机会；过低，即使中标，也会给工程带来亏本的风险。因此，标价过高或过低都不可取，要从宏观角度对工程(或项目)报价进行控制，力求报价适当，以提高中标率和经济效益。投标报价的策略和技巧其实质就是在保证工程(或项目)质量和工期的条件下，应寻求一个好的报价。

1. 投标决策

为了能够在竞争激烈的国际承包工程市场投标中达到预期目的，在细致研究招标文件业主的招标文件的前提下，对项目所在地的自然条件、政治形势、经济状况、法律法规、施工环境、物价水平、竞争对手等情况有一个全面的了解，充分掌握业主在国内国际的信誉；业主拥有的其他项目；业主已有项目所采用的设备情况；等等，对投标果断进行决策。投标决策分析要点如下。

(1) 期望利润：承包商根据市场和自身情况分析后做出的对项目提出的预期利润比率，它不受工程自身因素的影响。

(2) 风险的承受能力：承包商对项目风险进行分析评估之后，对项目风险的处置和承受能力，如不可预见费用和总价降价系数等因素。

(3) 竞争对手的估计：根据对竞争对手的分析估计和优劣势分析，对中标可能性的判断。

(4) 报价计算的准确度：对投标小组的指导思想和科学态度、投标经验、算标准确性和投标能力的综合评价。

2．在报价时可采用工程投标策略

1) 不平衡报价

不平衡报价就是利用 FIDIC 合同在报价时是“单价合同”，而在实施时是“复测合同”(Remeasurement Contract)的特点，根据招标书的付款条件、竞争对手的情况分析和判断，对各部分项工程的费用重新进行分配和调整，在总标价不变的前提下，将工程量清单(BOQ)中有些单价调整得略高于正常水平，另一些则略低于正常水平，以期改善投标人的资金流动或获取额外的盈利。工程实施过程中由于不确定因素的存在，难免会发生工程变更，因此，不平衡报价一方面要核实 BOQ 表上的金额较大的分项工程的工程量，另一方面，对于今后实施时工程量的变化趋势应做出准确判断。不平衡报价又可分为以下几类。

(1) 时间型不平衡报价。

(2) 工程量型不平衡报价。

(3) 设计不明确不平衡报价。

对于有经验的承包商，分析发现项目设计失误或招标文件中的错误、施工图漏项时，如图纸显示工程量小而预计工程量将会有所增加的分项或子项目，或预期实际工程量可能大于 BOQ 表中的工程量时，则可以对施工方案实施可能性大的分项或子项报高价，对实施可能性小的分项或子项方案则报低价；另外如项目业主要求投标报价一次报定不予调整时，可将单价适当提高。在施工过程中利用这些漏洞进行索赔，提高获利机会。

当然，不平衡报价是建立在对业主招标书内具体条款的分析之上的一种合理价目配置。采用不平衡报价时，必须掌握好尺度，要控制在合理适度的范围内，通常调整幅度可控制在 30%内。若过大，会被业主发现并被视为“不合理报价”，从而降低中标可能性甚至会被判作废标。

总之，采用不平衡报价虽然可以带来额外的收益，但也会承担一定的风险，如果工程的内部条件及外部环境发生的变化与承包商预期的相反，将会导致承包商的亏损。因此，承包商在采用不平衡报价的策略时，要认真制订施工组织计划，搞好工程量变化趋势的预测，详细分析来自各方面的影响因素，审慎行事。

2) 可选方案报价法

对原标书中有可选方案或无明确规定方案时，可因地制宜做出不同方案和不同报价，即对工程项目进行优化，仔细研究设计图纸，发现不合理之处，提出对应修改建议，从而降低工程造价或缩短工期，在主报价的基础上，同时提供选择性报价，为吸引业主，选择性方案的报价一般低于主报价，争取有利的评标因素。增加建议方案时，不要将方案写得太具体，保留方案的技术关键，防止业主将此方案交给其他承包商；建议方案一定要比较成熟，或过去有这方面的实践经验，因为投标时间不长，如果仅为中标而匆忙提出一些没有把握的建议方案，可能引起很多后患。

3) 突然降价法

在国际工程竞争激烈的情况下，报价是一项极为保密的工作。竞争对手往往通过各种渠道，手段千方百计地收集、了解竞争对手的价格等情况，相互刺探，打听对方标价。所以，在投标初始作价时，采用迷惑对方的手法，即先按一般情况报价，或表现出自己对该工程兴趣不大，或在投标致函中承诺，报价可适当做高一些，在投标截止日前临送达时，根据情报信息与分析判断，最后一刻决策，突然将总价降低若干个百分点，以提高在评标时的有利地位。采用这种方法时，一定要在准确投标报价的过程中考虑好降价的幅度，在临近投标截止日前，出奇制胜，令竞争对手猝不及防。

如果由于突然降价法而中标，因为开标只降总价，在签订合同后可采用不平衡报价的方法调整工程量表内的各项单价或价格，以期待取得更高的效益。

4) 先亏后盈法

承包商为了开发某一新市场，依靠自身的雄厚资本实力，采取不惜代价、只求中标的低价投标方案，超低报价的目的在于挤垮竞争对手，从而打入该国市场，以期建立长期合作关系，从今后的合作中逐步弥补首次投标的损失，应用这种手法的承包商必须有较好的资信条件，并且提出的施工方案也先进可行。采用这种技巧完全是迫不得已的。因为承包工程的主要目的就是要获得利润，承包商如果将利润计入报价中，其报价就会较高，中标可能性就会降低。当然，如果他们能找到报价更低的分包商，就可能有一定的利润；另外，如果承包商在某个市场很长时间内没有工程项目，对市场前景看好又不愿意放弃的情况下，还必须支付一定费用维持公司运转，那么通过低价中标，将维持费用摊销在项目上，也可以暂渡难关、以待时机。

案例 8-6

国际工程投标中不可预见的地质情况风险问题

【背景】

某国际工程项目，承包商对项目现场进行勘查后，对招标书中业主提供的地质勘查报告与项目现场实际情况产生了疑问，因为承包商在项目现场附近曾经完成过另外的工程，认识到项目现场地质情况异常复杂，承包商该怎么办？

在一般传统承包模式下的国际工程项目，承包商在“参考条件”的基础上制定投标价格，如果出现了招标书或合同中明确定义的地质条件，则承包商应当承担的经济、工期后果的分担和估价；若出现更为不利的条件，可能会导致重大的变更，变更的重大程度取决于该变更是由承包商还是由业主做出的，如果是由承包商做出的，是否在一开始就得到了业主或工程师的同意。如果变更是由业主或工程师做出的，或者承包商的更改建议得到了同意，将按工量单增加付款，承包商按实际碰到的地质情况获得相应款项，而迫使业主尽可能提供准确的地质描述参考条件。此类模式下，业主遇到的另一个不明显的风险是地下设施状况，一些地下设施的招标资料可能是不准确的，并且这些设施可能会阻碍所设计的永久工程，因此此时就需要对设计进行修改或转移设施。如果选择转移设施，则会对工期有影响。并且，如果采取修改设计，则承包商将会就工期提出索赔。业主除了承担与工期有关的费用的风险，业主可能还要承担修改工程的直接成本或其他相关的直接/间接成本。

但是在项目融资领域，如 FIDIC 银皮书所规定的 EPC 类型的项目就规定，承包商完全负责现场及其地表和水文条件、地质状况的风险，反映了业主能够十分确定项目时间和成本的愿望。但是对这样做是否合理经常会出现争议，并且将此类风险完全交由通常是项目众多投标者之一的承包商承担会限制详细现场调查的方法和机会。很多人都认为如果让合同方承担一些事件的风险，而该事件又是该方无法控制且无法进行估量的，则这样的风险分配一般不会带来令人满意的结果。因此，对诸如 EPC 的项目投标则必须加倍小心。

当然，在国际工程招标中，业主希望让承包商承担地质状况风险，由承包商来承担地质状况的责任其实是相互实力的问题，业主可以在合同条款中规定承包商对地质报告的准确性理解直接责任，或把现场调查报告“转让”给承包商，使承包商完全承担由业主面临的责任，转嫁风险。风险承担应该由最有风险承担能力的一方承担，这样的风险分配方式才能是经济合理的。例如如果对所遇到的岩石不利条件所引起的费用估价可能是 100 000 美元。业主和承包商可能约定该风险按照 50∶50 承担，即各方承担 50 000 美元。在此情况下，由于不管风险是否发生，承包商对风险的承担价格都包括在了合同价格中，业主将就承包商所承担的部分进行付款，如果出现了额外的风险费用，则再支付费用的一半。所以如果风险没有出现，但承包商处理岩石条件所出现的费用低于 50 000 美元，则承包商将无权获得额外的付款。如果风险出现，而承包商处理风险的费用超过 50 000 美元，则超过的部分将在双方间按 50∶50 的比例承担。同样的方法也适用于与时间有关的后果。

【思考】国际工程项目在投标时如何规避不可预见的地质风险？

本章小结

本章重点介绍了国际工程招标投标的方式、构成和程序，国际工程投标文件的编制，世界银行贷款项目工程采购标准招标文件，国际工程工程量清单及计算规则，工料测量师制度和 FIDIC 合同条件等；同时介绍了国际工程招标文件，国际工程投标的步骤，对投标者的资格预审；投标者得到招标文件和递交投标文件；开标、评标、合同谈判和签订合同；对报价范围和相关的责任的分析，介绍国际工程投标报价策略及报价技巧。

复习与思考

一、多项选择题

1. FIDIC 合同条件的应用通常采用下面哪些方法(　　)。
   A. 国际金融组织贷款的一些国际项目直接采用
   B. 合同管理中对比分析使用
   C. 在合同谈判中使用
   D. 部分选择使用
2. 下面对 FIDIC 表述正确有(　　)。
   A. FIDIC 合同是单价合同
   B. 根据实际施工进度按季度付款
   C. 合同价格就是工程价款
   D. 付款的工程量按照完成的实际工程量确定
3. 下列情况下，承包人有权延长工期的有(　　)。
   A. 额外或附加工程
   B. 恶劣的气候条件
   C. 由于雇主责任造成的干扰
   D. 非承包人责任的其他特殊情况
4. 承包人合理竣工时间应包括(　　)。
   A. 承包人负责的拖延　　　　B. 合同规定竣工时间
   C. 承包人有权延长的工期　　D. 雇主指令加速缩短的工期

5．下面属于承包人违约的有(　　)。

A．擅自将工程的某些部分分包出去

B．接到工程师关于拆除不合格工程并重建的指令后 25 天才执行

C．接到工程师合理的加速通知 18 天内无任何改善

D．无正当理由拖延开工

6．在订立 FIDIC 合同中时，合同文件解释和执行的优先次序为(　　)。

①投标书②中标函③FIDIC 条件第一部分④FIDIC 条件的第二部分⑤其他文件⑥合同协议书

A．⑥②①④③⑤　　B．①③②⑥⑤④

C．①③②⑤⑥④　　D．①⑤⑥②③④

二、简答题

1．什么是工程量清单，其作用是什么？

2．总价合同中有无工程量清单？

3．工程量清单的编制原则是什么？

4．工程量清单对于单价合同非常重要，为什么？

5．单价合同的投标报价是如何计算出来的？

6．业主的标底、投标者的投标价格、评标价格、合同价格、合同完成后业主向承包商实际支付的价格之间是什么关系？

第 9 章

建设工程索赔管理

教学要求

能力目标	知识要点	权重
了解建设工程索赔的分类及特征	工程索赔的特征、性质、意义、法律依据	15%
理解建设工程索赔证据和程序	工程索赔原因，索赔事件及程序，工程延误索赔、费用索赔证据及分析	25%
掌握建设工程索赔的计算	工期索赔、费用索赔分析与计算	30%
掌握建设工程索赔报告的编写	索赔资料准备、索赔报告编写	20%
了解反索赔及如何应对业主反索赔	反索赔事件、内容及其应对	10%

引例

【背景】

某商品楼工程项目，合同价位 8 840 万元，工期为两年。业主通过招标选择了某承包商进行该项目的施工。

在正式签订工程施工承包合同前，业主和承包商草拟了一份《建设工程施工合同(示范文本)》供双方再斟酌，其中主要条款如下。

1. 合同文件的组成与解释顺序依次为：①合同协议书；②招标文件；③投标书及其附件；④中标通知书；⑤施工合同通用条款；⑥施工合同专用条款；⑦图纸；⑧工程量清单；⑨标准、规范与有关技术文件；⑩工程报价单与预算书；⑪合同履行工程的洽商、变更等书面协议或文件。

2. 承包商必须按工程师批准的进度计划组织施工，接受工程师对进度的检查、监督。工程实际进度计划与计划进度不符合时，承包商应按工程师提出的要求提出改进措施，经工程师确认后执行。承包商有权就改进措施提出追认合同价款。

3. 工程师应对承包商提交的施工组织设计进行审批或提出修改意见。

4. 业主向承包商提供施工场地的工程地质和地下主要管网线路资料，供承包商参考使用。

5. 承包商不能将工程转包，但允许分包，也允许分包单位将分包的工程再次分包给其他承包商。

6. 无论工程师是否进行验收，当其要求对已经隐蔽的工程进行重新检验时，承包商应按要求进行剥离或开孔，并在检查后重新覆盖或修复。检查合格，业主承担由此发生的全部追加合同价款，赔偿承包商损失，并相应地顺延工期。检查不合格，承包商承担发生的全部费用，工期予以顺延。

7. 承包商按协议条款约定的时间应向工程师提交实际完成工程量的报告。工程师在接到报告 3 天内按承包商提供的实际完成的工程量报告核实工程量(计量)，并在计量 24 小时前通知承包商。

8. 工程未经竣工验收或竣工验收未通过的，业主不得使用。业主强行使用时，发生的质量问题及其他问题，由业主承担责任。

9. 因不可抗力事件导致的费用及延误的工期由双方共同承担。

【问题】

请逐条分析上述合同条款中不妥当之处，并指出对项目的影响。

【案例解析】

第 1 条不妥，排序不对，应按合同发生的先后顺序排，招标文件不属于合同条件。“合同履行工程的洽商、变更等书面协议或文件”应看成是合同协议书的组成部分，排第一位。应改为“①合同协议书(包含合同履行工程的洽商、变更等书面协议书或文件)；②中标通知书；③投标书及其附件；④施工合同专用条款；⑤施工合同通用条款；⑥标准、规范与有关技术文件；⑦图纸；工程量清单；⑧工程报价单或预算书。”

第 2 条中，“承包商有权就改进措施提出追加合同价款”不妥，应改为“因承包商的原因导致实际进度与计划进度不符，承包商无权就改进措施提出追加合同价款。”

第 3 条不妥，工程师对施工组织设计是确认或提出修改意见，不是“审批”，因为按惯例，只要不违反国家的强制性条文或规定，承包商可以按照其认为是最佳的方式组织施工。应改为：“承包商应按约定日期将施工组织设计提交给工程师，工程师按约定时间予以确认或提出修改意见，逾期不确认也不提出书面意见的，则视为同意。”

第 4 条中，“供承包商参考使用”不妥，应改为“……，对资料的真实准确性负责。”

第 5 条中，“也允许分包单位将分包的工程再次分包给其他承包商”不妥，应改为“……，不允许分包单位将分包的工程再次分包给其他承包商。”

第 6 条中，“检查不合格，……，工期予以顺延”不妥。应改为“检验不合格，……，工期不予以顺延。”

第 7 条中，“工程师接到报告 3 天内按承包商提供的实际完成的工程量报告核实工程量(计量)，并在计量 24 小时前通知承包商”不妥。根据《建设工程价款结算管理办法》的规定，应改为“工程师接到报告后 14 天内按设计图纸核实已完成工程量(计量)，并在计量前 24 小时通知承包商。”

第 8 条不妥，工程未经竣工验收或竣工验收未通过的，业主强行使用时，不能免除承包商应承担的保修责任。应改为“业主强行使用时，由此发生的质量问题及其他问题，由业主承担责任；但是，不能免除承包商应承担的保修责任。”

第 9 条不妥，应改为“因不可抗力事件导致的费用及延误的工期由双方按以下方法分别承担。

(1) 工程本身的损害、因工程损害导致第三方人员伤亡和财产损失以及运至施工现场用于施工的材料和待安装的设备的损害，由业主承担。

(2) 承发包双方人员的伤亡损失，分别由各自承担。

(3) 承包商机械设备损坏及停工损失，由承包商承担。

(4) 停工期间，承包商应工程师要求留在施工场地的必要的管理人员及保卫人员的费用由业主承担。

(5) 工程所需清理、修复费用，由业主承担。

(6) 延误的工期相应顺延。”

【思考】什么是建设工程索赔？建设工程合同与索赔的是什么样的关系？

9.1 建设工程索赔概述

建设工程索赔通常是指在建设工程合同履行过程中，合同一方当事人因为对方不履行或者未能正确履行合同中所规定的义务而遭受经济损失或者权利侵害，通过一定的合法程序向对方当事人提出经济赔偿或者时间赔偿的行为。在施工过程中，承包商根据合同和法律的规定，对由于非己方的过错所造成的损失，或承担了合同规定之外的工作所支付的额外支出，向业主提出在经济或时间上要求补偿的权利。索赔是承发包商保护自身正当权益，补偿由风险造成的损失的重要和有效手段。索赔的主要依据是建设工程合同，索赔是一种正当的权利要求，同时，也是各类建设工程合同可能涉及的各方主体在建设工程各个环节中的一项正常的、经常发生的且必要的合同管理业务，是以法律、法规以及合同条款为依据的一种合情、合理的行为。

在实际工作中，索赔是双向的，我国《标准施工招标文件》中通用合同条款中的索赔就是双向的，既包括承包商向业主的索赔，也包括业主向承包商的索赔，通常称为反索赔。而反索赔是指发包方对属于承包商责任造成的实际损失向承包商主张赔偿的一种权利要求或者对抗措施。

9.1.1 建设工程索赔的特征

1. 建设工程索赔的特征

(1) 索赔是双向的，不仅承包商可以向业主索赔，业主同样也可以向承包商索赔。在工程实践中，大量发生的、处理比较困难的是承包商向业主的索赔，也是索赔管理的主要对象和重点内容。承包商的索赔范围非常广泛，一般认为只要因非承包商自身责任造成工程工期延长或成本增加，都有可能向业主提出索赔。

(2) 实际发生了经济损失或权利损害，是一方提出索赔的一个基本前提条件。经济损失是指发生了合同外的额外支出，如人工费、材料费、机械费、管理费等额外开支；权利损害是指虽然没有经济上的损失，但造成了一方权利上的损害，如由于恶劣气候条件对工程进度的不利影响，承包商有权要求工期延长等。

(3) 索赔是一种未经对方确认的单方行为，它与工程签证不同。在施工过程中签证是经建设方确认的行为，而索赔是承发包双方就额外费用补偿或工期延长等达成一致的书面证明材料和补充协议，它可以作为工程款结算或最终增减工程造价的依据，而索赔则是单方面行为，对对方尚未形成约束力，这种索赔要求能否得到最终实现，必须要通过确认(如双方协商、谈判、调角仲裁、诉讼)后才能实现。

归纳起来，索赔具有如下一些本质特征。

① 索赔是要求给予补偿(赔偿)的一种权利、主张。

② 索赔的依据是法律法规、合同文件及工程建设惯例，但主要是合同文件。

③ 索赔是因非自身原因导致的，要求索赔一方没有过错。

④ 与原合同相比较，已经发生了额外的经济损失或工期损害。

⑤ 索赔必须有切实有效的证据。

⑥ 索赔是单方行为，双方还没有达成协议。

2. 索赔与违约责任的区别

(1) 索赔事件的发生，不一定在合同文件中有约定；而工程合同的违约责任，则是合同所约定的。

(2) 索赔事件的发生，可以是一定行为造成(包括作为和不作为)的，也可以是不可抗力事件所引起的；而追究违约责任，必须要有合同不能履行或不能完全履行的违约事实存在，发生不可抗力可以免除追究当事人的违约责任。

(3) 索赔事件的发生，可以是合同当事人一方引起，也可以是任何第三人行为引，而违反合同则是由于当事人一方或双方的过错造成的。

(4) 一定要有造成损失的结果才能提出索赔，因此索赔具有补偿性；而合同违约必定要造成损失结果，因为违约具有惩罚性。

(5) 索赔的损失结果与被索赔人的行为不一定存在法律上的因果关系，如因业主指定分包人原因造成承包商损失的，承包商可以向业主索赔等，而违反合同的与违约事实之间存在因果关系。

9.1.2 建设工程索赔的性质及意义

1. 建设工程索赔的性质

索赔的性质属于补偿行为，而不是惩罚，索赔属于正确履行合同的正当权利要求。索赔在一般情况下都可以通过协商方式友好解决，若双方无法达成妥协时，争议可通过仲裁解决。

2. 建设工程索赔的意义

(1) 索赔是合同管理的重要环节。索赔和合同管理是建设项目质量、成本、工期控制的关键环节。合同是索赔的依据，整个索赔处理的过程就是执行合同的过程，从项目开工后，合同人员就必须将每日的实施合同的情况与原合同分析，若出现索赔事件，就应当研究是否提出索赔。索赔的依据在于日常合同管理的证据，在项目实施过程中必须加强合同管理。

(2) 索赔有利于业主、承包商双方提高自身的素质和管理水平。工程建设索赔直接关系到业主和承包商的双方利益，索赔和处理索赔的过程实质上是双方管理水平的综合体现。作为业主为使工程顺利进行，如期完成，早日投产取得收益，就必须加强各项基础管理工作，对工程的质量、进度、变更等进行更严格、更细致的管理，进而推动建筑行业管理的加强与提高。

(3) 索赔是合同双方利益的体现。从某种意义上讲，索赔是一种风险费用的转移或再分配，如果承包商利用索赔的方法使自己的损失尽可能得到补偿，就会降低工程报价中的风险费用，从而使业主得到相对较低的报价，当工程施工中发生这种费用时可以按实际支出给予补偿，也使工程造价更趋于合理。同样，作为业主，要通过索赔的处理和解决，保证工程质量和进度，实现合同目标，早日投产取得经济收益。

(4) 索赔是挽回成本损失的重要手段。在合同实施过程中，由于建设项目的主客观条件发生了与原合同不一致的情况，使承包商的实际工程成本增加，承包商为了挽回损失，通过索赔加以解决，显然，索赔是以赔偿实际损失为原则的，承包商必须准确地提供整个工程成本的分析和管理，以便确定挽回损失的数量。

(5) 索赔有利于国内工程建设管理与国际惯例接轨。索赔是国际工程建设中非常普遍的做法，学习、掌握运用国际上工程建设管理的通行做法，不仅有利于中国工程建设管理水平的提高，而且对中国企业顺利参与国际工程承包有着重要的意义。

9.1.3 建设工程索赔的法律依据

建设工程索赔的法律依据主要有《中华人民共和国建筑法》、《最高人民法院关于审理建设工程施工合同纠纷案件适用法律问题的解释最高人民法院关于审理建设工程施工合同纠纷案件适用法律问题的解释》，国务院颁布的行政法规有《建设工程质量管理条例》、《建筑企业营业管理条例》，住房与城乡建设部、工商行政管理局、中国建设银行等发布的部门规章有《优质工程奖励细则》、《建设工程施工合同示范文本》、《建设工程价款结算办法》等，地方人大、政府制定的地方性法规，主要有《建筑市场管理办法》、《关于加强建设工程结算管理工作的意见》等。

9.2 建设工程索赔分类

9.2.1 工程索赔产生的原因

引起工程索赔产生的原因有以下几种。

1. 按索赔有关当事人分类

(1) 承包商与业主间的索赔。这类索赔大都是有关工程量计算、变更、工期、质量和价格方面的争议，也有中断或终止合同等其他违约行为的索赔。

(2) 总承包商与分包人间的索赔。其内容与上述大致相似，但大多数是分包人向总包人索要付款和赔偿及承包商向分包人罚款或扣留支付款等。

以上两种涉及工程项目建设过程中施工条件或施工技术、施工范围等变化引起的索赔，一般发生频率高，索赔费用大，有时也称为施工索赔。

(3) 业主或承包商与供货人、运输人间的索赔。其内容多是商贸方面的争议，如货品质量不符合技术要求、数量短缺、交货拖延、运输损坏等。

(4) 业主或承包商与保险人间的索赔。此类索赔多是被保险人受到灾害、事故或其他损害或损失，按保险单向其投保的保险人索赔。

以上两种在工程项目实施过程中的物资采购、运输、保管、工程保险等方面活动引起的索赔事项，又称为商务索赔。

2. 按索赔的依据分类

(1) 合同内索赔。合同内索赔是指索赔所涉及的内容可以在合同文件中找到依据，可根据合同规定明确划分责任。一般情况下，合同内索赔的处理和解决要顺利一些。

(2) 合同外索赔。合同外索赔是指索赔所涉及的内容和权利难以在合同文件中找到依据，但可从国际惯例、合同条文引申含义和合同适用法律或政府颁发的有关法规中找到索赔的依据。

(3) 道义索赔。道义索赔是指承包商在合同内或合同外都找不到可以索赔的依据，而没有提出索赔的条件和理由，但承包商认为自己有要求补偿的道义基础，而对其遭遇损失提出具有优惠性质的补偿要求，即道义索赔。道义索赔的主动权在业主手中，业主一般在下面 4 种情况下，可能会同意并接受这种索赔：第一，若另找其他承包商，机会更大；第二，为了树立自己的形象；第三，出于对承包商的同情和信任；第四，谋求承包商更理解或更长久的合作。

3. 按索赔目的分类

(1) 工期索赔：即由于非承包商自身原因造成拖期的，承包商要求业主延长工推迟原规定的竣工日期，避免违约误期罚款，等等。

(2) 费用索赔：即要求业主补偿费用损失，调整合同价格，弥补经济损失。

4. 按索赔事件的性质分类

(1) 工程延期索赔。因业主未按合同要求提供施工条件，如未及时交付设计图施工现场、道路等，或因业主指令工程暂停或不可抗力事件等原因造成工期拖延的，业主对此提出索赔。

(2) 工程变更索赔。由于业主或工程师指令增加或减少工程量或增加附加工程、修改设计、变更施工顺序等，造成工期延长和费用增加，承包商对此提出索赔。

(3) 工程终止索赔。由于业主违约或发生了不可抗力事件等造成工程非正常终止，承包商因此蒙受经济损失而提出索赔。

(4) 工程加速索赔。由于业主或工程师指令承包商加快施工速度，缩短工期，造成承包商的人、财、物的额外开支而提出的索赔。

(5) 意外风险和不可预见因素索赔。在工程实施过程中，因人力不可抗拒的自然灾特殊风险以及一个有经验的承包商通常不能合理预见的不利施工条件或客观障碍，如洪水、地质断层、溶洞、地下障碍物等引起的索赔。

(6) 其他索赔。如因货币贬值、汇率变化、物价、工资上涨、政策法令变化等原因引起的索赔。

这种分类能明确指出每一项索赔的根源所在，使业主和工程师便于审核分析。

5. 按索赔处理方式分类

(1) 单项索赔。单项索赔是针对某一干扰事件提出的，在影响原合同正常运行的干扰事件发生时或发生由合同管理人员立即处理，并在合同规定的索赔有效期内向业主或工程师提交索赔报告。

(2) 综合索赔。综合索赔又称为一揽子索赔，即对整个工程(或某项工程)中所发生的建设工程索赔综合在一起进行索赔。一般在工程竣工前和工程移交前，承包商将工程实施过程中因各种原因未能及时解决的单项索赔集中起来进行综合考虑，提出一份综合索赔报告，由合同双方在工程交付前后进行最终谈判，以一揽子方案解决索赔问题。在合同实施过程中，有些单项索赔问题比较复杂，不能立即解决，为了不影响工程进度，经双方协商同意后留待以后解决。有的是业主或工程师对索赔采用拖延办法，迟迟不做答复，使索赔谈判旷日持久；还有的是承包商因自身原因，未能及时采用单项索赔方式；等等，都有可能出现一揽子索赔。

9.2.2 索赔事件

索赔事件又称为干扰事件，是指那些使实际情况与合同规定不符合，最终引起工期和费用变化的那类事件。不断地追踪、监督索赔事件就是不断地发现索赔机会。在工程实践中，承包商可以提出的索赔事件通常如下。

1. 业主违约

(1) 业主未按合同约定完成基本工作。如业主未按时交付合格的施工现场及行驶道路、接通水电等；未按合同规定的时间和数量交付设计图纸和资料；提供的资料不符合合同标准或有错误(如工程实际地质条件与合同提供资料不一致)；等等。

(2) 业主未按合同规定支付预付款及工程款等。如果业主不按时支付，承包商可根据合同向业主索要拖欠的款项并索赔利息，敦促业主迅速偿付。对于严重拖欠工程款，导致承包商资金周转困难，影响工程进度，甚至引起中止合同的严重后果，承包商则必须严肃地提出索赔，甚至诉讼。

(3) 业主应该承担的风险。由于业主承担的风险发生而导致承包商的费用损失增大时，承包商可据此提出索赔。如果由于特殊风险而导致合同终止，承包商除可以获得应付的一切工程款和损失费用外，还可以获得施工机械设备的撤离费用和人员遣返费用等。

(4) 业主或工程师要求工程加速。当工程项目的施工计划进度受到干扰，导致项目不能按时竣工，业主的经济效益受到影响时，有时业主或工程师会要求承包商加班赶工来完成工程项目，承包商不得不在单位时间内投入比原计划更多的人力、物力与财力进行施工，以加快施工进度。

(5) 业主或工程师错误指令。由于设计错误，业主或工程师错误的指令或提供错误的数据等造成工程修改、返工、窝工；或业主或工程师变更原合同规定的施工顺序，打乱了工程施工计划；以及业主和工程师原因造成的临时停工或施工中断；或业主和工程师不合理指令造成了承包商工效的大幅度降低等，从而导致费用支出增加，承包商可提出索赔。

(6) 业主不正当地终止工程。由于业主不正当地终止工程，承包商有权要求赔偿损失，其数额是承包商在被终止工程上的人工、材料、机械设备的全部支出，以及各理费用、保险费、贷款利息、保函费用的支出(减去已结算的工程款)，并有权要求支付其盈利损失。

2．不利的自然条件与客观障碍

不利的自然条件和客观障碍是指一般有经验的承包商无法合理预料到的不利的自然条件和客观障碍。不利的自然条件中不包括气候条件，而是指投标时经过现场调查据业主所提供的资料都无法预料到的其他不利自然条件，如地下水、地质断层、沉陷等。客观障碍是指经现场调查无法发现、业主提供的资料中也未提到的建筑物及其他客观存在的障碍物，如下水道、公共设施、坑、井、隧道、旧的建筑物、其他水泥砖砌物以及埋在地下的树木等。由于不利的自然条件及客观障碍，常常导致涉及变更、工期延长或成本大幅度增加，承包商可以据此提出索赔要求。

3．工程变更

由于业主或工程师指令增加或减少工程量、增加附加工程、修改设计、变更工序、提高质量标准等，造成工期延长和费用增加，承包商可对此提出索赔。注意由于变更减少了工作量，也要进行索赔。工程变更索赔通常是索赔的重点，但应注意，其变更绝不以承包人主动提出建议，而必须由业主提出，否则不能进行索赔。

4．工期延长和延误

工期延长和延误的索赔通常包括两方面：一是承包商要求延长工期；二是承包商要求偿付由于非承包商原因导致工程延误而造成的损失。一般这两方面的索赔报告要求分别编制，因为工期和费用索赔并不一定同时成立。如果工期拖延的责任在承包商方面，则承包商无权提出索赔。

案例 9-1

某开发商(业主)与承包商签订了工程承包合同，承包商组织了人员和设备进场，但是由于拆迁原因(征地问题)，造成承包商迟迟不能开工，导致了承包商设备闲置和人员窝工，在这样的情况下，承包商应如何进行索赔？

【案例解析】

由于开发商(业主)不能解决征地问题，而迟迟不能开工，造成人力和施工机械闲置，给承包商造成损失，所以承包商有索赔的权利，但是应注意以下问题。

(1) 索赔因素一发生，就应该及时向监理工程师提出索赔意向书，并抄报业主，同时做好同期纪录。待索赔因素结束再向监理工程师提交索赔报告，抄报业主。

(2) 只有给承包商造成经济损失和工期的延误时，才能索赔，而且应以造成的实际直接损失(闲置的损失)为依据，这是索赔的基础条件。

(3) 人工费的补偿不是用人工工时费，而是以基本工资(闲置期)和进入现场的实际人数为准。

(4) 施工机械费由两部分组成，即固定费用(包括机械折旧费、保险费和进口税)和运转费用(包括安装拆卸费、修理费、燃料费和操作人员费)。索赔只能计算固定费用(闲置期)，不能考虑运转费用。

(5) 赶工费。由于项目不能按时开工，承包商要保证合同工期，必须在缩短完工时段的情况下增加施工强度。承包商应当按照实际投入增加的资源，包括人力、机械和模板等投入计算索赔费用。在人力和机械实际投入的工时计算时，因为赶工效率受到限制，需再考虑折扣一个系数(降低效率系数如70%~80%)，机械台班按实际消耗计价。

5．工程师指令和行为

如果工程师在工作中出现问题、失误或行使权力造成承包商的损失，业主必须承担相应合同规定的赔偿责任。工程师指令和行为通常表现为：工程师指令承包商加速施工、进行某项工作、更换某些材料、采取某种措施或停工，工程师未能在规定的时间内发出有关图纸、指示、指令或批复(如发出材料订货及进口许可过晚)，工程师拖延发布各种证书(如进度付款签证、移交证书、缺陷责任合格证书等)，工程师的不适当决定和苛刻检查等。因为这些指令(包括指令错误)和行为而造成的成本增加和(或)工期延误，承包商可以索赔。

6．合同缺陷

合同缺陷常常表现为合同文件规定不严谨甚至前后矛盾、合同规定过于笼统、合同中的遗漏或错误。这不仅包括商务条款中的缺陷，也包括技术规范和图纸中的缺陷。在这种情况下，一般工程师有权做出解释，但如果承包商执行工程师的解释后引起成本增加或工期延长，则承包商可以索赔，工程师应给予证明，业主应给予补偿。。

7．物价上涨

由于物价上涨的因素，带来了人工费、材料费甚至施工机械费的不断增长，导致工程成本大幅度上升，承包商的利润受到严重影响，也会引起承包商提出索赔要求。

8．国家政策及法律、法规变更

国家政策及法律法规变更，通常是指直接影响工程造价的某些政策及法律法规的变更，比如，限制进口、外汇管制或税收及其他收费标准的提高。就国际工程而言，由于工程所在国家或地方的任何政策和法规、法令或其他法律、规章发生了变更，导致了承包商成本增加，对承包商由此增加的开支，业主应予补偿；相反，如果导致费用减少，则应由业主受益。

9．货币及汇率变化

项目国政府或其授权机构对支付合同价格的一种或几种货币实行货币限制或货币汇兑限制，超过合同规定的汇率变化等，业主应补偿承包商因此而受到的损失。

10．其他承包商干扰

大中型土木工程往往会有几个独立人在现场施工，由于各承包商之间没有合同关系，各承包商之间都有可能发生相互干扰的问题，工程师有责任组织协调好各个承包间的工作，否则，将会给整个工程和各承包商的工作带来严重影响。比如某承包商不能按期完成他那部分工作，其他承包商的相应工作也会因此而拖延时，被迫延迟的承包商就有权向业主提出索赔。

11. 其他第三人原因

因为与工程有关的其他第三人的问题而引起的对本工不利影响，如银行付款延误、邮路延误、港口压港等。对于第三人原因造成的索赔，业主给予补偿后，应该根据其与第三人签订的合定或有关法律规定再向第三人追偿。

9.2.3 建设工程索赔成立的条件

1. 索赔成立的条件

承包商索赔成立的条件如下。

(1) 与合同对照，事件已造成了承包商工程项目成本的额外支出，或直接工期损失。

(2) 造成费用增加或工期损失的原因，按合同约定不属于承包商的行为责任或风险责任。

(3) 承包商按合同规定的程序提交索赔意向通知和索赔报告。

2. 索赔应具备的理由

索赔应具备下列理由之一。

(1) 业主违反合同给承包商造成时间、费用的损失。

(2) 因工程变更(含设计变更、业主提出的工程变更、监理工程师提出的工程变更，以及承包商提出并经监理工程师批准的变更)造成的时间、费用损失。

(3) 由于监理工程师对合同文件的歧义解释、技术资料不确切，或由于不可抗力导致施工条件的改变，造成了时间、费用的增加。

(4) 业主提出提前完成项目或缩短工期而造成承包商的费用增加(此种情况一般应签订补充协议，而不是作为索赔提出)。

(5) 业主延误支付期限造成承包商的损失。

(6) 合同规定以外的项目进行检验，且检验合格，或非承包商的原因导致项目缺陷的修复所发生的损失或费用(合同规定以外的项目进行检验，业主或监理工程师可以提出检验，如果检验不合格，其费用由承包商承担，如果检验合格，其费用由业主承担)。

(7) 非承包商的原因导致工程暂时停工。

(8) 物价上涨，法规变化及其他。

案例 9-2

【背景】

某承包商在某桥梁公路项目的实施过程中，发现桥台背石灰土不宜进行回填，经报告监理工程师和业主后，监理工程师下达指令改为级配沙砾回填。承包商执行了此项指令，施工中拖延了工期但不影响直线工期，应如何索赔？

【案例解析】

无论承包商还是监理工程师都应遵守合同文件中的索赔条款。在投标时，如果招标文件的合同条款中无索赔条款时，有经验的投标人就应认为有较大的风险，就应把这个风险，用基金摊入投标报价之中。如果投标后签订了无索赔条款的合同，承包商就等于掉进招标人设下的陷阱。监理工程师无论如何均应严格按合同进行索赔审批。

承包商的索赔程序如下。

(1) 在引起索赔的事件第一次发生之后的28天内，将索赔意向通知监理工程师。

(2) 同时承包商应有同期记录，监理工程师有权进行审查并可指示承包商保持合理的同期记录。承包商也有义务向监理工程师提供同期记录的副本。

(3) 在索赔事件终止后28天内，承包商应提出索赔报告，说明索赔的金额和索赔依据。如果这个索赔事件具有连续影响时，每隔监理工程师确认合理的间隔时间(如7天或14天或28天)里提出临时索赔报告。当索赔事件结束后28天内，承包商提出最终详细索赔报告。

(4) 在监理工程师与业主和承包商适当协商之后，由监理工程师确定应支付给承包商的金额。有经验的承包商或高水平的监理工程师都应十分重视"承包商的同期记录"，因为经监理工程师检查和核对的同期记录是索赔的重要依据。所以承包商及时提出"索赔意向书"和"同期记录"，是有责任心的表现，而业主也应将承包商提出的可索赔因素消灭在萌芽状态，使业主损失最小，也为承包商创造良好的施工环境。

案例中原填筑石灰土改为沙砾石属于工程变更，即改变了投标报价的施工技术条件，给承包商造成了损失，所以业主应按变更给予承包商以补偿。

【思考】承包商在接到变更指令后该如何进行索赔？

9.3 建设工程索赔的证据和程序

9.3.1 建设工程索赔的证据

在建设工程中，工程索赔证据主要包括以下几种。

(1) 招标文件、工程合同、业主认可的施工组织设计、工程图纸、技术规范等。

(2) 工程各项有关的设计交底记录、变更图纸、变更施工指令等。

(3) 工程各项经业主或监理人签认的签证。

(4) 工程各项往来信件、指令、信函、通知、答复等。

(5) 工程各项会议纪要。

(6) 施工计划及现场实施情况记录。

(7) 施工日报及工长工作日志、备忘录。

(8) 工程送电、送水、道路开通、封闭的日期及数量记录。

(9) 工程停电、停水和干扰事件影响的日期及恢复施工的日期记录。

(10) 工程预付款、进度款拨付的数额及日期记录。

(11) 工程图纸、图纸变更、交底记录的送达份数及日期记录。

(12) 工程有关施工部位的照片及录像等。

(13) 工程现场气候记录，如有关于天气的温度、风力、雨雪等。

(14) 工程验收报告及各项技术鉴定报告等。

(15) 工程材料采购、订货、运输、进场、验收、使用等方面的依据。

(16) 国家和省级或行业建设主管部门有关影响工程造价、工期的文件、规定等。

9.3.2 索赔证据的基本要求

(1) 真实性：索赔证据必须是在实施合同过程中确实存在和实际发生的，是施工过程中产生的真实资料，能经得住推敲。

(2) 及时性：索赔证据的取得及提出应当及时。这种及时发生反映了承包商的态度和管理水平。

(3) 全面性：所提供的证据应能说明事件的全部内容。索赔报告中涉及的索赔理由、事件过程、影响、索赔值等都应有相应的证据，不能零乱和支离破碎。

(4) 关联性：索赔的证据应当与索赔事件有必然联系，并能够互相说明、符合逻辑，不能互相矛盾。

(5) 有效性：索赔证据必须具有法律效力。一般要求证据必须是书面文件，有关记录、协议、纪要必须是双方签署的；工程中重大事件、特殊情况的记录、统计必须由工程师签字认可。

案例 9-3

【背景】

某施工合同约定，施工现场由施工企业租赁施工机械一台，台班单价为 480 元/台班，租赁费为 200 元/台班，人工工资为 45 元/工日，窝工补贴为 10 元/工日，以人工费为基数的综合费率为 35%，在施工过程中，发生了如下事件。

(1) 出现异常恶劣天气导致工程停工 3 天，人员窝工 30 个工日。

(2) 因恶劣天气导致场外道路中断，抢修道路用工 30 个工日；场外大面积停电，停工两天，人员窝工 10 个工日。为此，施工企业可向业主索赔费用为多少？

【案例解析】

各事件处理结果如下。

(1) 异常恶劣天气导致的停工通常不能进行费用索赔。

(2) 抢修道路用工的索赔额 30×45×(1+35%)=1 822.50 元。

(3) 停电导致的索赔额 2×200+10×10=500 元。

总索赔费用=1 822.50+500=2 322.50 元。

9.3.3 建设工程索赔的程序

索赔程序是指从索赔事件产生到最终处理全过程所包括的工作内容和工作步骤。由于索赔工作实质上是承包商和业主在分担工程风险方面的重新分配过程，涉及双方的众多经济利益，因而是一项烦琐、细致、耗费精力和时间的过程。在工程实践中，比较详细的索赔程序一般可分为如下主要步骤。

1. 索赔意向通知

索赔意向通知是一种维护自身索赔权利的文件。在工程实施过程中，承包商发现索赔或意识到存在潜在的索赔机会后，将索赔意向用书面形式及时通知业主或工程师，亦即向业主或工程师就某一个或若干个索赔事件表示索赔愿望、要求或声明保留索赔的权利。索赔意向的提出是索赔工作程序中的第一步，其关键是抓住索赔机会，及时提出索赔意向。

索赔意向通知，一般仅仅是向业主或工程师表明索赔意向，具体包括索赔事由发生的时间、地点，简要事实情况和发展动态，索赔所依据的合同条款和主要理由，索赔事件对工程成本和工期产生的不利影响。

FIDIC 合同条件及中国建设工程施工合同条件都规定，承包商应在索赔事件发生后的 28 天内，将其索赔意向以正式函件通知工程师。在实际工作中，承包商应避免由于未能遵守索赔时限的规定而导致合理的索赔要求无效。

2. 准备索赔资料

从提出索赔意向到提交索赔文件，是属于承包商索赔的内部处理阶段和索赔资料准备阶段。此阶段的主要工作如下。

(1) 跟踪和调查干扰事件，掌握事件产生的详细经过和前因后果。

(2) 分析干扰事件产生原因，划清各方责任，确定由谁承担，并分析这些干扰事件否违反了合同规定，是否在合同规定的赔偿或补偿范围内，即确定索赔根据。

(3) 损失或损害调查或计算。通过对比实际和计划的施工进度和工程成本，分析经济损失或权利损害的范围和大小，并由此计算出工期索赔和费用索赔值。

(4) 收集证据。从干扰事件产生、持续直至结束的全过程，都必须保留完整的当时记录，这是索赔能否成功的重要条件。在实际工作中，许多承包商的索赔要求都因没有或缺少书面证据而得不到合理的解决，这个问题应引起承包商的高度重视。

(5) 起草索赔文件。按照索赔文件的格式和要求，将上述各项内容系统反映在索赔文件中。

索赔的成功很大程度上取决于承包商对索赔做出的解释和真实可信的证明材料。即使抓住合同履行中的索赔机会，如果拿不出索赔证据或证据不充分，其索赔要求也往往难以成功。承包商应当注意记录和积累保存工程施工过程中的各种资料，并可随时从中提取与索赔事件有关的证明资料。

3. 提交索赔文件

承包商必须在合同规定的索赔时限内向业主或工程师提交正式的书面索赔文件。FIDIC 合同条件和我国建设工程施工合同条件都规定，承包商必须在发出索赔意向通知后 28 天内或经工程师同意的其他合理时间内，向工程师提交一份详细的索赔文件和有关资料，如果干扰事件对工程的影响持续时间长，承包商则应按工程师要求的合理间隔(一般 28 天)，提交中间索赔报告，并在干扰事件影响结束后的 28 天内提交一份最终索赔报旨。

4. 工程师审核索赔文件

工程师在接到承包商的索赔文件后，工程师根据业主的委托或授权，以合同为依据来公平处理合同双方的利益纠纷，对承包商索赔的审核工作主要分为判定索赔事件是否成立和核查承包商的索赔计算是否正确、合理两个方面，并可在业主授权的范围内作出判断。工程师对索赔文件的审查重点主要有两步。

第一步，重点审查承包商的申请是否有理有依据，即承包商的索赔要求是否有合同依据，所受损失确属不应由承包商负责的原因造。提供的证据是否足以证明索赔要求成立，是否需要提交其他补充材料等。

第二步，工程师应以公正的立场、科学的态度，重点审查并核算索赔值的计算是否正确、合理，分清责任，对不合理的索赔要求或不明确的地方提出反驳和质疑，或要求承包商做出进一步的解释和补充，并拟定自己计算的合理索赔款项和工期延展天数。

随后工程师建立自己的索赔档案，密切关注事件的影响和发展，并有权检查承包商的有关同期记录材料，随时就记录内容提出他的不同意见或他认为应予以增加的记录页目。

案例 9-4

【背景】

2000 年 5 月，某对外公司与境外某国公共事业部污水局签订了承建该国污水管项目的合同。该项目由世界银行和境外某国政府联合出资，合同金额 477 万美元，工期两年，监理工程师是英国 GIBB 公司。该项目采用的是 FIDIC 合同条款。按照该项目的合同条款的规定，用于项目施工的进口材料可以免除关税，该公司认为油料也是进口施工材料，据此向业主申请油料的免税证明，但境外某国财政部却以柴油等油料可以在当地采购为由拒绝签发免税证明。该公司对合同条款进行了仔细研究，按照合同条款提出索赔，要求业主补偿油料进口的关税。

1) 索赔通知

按照 FDIC 条款第 53.1 条的规定，如果承包商决定根据合同某一个条款要求业主支付额外费用(即向业主提出索赔)，承包商应在这个事件最初发生之日起的 28 天内，通知监理工程师承包商将提出索赔要求，并将该通知抄送业主。

该公司按照上述规定，在 2000 年 9 月 15 日正式致函监理工程师，就油料关税提出索赔，索赔报告将在随后递交，并将该函抄送了业主。

2) 索赔记录

按照 FDIC 条款第 53.2 条的规定，在递交了索赔通知之后，承包商应将与该索赔事件有关的、必要的事项记录在案，以作为索赔的依据或证据。而监理工程师在收到索赔通知后，无论业主是否对该项目的索赔承担责任，都要检查这些记录，并且可以指示承包商记录他认为合理而重要的其他事项。

因此，该公司在每月的月初向监理工程师递交上个月实际采购油料的种类和数量，并将有该公司与供货商双方签字的交货单复印附后，以便作为计算油料关税金额的依据。监理工程师肯定了该公司的做法，要求继续保持记录并按月上报。

3) 索赔报告

按照 FDIC 合同条款第 53.3 条的规定，在递交索赔通知的 28 天或监理工程师认为合理的期限内，承包商应该将每一项索赔金额的详细计算过程和所依据的理由递交给监理工程师并抄送给业主。在索赔事件对承包商的影响没有终止之前，这个索赔金额应该被认为是一个时段的索赔金额，承包商应该按照监理工程师要求，继续递交各个时段的索赔金额以及计算这些金额所依据的理由。承包商应该在索赔事件结束的 28 天内递交最终的索赔金额。

结果，监理工程师认可了承包商的索赔。

【思考】承包商在发现可索赔机会时，如何采取索赔行动？

5．工程师对索赔的处理与决定

工程师经过对索赔文件的认真评审，并与业主、承包商进行了较充分的讨论后，应做出自己的索赔处理决定，确定应予补偿的额度，如果与承包商的索赔报告中要求的额度不一致，甚至差额较大，双方应就索赔的处理进行协商，通过协商达不成共识的话，工程师有权单方面做出处理决定，承包商仅有权得到工程师认为索赔成立那部分的付款和工期延展，将此结果通知承包商，并抄送业主。补偿款将计入下月支付工程进度款的支付书内，延展的工期加到原合同工期中去。如果批准能度超过工程师的权限，则应报请业主批准。

通常，工程师的处理决定不是终局性的，对业主和承包商都不具有强制性的约束力。

我国建设工程施工合同条件规定，工程师收到承包商送交的索赔报告和有关资料后在

28 天内给予答复，或要求承包商进一步补充索赔理由和证据。如果在 28 天内既未予复、也未对承包商做进一步要求，则视为承包商提出的该项索赔要求已经认可。

6．业主审查索赔处理

当索赔数额超过工程师权限范围时，由业主直接审查索赔报告，并与承包商谈判决，工程师应参加业主与承包商之间的谈判，工程师也可以作为索赔争议的调解人。业主根据事件发生的原因、责任范围、合同条款审核承包商的索赔文件和工程师的处理告，再依据工程建设的目的、投资控制、竣工投产日期要求以及针对承包商在施工中的缺陷或违反合同规定等的有关情况，决定是否批准工程师的处理决定。索赔报告经业主批准后，工程师即可签发有关证书。对于数额比较大的索赔，一般需要业主、承包商和工程师三方反复协商才能作出最终处理决定。

7．索赔最终处理

如果承包商同意接受最终的处理决定，索赔事件的处理即告结束。如果承包商不同意，则可根据合同约定，将索赔争议提交仲裁或诉讼，使索赔问题得到最终处理。在仲裁或诉讼过程中，工程师作为工程全过程的参与者和管理者，可以作为见证人提供证据，做答辩。

工程项目实施中会发生各种各样、大大小小的索赔、争议等问题。合同各方应该争取尽量在最早的时间、最低的层次，尽最大可能地以友好协商的方式解决索赔问题，不要轻易提交仲裁或诉讼。因为对工程争议的仲裁或诉讼往往是非常复杂的，要花费大量的人力、物力、财力和精力，对工程建设也会带来不利，有时甚至是严重的影响。

知识链接

承包商未能在有效期内提出索赔意向应如何处理？

一般合同都应有索赔意向有效期(时限)的规定。如水利部、国家电力公司和国家工商行政管理局联合编制的 GF—2000—0208《水利水电工程施工合同和招标文件(示范文本)》和 FIDIC 编制的 1987 年或 1999 年《施工合同条件》，都规定了索赔的程序和时限。一旦发生索赔事件时，承包商应在规定的时间内(一般为 28 天)提出索赔意向书，并做好同期记录。工程师收到索赔意向书后，应及时跟踪其索赔事件，并应把索赔因素消灭在萌芽状态。待索赔事件结束后由承包商提出索赔报告，提出补偿经济或工期要求。如果采用的是水利部等编制的合同文本，其规定项目竣工前只能解决施工期的索赔，也即竣工后是不能再提出施工期的索赔，缺陷责任期只解决该期内的索赔；FIDIC 编制的 1987 年版《施工合同条件》规定，如果在索赔程序规定的时限内承包商未及时提出索赔意向书时，因时过境迁，承包商的索赔权利要受到限制，即不依据承包商的同期记录索赔，只能依据工程师批准的或掌握资料给予索赔；而 FIDIC 编制的 1999 年版《施工合同条件》规定，承包商必须按索赔程序和时限进行，如果在规定程序和时限内未提出索赔，不再给予任何索赔。

以上虽有不同，但对承包商来说采用招标人采用何种施工合同条件的文本是十分重要的。按索赔程序和时限及时进行是有经验承包商工程管理水平的体现，是承包商扭亏为盈和获取更多利润的捷径。

9.3.4 建设工程延误及索赔

工程工期是施工合同中的重要条款之一，牵涉业主和承包商多方面的权利和义务关系。工程延误对合同双方一般都会造成损失。业主因工程不能及时交付使用、投入生产，就不能按计划实现投资效果，失去盈利机会和市场利润；承包商因工期延误而会增加工程成本，如现场工人工资开支、机械停滞现场和企业管理费等，生产效率降低，企业信誉受到影响，最终还可能导致合同违约和误期损害赔偿费处罚。因此工程延误的后果是形式上的时间损失，实质上的经济损失，无论是业主还是承包商，都不愿意无缘无故地承担由工程延误给自己造成的经济损失。工期是业主和承包商经常发生争议的问题之一，工期索赔在整个索赔中占据了很多部分，也是承包商索赔的重要内容之一。

1. 关于工期延误合同的一般规定

如果由于非承包商自身原因造成工程延期，则承包商可以根据土木工程合同和房屋建造合同中规定的向业主提出工期延长的索赔要求，如果能证实因此造成了额外的开支，承包商还可以要求经济赔偿，这是施工合同赋予承包商要求延长工期的正当权利。

FIDIC 合同条件(1987 版)第 44 条规定："如果由于任何种类的额外或附加工程量，或任何原因的拖延，或异常的恶劣气候条件，或其他可能发生的任何特殊情况，而非由于承包商的违约，使得承包商有理由为完成工程而延长工期，则工程师应确定该项延长的期限，并应相应通知业主和承包商……。"中国建设工程施工合同条件第 13 条也对工期可以相应顺延进行了规定。

产生的人工费、材料费、机械费、分包费、现场管理费、总部管理费、利息、利润等额外费用。

2. 工程延误的分类

1) 按工程延误原因划分

(1) 因业主及工程师自身原因或合同变更原因引起的延误如下。

① 业主拖延交付合格的施工现场。在工程项目前期准备阶段，由于业主没有及时完成征地、拆迁、安置等有关方面的前期工作，或未能及时取得有关部门批准的施工执照或准建手续等，造成施工现场交付时间推迟，承包商不能及时进驻现场施工，从而导致工程拖期。

② 业主拖延交付图纸。业主未能按合同规定的时间和数量向承包商提供施工图纸，尤其是目前国内较多的边设计、边施工的项目，从而引起工期索赔。

③ 业主或工程师拖延审批图纸、施工方案、计划等。

④ 业主拖延支付预付款或工程款。

⑤ 业主提供的设计数据或工程数据延误。如有关放线的资料不准确。

⑥ 业主指定的分包商违约或延误。

⑦ 业主未能及时提供合同规定的材料或设备。

⑧ 业主拖延关键线路上工序的验收时间，造成承包商下道工序施工延误。工程师对合格工程要求拆除或剥露部分工程予以检查，造成工程进度被打乱，影响后续工程的开展。

⑨ 业主或工程师发布指令延误，或发布的指令打乱了承包商的施工计划。业主或工程师原因暂停施工导致的延误。业主对工程质量的要求超出原合同的约定。

⑩ 业主设计变更或要求修改图纸，业主要求增加额外工程，导致工程量增加，工程变更或工程量增加引起施工程序的变动，业主的其他变更指令导致工期延长，等等。

(2) 因承包商原因引起的延误。由承包商原因引起的延误一般是其内部计划不周、组织协调不力、指挥管理不当原因引起的，具体如下。

① 施工组织不当，如出现窝工或停工待料现象。

② 质量不符合合同要求而造成的返工。

③ 资源配置不足，如劳动力不足、机械设备不足或不配套、技术力量薄弱、管理水平较低、缺乏流动资金等造成的延误。

④ 开工延误。

⑤ 劳动生产率低。

⑥ 承包商雇用的分包人或供应商引起的延误等。

显然上述延误难以得到业主的谅解，也不可能得到业主或工程师给予延长工期的补偿。承包商若想避免或减少工程延误的罚款及由此产生的损失，只有通过加强内部管理，增加投入，或采取加速施工的措施。

(3) 不可控制因素导致的延误如下。

① 人力不可抗拒的自然灾害导致的延误。如有记录可查的特殊反常的恶劣天气、不可抗力引起的工程损坏和修复。

② 特殊风险如战争、叛乱、革命、核装置污染等造成的延误。

③ 不利的自然条件或客观障碍引起的延误等。如现场发现化石、古钱币或文物。

④ 施工现场中其他承包商的干扰。

⑤ 合同文件中某些内容的错误或互相矛盾。

⑥ 罢工及其他经济风险引起延误，如政府抵制或禁运而造成工程延误。

2) 按工程延误的可能结果划分

(1) 可索赔延误。可索赔延误是指非承包商原因引起的工程延误，包括业主或工程师的原因和双方不控制的因素引起的延误，并且该延误工序或作业一般应在关键线路上，此时承包商可提出赔偿要求，业主应给予相应的合理补偿。根据补偿内容的不同，可索赔延误可进一步分为以下3种情况。

① 只可索赔工期的延误。这类延误是由业主、承包商双方都不可预料、无法控制的原因造成的延误，如上文所述的不可抗力、异常恶劣气候条件、特殊社会事件、其他第三方等原因引起的延误。对于这类延误，一般合同规定：业主只给予承包商延长工期，不给予费用损失的补偿。但有些合同条件(如FIDIC)中对一些不可控制因素引起的延误，如“特殊风险”和“业主风险”引起的延误，业主还应给予承包商费用损失的补偿。

② 只可索赔费用的延误。这类延误是指由于业主或工程师的原因引起的延误，但发生延误的活动对总工期没有影响，而承包商却由于该项延误负担了额外的费用损失。在这种情况下，承包商不能要求延长工期，但可以要求业主补偿费用损失，前提是承包商必须能证明其受到了损失或发生了额外费用，如因延误造成的人工费增加、材料费增加、劳动生产率降低等。

③ 可索赔工期和费用的延误。这类延误主要是由于业主或工程师的原因而直接造成工期延误并导致经济损失的。如业主未及时交付合格的施工现场，既造成承包商的经济损失，又侵犯了承包商的工期权利。在这种情况下，承包商不仅有权向业主索赔工期，而且还有权要求业主补偿因延误而发生的、与延误时间相关的费用损失。但在工程实践中，由于业主对工期要求的特殊性，对于即使因业主原因造成的延误，业主也不批准任何工期的延长，即业主愿意承担工期延误的责任，却不希望延长总工期。业主这种做法实质上是要求承包

商加速施工。由于加速施工所采取的各种措施而多支出的费用，就是承包商提出费用补偿的依据。

(2) 不可索赔延误。不可索赔延误是指因可预见的条件或在承包商控制之内的情况，或由于承包商自己的问题与过错而引起的延误。如果没有业主或工程师的不合适行为，没有上面所讨论的其他可索赔情况，则承包商必须无条件地按合同规定的时间实施和完成施工任务，而没有资格获准延长工期，承包商不应向业主提出任何索赔，业主也不会给予工期或费用的补偿。相反，如果承包商未能按期竣工，还应支付误期损害赔偿费。

9.3.5 建设工程费用索赔

1. 费用索赔特点

费用索赔是承包商根据合同，在非自身因素影响下而遭受经济损失时向业主提出补偿其额外费用损失的要求。索赔费用的存在是由于建立合同时还无法确定的某些应由业主承担的风险因素导致的结果。

费用索赔是工程索赔的重要组成部分，是承包商进行索赔的主要目标。与工期索赔相比，费用索赔有以下一些特点。

(1) 费用索赔的成功与否事关承包商的盈亏，也影响业主工程项目的建设成本，因而费用索赔常常是最困难也是双方分歧最大的索赔。特别是对于发生亏损或接近亏损的承包商和财务状况不佳的业主，情况更是如此。

(2) 索赔费用的计算不仅要依据合同条款与合同规定的计算原则和方法，而且还可能要依据承包商投标时采用的计算基础和方法以及承包商的历史资料等。索赔费用的确定及认可是费用索赔中一项困难的工作。

(3) 在工程实践中，常常是许多干扰事件交织在一起，承包商成本的增加或工期延长的发生时间及其原因也常常相互交织在一起，很难清楚、准确地划分开，尤其是对于一揽子综合索赔。对于像生产率降低损失及工程延误引起的承包商利润和总部管理费损失等费用的确定，很难准确计算出来，双方往往会有很大的分歧。

2. 费用索赔的原因

引起费用索赔的原因是由于合同环境发生变化使承包商遭受了额外的经济损失。归纳起来，费用索赔产生的常见原因主要如下。

(1) 业主违约。

(2) 工程变更。

(3) 业主拖延支付工程款或预付款。

(4) 工程加速。

(5) 业主或工程师责任造成的可索赔费用的延误。

(6) 非承包商原因的工程中断或终止。

(7) 工程量增加(不含业主失误)。

(8) 其他，如业主指定分包商违约、合同缺陷、国家政策及法律、法令变更等。

3. 费用索赔的费用构成

可索赔费用的分类按照不同的方式有不同的类别，具体如下。

1) 按可索赔费用的性质划分

在工程实践中，承包商的费用索赔包括额外工作索赔和损失索赔。额外工作索赔费包括额外工作实际成本及其相应利润。对于额外工作索赔，业主一般以原合同中的适用价格为基础，或者以双方商定的价格或工程师确定的合理价格为基础给予补偿。损失索赔包括实际损失索赔和可得利益索赔。

2) 按可索赔费用的构成划分

可索赔费用按项目构成可分为直接费和间接费。其中直接费包括人工费、材料费、机械设备费、分包费，间接费包括现场和公司总部管理费、保险费、利息及保函手续费等。可索赔费用计算的基本方法是按上述费用构成项目分别分析、计算，最后汇总求出的索赔费用。

9.3.6 建设工程索赔的分析

1. 建设工程索赔的管理原则

要健康地开展索赔工作，必须全面认识索赔，完整理解索赔，端正索赔动机，才能正确对待索赔，规范索赔行为，合理地处理索赔事件。因此业主、工程师和承包商应对索赔工作的特点有个全面认识和理解。

1) 索赔工作贯穿工程项目始终

合同当事人要做好索赔工作，必须从签订合同起，直至履行合同的全过程中，要认真注意采取预防保护措施，建立健全索赔业务的各项管理制度。

在工程项目的招标、投标和合同签订阶段，作为承包商应仔细研究工程所在国的法律、法规及合同条件，特别是关于合同范围、义务、付款、工程变更、违约及罚款、特殊风险、索赔时限和争议解决等条款，必须在合同中明确规定当事人各方的权利和义务，以便为将来可能的索赔提供合法的依据和基础。在合同执行阶段，合同当事人应密切注视对方的合同履行情况，不断地寻求索赔机会；同时自身应严格履行合同义务，防止被对方索赔。

2) 索赔的艺术

索赔问题涉及的层面相当广泛，既要求索赔人员具备丰富的工程技术知识与实际施工经验，使得索赔问题的提出具有科学性和合理性，符合工程实际情况。索赔人员也应熟悉法律与合同知识，提出的索赔具有法律依据和事实证据，并且还要求在索赔文件准备、编制和谈判等方面具有一定的艺术性，使索赔的最终解决表现出一定程度的伸缩性和灵活性。

3) 影响索赔成功的相关因素

索赔能否获得成功，除了上述方面的条件以外，还与企业的项目管理基础工作密切关，主要有以下4个方面。

(1) 合同管理：合同管理与索赔工作密不可分，合同管理需要收集、整理施工中发生事件的一切记录，包括图纸、订货单、会谈纪要、来往信件、变更指令、气象图表、工程照片等，并加以科学归档和管理，形成一个能清晰描述和反映整个工程全过程的数据库，其目的是为索赔时提供全面、正确、合法有效的各种证据。

(2) 进度管理：工程进度管理不仅可以指导整个施工的进程和次序，而且可以通过计划工期与实际进度的比较、研究和分析，找出影响工期的各种因素，分清各方责任，准确地向对方提出延长工期及相关费用的索赔，并为工期索赔值的计算提供依据和各种类型的数据。

(3) 成本管理：成本管理的主要内容有编制成本计划，控制和审核成本支出，计划成本与实际成本的动态比较分析，等等，它可以为费用索赔提供各种费用的计算数据和信息。

(4) 信息管理：索赔文件的提出、准备和编制需要大量工程施工中的各种信息，这些信息要在索赔时限内高质量地准备好，离开了当事人平时的信息管理是不行的，应该对计算机进行信息管理。

2. 索赔依据的分析

分析索赔的依据：在熟悉了招标文件、工程合同、工程图纸、技术规范等的基础上，分析可以进行索赔的依据，如合同约定的工程总进度计划；合同双方共同认可的进度计划，如网络图、横道图等；合同双方共同认可的月、季、旬进度实施计划；合同双方共同认可的对工期的修改文件，如会谈纪要、来往信件、确认信等；施工日志、气象资料料；业主或工程师的变更指令；影响工期的干扰事件；受干扰后的实际工程进度情况资料等。此外在合同双方签订的工程施工合同中有关于索赔的规定和法律依据或国际惯例等，在实际工作中都可供参考。

3. 熟悉索赔的程序

不同的工程合同条件对工期索赔有不同的规定。在工程实践中，承包商应紧密结合本工程的合同条件，在规定的索赔时限内提出有效的索赔。下面从承包商的角度来分析几种不同合同条件下进行索赔时承包商的权利和一般程序。

1) 建设工程施工合同条件(GF—99—0201)

建设工程施工合同条件第 13 条规定了工期相应顺延的前提条件和程序。此外，建设工程施工合同条件第 36 条规定：如果业主未能按合同约定履行自己的各项义务或发生错误以及应由业主承担责任的其他情况，造成承包商工期延误的，承包商可按照索赔条款规定的程序向业主提出工期、费用和利润的索赔。

2) FIDIC 施工合同条件

FIDIC 施工合同条件明确规定承包商可以提出工期、费用和利润的索赔。索赔事件、合同条款和索赔的要求见表 9-1。

表 9-1　索赔事件、合同条款和索赔的要求

索赔事件	FIDIC 合同条款	工期	费用	利润
(1) 未按合同规定交付设计图纸或指示	1.9	√	√	√
(2) 未按合同规定提供施工场地	2.1	√	√	√
(3) 未按合同规定提供设备、材料	4.20	√	√	√
(4) 未按合同规定的时间或数额支付工程款或提供业主资金安排的证明，承包商停工或放慢工程进度	16.1	√	√	√
(5) 业主提供的放线基准错误	4.7	√	√	√
(6) 业主拖延生产设备、材料、工艺的检验和竣工检验	7.4，9.2，10.3	√	√	√
(7) 业主未按合同规定办理保险	18.1		√	
(8) 工程变更(设计变更、工程特性变化、施工顺序、时间安排、增加、减少或删除部分工程等)	10.2 13.1	 √	√ √	√ √

续表

索赔事件	FIDIC 合同条款	工期	费用	利润
(9) 非承包商原因工程师指令暂停	8.8，8.9	√	√	
(10) 承包商向业主的人员、其他承包商和公共当局人员提供合作责任，使承包商增加不可预见的费用	4.6	√	√	
(11) 工程师指示承包商提供材料的附加样品	7.2		√	√
(12) 在现场施工时遇到不可预见的物质条件	4.12		√	√
(13) 因工程费用(工资或物价)变化的调整	13.8		√	
(14) 业主风险	17.4	√	√	√(部分)
(15) 不可抗力	19.4	√	√	
(16) 现场发现化石、硬币、有价值的物品等	13.7	√	√	
(17) 在基准日期后工程所在国法律的变化	4.24	√	√	
(18) 当局延误或打扰了承包商的工作，造成事先不可预见的延误	8.5	√	√	

在排除承包商自身不履行合同或违约责任外，由业主造成的任何延误、干扰或阻碍，包括异常恶劣的气候条件和其他可能发生的特殊情况，在此类事件开始发生之后的 28 天内，承包商应向工程师提交索赔报告，并将一份副本呈交给业主。

3) JCT 合同条件

英国合同联合仲裁委员会制定的标准合同文本规定，承包商在进行工期索赔时必须遵循如下步骤。

(1) 一旦承包商认识到工程延误正在发生或即将发生，就应该立即以书面形式正式通知建筑师，而且该延误通知书中必须指出引起延误的原因及其相关事件。

(2) 承包商应尽可能快地详细给出延误事件的可能后果。

(3) 承包商必须尽快估算出竣工日期的推迟时间，而且必须单独说明每一个延误事件影响，以及延误事件之间的时间相关性。

(4) 若承包商在延误通知书中提及了任一指定分包商，他就必须将延误通知书、延误细节及估计后果等复印件送交该指定分包商。

(5) 承包商必须随时向建筑师递交关于延误的最新发展状况及其对竣工日期的影响报告，并同时将复印件送交有关的指定分包商。承包商有责任在合同执行的全过程中，随时报告延误的发生、发展及其影响，直至工程已实际完成。

(6) 承包商必须不断地尽最大努力阻止延误发展，并尽可能减少延误对竣工日期的影响。这不是说承包商必须增加支出以挽回或弥补延误造成的时间损失，但是承包商应确信工程进度是积极、合理的。

(7) 承包商必须完成建筑师的所有合理要求。如果业主要求并批准采用加速措施，并支付合理的费用，承包商就有责任完成工程加速。

4. 建设工程索赔的流程分析

尽管建设工程各种合同条件对业主、承包商的权利和责任定义均有差别，但是，建设工程索赔的分析流程图可参考图 9.1。

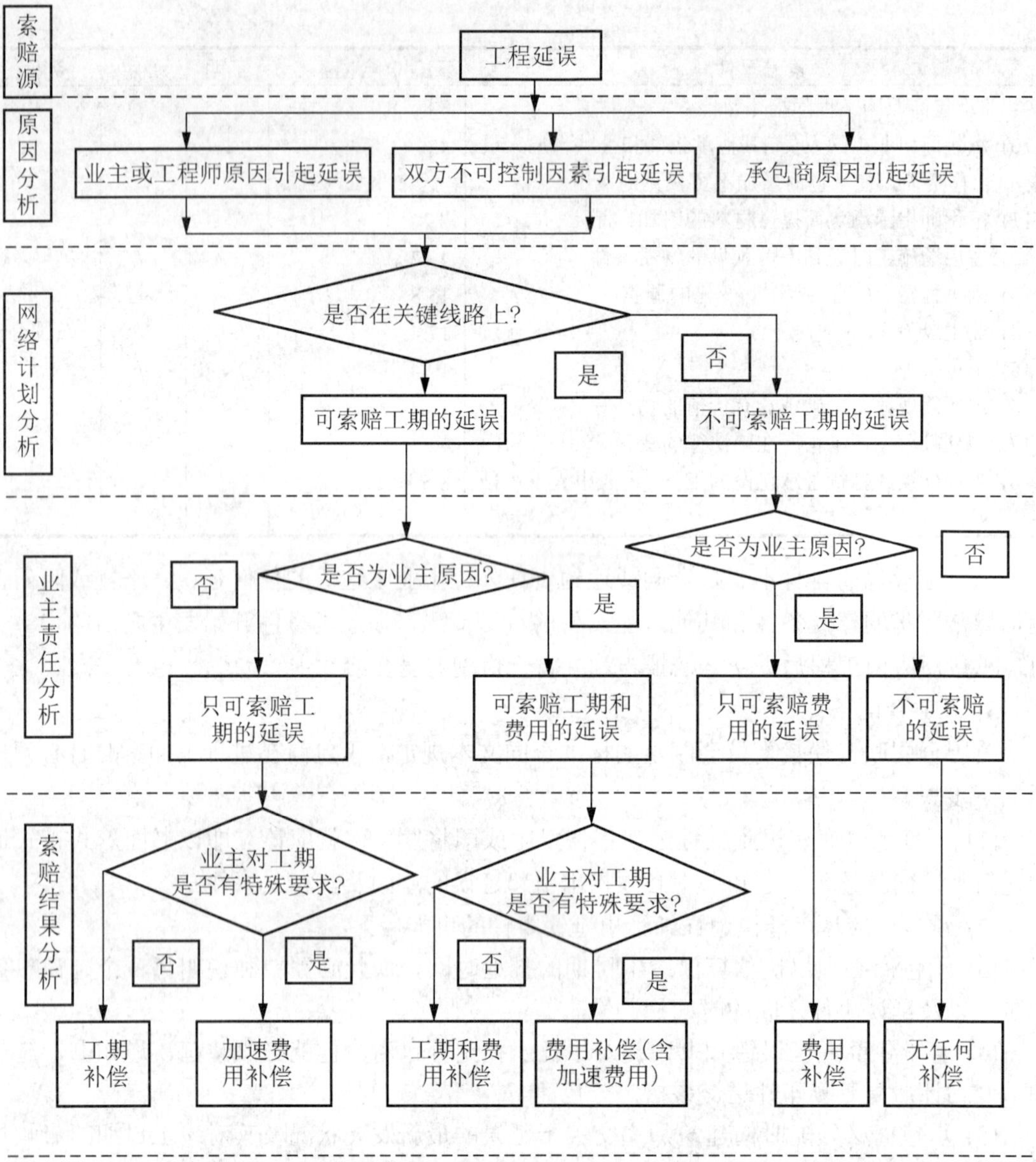

图 9.1 建设工程索赔的分析流程图

9.4 建设工程索赔的计算

9.4.1 工期索赔的分析与计算方法

1. 工期索赔的分析

工期索赔的分析包括延误原因分析、网络计划(CPM)分析、业主责任分析和索赔结果分析等步骤。

(1) 原因分析。分析引起工期延误是哪一方的原因，如果由于承包商自身原因造成的，那么不能索赔，反之则可索赔。

(2) 网络计划分析。运用网络计划(CPM)方法分析延误事件是否发生在关键线路上，并决定延误是否可索赔。注意：关键线路并不是固定的，随着工程进展，关键线路也在变化，而且是动态变化的。关键线路的确定必须依据最新批准的工程进度计划。在工程索赔中，一般只限于考虑关键线路上的延误，或者一条非关键线路因延误已变成关键线。

(3) 业主责任分析。结合 CPM 分析结果，进行业主责任分析，主要是为了确定延误是否能索赔费用。若发生在关键线路上的延误是由于业主原因造成的，则这种延误不仅可以索赔工期，而且还可以索赔因延误而发生的额外费用，否则，只能索赔工期。若由于业主造成的延误发生在非关键线路上，则只可能索赔费用。

(4) 索赔结果分析。在承包商索赔已经成立的情况下，根据业主是否对工期有特殊要求，分析工期索赔的可能结果。如果由于某种特殊原因，业主也给予工期延长。这时，业主的行为实质上已构成指令加速施工。因而，业主应当支付承包商采取加速施工措施而额外增加的费用，即费用补偿。此处费用补偿是指因业主原因引起的延误时间因素造成承包商负担了额外费用而得到的合理补偿。

2．工期索赔计算方法

1) 网络分析法

网络分析是一种科学、合理的计算方法，它是通过分析干扰事件发生前、后网络计划之差来计算工期索赔的，通常可适用于各种干扰事件引起的工期索赔。承包商提出工期索赔，必须确定干扰事件对工期的影响值，事件使网络计划中的某个或某些活动受到干扰而延长施工持续时间，重新进行网络分析和计算得到干扰事件对总工期的影响，即为承包商的工期索赔值。

2) 比例类推法

在实际工程中，若干扰事件仅影响某些单项工程、单位工程或分部分项工程的工要分析，它们对总工期的影响可采用较简单的比例类推法。

3) 直接法

有时干扰事件直接发生在关键线路上或一次性地发生在一个项目上，造成总工期延误。这时可通过查看施工日志、变更指令等资料，直接将这些资料中记载的延误时间作为工期索赔值。如承包商按工程师的书面工程变更指令，完成变更工程所用的实际工时即为工期索赔值。

4) 工时分析法

某一工种的分项工程项目延误事件发生后，按实际施工的程序统计出所用的工时量，然后按延误期间承担该分项工程工种的全部人员投入来计算要延长的工期。

案例 9-5

【背景】

某工程原合同规定分两阶段进行施工，土建工程 25 个月，安装工程 10 个月。合同规定的土建工程量为 3 600 万元，安装工程量 600 万元。合同规定，在工程量增减 10%的范围内，作为承包商的工期风险，不能要求工期补偿。在工程施工过程中，土建和安装的工程量都有较大幅度的增加。实际土建量增加到4 500万元，实际安装工程量增加到1 200万元。求承包商可以提出的工期索赔额。

【案例解析】

承包商提出的工期索赔如下：

不索赔的土建工程量的上限为3 600×1.1=3 960万元。

不索赔的安装工程量的上限为600×1.1=660万元。

由于工程量增加而造成的工期延长：

土建工程工期延长=25×[(4 500/3 960)-1]=3.4个月。

安装工程工期延长=10×[(1 200/660)-1]=8.2个月。

总工期索赔为3.4个月+8.2个月共11.6个月。

9.4.2 费用索赔

1. 索赔事件的费用构成分析

索赔费用的主要组成部分同建设工程施工合同价的组成部分相似。由于中国关于施工合同价的构成规定与国际惯例不尽一致，所以在索赔费用的组成内容上也有所差异。按照中国现行规定，建筑安装工程合同价一般包括直接费、间接费、计划利润和税金。而国际上的惯例是将建安工程合同价分为直接费、间接费、利润3部分。

从原则上说，凡是承包商有索赔权的工程成本的增加，都可以列入索赔的费用。但是，对于不同原因引起的索赔，可索赔费用的具体内容则有所不同。索赔方应根据索赔事件的性质，分析其具体的费用构成内容，见表9-2。

表9-2 索赔事件的费用项目构成示例表

索赔事件	可能的费用项目	说　明
工程延误	(1) 人工费增加	包括工资上涨、现场停工、窝工、生产效率降低，不合理使用劳动力损失
	(2) 材料费增加	因工期延长引起的材料价格上涨
	(3) 机械设备费	设备因延期引起的折旧费、保养费、进出场费或租赁费等
	(4) 现场管理费增加	包括现场管理人员的工资、津贴等，现场办公设施，现场日常管理费支出、交通费等
	(5) 因工期延长的通货膨胀使工程成本增加	
	(6) 相应保险费、保函费增加	
	(7) 分包商索赔	分包商因延期向承包商提出的费用索赔
	(8) 总部管理费分摊	因延期造成公司总部管理费增加
	(9) 推迟支付引起的兑换率损失	工程延期引起支付延迟
工程加速	(1) 人工费增加	因业主指令工程加速造成增加劳动力投入，不经济地使用劳动力，生产效率降低，等等
	(2) 材料费增加	不经济地使用材料，材料提前交货的费用补偿，材料运输费增加
	(3) 机械设备费	增加机械投入，不经济地使用机械
	(4) 现场管理费增加	也应扣除因工期缩短减少的现场管理费
	(5) 资金成本增加	费用增加和支出提前引起负现金流量所支付的利息

续表

索赔事件	可能的费用项目	说　明
工程中断	(1) 人工费增加	如留守人员工资，人员的遣返和重新招雇费，对工人的赔偿等
	(2) 机械使用费	设备停置费、额外的进出场费、租赁机械的费用等
	(3) 保函、保险费、银行手续费	
	(4) 贷款信息	
	(5) 总部管理费	
	(6) 其他额外费用	如停工、复工所产生的额外费用，工地重新整理等费用
工程量增加	费用构成与合同报价相同	合同规定承包商应承担一定比例(如 5%、10%)的工程量增加保险，超出部分才予以补偿 合同规定工程量增加超出一定比例时(如 15%～20%)可调整单价，否则合同单价不变

通过表 9-2，可以发现了工期延误、工程加速、工程中断和工程量增加等索赔事件可能的费用项目。

此外，索赔费用项目的构成会随工程所在地国家或地区的不同而不同，即使在同一国家或地区，随着合同条件具体规定的不同，索赔费用的项目构成也会不同。美国工程索赔专家 J. J. Adrian 在其 Construction Claims 一书中总结了索赔种类与索赔费用构成的关系，表 9-3 可供参考。

表 9-3　索赔种类与索赔费用构成关系表

序号	索赔费用项目	索赔种类			
		延误索赔	工程范围变更索赔	加速施工索赔	现场条件变更索赔
1	人工工时增加费	×	√	×	√
2	生产率降低引起人工损失	√	○	√	○
3	人工单价上涨费	√	○	√	○
4	材料用量增加费	×	√	○	○
5	材料单价上涨费	√	√	○	○
6	新增的分包工程量	×	√	×	○
7	新增的分包工程单价上涨费用	√	○	○	√
8	租赁设备费	○	√	√	√
9	自有机构设备使用费	√	√	○	√
10	自有机构台班费率上涨费	○	×	○	○
11	现场管理费(可变)	○	√	○	√
12	现场管理费(固定)	√	×	×	○
13	总部管理费(可变)	○	○	○	○
14	总部管理费(固定)	√	○	×	○
15	融资成本(利息)	√	○	○	○
16	利润	○	√	○	√
17	机会利润损失	○	○	○	○

索赔费用主要包括的项目如下。

1) 人工费

人工费主要包括生产工人的工资、津贴、加班费、奖金等。承包商在以下几种情况可以提出人工费的索赔。

(1) 因业主增加额外工程，或因业主或工程师原因造成工程延误，导致承包商人工费的上涨和工作时间的延长。

(2) 工程所在国法律、法规、政策等变化而导致承包商人工费用方面的额外增加，当地雇用工人的工资标准、福利待遇或增加保险费用等。

(3) 若由于业主计划或工程师原因造成的延误或对工程的不合理干扰打乱了承包商的施工计划，致使承包商劳动生产率降低，导致人工工时增加的损失，承包商有权向业主提出降低损失的索赔。

2) 材料费

可索赔的材料费主要包括以下几部分。

(1) 由于索赔事项导致材料实际用量超过计划用量而增加的材料费。

(2) 由于客观原因导致材料价格大幅度上涨。

(3) 由于非承包商责任工程延误导致的材料价格上涨。

(4) 由于非承包商原因致使材料运杂费、采购与保管费用的上涨。

(5) 由于非承包商原因致使额外低值易耗品使用等。

在以下两种情况下，承包商可提出材料费的索赔。

(6) 由于业主或工程师要求追加额外工作、变更工作性质、改变施工方法等，造成承包商的材料耗用量增加，包括使用数量的增加和材料品种或种类的改变。

(7) 在工程变更或业主延误时，可能会造成承包商材料库存时间延长、材料采购滞后采用代用材料等，从而引起材料单位成本的增加。

3) 机械设备使用费

可索赔的机械设备费主要包括以下几部分。

(1) 由于完成额外工作增加的机械设备使用费。

(2) 非承包商责任致使的工效降低而增加的机械设备闲置、折旧和修理费分摊、租赁费用。

(3) 由于业主或工程师原因造成的机械设备停工的窝工费。机械设备台班窝工费的计算，如系租赁设备，一般按实际台班租金加上每台班分摊的机械调进调出费计算；如果是承包商的自有设备，一般按台班折旧费计算，而不能按全部台班费计算，因台班费中包括了设备使用费。

④非承包商原因增加的设备保险费、运费及进口关税等。

4) 现场管理费

费用索赔中的现场管理费是指承包商完成额外工程、索赔事项工作以及工期延长、延误期间的工地管理费。现场管理费是某个合同发生的、用于现场管理的总费用，一般包括现场管理人员的费用、办公费、通信费、差旅费、固定资产使用费、工具用具使用费、保险费、工程排污费、供热、水及照明费等。它一般约占工程总成本的5%～10%。

5) 总部管理费

总部管理费是承包商企业总部发生的、为整个企业的经营运作提供支持和服务所发生的管理费用，一般包括总部管理人员费用、企业经营活动费用、差旅交通费、办公费、通信费、固定资产折旧、修理费、职工教育培训费用、保险费、税金等。它一般约占企业总营业额的3%～10%。索赔费用中的总部管理费主要指的是工程延误期间所增加的管理费。

6) 利息

只要因业主违约(如业主拖延或拒绝支付各种工程款、预付款或拖延退还扣留的保留金)或其他合法索赔事项直接引起了额外贷款，在下列情况承包商有权向业主就相关的利息支出提出索赔。

(1) 业主拖延支付预付款、工程进度款或索赔款等，给承包商造成较严重的经济损失，承包商因而提出拖付款的利息索赔。

(1) 由于工程变更和工期延误增加投资的利息。

(3) 施工过程中业主错误扣款的利息。

7) 分包商费用

索赔费用中的分包费用是指分包商的索赔款项，也包括人工费、材料费、施工机械设备使用费等。因业主或工程师原因造成分包商的额外损失，分包商首先应向承包商提出索赔要求和提交索赔报告，然后以承包商的名义向业主提出分包工程增加费及相应管理的费用索赔。

8) 利润

对于不同性质的索赔，取得利润索赔的成功率是不同的。在以下几种情况下，承包商一般可以提出利润索赔。

(1) 因设计变更等变更引起的工程量增加。

(2) 施工条件变化导致的索赔。

(3) 施工范围变更导致的索赔。

(4) 合同延期导致机会利润损失。

(5) 由于业主的原因终止或放弃合同带来预期利润损失等。

9) 其他

包括相应保函费、保险费、银行手续费及其他额外费用的增加等。

2. 索赔费用的计算

索赔费用的计算没有统一、共同认可的标准方法，但计算方法的选择却对最终索赔金额影响很大，估算方法选用不合理容易被对方驳回。因此，索赔人员必须具备丰富的工程估价经验和索赔经验。

对于索赔事件的费用计算，一般是先计算与索赔事件有关的直接费，如人工费、材料费、机械费、分包费等，然后计算应分摊在此事件上的管理费、利润等间接费。具体计算方法基本上与工程项目报价计算相似。

1) 索赔费用的计算方法

(1) 人工费。人工费是可索赔费用中的重要组成部分，其计算方法为 C(L)=CL1+CL2+CL3。其中，C(L)为索赔的人工费，CL1 为人工单价上涨引起的增加费用，CL2 为人工工时增加引起的费用，CL3 为劳动生产率降低引起的人工损失费用。

(2) 材料费。材料费在工程造价中占据较大比重，也是重要的可索赔费用。材料费索赔包括材料耗增加和材料单位成本上涨两个方面。其计算方法为 C(M)=CM1+CM2。其中，

C(M)可索赔的材料费，CM1 为材料用量增加费，CM2 为材料单价上涨导致的材料费增加。

(3) 施工机械设备费。施工机械设备费包括承包商在施工过程中使用自有施工机械所发生的机械使用费，对外租用施工机械的租赁费，以及按照规定支付的施工机械进出场费用，等等。索赔机械费的计算方法为：C(E)=CE1+CE2+CE3+CE4。其中，C(E)为可索赔的机械设备费，CE1 为承包人自有施工机械工作时间额外增加费用，CE2 为自有机械台班费率上涨费，CE3 为机械租赁费(包括必要的机械进出场费)，CE4 为机械设备闲置损失费用。

(4) 分包费。分包费索赔的计算方法为：C(SC)=CS1+CS2。其中，C(SC)为索赔的分包费，CS1 为分包工程增加费用，CS2 为分包工程增加费用的相应管理费(有时可包含相应的利润)。

(5) 利息。利息索赔额的计算方法可按复利计算法计算。至于利息的具体利率应是多少，可按不同标准计算，主要有以下 3 种情况：按承包商在正常情况下的当时银行贷款利率；按当地银行透支利率；按合同双方协议的利率。

(6) 利润。索赔利润的款额计算通常是与原报价单中的利润百分率保持一致，即在索赔款直接的基础上乘以原报价单中的利润率，即作为该项索赔款中的利润额。

2) 管理费的计算方法

由于管理费金额较大，在确定索赔事件的直接费用以后，管理费的确认和计算都比较困难和复杂，常常会引起双方争议。管理费属于工程成本的组成部分，包括企业总部管理费和现场管理费。中国现行建筑工程造价构成中，将现场管理费纳入到直接工程费中，企业总部管理费纳入到间接费中。一般的费用索赔中都可以包括现场管理费和总部管理费。

(1) 现场管理费。现场管理费的索赔计算方法一般有两种情况。

①直接成本的现场管理费索赔。对于发生直接成本的索赔事件，其现场管理费索赔额一般可按该索赔事件直接费乘以现场管理费费率，而现场管理费费率等于合同工程的现场管理费总额除以该合同工程的直接成本总额。

② 工程延期的现场管理费索赔。如果某项工程延误索赔不涉及直接费的增加，或由于工期延误时间较长，按直接成本的现场管理费索赔方法计算的金额不足以补偿工期延误所造成的实际现场管理费支出，现场管理费费率乘以可索赔的延期时间，可得到现场管理费索赔额。

(2) 总部管理费。目前常用的总部管理费的计算方法有以下几种。

① 按照投标书中总部管理费的比例(3%～8%)计算。

② 按照公司总部统一规定的管理费比率计算。

③ 以工程延期的总天数为基础，计算总部管理费的索赔额。

对于索赔事件来讲，总部管理费金额较大，常常会引起双方的争议，常常采用总部管理费分摊的方法，因此分摊方法的选择甚为重要。其计算公式为

单位直接费的总部管理费率=总部管理费总额/合同期承包商完成的总直接费×100%

总部管理费索赔额=单位直接费的总部管理费率×争议合同直接费

案例 9-6

【背景】

某承包商承包某工程，合同价为 500 万，合同履行天数为 720 天，该合同实施过程中因业主原因拖延了 80 天。在这 720 天中，承包商承包其他工程的合同总额为 1500 万，总部管理费总额为 150 万元。则

争议合同应分摊的总部管理费=500/(500+1 500)×150=37.5 万元

日总部管理费率=37.5/720=520.8 元/天

总部管理费索赔额=520.8×80=41 664 元

该方法的优点是简单、实用，易于被人理解，在实际运用中也得到一定程度的认可，但存在的主要问题有：一是总部管理费按合同额分摊与按工程成本分摊结果不同，而后者通常会计核算和实际工作中更容易被人理解；二是“合同履行天数”中包括了“合同延误天数”，降低了日总部管理费率及承包商的总部管理费索赔值。

从上可知，总部管理费的分摊标准是灵活的，分摊方法的选用要能反映实际情况，既要合理，又要有利。

9.4.3 共同延误的处理

(1) 判断延误的原则。在实际过程中，工期拖期很少是只由一方造成的，往往是两三种原因同时发生(或相互作用)面形成的，故称为“共同延误”。在这种情况下，要具体分析哪一种情况延误是有效的，并且应依据以下原则。

① 首先判断造成拖期的哪一种原因是最先发生的，即确定“初始延误”者，它应对工程拖期负责。在初始延误发生作用期间，其他并发的延误者不承担拖期责任。

② 如果初始延误者是业主的原因，则在业主原因造成的延误期内，承包商既可得到工期延长，又可得到经济补偿。

③ 如果初始延误者是客观原因，则在客观因素发生影响的延误期，承包商既可得到工期延长，但很难得到费用补偿。

④ 如果初始延误者是承包商原因，则在承包商原因造成的延误期内，承包商既不能得到工期补偿，也不能得到费用补偿。

(2) 采用计日工计价的任何一项变更工作，应从暂列金额中支付，承包商应在该项变更实施过程中，每天提交以下报表和有关凭证报送监理人审批。

① 工作名称、内容和数量。

② 投入该工作所有人员的姓名、工种、级别和耗用工时。

③ 投入该工作的材料类别和数量。

④ 投入该工作的施工设备型号、台数和耗用台时。

⑤ 监理人要求提交的其他资料和凭证。

(3) 计日工由承包商汇总后，按合同约定列入进度付款申请单，由监理人复核并经业主同意后列入进度付款。

案例 9-7

某项目工程延误的索赔计算(案例情况及数字见表 9-4 和表 9-5)。

分项法计算通常分 3 步(表 9-4 列出了分项法的典型示例，可供参考)具体如下。

(1) 分析每个或每类索赔事件所影响的费用项目，不得有遗漏。这些费用项目通常应与合同报价中的费用项目一致。

(2) 计算每个费用项目受索赔事件影响后的数值，通过与合同价中的费用值进行比较即可得到该项费用的索赔值。

(3) 将各费用项目的索赔值汇总，得到总费用索赔值。分项法中索赔费用主要包括工程施工过程中所发生的额外人工费、材料费、施工机械使用费、相应的管理费，以及间接费和利润等。由于分项法所依据的是实际发生的成本记录或单据，所以在施工过程中，对第一手资料的收集整理就显得非常重要(见表 9-5)。

表 9-4　分项法计算示例

序号	索赔项目	金额/元	序号	索赔项目	金额/元
1	工程延误	256 000	5	利息支出	8 000
2	工程中断	166 000	6	利润(1+2+3+4)×15%	6 960
3	工程加速	16 000	7		541 600
4	附加工程	26 000			

表 9-5　工程延误的索赔计算示例

序号	索赔项目	金额/元	序号	索赔项目	金额/元
1	机械设备停滞费	95 000	4	总部管理费分摊	16 000
2	现场管理费	84 000	5	包含手续费、保险费增加	6 000
3	分包商索赔	45 000	6	合计	256 000

9.5　建设工程索赔报告的编写与提交

9.5.1　索赔资料的准备

索赔资料准备的主要工作如下。

(1) 跟踪和调查干扰事件，掌握事件发生的详细经过。

(2) 分析干扰事件产生的原因，划清各方责任，确定索赔根据。

(3) 损失或损害调查分析与计算，确定工期索赔和费用索赔值。

(4) 收集证据，获得充分而有效的各种证据。

(5) 起草索赔索赔报告。

9.5.2　索赔报告的编写

1. 索赔文件的一般内容

索赔文件也称为索赔报告，它是合同的一方向对方提出索赔的书面文件，它全面反映了一方当事人对一个或若干个索赔事件的所有要求和主张，对方当事人也是通过对索赔文件的审核、分析和评价来做出认可、要求修改、反驳甚至拒绝的回答，索赔文件也是双方进行索赔谈判或调解、仲裁、诉讼的依据，因此索赔文件的表达与内容对索赔的解决有重大影响，索赔方必须认真编写索赔文件。

在合同履行过程中，一旦出现索赔事件，承包商应该按照索赔文件的构成内容，及时地向业主提交索赔报告。单项索赔文件的一般格式如下。

(1) 题目。索赔报告的标题应该能够简要准确地概括索赔的中心内容。如关于×××事件的索赔。

(2) 事件。详细描述事件过程，主要包括事件发生的工程部位、发生的时间、原因和经过、影响的范围以及承包商当时采取的防止事件扩大的措施、事件持续时间、承包商已经向业主或工程师报告的次数及日期、最终结束影响的时间、事件处置过程中的有关主要人员办理的有关事项等。也包括双方信件交往、会谈，并指出对方如何违约、证据的编号等。

(3) 理由。是指索赔的依据，主要是法律依据和合同条款的规定。合理引用法律和合同的有关规定，建立事实与损失之间的因果关系，说明索赔的合理合法性。

(4) 结论。指出事件造成的损失或损害及其大小，主要包括要求补偿金额及工期，这部分只需列举各项明细数字及汇总数据即可。

(5) 损失估价和(或)延期计算的详细计算书。为了证实索赔金额和工期的真实性，必须指明计算依据及计算资料的合理性，包括损失费用、工期延长的计算基础、计算方法、计算公式及详细的计算过程及计算结果。

(6) 附件。包括索赔报告中所列举事实、理由、影响等各种编过号的证明文件和证据、图表。

一揽子索赔文件往往需要很大的篇幅甚至几百页材料来描述其细节，组成部分主要包括：索赔致函和要点；总情况介绍(叙述施工过程、对方过失等)；索赔总表(将索赔总数细分、编号，每一条目写明索赔内容的名称和索赔额)；上述事件详述；上述事件结论；合同细节和事实情况；分包人索赔；工期延长的计算和损失用的估算；各种证据材料；等等。

2．索赔报告编写要求

编写索赔文件需要实际工作经验，索赔文件如果起草不当，会失去索赔方的有利条件，使正当的索赔要求得不到合理解决。对于重大索赔或一揽子索赔，最好能在律师或索赔专家的指导下进行。编写索赔文件的基本要求有以下几方面。

1) 符合实际

(1) 符合实际的索赔要求本身就具有说服力。索赔文件中责任分析应清楚、准确，在索赔报告中要善于引用法律和合同中的有关条款，详细、准确地分析并明确指出对方应负的全部责任，并附上有关证据材料，不可在责任分析上模棱两可、含糊不清。对事件叙述要清楚准确，不应包含任何估计或猜测。

(2) 强调事件的不可预见性和突发性。这说明即使一个有经验的承包商对它不可能有预见或有准备，也无法制止，并且承包商为了避免和减轻该事件的影响和损失已尽了最大的努力，采取了能够采取的措施，从而使索赔理由更加充分，更易于对方接受。

(3) 论述要有逻辑。明确阐述由于索赔事件的发生和影响，使承包商的工程施工受到严重干扰，并为此增加了支出，拖延了工期。应强调索赔事件、对方责任、工程受到的影响和索赔之间有直接的因果关系。

2) 计算准确

索赔文件中应有完整的详细索赔计算资料，指明计算依据、计算原则、计算方法、计算过程及计算结果的合理性，必要的地方应作详细说明。计算结果要反复校核，做到准确无误。计算上的错误，尤其是扩大索赔款的计算错误，会直接影响索赔的成功。

3) 简明扼要

索赔文件在内容上应组织合理，条理清楚，逻辑性强，既能完整地反映索赔要求，又要简明扼要，使对方很快地理解索赔的本质。

9.5.3 建设工程索赔报告的提交

提出索赔的一方应该在合同规定的时限内向对方提交正式的书面索赔文件。

例如，FIDIC 合同条件和我国的《建设工程施工合同示范文本》(GF—99—0201)都规定，承包商必须在发出索赔意向通知后的28天内，或经过工程师(监理人)同意的其他合理时间内向工程师(监理人)提交一份详细的索赔文件和有关资料。如果干扰事件对工程的影响持续时间长，承包商则应按工程师(监理人)要求的合理间隔(一般为 28 天)，提交中间索赔报告，并在干扰事件影响结束后的28天提交一份最终索赔报告。否则将失去该事件请求补偿的索赔权利。

案例 9-8

【背景】

某房屋建筑工程项目，业主与承包商按照《建设工程施工合同(示范文本)》签订了施工承包合同。施工合同中规定了以下内容。

(1) 设备由业主采购，承包商安装。

(2) 业主原因导致的承包商人员窝工，按18元/工日补偿，业主原因导致的承包商设备闲置，按表9-6中所列的标准进行补偿。

表 9-6　设备闲置补偿标准表

机械名称	台班单价/(元/台班)	补偿标准
大型起重机	1 060	台班单价的60%
自卸挡车(5t)	317	台班单价的40%
自卸汽车(8t)	458	台班单价的50%

(3) 施工过程中发生的设计变更，其价款按《建筑安装工程费用项目组成》(建标[2003]206号)文件规定以工料单价法计价程序计价(以直接费为计算基础)，间接费费率为10%，利润率为5%，税率为3.41%。

该工程在施工过程中发生以下事件:

事件1: 承包商在土方工程填筑时，发现取土区的土壤含水量过大，必须经过晾晒后才能填筑，增加费用30 000元，工期延误10天。

事件2: 基坑开挖深度为3m，施工组织设计中考虑的放坡系数为0.3(已经监理工程师批准)。承包商为避免坑壁塌方，开挖时加大了放坡系数，使土方开挖量增加，导致费用超支10 000元，工期延误3天。

事件3: 承包商在主体钢结构吊装安装阶段发现钢筋混凝土结构上缺少相应的预埋件，经查实是由于土建施工图纸遗漏该预埋件的错误所致。返工处理后，增加费用20 000元，工期延误8天，该工作总时差为5天。

事件4: 业主采购的设备没有按计划时间到场，施工受到影响，承包商一台大型起重机、两台自卸汽车(载重5t、8t各一台)闲置5天，工人窝工86工日，工期延误5天，该工作总时差为3天。

事件5: 某分项工程由于业主提出工程使用功能的调整，须进行设计变更。设计变更后，经确认直接工程费增加18 000元，措施费增加2 000元，该工作持续时间延长2天，其总时差为4天。

上述事件发生后，承包商及时向业主提出索赔要求。

【问题】

1. 分析以上各事件中业主造价工程师是否应该批准承包商的索赔要求？为什么？

2. 对于工程施工中发生的工程变更，业主造价工程师对变更部分的合同价款应根据什么原则确定？

3. 造价工程师应批准的索赔金额是多少元？工程延期是多少天？

【案例解析】

问题 1

事件 1：不应该批准。因为这是一个有经验的承包商应该预料到的，属于承包商的责任。

事件 2：不应该批准。因为承包商为确保安全而自行调整施工方案，属于承包商的责任。

事件 3：应该批准。因为这是由于土建施工图纸中错误造成的，而施工图设计是业主另行发包的，属于业主的责任。

事件 4：应该批准。因为这是由业主采购的设备没按计划时间到场造成的，属于业主的责任。

事件 5：应该批准。因为这是由于业主设计变更造成的，属于业主的责任。

问题 2

变更价款的确定原则如下。

(1) 合同中已有适用于变更工程的价格，按合同已有的价格计算、变更合同价款。

(2) 合同中只有类似于变更工程的价格，可以参照此价格确定变更价格，变更合同价款。

(3) 合同中没有适用或类似于变更工程的价格，由承包商提出适当的变更价格，经造价工程师确认后执行；若没有被造价工程师确认，双方应首先通过协商确定变更工程价款；当双方不能通过协商确定变更工程价款时，按合同争议的处理方法解决。

问题 3

(1) 造价工程师应批准的索赔金额为

事件 3：返工费用：20 000 元

事件 4：机械台班费：(1 060×60%+318×40%+458×50%)×5=4 961 元

人工费：86×18=1 548 元

事件 5：应给承包商补偿：

直接费：18 000+2 000=20 000 元

间接费：20 000×10%=2 000 元

利润：(20 000+2 000) ×5%=1 100 元

税金：(20 000+2 000+1 100) ×3.41%=787.71 元

应补偿：20 000+2 000+1 100+787.71：23 887.71 元

或(1 800+2 000) × (1+10%)(1+5%)(1+3.41%)=23 887.71 元(或 23 888.0 元)

合计：20 000+4 961+1 548+23 887.71=50 396.71 元

(2) 造价工程师应批准的工程延期为

事件 3：该工作延误 8 天，但其总时差为 5 天，所以批准 3 天

事件 4：该工作延误 5 天，但其总时差为 3 天，所以批准 2 天

事件 5：该工作持续时间延长 2 天，但其总时差为 4 天，所以批准 0 天

合计：5 天

9.6 反索赔

反索赔是指业主向承包商提出的索赔。业主向承包商索赔的主要目的：一是减少或防止承包商可能提出的索赔，进行反制；二是通过反索赔减少由于承包商违约或过失造成的损害。

9.6.1 业主可以提出的索赔事件

1. 施工责任

当承包商的施工质量不符合施工技术规程的要求，或在保修期前未完成应该负责修补的工程时，业主有权向承包商追究责任。如果承包商未在规时限内完成修补工作，业主有权雇用他人来完成工作，发生的费用由承包商负担。

2. 工期延误

在工程项目的施工过程中，由于承包商的原因，使竣工日期拖后响到业主对该工程的使用，给业主带来经济损失时，业主有权对承包商进行惩罚，即由承包商支付延期竣工违约金。建设工程施工合同中的误期违约金，通常是由发包招标文件中确定的。

3. 承包商超额利润

如果工程量增加很多，如 FIDIC 合同(1987 版)超过有效合同价的 15%，使承包商预期的收入增大，因工程量增加，承包商并不增加固定成本，合同价应由双方讨论调整，业主有权收回部分超额利润。由于法规的变化导致承包商在工程实施中降低了成本而获得了超额利润，也应重新调整合同价格，收回部分超额利润。

4. 指定分包商的付款

在工程实施过程中承包商未能及时向指定分包商付款。

5. 承包商不履行的保险费用

如果承包商未能按合同条款指定的项目投保，并使保险有效，业主可以投保并让保险生效，业主所支付的必要的保险费可在应付包人的款项中扣回。

6. 业主合理终止合同或承包商不正当地放弃工程

如果业主合理地终止承的承包，或者承包商不合理地放弃工程，则业主有权从承包商手中收回由新的承包造成工程所需的工程款与原合同未付部分的差额。

7. 其他

由于工伤事故给发包方人员和第三方人员造成的人身或财产损失，以及承包商运送送建筑材料及施工机械设备时损坏了公路、桥梁或隧洞，交通管理部门的索赔，等等。

上述这些事件能否作为索赔事件，进行有效的索赔，还要看具体的工程和合同条件，不可一概而论。

9.6.2 业主向承包商提出的反索赔内容

1. 工期延误反索赔

指工期延误属于承包商责任时，业主对承包商进行索赔，即由承包商支付延期竣工违约金。业主在确定违约金的费率时，一般要考虑以下因素：业主预期项目盈利损失和由于工期延长而引起的项目贷款利息增加，工程拖期带来的附加监理费，由于本工程拖期竣工不能使用而租用其他建筑时的租赁费。

违约金的计算方法在每个合同文件中均有具体规定，一般按每延误一天赔偿一定的款额计算，累计赔偿额一般不超过全部总额的10%。

2. 施工缺陷索赔

指承包商的施工质量不符合施工技术规程的要求，或使用的设备和材料不符合合同规定，或在保修期未满以前未完成应该负责补修的工程时，业主有权向承包商追究责任。如果承包商未在规定的期限内完成修补工作，业主有权雇用他人来完成工作，发生的费用由承包商承担。

3. 对指定分包人的付款索赔

指工程承包商未能提供已向指定分包人付款的合理证明时，业主可以直接按照监理工程师的证明书，将承包商未付给指定分包人的所有款项(扣除保留金)付给指定分包人，并从应付给承包商的任何款项中如数扣回。

4. 业主合理终止合同或承包商不正当放弃工程的索赔

如果由于工期严重拖延或质量问题，业主可以按合同合理地终止承包商的承包，或者承包商不合理地放弃工程，则业主有权从承包商手中收回工程，由新的承包商完成剩余的全部工程，并扣除该部分工程款，加上新承包商完成工程增加的费用和违约罚款。

业主要成功地防止对方提出索赔，应采取积极防御的策略。在严格履行合同规定的各项义务后，通过加强合同管理，使承包商找不到索赔的理由和根据，处于不能被索赔的地位。其次，如果在工程实施过程中发生了干扰事件，则应立即着手研究和分析合同依据，收集证据，为应对承包商提出索赔和作出反索赔做好两手准备。

如果承包商提出了索赔要求或索赔报告，业主可以采取各种措施来反击或反驳承包商的索赔要求，常用的措施如下。

(1) 根据承包商的失误，直接向承包商提出反索赔，以对抗或平衡承包商的索赔要求，以求在最终解决索赔时互相让步或者互不支付。

(2) 针对承包商的索赔报告，进行仔细、认真研究和分析，找出理由和证据，证明承包商索赔要求或索赔报告不符合实际情况和合同规定，没有合同依据或事实证据，索赔值计算不合理或不准确，等等问题，反击承包商的不合理索赔要求，推卸或减轻自己的责任，使自己不受损失。

案例 9-9

【背景】

甲方：××研究所。

乙方：××县属建筑公司。

乙方以议标形式承包甲方 14 000m^2 带地下室高层建筑，施工合同签订后按时开工。在地下室底板混凝土浇筑时，因下大雨，又遇施工塔式起重机发生故障，使地下室底板的混凝土停工中断。质量达不到设计图纸的要求(设计图纸要求该工程的箱型基础底板混凝土应整体浇注，不得留施工缝)。甲方代表就工程质量措施不落实的问题要求乙方进行认真解决，结果却遭到乙方撤走施工人员的威胁。鉴于乙方采取无理极端行动，通过协商方式解决已无效果，故甲方向法院起诉。

法院在调查审理过程中，查清乙方为无照(借用他人执照)经营，根本没有承担该工程的资格和能力。该工程甲乙双方所签施工合同为无效合同。法院根据无效经济合同的法律责任判决如下。

(1) 乙方应返还甲方程备料款，清退甲方提供的建筑材料(钢材、水泥等)。对已完成合格工程由双方按有关规定计量结算。

(2) 乙方应赔偿甲方不合格工程的处置费，并承担不合格工程所产生的一切损失。甲方对不合格工程处置费计算按有关部门规定执行。

(3) 乙方应赔偿因擅自停工给甲方造成的其他的经济损失(如因停工造成水泥过期，施工图丢失不全，已加工的钢筋部分作废，等等)。

(4) 乙方应承担本案一审、二审的全部费用。

【案例解析】

在市场经济大潮中，在刚刚步入法制轨道的我国，一些人想投机取巧挣钱，一些人工作责任心极差，是造成无效经济合同的主要原因。本案乙方的行为是搬起石头砸自己的脚，实在是不可取。而作为管理部门和管理单位，也应从中吸取教训，引以深思。此案中，虽工程损失经法院判定能够追回，时间损失(时间就是金钱)又如何追回呢？

【思考】甲方(业主)在与承包商签订合同时应该关注什么？如何进行反索赔？

9.6.3 承包商如何应对业主反索赔

1. 防止对方索赔，承包商应签订有利于己方的合同

合同对己方是否有利，是一个基本而又重要的问题。因为施工承包合同是甲乙双方进行索赔和反索赔的最直接的法律文件。如在已签订的合同中存在单方面约束，责、权、利不平衡，以及隐含承担较大的风险等，就可能从根本限制或否定了己方提出索赔和反索赔的资格条件。

2. 认真履行合同，防止自己违约

既然签订了一个施工承包合同，双方应完全按合同办事，承包商应该把精力放在改进管理、提高效益上。通过有效的工程管理，排除干扰、减少损失、搞好协作、不发生违约，防止扯皮事件发生，使对方找不到索赔的理由和根据。

3. 发现己方违约应及时补救，减少损失

己方违约正是对方提出索赔的机会，无论事后对方是否提出索赔，违约方都应做好以下两个方面的工作。

(1) 发现己方违约后，应及时采取补救措施，并客观地向对方做必要的解释，以求获得对方的谅解和宽容，使对方不为此提出索赔。就目前国内的情况来看，对一些影响不大，经济损失较小，对方能够谅解的简单违约事件，双方往往着眼于长远的合作和主要目标的实现，并不一定计较那些细小的索赔。

(2) 己方违约后，应及时收集有关资料，分析合同责任，测算损失数额，做到心中有数，以应付对方可能提出的索赔。绝不可待对方提出索赔后才恍然大悟，临时安排人员，临时现抓资料，被对方的索赔报告牵着鼻子走。

4. 双方都有违约责任时以攻为守，首先向对方提出索赔

反索赔从整体上讲是防守性的，但它却是一种积极意识，有时则表现为以攻为守，争

取索赔中的有利地位。当干扰事件错综复杂，双方责任都无法摆脱时，总不可能对等平分，己方首先抓住时机提出索赔，则是反索赔主动意识的体现。具体表现为以下几方面。

(1) 尽早提出索赔，防止超过索赔有效期限而失去索赔机会。

(2) 尽早提出索赔，这样可体现本部门高水平的管理及迅速的反应能力，使对方有一种被迫感和迟钝感，在心理上处于劣势。

(3) 对方接到索赔报告后，必然要花费精力和时间进行分析研究，以寻找反驳的理由。这就使对方进入己方思路考虑问题，己方则争取了主动。

(4) 为最终索赔的解决留有余地。这是因为在通常情况下，索赔的最终解决双方都需让步，首先提出索赔且索赔金额较大的往往有利，但应本着实事求是的原则。

5. 反驳对方的索赔要求

对方向己方提出索赔要求的报告时，必然会注明索赔的理由和证据，反驳对方的索赔要求就是利用己方所掌握的事实资料及合同文件，证明对方的索赔报告事实不准确，索赔理由不充分，计算不正确，以减轻或否定己方应负的合同责任，最终达到不受损失或少受损失的目的。或者通过分析其索赔报告，找出漏洞或失误，让对方重新写出索赔报告。一旦第二次送来的索赔报告与第一次不相一致时，即可提出索赔报告“自身相互矛盾”，以此打击其自信心，降低或否定其索赔额。

在双方都有责任的事件索赔中，而己方又掌握对方有不可推卸的责任的情况下，可以用己方也提出索赔来平衡对方的索赔要求。

从上述反索赔实施内容可以看出，从签订合同到执行合同的整个过程所采取的一系列措施都贯穿着同一个中心思想，即建立起一个全面防止和减少损失的管理体系是非常有必要的。

案例 9-10

【背景】

某工程项目业主与承包商按照 FIDIC《施工合同文件》订立了施工合同，并委托大成监理公司执行施工和保修阶段的监督管理业务。合同的《通用条款》有对索赔的详细规定，在《专用条款》中具体规定如下。

(1) 窝工时，机械使用费降效系数为 0.6，人工费降效系数为 0.2。

(2) 钢材由业主方供货，其他材料由承包商自行采购。

(3) 管理费费率为人工费和机械费合计的 15%，利润率人工费和机械费合计的 5%。

项目施工至 7 月时，发生了下列事件。

(1) 7 月 4 日—7 月 8 日，因业主原因钢筋未能及时达到，使第八层楼板的钢筋绑扎停工，两台设备闲置(台班费分别为 1 100 元/台班和 300 元/台班)，人员窝工 30 工日(人工费标准为 30 元/工日)，该工序 TF=0。

(2) 7 月 5 日因公网停水停电，造成 2 层地面工程停工，一台设备闲置(台班费 300 元/台班)，人员窝工 10 工日(人工费标准为 20 元/工日)，该工序 TF=4d，FF=3d。

(3) 7 月 12 日—7 月 14 日，因砂浆搅拌机(台班费 200 元/台班)发生故障，一层内墙抹灰工程未能按期开始，人员窝工 20 工日(人工费标准为 20 元/工日)，该工序 TF=5d，FF=3d。

(4) 7 月 23 日—7 月 24 日，因工地邻近召开重要国际会议的大厦，政府指令全面停工，造成设备闲置(工地所有设备台班费总计为 4 200 元/工日)，人员窝工 150 工日(平均人工费标准为 24 元/工日)。

为此，承包商向工程师提出了具体的索赔要求，如下所列。

(1) 工期赔偿。

① 钢筋绑扎工程：5d。

② 二层地面：1d。

③ 一层内墙抹灰：3d。

④ 全面停工：2d。

(2) 费用赔偿。

① 钢筋绑扎工程：5d。

机械闲置费：(1 100+300)×5=7 000 元。

人工窝工费：30×30=900 元。

② 二层地面：1d。

机械闲置费：300×1=300 元。

人工窝工费：10×20=200 元。

③ 一层内墙抹灰：14d。

机械闲置费：200×3=900 元。

人工窝工费：20×20=400 元。

④ 全面停工：2d。

机械闲置费：4 200×2=8 400 元。

人工窝工费：150×24=3 600 元。

小计：7 000+900+300+200+900+400+8 400+3 600=21 700 元。

(3) 管理费增加：

2l700×15%=3 255 元。

(4) 利润损失：

21 700×5%=1 085 元。

费用赔偿总计：21 700+3 255+1 085=26 040 元。

【问题】

(1) 工程索赔中常见的索赔原因有哪些？承包商应提交的索赔文件包括哪些？

(2) 承包商的索赔要求是否合理？

(3) 工程师应批准的索赔金额和工期是多少？

【案例解析】

本案例中要求分析并掌握索赔的原因，在处理具体索赔时，一定要将合同条款与索赔事件相结合进行分析计算。FIDIC 合同文件中常见的索赔事件由于原因不同，按照不同的合同条款可以得到补偿的内容也不同，比如工期、费用、利润等，针对不同类型事件，可以得到一项、两项或三项的索赔。

(1) 常见的索赔原因有以下几种。

当事人违约、不可抗力事件、合同缺陷、合同变更、工程师指令缺陷以及第三方原因。当索赔事件发生后，应提交索赔信(意向通知书)、索赔报告和附件。

(2) 承包商的索赔要求不合理，有以下几种情况。

① 事件 3 索赔不成立，因为砂浆搅拌机发生故障，是由于承包商的过失出现的，损失应该由承包商自行承担。

② 在索赔的计算标准上也存在着问题，合同中已经写明了窝工时机械和人工的降效系数。

③ 索赔事件并不是都能够得到工期、费用和利润的补偿。

(3) 工程师可以批准的索赔包括以下几部分。

(1) 因业主原因造成的钢筋绑扎停工 5 天，是关键工序，可以得到工期索赔和费用索赔。

机械闲置费：(1 100 ÷ 300)×0.6×5=4 200 元。

人工窝工费：30×30×0.2=180 元。

总计：工期索赔：3d，费用索赔 4 380 元。

(2) 停水停电造成 2 层地面停工，可以得到费用补偿，因为不是关键工序，且 1d 未超过该工序的总时差，所以不能得到工期补偿。

机械闲置费：300×1×0.6=180 元。

人工窝工费：10×20×0.2=40 元。

总计：工期索赔：1d，费用索赔 220 元。

(3) 因政府行为导致全面停工，必定影响关键工序，可以得到工期索赔和费用索赔。

机械闲置费：4 200×2×0.6=5 040 元。

人工窝工费：150×24×0.2=720 元。

小计：工期索赔：2d，费用索赔 5 760 元。

以上的事件都不能得到管理费和利润损失的补偿。工程师应批准的索赔为：

工期顺延 6 天，对承包商的紧急补偿为 4 380+220+5 760=10 360 元。

本章小结

建设工程合同履行过程中，常常发生承包商或业主不履行或者未能正确履行合同中所规定的责任和义务，给对方造成经济损失或者权利侵害，承包商或业主向对方索赔进行索赔以保证合同权利或降低损失。本章介绍了建设工程中索赔产生的原因、索赔的特征、索赔的分类、索赔的证据以及程序。同时，通过案例介绍了建设工程索赔索赔的计算、索赔报告的编写以及提交索赔的技巧，并对反索赔进行了简要介绍。

复习与思考

一、选择题

1. 要使索赔成立必须满足以下条件(　　)。

   A．索赔事件造成承包人合同外额外支出或工期损失

   B．额外支出或工期损失并非承包人过错造成的

   C．承包人应按合同规定程序提交索赔意向通知书和索赔报告

   D．索赔须在工程竣工后质量责任期满前提出

2. 监理工程师没有履行合同责任是索赔的起因之一。(　　)

   A．正确　　　　B．不正确

3. 按照索赔依据分类，索赔可以分为(　　)。

   A．工程变更索赔　　　　B．道义索赔

   C．合同内索赔　　　　D．合同外索赔

4. 承包人在接到授标意向书后，即着手各项实际准备工作，但后因发包人原因合同取消，此时风险应由发包人承担。(　　)

   A．正确　　　　B．不正确

5. 任何地质条件的变化都可以引起索赔。(　　)

   A．正确　　　　B．不正确

6. 对于某些带有货币贬值条款的合同，往往只限于当地政府或中央银行宣布时，才能给予补偿。(　　)

A. 正确　　　　　　　　　　　　　　B. 不正确

二、简答题

1. 什么是索赔？索赔有哪些特征？索赔管理有哪些特点？
2. 索赔的依据、证据和索赔文件应包括哪些内容？他们对索赔成功有何影响？
3. 在索赔过程中应注意哪些技巧和艺术？
4. 判断承包商索赔是否成立应具备哪些条件？
5. 工期索赔的合同依据有哪些？

三、综合练习题

某建筑公司(乙方)于某年4月20日与某厂(甲方)签订了修建建筑面积为3 200m^2工业厂房(带地下室)的施工合同。乙方编制的施工方案和进度计划已获建立工程师批准。该工程的基坑开挖土方量为5 500m^3，假设直接费单价为4.2元/m^3，综合费率为直接费的20%。该基坑施工方案规定；土方工程采用租赁一台斗容量为1m^3的反铲挖掘机施工(租赁费450元/台班)。甲、乙双方合同约定5月11日开工，5月20日完工。在实际施工中发生如下几项事件。

1. 因租赁的挖掘机大修，晚开工3d，造成人员窝工15个工日。
2. 施工过程中，因遇软土层，接到监理工程师于5月15日停工的指令，并进行地质复查时配合用工15个工日。
3. 5月19日接到监理工程师于5月20日复工令，同时提出基坑开挖深度加深2m的设计变更通知单，由此增加土方开挖量900m^3。
4. 5月20日—5月22日，因遇该季节罕见的特大暴雨，迫使基坑开挖暂停，造成人员窝工10个工日。
5. 5月23日用30个工日修复冲坏的永久性道路；5月24日恢复挖掘工作，最终基坑于5月30日开挖完毕。

问题：

1. 上述哪些事件建筑公司可以向乙方要求索赔，哪些事件不可以要求索赔，并说明原因。
2. 每项事件工期索赔各是多少天？总计算工期索赔多少天？
3. 假设人工单价为45元/工日，因增加用工所需的管理费为增加人工费的30%，则合理的费用索赔总额是多少？
4. 建筑公司应向厂方提供的索赔文件有哪些？

第10章

建设工程项目合同动态控制与信息管理

教学要求

能力目标	知识要点	权重
了解建设工程管理	合同动态管理的目的，合同跟踪依据、对象	30%
理解建设工程项目合同控制及监督	合同实施目标控制内容、合同监督、审查和控制	25%
掌握建设工程项目合同控制管理措施	合同管理工作制度，合同控制管理措施、程序，合同文件管理	30%
了解建设工程合同信息管理计算机技术发展及优势	合同信息管理内容、特点，合同信息计算机管理，国内外项目合同管理软件	15%

引例

某工程项目，合同签订时预计该工程可能赢利100万元；开工时，发现合同有些条款不利，估计只能持平；待工程进行到一半，再做详细核算，才发现合同极为不利，预计到工程结束至少亏损1 000万元。

【案例解析】

在这个工程中，项目管理的问题是对项目合同的动态发展及其信息有缺漏，导致项目实施与合同范围的执行情况模糊。如果能对合同进行分析、跟踪、对比，及时发现项目合同中的问题并采取应对措施，则可以减少损失。

由于现代建设工程项目的特点，使得工程项目实施管理极为困难和复杂，工程项目合同管理的日常事务性工作极多。为了使工程有秩序、有计划地进行，严格控制项目范围管理，保证正确地履行合同，就必须建立工程项目管理合同实施的动态管理体系，对工程项目的实施进行严格的合同控制。合同控制是项目的合同管理组织为保证合同所约定的各项义务的全面完成及各项权利的实现，以合同分析的成果为基准，通过对整个合同实施过程进行工程合同跟踪，全面监督、检查、对比和纠正合同执行状况，进行动态的项目合同控制和管理活动。

10.1 建设工程项目合同跟踪

合同签订以后，合同中各项施工任务要落实到具体的项目经理或具体的项目参与人员身上，承包商作为履行合同义务的主体，必须对合同执行者(项目经理部和项目参与人)的履行情况进行跟踪、监督和控制，确保项目范围的严格管理和合同义务的完全履行。

建设工程项目合同跟踪有两个方面的含义：一是承包商的合同管理职能部门对合同执行者的履行情况进行的跟踪、监督和检查；二是合同执行者本身对合同计划的执行情况进行的跟踪、检查与对比，在合同实施过程中二者缺一不可。

10.1.1 合同跟踪的目的

在工程实施过程中，由于实际情况千变万化，导致合同实施与预定目标(计划和设计)偏离。如果不采取措施，这种偏差会由小到大，逐渐积累。合同跟踪可以不断找出偏离，不断地调整合同实施，使之与总目标一致，这是合同控制的主要手段。

对具体的合同活动或事件进行跟踪是一项非常细致的工作，对照合同事件表的具体内容，分析该事件的实际完成情况。一般包括完成工作的数量、完成工作的质量、完成工作的时间，以及完成工作的费用等情况。通过检查每个合同活动或合同事件的执行情况，对有异常情况的特殊事件，即实际与计划存在较大偏差的事件，应做进一步的分析，找出偏差的原因和责任。

10.1.2 合同跟踪的依据

(1) 工程实施文件和工程项目管理合同变更文件，如进度计划、资源计划、施工方案、合同变更文件等都是合同跟踪和比较的基础，是合同实施的控制目标和依据。

(2) 各种工程项目管理过程文件，如原始材料、用工和机械设备记录，各种工程报表、报告、验收结果、工程量测量结果等。

(3) 工程实施过程信息反馈，如项目管理人员施工现场的巡视记录、各种会议纪要、检查工程质量、工程量测量记录等，可以更快地发现问题，更能透彻地了解问题，有助于迅速采取措施减少损失。

10.1.3 合同跟踪的对象

(1) 具体的合同实施情况：对照合同实施工作表的具体内容，分析该工作的实际完成情况，具体如下。

① 工作质量是否符合合同要求，如工作的精度、材料质量是否符合合同要求，工作过程中有无其他问题。

② 工程项目范围是否符合要求，有无合同规定以外的工作。

③ 是否在预定期限内完成工作，工期有无延长，延长的原因是什么。

④ 工程量有无差别，成本有无增加或减少。

经过上面的分析，可以找出偏差的原因和责任，从而发现索赔机会。

(2) 对分部分项工程或分包商的工程进行跟踪，工程承包商可以将工程施工任务分解，并交由不同的工程小组或发包给专业分包商完成，但必须对这些工程小组或分包商及其所负责的各项工程进行跟踪检查、协调关系，提出意见、建议或警告，保证工程总体质量和进度。

对专业分包商工程，总承包商负有协调和管理的责任，并承担由此造成的损失，所以专业分包商的工作和负责的工程必须纳入总承包工程的计划和控制中，防止因分包商工程管理失误而影响全局。

(3) 业主和其委托的工程师的工作如下。

① 业主是否及时、完整地提供了工程施工的实施条件，如场地、图纸、资料等。

② 业主和工程师是否及时给予了指令、答复和确认等。

③ 业主是否及时并足额地支付了应付的工程款项。

(4) 对工程总进度和实施状况跟踪：对工程总进度实施是否出现事先未考虑到的情况和局面；是否出现大的工程质量问题；是否发生较严重的工程事故；计划与实际的成本曲线是否达到预定计划或出现大的偏离。

10.2 建设工程项目合同控制

10.2.1 合同实施目标控制

合同确定的目标必须通过具体的工程实施过程实现，由于在工程项目管理中各种干扰的作用，常常使工程实施过程偏离总目标，控制就是为了保证工程实施按预定的计划进行，顺利地实现预定的目标。

1. 工程中的目标控制程序

目标控制首先应表现在对工程活动的监督上，即保证按照预先确定的各种计划、设计、施工方案实项目管理程。工程实施状况反映在原始的工程资料(数据)上，例如质量检查报告、分项工程进度报告、记工单、用料单、成本核算凭证等，工程实施监督是工程管理的日常事务性工作。

2. 跟踪检查、分析、对比，发现问题

将收集到的工程资料和实际数据进行整理，得到能反映工程实施状况的各种信息，如各种质量报告、各种实际进度报表、各种成本和费用收支报表。将这些信息与工程目标，如合同文件、合同分析的资料、各种计划、设计等进行对比分析。这样可以发现两者的差异，差异的大小，即为工程实施偏离目标的程度。

如果没有差异，或差异较小，则可以按原计划继续实施工程。

3. 诊断，即分析差异的原因，采取调整措施

差异表示工程实施偏离了工程目标，必须详细分析差异产生的原因，并对症下药，采取措施进行调整，否则这种差异会逐渐积累，越来越大，最终导致工程实施远离目标，使承包商或合同双方受到很大的损失，甚至可能导致工程的失败。

所以，在工程实施过程中要不断地进行调整，使工程实施一直围绕合同目标进行。

10.2.2 建设工程项目合同控制的主要内容

按合同规定的各项义务、合同范围内的各种文件，合同分析资料等进行项目范围控制，按合同全面完成承包商的义务，防止违约。工程实施合同控制包括成本、质量、进度合同责任和范围控制。

(1) 成本控制：保证按计划成本完成工程，防止成本超支和费用增加，通过对各分项工程、分部工程、项目总计划成本和人力、材料、资金计划以及计划成本曲线等的实时分析监控，进行计划成本控制。

(2) 质量控制：以合同规定的质量标准、规范、图纸、工程说明等为依据，保证按合同规定的质量完成工程，使工程顺利通过验收，交付使用，达到预定的功能。

(3) 进度控制：根据合同规定的工期和总工期计划，按照业主批准的详细的施工进度计划、网络图、横道图等，按预定进度计划进行施工，按期交付工程，防止因工程拖延受到罚款。

10.2.3 合同动态控制

建设工程项目管理在任何情况下都要完成合同责任；成本、质量和进度是合同中规定的 3 个目标，而且承包商的根本任务就是圆满地完成他的合同责任，所以合同动态控制是其他控制的保证。

(1) 合同实施受到外界干扰，常常偏离目标，要不断地进行调整。

(2) 合同目标本身不断地变化，例如在工程施工过程中不断出现合同变更，使工程的质量、工期、合同价格变化，使合同双方的责任和权益发生变化。

因此，合同控制必须是动态的，合同实施必须根据变化的情况和目标而不断调整。

建设工程项目合同控制不仅针对工程施工合同，而且包括与主合同相关的其他合同，如分包合同、供应合同、运输合同、租赁合同等，而且包括主合同与各分合同、各分合同之间的协调控制。

10.3 建设工程中实施有效的合同监督

合同管理责任是通过具体的合同实施工作完成的。合同监督可以保证合同实施按合同和合同分析的结果进行。合同监督的主要工作如下。

1. 现场监督各工程小组、分包商的工作

合同管理人员与项目的其他职能人员共同检查合同实施计划的落实情况，如施工现场的安排，人工、材料、机械等计划的落实，工序间的搭接关系的安排和其他一些必要的准备工作。对照合同要求的数量、质量、技术标准和工程进度等，认真检查核对，发现问题应及时采取措施。

对各工程小组和分包商进行工作指导，并做经常性的合同解释，使各工程小组都有全局观念，对工程中发现的问题提出意见、建议或警告。

2. 对业主、监理工程师进行合同监督

在工程施工过程中，业主、监理工程师常常变更合同内容，包括按照合同由业主提供的条件未及时提供，监理工程师应及时参与的检查验收工作不及时参与；有时业主、监理工程师提出合同范围以外的要求。对这些问题，合同管理人员应及时发现、及时解决或提出索赔要求。此外，施工方与业主或监理工程师会就一些合同中未明确划分责任的工程活动发生争执，对此，合同管理人员要协助项目部，及时进行判定和调解工作。

3. 对其他合同方的合同监督

在工程施工过程中，不仅与业主打交道，还要在材料、设备的供应、运输，供用水、电、气，租赁、保管、筹集资金等方面，与众多企业或单位发生合同关系，这些关系在很大程度上影响施工合同的履行，因此，合同管理部门和人员对这类合同的监督也不能忽视。

工程活动之间时间上和空间上的不协调，合同责任界面争执是工程实施中很常见的，常常出现互相推卸一些合同中或合同事件表中未明确划定的工程活动的责任。这会引起内部和外部的争执，对此合同管理人员必须做判定和调解工作。

4. 对各种书面文件作合同方面的审查和控制

合同管理工作一进入施工现场后，合同的任何变更都应由合同管理人员负责提出；对向分包商的任何指令，向业主的任何文字答复、请示，都必须经合同管理人员审查，并记录在案。承包商与业主的任何争议的协商和解决都必须有合同管理人员的参与，并对解决结果进行合同和法律方面的审查、分析和评价。

5. 会同监理工程师对工程及所用材料和设备质量进行检查监督

按合同要求，对工程所用材料和设备进行开箱检查或验收，检查是否符合质量，符合图纸和技术规范等的要求，并进行隐蔽工程和已完工程的检查验收，负责验收文件的起草和验收的组织工作。

6. 对工程款申报表进行检查监督

会同造价工程师对向业主提出的工程款申报表和分包商提交来的工程款申报表进行审查和确认。

7. 处理工程变更事宜

合同管理工作一经进入施工现场后，合同的任何变更，都应由合同管理人员负责提出。对向分包商的任何指令，向业主的任何文字答复、请示，都须经合同管理人员审查，并记录在案。承包商与业主、与总(分)包商的任何争议的协商和解决都必须有合同管理人员的参与，并对解决结果进行合同和法律方面的审查、分析和评价。这样不仅保证工程施工一直处于严格的合同控制中，而且使承包商的各项工作更有预见性，能及早地预计行为的法律后果。

10.4 建设工程项目合同控制的管理措施

1. 建立合同实施的保证体系

1) 落实合同责任，实行目标管理

合同和合同分析的资料是工程实施管理的依据。合同组人员的职责是根据合同分析的结果，把合同责任具体地落实到各责任人和合同实施的具体工作上。

(1) 组织项目管理人员和各工程小组负责人学习合同条文和合同总体分析结果，对合同的主要内容做出解释和说明，使大家熟悉合同中的主要内容、各种规定、管理程序，了解承包商的合同责任和工程范围，各种行为的法律后果，等等。使大家都树立全局观念，避免在执行中的违约行为，同时使大家的工作协调一致。

(2) 将各种合同事件的责任分解落实到各工程小组或分包商。分解落实有如下合同和合同分析文件。

合同事件表(任务单，分包合同)、施工图纸、设备安装图纸、详细的施工说明等。

并对这些活动实施的技术的和法律的问题进行解释和说明，最重要的是如下几方面内容。

工程的质量、技术要求和实施中的注意点；工期要求；消耗标准；相关事件之间的搭接关系；各工程小组(分包商)责任界限的划分；完不成责任的影响和法律后果；等等。

(3) 在合同实施过程中，定期的进行检查、监督，落实合同内容。

(4) 通过其他经济手段保证合同责任的完成。

对分包商，主要通过分包合同确定双方的责权利关系，以保证分包商能及时地按质按量完成合同责任。如果出现分包商违约或完不成合同，可对他进行合同处罚和索赔。

对承包商的工程小组可通过内部的经济责任制来保证。落实工期、质量、消耗等目标后，应将它们与工程小组经济利益挂钩，建立一整套经济奖罚制度，以保证目标的实现。

2．建立合同管理工作制度和程序

(1) 在工程实施过程中，合同管理的日常事务性工作很多，需要协调好各方面的工作，使合同实施工作程序化、规范化，具体如下。

① 检查合同实施进度和各种计划落实情况。

② 协调各方面的工作，对后期工作做安排。

③ 讨论和解决目前已经发生的和以后可能发生的各种问题，并做出相应的决议。

④ 讨论合同变更问题，做出合同变更决议，落实变更措施，决定合同变更的工期和费用的补偿数量等。

承包商与业主、总包和分包之间会谈中的重大议题和决议，应采用会谈纪要的形式确定下来。各方签署的会谈纪要作为有约束力的合同变更，是合同的一部分。合同管理人员负责会议资料的准备，提出会议的议题，起草各种文件，提出对问题解决的意见或建议，组织会议；会后起草会谈纪要(有时，会谈纪要由业主的工程师起草)，对会谈纪要进行合同法律方面的检查。

对工程中出现的特殊问题，可以不定期地召开特别会议讨论解决方法。这样可以保证合同实施一直得到很好的协调和控制。

(2) 建立合同管理的工作程序。对于一些经常性工作应订立工作程序，如各级别文件的审批、签字制度，使大家有章可循，如图纸批准程序；工程变更程序；分包商的索赔程序；分包商的账单审查程序；材料、设备、隐蔽工程、已完工程的检查验收程序；工程进度付款账单的审查批准程序；工程问题的请示报告程序；等等。

3．建立文档管理系统，实现各种文件资料的标准化管理

合同管理人员负责各种合同资料和工程资料的收集，整理和保存工作。这项工作非常烦琐和复杂，要花费大量的时间和精力。工程的原始资料在合同实施过程中产生，它必须由各职能人员、工程小组负责人、分包商提供。

4．建立严格的质量检查验收制度

合同管理人员应主动地抓好工程和工作质量，协助做好全面质量管理工作，建立一整套质量检查和验收制度，例如每道工序结束应有严格的检查和验收；工序之间、工程小组之间应有交接制度；材料进场和使用应有一定的检验措施；等等。

防止由于自己的工程质量问题造成被工程师检查验收不合格，试生产失败而承担违约责任。在工程中，由此引起的返工、窝工损失，工期的拖延应由承包商自己负责，得不到赔偿。

5．建立制度，使合同文件和双方往来函件的运行程序化

承包商和业主、监理工程师、分包商之间的沟通都应以书面形式进行，或以书面形式作为最终依据。这是合同的要求，也是经济法律的要求，也是工程管理的需要。

(1) 定期的工程实施情况报告，如日报、周报、旬报、月报等。应规定报告内容、格式、报告方式、时间以及负责人。

(2) 工程过程中发生的特殊情况及其处理的书面文件，如特殊的气候条件、工程环境的突然变化等，应有书面记录，并由监理工程师签署。对在工程中合同双方的任何协商、意见、请示、指示等都应有书面记录。

(3) 工程中所有涉及双方的工程活动，如材料、设备、各种工程的检查验收，场地、图纸的交接，各种文件(如会议纪要、索赔和反索赔报告、账单)的交接，都应有相应的手续，应有签收证据。

6．建立实施过程的动态控制系统

工程实施过程中，合同管理人员要进行跟踪、检查监督，收集合同实施的各种信息和资料，并进行整理和分析，将实际情况与合同计划资料进行对比分析。在出现偏差时，分析产生偏差的原因，提出纠偏建议，并将分析结果及时呈报项目经理审阅和决策。

10.5 建设工程合同信息管理

1．合同信息管理的重要性

随着项目管理技术和计算机网络技术的发展，计算机网络化管理已经成为合同信息管理重要发展趋势，在现代项目管理中，要求合同管理人员加强信息管理，对合同管理过程中输出的各种信息进行收集、整理、处理、存储、传递和应用，以便及时、高效地发出各项正确的指令。通过计算机网络技术能大大提高工程项目合同管理的效率和合同管理水平。

在工程实施过程中，合同管理主要是对工程施工合同的签订、履行、变更和解除进行监督检查，对合同双方争议进行调解和处理，以保证合同的依法签订和全面履行。合同管理人员应当对合同各类条款进行仔细认真的分析研究，建立合同网络，在工程实施过程中根据合同进行监督检查，并通过各种反馈信息及时、准确地处理工程实际问题。

为了提高合同管理的水平，全面、准确、及时地获取工程信息就十分重要，这就需要设计一个以合同为核心的信息流结构，包括建立合同目录、编码和档案，建立完整的合同信息管理制度以及包括会议制度在内的科学高效的合同管理信息系统。

2．工程合同信息管理的内容

工程合同信息包括合同前期信息、合同原始信息、合同跟踪信息、合同变更信息、合同结束信息。合同前期信息主要包括工程项目招投标信息；合同原始信息包括合同名称、合同类型、合同编码、合同主体、合同标的、商务条款、技术条款、合同参与方、关联合同等静态数据；合同跟踪信息包括合同进度、合同费用(投资/成本)、合同确定的项目质量等动态数据；合同变更信息包括合同变更参与方提出的变更建议、变更方案、变更指令、变更引起的标的变更；合同结束信息包括合同支付、合同结算、合同评价信息、合同归档信息。

3．工程合同信息管理的特点

1) 工程合同信息管理的生命周期

工程合同信息管理的生命周期包括合同前期的工程招投标阶段、项目合同执行阶段、项目合同结束阶段。工程招投标是工程项目合同形成的过程，这一阶段将产生工程合同的

前期信息和合同的原始信息。项目合同执行阶段将合同执行过程中跟踪的进度、费用、质量实际数据与合同目标的原始信息进行比较分析，对执行过程中合同变更的信息进行跟踪记录，并且作为合同结算的依据。合同结束阶段对合同的实际信息进行汇总、分析、保存，对合同索赔、合同纠纷解决信息进行记录、分析、保存。合同信息在从工程项目的招投标开始，到项目结束的合同管理全生命周期中流动、传递、变化。

2) 工程合同信息管理是工程项目管理信息系统的一个组成部分

工程项目管理信息系统包括工程项目范围管理、进度管理、费用管理、质量管理、合同管理、安全管理、环境管理等子系统。合同管理作为工程项目信息管理系统的一个子系统，与其他的子系统相关，尤其与进度管理子系统、费用管理子系统、质量管理子系统、范围管理子系统有着密切的关系。它们的信息有着输入/输出的关系，本子系统的输入来自其他子系统，在本子系统中经过处理、加工、生成的新的信息，又是其他子系统的输入信息。工程合同信息管理绝不是孤立的信息处理，它必须涉及和影响工程项目管理信息系统的其他部分。

3) 工程合同信息管理的网络特性

伴随着网络时代和知识经济时代的到来，项目管理的信息化已成为必然趋势。欧美发达国家的一些工程公司、咨询公司已经在项目管理中运用了计算机网络技术，开始实现项目管理的网络化、虚拟化。借助于有效的信息技术，将规划管理中的战略协调、运作管理中的变更管理、商业环境中的客户关系管理等与项目管理的核心内容(造价/成本、质量/安全、进度/工期控制)相结合，建立基于 Internet 的项目管理集成化信息系统，将成为提高工程项目管理水平和企业核心竞争力的有效手段。工程项目的实施是一个系统工程，项目管理系统由多个项目管理子系统组成，即业主方的项目管理(OPM)、设计方的项目管理(DPM)、承包方的(CPM)、供货方的项目管理(SPM)等，其中业主方的项目管理起主导作用。

4) 工程合同信息管理的动态性

工程合同信息在全生命周期中不是静态的，随着项目的进展，合同目标信息(进度信息、费用信息、质量信息)不断更新。如果合同条件发生变化，合同信息也就随之发生变更。为了控制合同执行，需要根据合同的实际信息和合同变更信息对合同风险进行分析，调整项目管理对策。因此，合同信息的动态特性是合同信息管理系统设计的重要依据。

随着计算机技术和网络技术的高速发展，欧美发达国家在项目管理上开发了基于网络环境信息共享的，围绕时间、费用、质量控制和有信息资源系统管理软件，通过对项目管理信息系统的集成，基于计算机辅助设计技术利用软件工程技术来实现项目管理实施过程可视化的 4D 项目管理模型，即在建筑 CAD 三维(3D)模型的基础上加上时间或成本因素，将模型的形成过程以动态的 3D 方式虚拟表现出来，实现项目的可视化和集成化管理。利用 3D+成本模型可以对方案进行全寿命成本比较分析；利用 3D+进度模型虚拟可以提前对方案的进度安排进行控制，使项目资源得到最充分的利用。

虚拟化技术在建设工程项目中的应用使项目的设计和建设过程更加直观和可监控，如在设计和施工过程未实际开始时就可以先观看有关设计的立体虚拟模型，体验其完成后的整体效果，并分析和计算各种设计方案对建筑物各方面的物理性能、投资、工期等指标的定性或定量影响(例如，根据设计自动产生进度计划)，以改进设计、制订最佳实施计划等，从而更好地实现项目目标。例如通过对各种大型施工过程(如混凝土的搅拌/运输/浇筑、土方工程)的模拟、建筑物的 4D(四维)虚拟等，进行工程项目管理和合同动态控制。

合同各参与方的办公地点不在同一个地域，而合同管理的“协同”又要求他们打破“信息孤岛”，同时进行信息处理，共享合同信息。因此，合同信息管理要求各参与方通过网络联通，共同处理相关的合同信息。合同信息管理系统的网络可以是广域网，可以是各参与方的 Intranet 组成的合同管理的 Extranet，可以是虚拟专用网络 VPN，也可以通过合同信息管理门户网站、项目管理门户网站进行合同信息管理，甚至可以通过项目管理信息门户 PIP 进行合同信息管理。

5．工程合同信息管理的协同性

工程合同信息管理的协同性体现在，项目各参与方围绕同一个合同协同处理合同信息。合同信息管理必须与进度信息管理、费用信息管理、质量信息管理、范围信息管理等进行协同；合同信息管理应该与知识库管理、数据库管理、沟通管理等进行协同。

6．建设工程合同信息管理之项目管理软件简介

1) P3E/C 项目管理软件(最新版 Primavera 6.0)

P3E/C(Primavera Project Planner for Enterprise/Construction)是 P3 的更新换代产品，由美国 Primavera 公司研发，基于美国项目管理学会 PMI(Project Management Institute)的九大项目管理知识体系的应用于建设行业领域的软件，称为 P3E/C 软件。P3E/C 项目管理软件是广义网络计划技术与目标管理的结合，应用现代项目管理技术和计算机最新技术，在大型关系数据库 Oracle 和 MS SQL Server(数据库平台)上构架起企业级的、包含现代项目管理知识体系，具有开放性的以计划—协同—跟踪—控制—积累为主线的企业级工程项目管理软件，是项目管理中跟踪和控制工程合同信息管理的现代化有效工具。

随着中国项目管理水平的不断提高，越来越多的项目管理公司希望有一个强大的工具来提升项目管理的水平，于是 20 世纪 90 年代引进了 P3(P3E/C 的前身)项目管理软件，此后 P3 项目管理软件在中国的应用越来越广泛。在很多的行业等到成功的应用。如建设工程、公用设施建设、石油和天然气、化工、航空和国防、核电、金融服务、政府机关、高科技以及其他专业服务。P3 件主要用于进行项目的计划编制、监控、分析和控制。项目的数据和信息存储于公共的数据库中，可以通过客户端或浏览网页的方式访问到。

P3E/C 支持多用户在同一时间内集中存取所有项目的信息，它是一个集成的解决方案，包括有基于 Web、基于 C/S 结构(即客户机和服务器结构)等不同的组件，以满足不同角色的项目管理人员的使用。P3E/C 使得承包商进度的集成简单化，增强了协同工作功能(沟通协作平台)，并且既能支持团队管理单一项目，也支持管理复杂的大型项目(包含多个项目)。P3E/C 是用于项目进度计划、动态控制、资源管理和成本控制的项目管理软件，适用多个在建项目，或者一个大型项目划分多个标段，用户能轻松地控制和协调多个工程、子工程项目的层次管理、工程间的关系处理，可以多用户数据共享；实现复杂项目的进度统筹控制、巨大投资的动态监控、多方参与的协同行进和有序沟通、项目问题与风险的提前预警。P3E/C 能优化、计划和管理多个工程项目，进行多方案分析比较，目标计划跟踪，并可利用先进的资源平衡技术来优化项目资源计划。

实现复杂项目的进度统筹控制、巨大投资的动态监控、多方参与的协同行进和有序沟通、项目问题与风险的提前预警是项目管理的首要目标。P3E/C 提供的企业级的项目计划管理和控制的解决方案能够提高多项目和项目群的进度、资源以及费用的管理水平；改善

项目团队的沟通和协同工作环境；增强企业项目组合管理和分析能力；大大减少项目的盲目性，达到节约时间、降低成本、明确责任、合理利用资源、有效控制各类风险的目标。

2) 普华 PowerPIP 项目管理信息平台

PowerOn 是上海普华科技发展有限公司自主研发的一套既融入了国际先进的项目管理思想的企业级多项目管理集成系统，是国家级创新基金资助项目的成果。PowerOn 以 PMI 的九大项目管理知识体系为主导思想，以成熟的 IT 技术为手段，将现代项目管理理论、国内项目管理规程与习惯、P3 系列软件等集成到一起，通过"基础平台+专业管理+门户"的设计模式，实现了项目管理+协同工作+集约经营+知识管理的集成项目管理软件，有助于中国建筑公司实现项目管理的国际接轨，进行多项目并行管理即企业级的多项目集约经营管理，即让企业的设计、生产、职能管理和其他资源围绕多项目进行优化组合，实现多项目集约经营。

PowerPIP 项目管理信息平台集中部署于业主服务器，业主、设计单位、总承包商、供货方、施工承包方之间，利用浏览器通过局域网、虚拟局域网或广域网访问 PowerPIP 服务器，实现信息共享和协同管理。PowerPIP 项目管理信息将业务人员使用的 PMIS(项目管理业务系统)、管理层使用的 PCIS(项目管理总控系统)与参与单位使用的 PIP(项目管理门户系统)三合一，使项目管理实现信息共享和协同管理。PowerPIP 项目管理信息平台不仅可以处理日常项目管理中遇到的各种问题的日常需求，并且通过系统平台可实现项目的在线管理和数据的实时分析，具体如下。

(1) 跟踪控制项目进度。

(2) 结合工程量与主要资源费用分析的广义进度控制。

(3) 结合详细资源(工料机)分析细致的项目控制与管理。

(4) 基于信息高速公路的跨国、跨地区项目管理。

(5) 跟踪控制工程合同执行情况。

本章小结

本章介绍建立工程项目管理合同实施的动态管理体系和合同信息管理对工程项目的质量、投资、进度、安全、分包管理的意义。随着计算机技术和网络技术的高速发展，工程项目合同管理从签订、履行、档案管理等的动态合同信息通过网络联通实现各参与方共同处理相关的合同信息，提高了工程项目合同管理水平和合同管理效率。也介绍了国内外最新工程项目合同信息管理的发展状况。

复习与思考

1. 为什么要进行建设工程项目合同跟踪？工程项目合同跟踪的作用是什么？
2. 工程合同信息管理的特点有哪些？
3. 建设工程项目合同控制的管理措施有哪些？重要性如何？
4. 建设工程合同信息管理的国内外最新发展动态有哪些？

附录　国内主要建设工程招标网网址

[1] 中国招标采购导航网	http://www.chinainfoseek.com/
[2] 中国建设工程招标网	http://www.projectbidding.cn/
[3] 中国工程建设网	http://www.cacem.com.cn/
[4] 中国招标信息网	http://www.cnbidding.com/
[5] 中国招标网	http://www.bidchance.com/
[6] 中国招投标网	http://www.infobidding.com/
[7] 中国采招网	http://www.bidcenter.com.cn/
[8] 中国国际招标网	http://www.chinabidding.com/
[9] 中国西部招投标网	http://www.xbbidcn.com/
[10] 铁道工程交易中心	http://www.rebcenter.com/
[11] 中国电力招投标网	http://www.chinapowerbid.com/
[12] 北京市工程建设交易信息网	http://www.bcactc.com/
[13] 广州建设工程交易中心	http://www.gzzb.gd.cn/
[14] 四川招标网	http://sichuan.bidchance.com/
[15] 山东招标采购网	http://www.sdzbcg.com/
[16] 重庆招标网	http://chongqing.bidchance.com/
[17] 云南招标信息网	http://www.yunnanbid.com/
[18] 云南省工程建设信息网	http://www.ynzb.com.cn/

参 考 文 献

[1] 李启明. 建设工程合同管理[M]. 2版. 南京：东南大学出版社，2009.

[2] 张水波，何伯森. FIDIC新版合同条件导读与解析[M]. 北京：中国建筑工业出版社，2003.

[3] 田威. FIDIC合同条件实用实务[M]. 2版. 北京：中国建筑工业出版社，2009.

[4] 成虎. 建筑工程合同管理与索赔[M]. 南京：东南大学出版社，2008.

[5] 张明峰. FIDIC新红皮书精要解读[M]. 北京：航空工业出版社，2002.

[6] 尹贻林. 工程造价计价与控制[M]. 北京：中国计划出版社，2004.

[7] 王守清，柯永建. 特许经营项目融资(BOT、PFI和PPP)[M]. 北京：清华大学出版社，2008.

[8] 何伯森. 工程项目管理的国际惯例[M]. 北京：中国建筑工业出版社. 2007.

[9] 李洪军，源军. 工程项目招投标与合同管理[M]. 北京：北京大学出版社，2009.

[10] 方自虎. 建设工程合同管理实务[M]. 北京：中国水利水电出版社，2005.

[11] 全国建筑业企业项目经理培训教材编写委员会. 工程招投标与合同管理[M]. 北京：中国建筑工业出版社，2000.

[12] 高正文. 建设工程法规与合同管理[M]. 北京：机械工业出版社，2008.

[13] 徐占发. 建设法规与案例分析[M]. 北京：机械工业出版社，2009.

[14] 陈正，涂群岚. 建设工程招投标与合同管理实务[M]. 北京：电子工业出版社，2006.

[15] 柯洪. 全国造价工程师执业资格考试培训教材：工程造价计价与控制[M]. 北京：中国计划出版社，2009.

[16] 中华人民共和国建设部标准定额局. 中国工程建设标准定额大事记[M]. 北京：中国建设工业出版社，2007.

[17] 姜早龙，等. 施工企业定额编制与应用指南[M]. 大连：大连理工大学出版社，2005.

[18] 中华人民共和国建设部. 建设工程工程量清单计价规范(GB 50500—2008)[S]. 北京：中国计划出版社，2008.

[19] 中国建设工程造价管理协会. 建设工程造价管理理论与实务(一)[M]. 北京：中国计划出版社，2008.

[20] 全国注册咨询工程师(投资)资格考试专家委员会. 项目决策分析与评价[M]. 北京：中国计划出版社，2007.

[21] 中国建设工程造价管理协会. 建设项目投资估算编审规程[M]. 北京：中国计划出版社，2007.

[22] 投资项目可行性研究指南编写组. 投资项目可行性研究指南[M]. 北京：中国电力出版社，2002.

[23] 严玲，尹贻林. 工程估价学[M]. 北京：人民交通出版社，2007.

[24] 国际咨询工程师联合会，中国工程咨询协会. FIDIC施工合同条件[M]. 北京：机械工业出版社，2002.

[25] 何红峰. 建设工程施工合同纠纷案例评析[M]. 北京：知识产权出版社，2005.

[26] 何伯森. 工程项目管理的国际惯例[M]. 北京：中国建设工业出版社，2007.

[27] 唐广庆. 工程建设项目招标投标与合同管理实践1000问[M]. 北京：机械工业出版社，2010.

[28] 王俊安. 招标投标案例分析[M]. 北京：中国建材工业出版社，2008.

[29] 崔东红，肖萌. 建设工程招投标与合同管理实务[M]. 北京：北京大学出版社，2008.

[30] 吴芳，冯宁. 工程招投标与合同管理[M]. 北京：北京大学出版社，2010.

北京大学出版社高职高专土建系列规划教材

序号	书名	书号	编著者	定价	出版时间	印次	配套情况	
			基础课程					
1	工程建设法律与制度	978-7-301-14158-8	唐茂华	26.00	2011.7	5	ppt/pdf	
2	建设工程法规	978-7-301-16731-1	高玉兰	30.00	2012.1	8	ppt/pdf/答案	★
3	建筑工程法规实务	978-7-301-19321-1	杨陈慧等	43.00	2012.1	2	ppt/pdf	★
4	建筑法规	978-7-301-19371-6	董伟等	39.00	2011.8	1	ppt/pdf	★
5	AutoCAD 建筑制图教程	978-7-301-14468-8	郭　慧	32.00	2012.2	11	ppt/pdf/素材	★
6	AutoCAD 建筑绘图教程	978-7-301-19234-4	唐英敏等	41.00	2011.7	2	ppt/pdf	★
7	建筑工程专业英语	978-7-301-15376-5	吴承霞	20.00	2012.1	5	ppt/pdf	★
8	建筑工程制图与识图	978-7-301-15443-4	白丽红	25.00	2011.8	5	ppt/pdf/答案	★
9	建筑制图习题集	978-7-301-15404-5	白丽红	25.00	2011.8	5	pdf	
10	建筑制图	978-7-301-15405-2	高丽荣	21.00	2012.1	5	ppt/pdf	★
11	建筑制图习题集	978-7-301-15586-8	高丽荣	21.00	2011.8	3	pdf	
12	建筑工程制图	978-7-301-12337-9	肖明和	36.00	2011.7	3	ppt/pdf/答案	
13	建筑制图与识图	978-7-301-18806-4	曹雪梅等	24.00	2012.2	3	ppt/pdf	★
14	建筑制图与识图习题册	978-7-301-18652-7	曹雪梅等	30.00	2011.9	2	pdf	★
15	建筑构造与识图	978-7-301-14465-7	郑贵超等	45.00	2012.1	9	ppt/pdf	★
16	建筑构造与识图	978-7-301-20070-4	李元玲	28.00	2012.1	1	ppt/pdf	★
17	建筑工程应用文写作	978-7-301-18962-7	赵立等	40.00	2011.6	1	ppt/pdf	★
18	建筑工程专业英语	978-7-301-20003-2	韩薇等	24.00	2012.1	1	ppt/ pdf	★
			施工类					
19	建筑工程测量	978-7-301-16727-4	赵景利	30.00	2012.1	5	ppt/pdf /答案	★
20	建筑工程测量	978-7-301-15542-4	张敬伟	30.00	2012.1	7	ppt/pdf /答案	★
21	建筑工程测量	978-7-301-19992-3	潘益民	38.00	2012.2	1	ppt/ pdf	★
22	建筑工程测量实验与实习指导	978-7-301-15548-6	张敬伟	20.00	2011.9	6	pdf/答案	
23	建筑工程测量	978-7-301-13578-5	王金玲等	26.00	2011.8	3	pdf	
24	建筑工程测量实训	978-7-301-19329-7	杨凤华	27.00	2011.8	1	pdf	★
25	建筑工程测量（含实验指导手册）	978-7-301-19364-8	石　东等	43.00	2011.10	1	ppt/pdf	★
26	建筑施工技术	978-7-301-12336-2	朱永祥等	38.00	2011.8	6	ppt/pdf	
27	建筑施工技术	978-7-301-16726-7	叶　雯等	44.00	2011.7	3	ppt/pdf /素材	★
28	建筑施工技术	978-7-301-19499-7	董伟等	42.00	2011.9	1	ppt/pdf	★
29	建筑施工技术	978-7-301-19997-8	苏小梅	38.00	2012.1	1	ppt/pdf	★
30	建筑工程施工技术	978-7-301-14464-0	钟汉华等	35.00	2012.1	6	ppt/pdf	★
31	建筑施工技术实训	978-7-301-14477-0	周晓龙	21.00	2011.8	4	pdf	★
32	房屋建筑构造	978-7-301-19883-4	李少红	26.00	2012.1	1	ppt/pdf	★
33	建筑力学	978-7-301-13584-6	石立安	35.00	2012.2	6	ppt/pdf	★
34	土木工程实用力学	978-7-301-15598-1	马景善	30.00	2012.1	3	pdf/ppt	★
35	土木工程力学	978-7-301-16864-6	吴明军	38.00	2011.11	2	ppt/pdf	★
36	PKPM 软件的应用	978-7-301-15215-7	王　娜	27.00	2011.11	3	pdf	★
37	建筑结构	978-7-301-17086-1	徐锡权	62.00	2011.8	2	ppt/pdf /答案	★
38	建筑结构	978-7-301-19171-2	唐春平等	41.00	2011.7	1	ppt/pdf	
39	建筑力学与结构	978-7-301-15658-2	吴承霞	40.00	2012.1	8	ppt/pdf	★
40	建筑材料	978-7-301-13576-1	林祖宏	35.00	2011.11	8	ppt/pdf	★
41	建筑材料与检测	978-7-301-16728-1	梅　杨等	26.00	2012.2	6	ppt/pdf	★
42	建筑材料检测试验指导	978-7-301-16729-8	王美芬等	18.00	2011.1	2	pdf	
43	建筑材料与检测	978-7-301-19261-0	王　辉	35.00	2011.8	1	ppt/pdf	★
44	生态建筑材料	978-7-301-19588-8	陈剑峰等	38.00	2011.10	1	ppt/pdf	
45	建设工程监理概论	978-7-301-14283-7	徐锡权等	32.00	2012.2	6	ppt/pdf /答案	★
46	建设工程监理	978-7-301-15017-7	斯　庆	26.00	2012.1	4	ppt/pdf /答案	★
47	建设工程监理概论	978-7-301-15518-9	曾庆军等	24.00	2012.1	4	ppt/pdf	
48	工程建设监理案例分析教程	978-7-301-18984-9	刘志麟等	38.00	2011.7	1	ppt/pdf	★
49	地基与基础	978-7-301-14471-8	肖明和	39.00	2011.8	6	ppt/pdf	★
50	地基与基础	978-7-301-16130-2	孙平平等	26.00	2012.1	2	ppt/pdf	
51	建筑工程质量事故分析	978-7-301-16905-6	郑文新	25.00	2012.1	3	ppt/pdf	★
52	建筑工程施工组织设计	978-7-301-18512-4	李源清	26.00	2012.4	3	ppt/pdf	★
53	建筑工程施工组织实训	978-7-301-18961-0	李源清	40.00	2012.1	2	pdf	★
54	建筑施工组织项目式教程	978-7-301-19901-5	杨红玉	44.00	2012.1	1	ppt/pdf	
55	建筑材料与检测试验指导	978-7-301-20045-2	王　辉	20.00	2012.1	1	ppt/pdf	★

序号	书名	书号	编著者	定价	出版时间	印次	配套情况	
	工 程 管 理 类							
56	建筑工程经济	978-7-301-15449-6	杨庆丰等	24.00	2012.1	8	ppt/pdf	★
57	施工企业会计	978-7-301-15614-8	辛艳红等	26.00	2012.2	4	ppt/pdf	★
58	建筑工程项目管理	978-7-301-12335-5	范红岩等	30.00	2012. 1	8	ppt/pdf	★
59	建设工程项目管理	978-7-301-16730-4	王　辉	32.00	2011.6	2	ppt/pdf	★
60	建设工程项目管理	978-7-301-19335-8	冯松山等	38.00	2011.8	1	pdf	
61	建设工程招投标与合同管理	978-7-301-13581-5	宋春岩等	30.00	2012.1	10	ppt/pdf/答案/试题/教案	★
62	工程项目招投标与合同管理	978-7-301-15549-3	李洪军等	30.00	2012.2	5	ppt	★
63	工程项目招投标与合同管理	978-7-301-16732-8	杨庆丰	28.00	2012.1	4	ppt	★
64	工程招投标与合同管理实务	978-7-301-19035-7	杨甲奇等	48.00	2011.8	1	pdf	★
65	工程招投标与合同管理实务	978-7-301-19290-0	郑文新等	43.00	2011.8	1	pdf	★
66	建设工程招投标与合同管理实务	978-7-301-20404-7	杨云会等	42.00	2012.4	1	ppt/pdf	
67	建筑施工组织与管理	978-7-301-15359-8	翟丽旻等	32.00	2012.2	7	ppt/pdf	★
68	建筑工程安全管理	978-7-301-19455-3	宋　健等	36.00	2011.9	1	ppt/pdf	
69	建筑工程质量与安全管理	978-7-301-16070-1	周连起	35.00	2012.1	3	pdf	
70	工程造价控制	978-7-301-14466-4	斯　庆	26.00	2011.8	6	ppt/pdf	★
71	工程造价控制与管理	978-7-301-19366-2	胡新萍等	30.00	2012.1	1	ppt/pdf	★
72	建筑工程造价管理	978-7-301-20360-6	柴　琦等	27.00	2012.3	1	ppt/pdf	
73	建筑工程造价管理	978-7-301-15517-2	李茂英等	24.00	2012.1	4	pdf	
74	建筑工程计量与计价	978-7-301-15406-9	肖明和等	39.00	2012.1	8	ppt/pdf	★
75	建筑工程计量与计价实训	978-7-301-15516-5	肖明和等	20.00	2012.2	5	pdf	
76	建筑工程计量与计价——透过案例学造价	978-7-301-16071-8	张　强	50.00	2012.1	3	ppt/pdf	★
77	安装工程计量与计价	978-7-301-15652-0	冯　钢等	38.00	2012.2	6	ppt/pdf	★
78	安装工程计量与计价实训	978-7-301-19336-5	景巧玲等	36.00	2011.9	1	pdf/素材	★
79	建筑与装饰装修工程工程量清单	978-7-301-17331-2	翟丽旻等	25.00	2011.5	2	pdf	
80	建筑工程清单编制	978-7-301-19387-7	叶晓容	24.00	2011.8	1	ppt/pdf	★
81	建设项目评估	978-7-301-20068-1	高志云等	32.00	2012.1	1	ppt/pdf	★
82	钢筋工程清单编制	978-7-301-20114-5	贾莲英	36.00	2012.2	1	ppt / pdf	
	建 筑 装 饰 类							
83	中外建筑史	978-7-301-15606-3	袁新华	30.00	2012.2	6	ppt/pdf	★
84	建筑室内空间历程	978-7-301-19338-9	张伟孝	53.00	2011.8	1	pdf	★
85	室内设计基础	978-7-301-15613-1	李书青	32.00	2011.1	2	pdf	
86	建筑装饰构造	978-7-301-15687-2	赵志文等	27.00	2011.9	3	ppt/pdf	★
87	建筑装饰材料	978-7-301-15136-5	高军林	25.00	2011.7	2	ppt/pdf	
88	建筑装饰施工技术	978-7-301-15439-7	王　军等	30.00	2012.1	4	ppt/pdf	★
89	装饰材料与施工	978-7-301-15677-3	宋志春等	30.00	2010.8	2	ppt/pdf	★
90	设计构成	978-7-301-15504-2	戴碧锋	30.00	2009.7	1	pdf	
91	基础色彩	978-7-301-16072-5	张　军	42.00	2011.9	2	pdf	★
92	建筑素描表现与创意	978-7-301-15541-7	于修国	25.00	2011.1	2	pdf	★
93	3ds Max 室内设计表现方法	978-7-301-17762-4	徐海军	32.00	2010.9	1	pdf	
94	3ds Max2011 室内设计案例教程(第2版)	978-7-301-15693-3	伍福军等	39.00	2011.9	1	ppt/pdf	
95	Photoshop 效果图后期制作	978-7-301-16073-2	脱忠伟等	52.00	2011.1	1	素材/pdf	★
96	建筑表现技法	978-7-301-19216-0	张　峰	32.00	2011.7	1	ppt/pdf	
97	建筑装饰设计	978-7-301-20022-3	杨丽君	36.00	2012.2	1	ppt	
	房 地 产 与 物 业 类							
98	房地产开发与经营	978-7-301-14467-1	张建中等	30.00	2011.11	4	ppt/pdf	★
99	房地产估价	978-7-301-15817-3	黄　晔等	30.00	2011.8	3	ppt/pdf	★
100	房地产估价理论与实务	978-7-301-19327-3	褚菁晶	35.00	2011.8	1	ppt/pdf	★
101	物业管理理论与实务	978-7-301-19354-9	裴艳慧	52.00	2011.9	1	pdf	★
	市 政 路 桥 类							
102	市政工程计量与计价	978-7-301-14915-7	王云江	38.00	2012.1	3	pdf	
103	市政桥梁工程	978-7-301-16688-8	刘　江等	42.00	2010.7	1	ppt/pdf	
104	路基路面工程	978-7-301-19299-3	偶昌宝等	34.00	2011.8	1	ppt/pdf/素材	
105	道路工程技术	978-7-301-19363-1	刘　雨等	33.00	2011.12	1	ppt/pdf	
106	建筑给水排水工程	978-7-301-20047-6	叶巧云	38.00	2012.2	1	ppt/pdf	
	建 筑 设 备 类							
107	建筑设备基础知识与识图	978-7-301-16716-8	靳慧征	34.00	2012.1	6	ppt/pdf	★
108	建筑设备识图与施工工艺	978-7-301-19377-8	周业梅	38.00	2011.8	1	ppt/pdf	★
109	建筑施工机械	978-7-301-19365-5	吴志强	30.00	2011.10	1	pdf/ppt	★